Konrad Scherfer (Hg.)

Webwissenschaft – Eine Einführung

EINFÜHRUNGEN

– Kommunikationswissenschaft –

Band 2

LIT

Konrad Scherfer (Hg.)

WEBWISSENSCHAFT – Eine Einführung

LIT

Bibliografische Information der Deutschen Nationalbibliothek
Die Deutsche Nationalbibliothek verzeichnet diese Publikation in der Deutschen Nationalbibliografie; detaillierte bibliografische Daten sind im Internet über http://dnb.d-nb.de abrufbar.

ISBN 978-3-8258-0947-8

Verlagskontakt:
Fresnostr. 2 D-48159 Münster
Tel. +49 (0) 2 51/620 32 - 22 Fax +49 (0) 2 51/922 60 99
e-Mail: lit@lit-verlag.de http://www.lit-verlag.de

Auslieferung:

Deutschland/Schweiz: LIT Verlag Fresnostr. 2, D-48159 Münster
Tel. +49 (0) 2 51/620 32 - 22, Fax +49 (0) 2 51/922 60 99, e-Mail: vertrieb@lit-verlag.de

Österreich: Medienlogistik Pichler-ÖBZ GmbH & Co KG
IZ-NÖ, Süd, Straße 1, Objekt 34, A-2355 Wiener Neudorf
Tel. +43 (0) 2236/63 535-290, +43 (0) 2236/63 535 - 243, mlo@medien-logistik.at

Inhalt

III

Zur Einführung

Die junge Geschichte des World Wide Webs begann um die Jahreswende 1990/91 mit dem Schreiben des Codes für das Web durch den englischen Physiker und Informatiker Tim Berners-Lee. Seitdem hat das Web das Mediensystem von Grund auf verändert. Es ist nicht von der Hand zu weisen, dass das Web inzwischen in eine Reihe mit Medien wie Buch, Film, Fotografie, Radio, Fernsehen und Computer getreten ist, deren Errungenschaften die Menschen und die Gesellschaft nachhaltig geprägt und verändert haben.

Radikal sind die Auswirkungen der internet- bzw. webtechnischen Innovation sowohl für die Medienlandschaft und die Gesellschaft als auch für diejenigen Wissenschaften, die sich mit Medien – deren Geschichte, Inhalten, Formen, Technik, Wirkungen usf. – befassen. Es ist zu fragen, ob sich die Auswirkungen des neuen Mediums überhaupt noch auf der Basis von bestehenden medien- und kommunikationswissenschaftlichen Traditionslinien erforschen lassen. Handelt es sich bei dem Web wirklich um ein ‚Medium' im tradierten Sinne, das sich somit in die Reihe der Einzelmedien einordnen lässt? Und welche akademischen Disziplinen sind für das Web eigentlich ‚zuständig'? Denn trotz seiner noch jungen Geschichte ist schon heute klar, dass sich das Web von den traditionellen Medien strukturell erheblich unterscheidet. Neben dem starken Einfluss auf die Lebenswirklichkeit der Menschen erscheint aus medienwissenschaftlicher Perspektive interessant, wie sehr sich das mediale Repertoire des Webs, somit seine Medienangebote, von dem Einfluss professioneller Medien- und Kommunikationsorganisationen löst: Die Medientechnik des Internets sowie die hypertextuelle Struktur des Webs und dessen technische Applikationen ermöglichen in Verbindung mit der massenhaften Website-Nutzung gänzlich neue Formen von Produktion, Distribution und Archivierung von Content.

Vor diesem Hintergrund stellt der vorliegende Band einen Versuch dar, eine webwissenschaftliche Perspektive einzunehmen – zu einem mediengeschichtlich relativ frühen Zeitpunkt und obwohl das Fach erst ansatzweise, u. a. durch eine Professur für Webwissenschaft an der Fachhochschule Köln, institutionalisiert ist.

Für die Grundlegung dieser neuen Disziplin besteht zunächst die erkenntnistheoretische Notwendigkeit, ihren Gegenstandsbereich näher auszuloten. Diese Wesensbestimmung des Webs verlangt nach einer Reflektion des Medienbegriffs, der Wissenschaftstheorie, der medienspezifischen Ästhetik, der Veränderung des Öffentlichkeitsbegriffs, der gesellschaftlichen Auswirkungen und der Technikgeschichte, wie es in den ersten Beiträgen des vorliegenden Bandes geschieht (Teil I).

Über die webtheoretische Gegenstandsbestimmung hinausgehend werden in den nachfolgenden Texten Schwerpunktsetzungen zu Bereichen vorgenommen, die webimmanent wirksam sind: Thematisiert werden das Design, die Fotografie, die Usability-Forschung, der Journalismus sowie die online-journalistische Ausbildung und die Online-Forschung (Teil II). Einen dritten Gesichtspunkt bilden Beiträge aus verschiedenen Disziplinen, die die Perspektive des Webs aus ihrer jeweiligen Warte betonen: Dazu gehören die Ökonomie des Webs, der Bereich Medizin im Web, das Medienrecht sowie der Kontext der Suchmaschinenforschung (Teil III). Somit führt der Band in die wissenschaftliche Auseinandersetzung mit dem Web nicht nur aus Sicht einer kulturwissenschaftlichen Medienwissenschaft und der sozialwissenschaftlichen Kommunikationswissenschaft ein, sondern integriert auch Perspektiven der relevanten Bezugswissenschaften.

Die unterschiedlichen fachlichen und methodischen Ansätze sind gewollt, denn die Vielfalt der Positionen bildet eine notwendige Voraussetzung für einen Erkenntnisgewinn über ein neues Phänomen; das Web bildet dabei die selbstverständliche Klammer. Das Buch verfolgt das Anliegen, den fachlich ausgewiesenen Autoren (die sich in der Mehrzahl mit Sicherheit nicht explizit als Webwissenschaftler begreifen) die Möglichkeit zu bieten, am Gegenstandsbereich des Webs ihre eigene Akzentuierung herauszuarbeiten und zu erforschen. Verbunden ist dies mit der Hoffnung, dass die wissenschaftlichen Erkenntnisse zum Web nicht nur dazu beitragen, dessen Charakteristika besser zu verstehen, sondern auch weiterführende Reflektionen und Diskussionen anregen und so einen Impuls für die Entwicklung einer Webwissenschaft setzen.

Für die gute Zusammenarbeit danke ich ausdrücklich allen Autorinnen und Autoren, die an diesem Band mitgeschrieben haben. Mein besonderer Dank gilt meinem Mitarbeiter Björn Bosserhoff M.A. für seine konstruktiven Korrekturvorschläge und das sorgfältige Lektorat. Nicht zuletzt danke ich meinem Kollegen Helmut Volpers, der an diesem Band maßgeblich mitgewirkt hat, für den intensiven fachlichen Gedankenaustausch.

Köln, im August 2008 Konrad Scherfer

I

Ist das Web ein Medium?

Konrad Scherfer

1 Einleitung

Der Bedarf, sich dem World Wide Web und der definitorischen Bestimmung seines Medienbegriffs zu nähern, begründet sich aus den Defiziten der Medientheorie gegenüber dem Web. Zwar liegen umfassende und vielfältige medientheoretische Konzepte vor – wenn es um die technischen, sozialen und kulturellen Veränderungen durch den Computer geht und auch wenn Aspekte der Digitalität und der Intermedialität in den neuen Medien behandelt werden – doch der längst fällige Diskurs zum *Web als Medium* ist bestenfalls als fragmentarisch zu bezeichnen. Dies verwundert umso mehr, als das Web in den vergangenen fünfzehn Jahren ein umfangreiches Repertoire vorgelegt sowie originäre Formen generiert hat. Die Medienwissenschaft hat mit ihren Methoden und Konzepten, wenn auch nicht immer widerspruchsfrei, bewiesen, dass sie sowohl für die Einzelmedien – vom Theater bis zum Computer – als auch für das Mediensystem als ganzes historisch, analytisch und theoretisch sinnstiftende Konzeptionen anbieten kann (vgl. Schanze 2001, Leschke 2003a, Hickethier 2003). Aufgrund der Bedeutung, die das Web im Mediensystem und in der Lebenswirklichkeit erlangt hat, ist nun die Medienwissenschaft bzw. die Medientheorie dringend gefordert, auch das Web hinsichtlich der genannten Dimensionen präziser zu vermessen und seine Entwicklung adäquat zu diskutieren und zu erklären.

An dieser Stelle setzt der vorliegende Beitrag an. Sein Ziel ist es, die medientheoretischen Kontexte, in denen der Medienbegriff des Webs im engeren und weiteren Zusammenhang eine Rolle spielt, systematisch zu sichten und zu prüfen, ob sich aus ihnen Erkenntnisse über die Wesensmerkmale des Webs als Medium gewinnen lassen. Zu Beginn steht somit die Frage: Ist das Web ein Medium? Diese Frage zielt in medienwissenschaftlicher Tradition auf den Gegenstandsbereich ab – es geht also darum, mittels einer methodischen und systematischen Vorgehensweise zu klären, welche Formen und Inhalte das Repertoire des Webs prägen und ob es sich dabei um Vergleichbares zu dem handelt, was die Medien Buch, Zeitung, Fotografie, Film, Radio und Fernsehen hervorgebracht haben. Ist das Web lediglich ein ‚neues' Einzelmedium, welches die Reihe der Einzelmedien fortsetzt? Kann es überhaupt als Einzelmedium begriffen werden, wenn die ‚alten' Medien ihre Inhalte und (medialen) Formen über das und im Web distribuieren? Wenn sich der „Begriff des ‚Mediums' [...] zum dominanten Konzept im kulturwissenschaftlichen Bereich" (Schanze 2002: 199 f.) entwickelt hat und die Frage nach der Notwendigkeit einer Webwissenschaft[1] als ‚Ort' der Forschung und Theoriebildung zum Web gestellt wird, muss zu Beginn die Klärung des Medienbegriffs des Webs erfolgen.

2 Zum Medienbegriff

Bei der Bestimmung einer Medienspezifik des Webs[2] sieht man sich mit einer offenkundigen Schwierigkeit konfrontiert: Dem Web fehlt weitgehend die Bezugsgrundlage zur Kunst. Die Geschichte der Einzelmedien zeigt, dass in der Regel die Wesensbestimmung eines Mediums und die Klärung des Medienbegriffs von den ästhetischen Qualitäten einer neuen Kunstform abhängen: „Die theoretische Reflexion eines Zusammenhangs oder Systems von Medien ist, sofern noch nicht über einen Medienbegriff verfügt wird, eher selten und geschieht dann als Teil einer Theorie des Kunstsystems auf der Basis des Kunstbegriffs." (Leschke 2001: 14) Im differenztheoretischen Diskurs werden die Wesensmerkmale am Kunstwerkcharakter, an den Kunstmitteln und an den komplexen ästhetischen Gefügen der Einzelmedien herausgearbeitet. Doch der fehlende Kunstanspruch des Mediums Web, so

---

1 Vgl. den Beitrag von Helmut Volpers in diesem Band.

2 Das World Wide Web (Web) ist begrifflich klar vom Internet zu unterscheiden. Der Begriff *Internet* setzt sich zusammen aus den englischen Begriffen „*inter*connected" (miteinander verbunden) und „*net*works" (Netzwerke); er bezeichnet ein weltweites, dezentral-hypertextuelles Netzwerk, das verschiedene ‚lokale' Computernetzwerke zusammenschließt. Technisch gesehen liegt dem Internet das Transmission Control Protocol (TCP), ab 1977 die Protokollfamilie TCP/IP zugrunde. Es umfasst (vgl. Kind 2002: 154) eine Reihe von Diensten wie E-Mail (ab 1970), Telnet (1972), FTP (1973), Gopher (1991) und eben das World Wide Web, dessen Code Tim Berners-Lee um die Jahreswende 1990/91 schrieb (Berners-Lee 1999: 51 ff.). Neben TCP/IP hat das WWW sein eigenes Protokoll, das Hypertext Transfer Protocol (HTTP). Websites, die in der Auszeichnungsssprache Hypertext Markup Language (HTML) – ebenfalls entwickelt von Berners-Lee – verfasst sind, werden über das HTTP-Protokoll versendet. Die Gesamtheit der vernetzten Dokumente bildet das WWW, das durch ein grafisches User-Interface, den Browser, für den einzelnen Nutzer verfügbar wird. Die besondere Relevanz des Webs im Unterschied zu den übrigen Diensten besteht darin, dass das Internet eine „mediale Prägnanz im Sinne eines audiovisuellen Systems [...] nur im Bereich des WWW" (Venus 2002: 75) erlangt.

im Falle von Hyperfiction,[3] vereitelt eine solche Vorgehensweise bei der Klärung seiner Wesensbestimmung.

Nähert man sich dem Web über den traditionellen Medienbegriff, hindern einen vor allem Fragen der verbindlichen Begriffssetzung zu ‚Medien' (vgl. Bruns und Reichert 2007; Leschke 2003a; Leschke 2007). Das Web über eine Mediendefinition zu bestimmen, wird dadurch erschwert, dass – wissenschaftstheoretisch gesehen – keine Einigkeit darüber herrschen kann, welche Theorien die ‚richtigen' sind und welche der Wissenschaften aus dem Feld der Medienwissenschaft, Kommunikationswissenschaft, Nachrichtentechnik, Kunstwissenschaft oder Philosophie überhaupt ‚zuständig' ist. Ein Ausweg aus diesem Dilemma ist auch dadurch nicht zu finden, dass man einer Begriffsbestimmung nur Gültigkeit für die eigene Fachdisziplin zuweist: Der interdisziplinäre Medienbegriff ist zu facettenreich, als dass er nur aus der Medientechnik oder der Medienästhetik heraus erklärt werden könnte. Auch die unterschiedlichsten Ansätze, Begriffsordnungen der einzelnen Disziplinen zu kombinieren bzw. den Medienbegriff schlicht zu übertragen, erweisen sich in doppelter Hinsicht als problematisch. Nach Sichtung der Medienbegriffe wird deutlich, „dass mit Medium in [den] verschiedenen Praxis-, Rede- und Argumentationskontexten jeweils etwas ganz Unterschiedliches gemeint wird und Analogiebildung statt Theoriebildung am Werk ist." (Bruns und Reichert 2007: 27) Weit entscheidender kommt hinzu, dass Medienbegriffe auf den jeweiligen Theoriestrukturen aufsetzen und dies eine „wechselseitige Übersetzbarkeit von Theorien" (Leschke 2007: 223) voraussetzt, die freilich nicht immer gegeben ist.

Konsequenterweise wird im Folgenden nicht mit *einem* genormten Medienbegriff operiert, sondern gesichtet werden unterschiedliche Herangehensweisen an die Medienspezfik des Webs, die sich mediengeschichtlich auch aus den Diskursen zum Computer und dem Internet herleiten. Dazu zählen die medientechnische und die medienstrukturelle Gegenstandsbestimmung sowie die Klärung eines einzelmedienwissenschaftlichen Begriffs des Webs.

3 Die Metaphorik der Medientechnik

Die Überkomplexität im Repertoire und die Schwierigkeiten bei der Konventionalisierung eines ‚Programms' haben sowohl beim Web als auch beim Medium Compu-

---

[3] Vgl. den Beitrag von Rainer Leschke in diesem Band.

ter dazu geführt, dass Medientheoretiker auf das technisch-mediale Apriori ausweichen. Techniktheorien der Medien (vgl. Hartmann 2003) sind zumeist durch die Technologie des Computers determiniert – seltener greifen internet- bzw. webtechnische Parameter – und zeichnen sich durch die Neigung aus, den medientechnischen Bedeutungsbereich pauschal auf das Gesellschaftssystem zu erweitern, ohne sich eines theoretischen Bezugssystems rückzuversichern. Stellvertretend für eine computertechnische Gegenstandsbereichsbestimmung dienen Ansätze von Friedrich Kittler und Jochen Hörisch.

Kittler gewinnt seine Erkenntnisse über den Computer, das „Medium aller Medien“ (Kittler 1999: 315), aus militärgeschichtlichen und, unter expliziter Bezugnahme auf McLuhan, medientechnischen Ableitungen. Der Computer ist für ihn „das einzige Medium [...], das [die] drei Funktionen Speicherung, Übertragung und Berechnung vollautomatisch koppelt“ (ebd.: 17). Das Universalmedium gleich mitdenkend, sind „die optischen Medien in die universale diskrete Maschine namens Computer zu integrieren“ (ebd.). Kittlers computertechnische Ausführungen, beispielhaft für eine technikbasierte Reflexion, leiten aus metaphorischen Übertragungen weitreichende Sinnsetzungen ab, die unspezifisch und apokalyptisch zugleich sind: Der Computer unterlaufe nicht nur die „Wahrnehmungszeit“ des Menschen, sondern auch die „Zeit des sogenannten Denkens“, und die digitale Bildbearbeitung liquidiere die „letzten Reste von Imaginärem“, „alle möglichen Datenmanipulationen“ inbegriffen (alle ebd.: 316). Da nach Kittlers Auffassung Computer „die vollbrachte Reduktion aller Dimensionen auf Null“ (ebd.: 318) sind, verwundert es wenig, dass auf seine technischen Herleitungen im „Weltkrieg zwischen Algorithmen und Rohstoffen“ (ebd.: 322) keine programmstrukturellen Ideen für die mediale Produktionspraxis folgen: „Was sich in Siliziumchips, die ja aus demselben Element wie jeder Kieselstein am Wegrand bestehen, rechnet und abbildet, sind symbolische Strukturen als Verzifferungen des Reellen.“ (ebd.: 320) Auch wenn Reflexionen zur Medientechnik des Computers durchaus ihre Berechtigung haben, sind die Universalisierungstendenzen Kittlers höchst problematisch.

Hörischs ebenfalls technikzentrierte Sichtweise warnt vor der Allmacht des Computers und des Internets – „Programme programmieren neue Programme“ (Hörisch 2004: 397) – , aber er verbindet die Entwicklung auch mit einigen Ambitionen:

> [Computer und Internet] sprechen allen tradierten Raum- und Zeitgrenzen hohn. Denn sie prozedieren mit atemberaubender Geschwindigkeit und halten auf kleinstem Raum Datenmengen bereit [...]. Ein die alten Spezialmedien beschämender Alleskönner aber ist der Computer aufgrund seiner Schwäche und Einseitigkeit: Er kann das alles, weil er nur eines kann – mit den *digits* 0/1 rechnen. (ebd.: 396 f.; Herv. im Org.)

Ungerührt greift Hörisch die These von Marshall McLuhan (die u. a. auch von Vilém Flusser (1985) reproduziert wurde) auf, dass die Menschheit durch die Digitalisierung der Bilder selbst digitalisiert worden ist:

> Der harte Kern dieser Vision [der Simulation des menschlichen Gehirns], die offenbar keine Angst vor zukünftigen Inflationen und/oder neuen Währungen hat, ist aber kein ökonomischer, sondern ein anthropotechnischer: Menschen können danach ihr gesamtes Hirn und ihr gesamtes Nervensystem auf eine Festplatte scannen. (Hörisch 2004: 400)

Diese Beispiele sollen zeigen, dass die Setzung der medientechnischen Argumente mit Hilfe metaphorischer Akrobatik fragwürdig bleibt. Dass die neuen Medientechniken den Standard für die neuen Medien setzen, stellt ohne Zweifel eine notwendige Voraussetzung dar. Nur begründet dies noch längst nicht ihre metaphorische Übertragung als Sinnstifter und die Erzeugung simpler Kausalitäten. Entweder werden die notwendigen soziokulturellen Bezüge und das mediale Repertoire eines neuen Mediums ignoriert oder die aus der medientechnischen Argumentation abgeleiteten Aussagen bleiben methodisch bzw. wissenschaftssystematisch nicht operationalisierbar. Trotzdem bleibt festzuhalten, dass „mit der Digitalisierung des so genannten Medienverbunds metaphorische Als-Ob-Bestimmungen zu wuchern nicht aufhören." (Tholen 2003: 43) Die wie bei McLuhan (1964), Hörisch oder Kittler gewählten Strategien der mit Bedeutung aufgeladenen Metaphern scheitern weitgehend in dem Versuch, „Technologie kulturell verarbeitungsfähig zu machen" (Leschke 2003b: 73), und leisten medientheoretisch wenig, um den Gegenstandsbereich des Webs weiterzuentwickeln.

4 Digitalität – Hybridisierung – Interaktivität

Lange Zeit war ein mediales Repertoire des Internets respektive Webs nicht absehbar. Trotz aller euphorischen und visionären Schriften blieben die medientheoretischen Vorstöße vage und unspezifisch. Die internet- und webtheoretische Reflexion nahm und nimmt kaum Bezug auf den einzelmedienwissenschaftlichen Diskurs (und argumentiert insofern auch nicht diskurs- und differenztheoretisch), sondern fokussiert die Debatte auf medienstrukturelle Aspekte oder entwickelt Utopien eines neuen demokratischen Mediums.[4] Durch die fehlende soziokulturelle Relevanz und die nur zaghaften Versuche der Implementierung des Mediums Web als Kunstmittel konzentriert sich die Reflexion der Darstellungsformen, die zum Verständnis der Medienspezifik des neuen Mediums beitragen will, auf medienstrukturelle Grundeigenschaften wie Digitalität, Hybridisierung und Interaktivität. Diese Vorgehensweise erscheint auf den ersten Blick plausibel. Medienstrukturelle Fragen der Interaktivität, der Digitalität und des Meta-Mediums wurden bereits im Zusammenhang mit dem Fernsehen diskutiert und die Anknüpfung an diese Konzepte erscheint medientheoretisch attraktiv und wenig risikoreich. Es stellt sich allerdings die Frage, ob diese medienstrukturellen Annährungen für den Gegenstandsbereich des Webs taugen oder ob sie sich, wie in der Medienwissenschaft zu beobachten, argumentativ nicht lediglich „als Verrechnungseinheiten zur Herstellung von Kompatibilität" (Leschke 2003b: 84) eignen.

Die Diskurse des *Digitalmediums* führen in zwei Richtungen. Zum einen werden die Auswirkungen der Digitalität auf die Formen der analogen (‚alten') Medien reflektiert und zum anderen rückt das ‚neue' Digitalmedium, der Computer, in den Mittelpunkt. Auch die Digitalisierung der Technik verleitete dabei in erster Linie zu medientheoretischen und -politischen Utopien. Sowohl die Ablösung der Einzelmedien wird behauptet als auch die Totalität der so genannten digitalen Revolution. Da die Auswirkungen der Digitalisierung, wie bei Flusser nachzulesen, nicht weniger als die Ablösung des linearen Denkens durch die binären Codes bedeuten, folgt daraus ein Umbruch von „Erkenntnistheorie, Ethik, Ästhetik, und [dem] Lebensgefühl als solche[m]" (Flusser 1985: 35). Kittler prognostizierte Mitte der 1980er Jahre, dass die Unterschiede zwischen den einzelnen Medien ...

> ... [i]n der allgemeinen Digitalisierung von Nachrichten und Kanälen verschwinden [...]. Nur noch als Oberflächeneffekt, wie er unterm schönen Namen Interface bei Konsumenten ankommt, gibt es Ton und Bild, Stimme und Text. Blendwerk werden die Sinne und der Sinn. [...] Und wenn die Verkabelung bislang getrennte Datenflüsse alle auf eine digital standardisierte Zahlenfolge bringt, kann jedes Medium in jedes andere übergehen. Mit Zahlen ist nichts

4 „An die Vision eines neuen Kommunikationsmediums knüpften politische Utopien an, mit dem Netz könne eine direktere und damit intensivere Bürgerbeteiligung am politischen Geschehen (cyberdemocracy) entstehen. Die Gesellschaft sei auf dem Wege in eine ‚Cybersociety' und das Internet ermögliche den Wechsel von einer (vom Fernsehen) dominierten Zuschauerdemokratie zu einer ‚Beteiligungsdemokratie'. In den Computernetzen könne ein *free flow of information* stattfinden, an dem alle Menschen in allen Ländern teilhaben und in dem sich ‚antihierarchische Reden' ausbreiten könnten." (Hickethier 2003: 320; Herv. i. Org.) Siehe ausführlich auch Roesler 2005 und den Beitrag von Christoph Ernst in diesem Band.

> unmöglich. [...E]in totaler Medienverbund auf Digitalbasis wird den Begriff Medium selber kassieren. (Kittler 1986: 7)

An diesen Thesen hat sich, rekonstruiert man die nachfolgenden Digitaldiskurse, auch nach der Erfindung des Webs wenig geändert:

> Die Unterscheidung analog/digital ist die medienhistorische und -theoretische Leitdifferenz der zweiten Hälfte des 20. Jahrhunderts und prägt die meisten mit der Mediengeschichte dieser Zeit befassten theoretischen Diskurse, aber auch soziologische oder philosophische Abhandlungen. (Schröter 2004a: 8)

Sowohl die Digitalisierung der traditionellen Medien als auch die neuen Digitalmedien führen, so die medientheoretische Behauptung, nicht nur zu einem grundsätzlichen Umbruch in den Medienlandschaft, sondern beeinflussen auch die menschlichen Wahrnehmungsstrukturen einer digitalen Kultur: „Das neue Lektüremodell, das digitale Medien als Verfahren zum Umgang mit Orientierungsproblemen bieten, ist durch multiple Identitäten und nicht-lineare Handlungsketten gekennzeichnet." (Missomelius 2006: 191) Was Missomelius nur andeutet, stellt Manfred Faßler unmissverständlich klar – die Ablösung des Analogen durch das Digitale: „Die systemische Qualität der Computertechnologie [...] zeigt sich zunehmend auch darin, daß analoge Bereiche menschlichen Verhaltens und Handelns formalisiert und digitalisiert werden, um als elektronisch eigenständige Realität zu funktionieren." (Faßler 1997: 306) Den Diskursen der Digitalität ist vielfach gemein, dass sie die Totalität der digitalen Revolution nicht auf die Medientechnik beschränken, sondern, um die argumentative Bedeutungsdimensionen zu erweitern, die Merkmale der Digitalität auf die Gesellschaft übertragen (vgl. Welther 2000: 98 f.). Der Geltungsbereich der Aussagen wird dabei überdehnt und der Medienbezug bleibt auf der Strecke. Mit einem nüchternen Blick wäre Wolfgang Coy zuzustimmen, der die Differenz bei der Unterscheidung analog/digital „in den erweiterten maschinellen Verarbeitungsmöglichkeiten mit Programmen und Prozessoren" (Coy 2002: 165) sieht:

> [D]ie mediale Interaktion wird um dynamische Formen der Navigation in den Medien erweitert, die den analogen Medien abgehen. Hypertexte und auf den Nutzer programmiert reagierende, mediale Speicher sind die ersten Formen dynamischer ‚virtueller Welten', wie sie die herkömmlichen analogen Medien nicht bieten konnten. (Coy 2002: 165)

Eng verknüpft mit den Auswirkungen der Digitalität ist der Diskurstopos des *Hybridmediums*. Die medientheoretischen Positionen der 1980er und 1990er Jahre haben in ihren Diskursen zum Computer (siehe hierzu Rusch 2007) eine Debatte lanciert, die das Feld bereits besetzt. Die (diskursive) Zusammenführung der Einzelmedien in ein Hybrid- oder Meta-Medium, auf Grundlage des digitalen Codes, war bereits vor der Erfindung des Webs in vollem Gange, prominent vertreten durch Kittler und Norbert Bolz: „Computer [...] können [...] sämtliche Analogmedien adressieren, und das heißt verschlingen.“ (Kittler 1989: 28) Auch für Bolz ist das digitale Grundalphabet die Voraussetzung für die Ablösung der Einzelmedien in einem digitalen Universalmedium: „Der Terminus Medienverbund meint ja, daß es keine Einzelmedien mehr gibt. Und da alle technischen Medien heute digitalisierbar sind, können alle Daten im selben Speicher abgelegt werden.“ (Bolz 1994: 10) Die Übertragung des Gedankens der Hybridisierung auf das Internet bzw. das Web ließ nicht lange auf sich warten und tritt vielfach auf: „Das Internet ist ein weit verbreitetes, offenes und interaktives Hybridmedium, das Eigenschaften und Nutzungsformen von Individual-, Gruppen- und Massenkommunikation mischt und integriert [...].“ (Debatin 2004: 95) Soziokulturell charakterisiert Missomelius das Web als „Konsummedium für Information, Kommerz und Unterhaltung“ (Missomelius 2006: 23), wobei die digitalen Medien es den Menschen ermöglichen, „an einer unüberschaubar gewordenen Welt zu partizipieren, individuell informiert zu sein und genussvoll unterhalten zu werden“ (ebd.: 24). Da diese Merkmale mit Sicherheit nicht kennzeichnend für digitale Medien respektive das Web sind, ergänzt Missomelius den Hybridgedanken:

> Darüber hinaus sind sie [Computer und Internet] als Hybridmedium zu bezeichnen, da ihre Funktionen sowohl kommunikativer als auch medialer, individueller und massenmedialer Art sind. Aus technischer Sicht stellen sie eine Hybridbildung aus audiovisueller Medientechnologie, Buchdruck, Telefon und Rechenmaschine dar. (ebd.)

Charakteristisch für diese Wesensbestimmung des Webs ist die Verkürzung auf die Hybrid-Lösung, in der die spezifischen Eigenschaften allenfalls am Rande verhandelt werden. Sichtet man die kulturwissenschaftlichen Theorien zum neuen Medium, fällt auf, dass die theoretischen Reflexionen zum Computer überwiegen und die medialen Darstellungsformen des Webs bis heute unterrepräsentiert sind. Theoretische Ansätze zur Leistungsfähigkeit der Medientechnologie des Computers beziehen medientheoretische Positionen mit ein, die sich an den soziokulturell relevanten ‚alten‘ Medien entwickelt haben, nicht aber die soziokulturell relevanten Medienangebote des Webs: Sie reflektieren schwerpunktmäßig ein „unspezifisches, inter- bzw. protomediales Feld“ (Schröter 2004b: o. S.) sowie, basierend auf metaphorischen Argumentationsfiguren, die kulturphilosophischen Auswirkungen des Universalmediums. Festzuhalten ist: Diskurse über Einzelmedien sind nach dem Siegeszug des ‚neuen‘ Universalmediums *out*, auf das ‚letzte‘ Einzelmedium Fernsehen folgen universelle, dispersive und flüchtige Medien, es naht ein „elektronisches Ende“ (Kittler: 1986: 9).[5] Die Frage, ob sich das Web durch ein spezifisches Repertoire und durch originäre Darstellungsformen kennzeichnet, findet im Rahmen der Diskurse zum Hybridmedium kaum Beachtung.

Vergleichbare Strategien mit universalem Anspruch lassen sich in den Diskursen zur *Interaktivität* beobachten.[6] Neben der Digitalität und dem Hybridmedium ist die Interaktivität, sowohl als Marketingmetapher als auch als polyfunktionaler Begriff (vgl. Leschke et al. 2008),[7] somit die dritte prominente medienstrukturelle Grundeigenschaft, die in der Medientheorie als Differenzkriterium für neue Medien bemüht wird. Faßler sieht in Web-Browsern elektronische Bewusstseinssysteme, die „Informationen verarbeiten und Entscheidungen von erheblichem Komplexitätsgrad treffen“ (Faßler 1997: 301), und für Sandbothe ist die Interaktivität schlichtweg „die für das Internet charakteristische Verfassung“ (Sandbothe 1997: 57). Fehlen darf in den Bedeutungszuweisungen zur Interaktivität natürlich nicht der lyrische Erlösungsgedanke:

> Interaktivität ist die taktile Dimension des Cyperspace. Sie verleiht ihm Druck, Textur und Dichte, denn jeder Austausch über eine Schnittstelle ist eine Abwandlung von Berührung, selbst wenn es sich nur um einen Blick auf eine aktive Schaltfläche handelt. [...] Alle Netzwerke verbinden Intelligenz, aber die von Benutzern errichteten und zum Wohl aller arbeitenden legen einen neuen evolutionären Grad sowohl an Vernetzung wie an Intelligenz vor. (de Kerckove 2002: 76 f.)

---

5 Die Tendenz, ein neues oder neuestes Medium als Meta-Medium zu begreifen, ist allerdings nicht ‚neu‘. Schon elektronische Medien wie Fernsehen und Film, die die Basismedien Text, Bild und Ton integrieren, haben die Reflexionen eines Meta-Mediums beflügelt: „Vergleichbar etwa dem Film, den frühe Theorien in Analogie zu Skulptur, Malerei und Literatur analysierten, um daraus theoretische Parameter zu gewinnen, lassen sich Theorien computerbasierter Kommunikation, Interaktivität oder des digitalen Spiels aus theoretischen Modellen der Schriftkultur, der Literatur, aus Philosophemen und/oder Handlungstheoremen gewinnen.“ (Bruns und Reichert 2007: 24)

6 Vgl. die kritische Auseinandersetzung mit dem Begriff der Interaktivität bei Rörig 2006.

7 Rainer Leschke, Andreas Kolb und Timo Schemer-Reinhard (2008) stellen die systematische Unschärfe und die Konfusion der drei Begriffsniveaus der Interakvität (innerdisziplinär, transdisziplinär und metaphorisch) heraus.

Schließlich erfährt die interaktive Technologie *selbst* schon Sinnzuweisung: „Sinn ist in der Interaktion zwischen den verschiedenen Mitgliedern einer Netzwerk-Gemeinschaft lokalisiert; er wird durch einen Prozeß der Konstruktion und des Austauschs konstituiert, wie ihn das Geben und Nehmen einer Serie von Beiträgen zu einer Newsgroup illustriert.“ (Bolter 1997: 53) Auch beim Interaktivitätsbegriff zeigt sich wieder: Die unstrittige, spezifische Eigenschaft wird mit utopischen Bedeutungen aufgeladen, verbunden mit unterstellten Auswirkungen auf die Realitätskonstruktionen der Menschen und der Gesellschaft. Doch nicht nur die metaphorische Überhöhung ist problematisch, sondern die Theorie überdehnt den Interaktivitätsbegriff selbst. Die Interaktivitätskonzeptionen unterstellen eine kommunikative Struktur, die der personalen Interaktion überlegen ist, begründen sich aber selbst aus Strukturen der bidirektionalen Individualkommunikation (siehe dazu Rörig 2006: 246 ff.). „Interaktivität als Versprechen erweiterter menschlicher Kommunikationsräume über Computermedien übergeht hier die banale Tatsache, daß die Kommunikation dann immer noch vermittelt ist.“ (ebd.: 246) Peter Glaser zieht daraus den Schluss:

> Jede Überlegung zu interaktiven Medien muß genau genommen mit dem Satz enden: Es gibt keine Interaktion mit Maschinen [...]. Programme können lediglich in unterschiedlich festgelegter Weise auf die Anforderungen der Nutzer reagieren. Man kann das multioptional oder Multiple Choice nennen – ein Austausch, bei dem beide Seiten Erfahrungen miteinander machen und einander verändern, ist das nicht [...]. (Glaser 1997: 27)

Die Interaktivitäts-Debatte gewinnt in den Diskursen zum Web 2.0 wieder an Fahrt. Kollaboratives Indexieren (*tagging*), kooperative und partizipative Formen in Wikis und Weblogs sowie das semantische Web dienen dafür als prototypische Konzeptionen. „Mit diesen Techniken des Web 2.0 werden auch Interaktionsmuster beim Wissenserwerb, wird die Trennung von Lehrer und Lernendem, zwischen Autor und Rezipient zunehmend aufgehoben.“ (Magenheim 2008: 36) Magenheims Aussage ist nur bedingt zuzustimmen, denn die schwammige Begrifflichkeit „Web 2.0“ (siehe hierzu Alby 2007: 15 ff.) erfasst Web-Anwendungen, die technologisch prinzipiell bereits in der Erfindung des Webs verankert sind und die Ursprungsideen von Vannevar Bush (1945), Ted Nelson (1965) und Tim Berners-Lee (1999) widerspiegeln. Das Web 2.0 ist keine webtechnologische Revolution, für die der Interaktivitätsgedanke neu bemüht werden müsste: (Bidirektionale) Interaktivität ist eine schlichte Notwendigkeit. Die Nutzung von Web-Plattformen bricht zwar das tradierte Sender-Empfänger-Modell auf, doch allein den Interaktionsgedanken in den Mittelpunkt zu stellen, greift zu kurz.

Als Zwischenfazit einer Sichtung der medienstrukturellen Diskurse ist festzuhalten, dass für die Bestimmung der zentralen Wesensmerkmale des Webs – und somit für eine Klärung des Gegenstandsbereichs der Webwissenschaft – die Merkmale Digitalität, Hybridmedium und Interaktivität eine notwendige Bedingung darstellen. Dabei dient aber weniger das Web als Gegenstand der Theorie- und Begriffsbildung, sondern entweder Computer und Internet oder ein ‚neues' Universalmedium. Die Postulierung eines digital-hybrid-interaktiven Meta-Mediums ignoriert jedoch völlig die entscheidende Frage, ob sich das Web durch ein spezifisches Repertoire und durch originäre Darstellungsformen kennzeichnen lässt. Deutlich wird auch, dass sich der Medienbegriff des Webs weder über den medientechnischen Diskurs noch über eine medienstrukturelle Bestimmung hinreichend klären lässt.

5 Zwischen alt und neu – Portale und Plattformen

In den einzelnen Medien, die Programm produzieren und über apparative Strukturen anbieten, haben sich für die jeweiligen Medienangebote übersichtliche Ordnungsmuster und „Modelle der Angebotsstrukturierung" (Bleicher 2005: 358) herausgebildet, „welche die Teilbereiche Produktion, Strukturierung der Inhalte und Rezeption verknüpften." (ebd.) Für das Web wäre in diesem Sinne nun zu fragen: Was ist das Medienangebot des Webs und welches sind die passenden Ordnungsmodelle? In einem weiteren Schritt ist zu prüfen, ob sich mit Hilfe des tradierten medienwissenschaftlichen Instrumentatriums daraus ein schlüssiger Medienbegriff für das Web ableiten lässt.

Im Folgenden wird die Website als das allgemeine und übergeordnete Medienangebot des Webs vorausgesetzt (vgl. Venus 2002). Damit ist gemeint, dass sich unter dem Website-Begriff ganz allgemein alle Web-Auftritte – von einzelnen Website-Angeboten (von Unternehmen, Privatpersonen, Bloggern etc.) über Portale bis hin zu Plattformen – subsumieren lassen.

Um Medienangebote im Web inhaltlich und formal nutzbar zu machen, arbeitet Joan Bleicher als Ordnungsmodelle für Websites eine doppelte Angebotsstruktur heraus: Portale und Plattformen (Bleicher 2005: 360 ff.). *Portale* vermitteln im Sinne der traditionellen Medien Informationen individuell und medial, sie ermöglichen den Einstieg ins Web gefiltert nach online-redaktionellen und professionellen Content-Kriterien wie Interessen, Kategorien, Genres, Zielgruppen, webmedialen Formen etc. „Wie die in der Architektur entwickelte spezifische Form des Eingangsbereichs, markiert im Internet das Portal gleichzeitig den Zugang zu den unterschiedlichsten Informationsangeboten, Kommunikationsräumen und interaktiven Nutzungsmöglichkeiten." (ebd.: 360) Beispiele für Portale reichen von den Nachrichten-Angeboten traditioneller Medien bis zu hin zu *Yahoo!*, wo neben der Suchfunktion auch aktuelle Nachrichten, Chats, Foren und Linksammlungen geführt werden (Sommer 2002: 222). Im Rahmen dieser Sortierung werden auch ‚einfache' Websites den Portalen zugeordnet, da sie zu unterkomplex für ein eigenes Ordnungsmodell sind.

Neben dem Portal existiert das Ordnungsmodell der *Plattform*. Auf Web-Plattformen können Akteure Content selbst produzieren: ohne die Vermittlung durch kulturelle oder mediale Angebotsmodelle, ohne die Zwischenschaltung von geschulten Medien- und Kommunikationsorganisationen, ohne Institutionalisierung und Kontrolle. Populäre Beispiele für Plattformen sind das Videoportal *YouTube*, die multimediale Musikplattform *Last.fm*, das Community-Netzwerk *MySpace*, die auf einer Wiki-Software basierende Online-Enzyklopädie *Wikipedia* oder Netzwerk-Plattformen wie *StudiVZ* und *Facebook*. Plattformen unterscheiden sich substantiell von den bekannten massenmedialen Ordnungsmodellen, da sie weder von linear strukturierten Kommunikationsmodellen noch durch Sender-Empfänger- oder Autor-Leser-Hierarchien determiniert sind:

> [Das Modell der Plattform], das den Aspekt der Verfügbarkeit von Inhalten betont, verzichtet auf einen direkten Zusammenhang von Intention des Produzenten und gezielter Nutzung der Rezipientinnen. [...] Das Plattform-Modell löst bisherige Modelle massenmedialer Kommunikation wie etwa das linear strukturierte Laswellsche Kommunikationsmodell mit seinen Instanzen Sender, Code, Empfänger ab. Mit diesem weit verbreiteten Modell lässt sich die Komplexität der Webangebote nicht ausreichend erfassen, da bereits die Verbreitungstechnik nicht nur eine Vielzahl von Sendern, sondern auch die Umkehrung des Kommunikationsprozesses ermöglicht. Empfänger können in der Netzkommunikation jederzeit als Sender auftreten. (Bleicher 2005: 363)

Nach der Festlegung des Medienangebots des Webs und seiner beiden Ordnungsmodelle steht nun die Frage im Raum, ob sich diese mit einem tradierten Medienbegriff erfassen lassen. Um dies klären zu können, erscheint es zielführend, Merkmale zu entwickeln, anhand derer diese Überprüfung erfolgen kann. Folgende Merkmale sind von Bedeutung für einen Medienbegriff des Webs:

1. *Voraussehbarkeit*. Diese ist gewährleistet, wenn ein mediales Repertoire redaktionell-ordnungslogischen Prinzipien folgt. Diese Regelhaftigkeiten werden von geschulten Medien- und Kommunikationsorganisationen for-

muliert und kontrolliert, welche somit eine verlässliche und voraussehbare Repertoire-Struktur für das kulturelle und mediale Programm eines Mediums sicherstellen.

2. *Komplexitätsreduktion*. Die Vielfalt des Repertoires, das sich auf die Basismedien Text, Ton und Bild zurückführen lässt, ist prinzipiell unbegrenzt. Medien haben durch institutionelle und medienspezifische Regelhaftigkeiten Routinen entwickelt, um die Komplexität der Medienangebote zu reduzieren. Effiziente und effektive Verfahren der Komplexitätsreduktion tragen zu einem übersichtlichen und vergleichbaren Programm bei.
3. *Konventionalisierung*. Darunter ist zu verstehen, dass sich Medienangebote in etablierte Genres, zumindest aber in benennbare Kategorien untergliedern lassen. Die Konventionalisierung des Repertoires und seiner Archive dient der Nutzbarkeit und Transparenz für Produzenten, Rezipienten und nicht zuletzt der wissenschaftlichen Analysierbarkeit von Medienangeboten.

Prüfen wir zuerst das Ordnungsmodell des Portals. Portale bieten die Möglichkeit, die Komplexität der Struktur des webmedialen Programms zu reduzieren und das Repertoire zu konventionalisieren. Dies erreichen sie entweder durch die allgemeine oder spezialisierte Ausrichtung ihrer Inhalte oder durch ihren Funktionsumfang. Für dieses Ordnungsmodell sprechen die webgeschichtlichen Repertoire-Erfahrungen mit horizontalen und vertikalen Portalen, die klassische Orientierungsfunktion für Medienangebote findet im Portal-Modell ihre Entsprechung. Bedingungen für die Produktion, Rezeption und Distribution sowie die Sinnlichkeit können formuliert und sowohl historisch, ästhetisch als auch theoretisch in den Griff bekommen werden. Web-Portale orientieren sich an den am traditionellen Mediensystem erprobten und bewährten Strategien, diese werden für das Web weitgehend übernommen. Das Portal-Modell eignet sich somit als kompatibles Ordnungsmodell.

Da sich im Web aber nicht alle Medienangebote Portalen zuordnen lassen, sondern in einer Vielzahl inhaltlich-organisatorisch dem Plattform-Modell, ist zu fragen, wie sich letzteres hinsichtlich der drei o. g. Kriterien verhält. Das Spezifische an dem Plattform-Begriff für das Web ist, dass mit Hilfe des *Uniform Resource Locaters* (URL) eine Medienangebotsproduktion von Text-, Ton- und Bildmedien angebunden wird, die, und hier liegt der Unterschied sowohl zu der massenhaft genutzten Medienproduktion der ‚alten' Medien als auch zu den Portal-Websites, mit den tradierten medialen Ordnungsmodellen bricht. Das Plattform-Modell macht deutlich, dass im Web in beträchtlicher Zahl Medienangebote produziert, generiert und rezipiert werden, die sich nicht in das an den ‚alten' Medien entwickelte Dispositiv – somit das spezifische Geflecht von (einzelmedienspezifischer) Ästhetik, Produktion, Distribution und Rezeption – einordnen lassen. Konkret zeigen massenhaft genutzte Plattformen im Web, dass der Weg, sich ihnen mit dem Dispositivbegriff zu nähern, systematisch versperrt ist. Gleiches gilt für autonome Blogger, deren Medienangebote weder direkt noch indirekt von Medieninstitutionen abhängen und die sich in ihrer Medienangebotsproduktion lediglich an der Rechtssprechung orientieren müssen.[8] Mit ihrer unüberschaubaren Angebotsvielfalt und vor allem aufgrund der Entwicklung, dass Nutzer Angebote selbst erstellen, machen Plattformen eine Voraussehbarkeit des medialen Repertoires unmöglich:

> Die bewährten Kontrollmechanismen, die den Massenmedien zugeordnet sind, versagen in einer globalisierten Welt Neuer Medien. Programme sind nicht mehr prognostizierbar; die Lesbarkeit und Rationalität der Programme verschwindet in der Vielzahl der ‚programms', also der Inhalte der Netze, die als ‚nutzergetrieben' erscheinen. (Schanze 2008: 68)

Hinzu kommt, dass sich Portale und Plattformen ordnungslogisch gegenseitig ausschließen. Das Programm der Portale wird durch Anbieter wie Kommunikationsorganisationen (auch Einzelpersonen), Sendeanstalten oder Medienbetriebe bestückt, die Content für die Rezeption produzieren und traditionellen Medienmustern und dem Sender-Empfänger-Ansatz verpflichtet sind. Bei Plattformen ist ein Programmbegriff hinfällig, da hierarchische und rekursive Abhängigkeiten in sich selbst organisierenden (webmedialen) Systemen nicht mehr existieren.[9] Web-Plattformen verweigern sich der Logik, das Orientierungshandeln zu konventionalisieren und die Komplexität der Programme in der Tradition der *broadcast media* zu reduzieren. Begreift man Plattformen als Ausgangspunkte, die die Infrastruktur des Webs (Browser, Server und die dazugehörigen Protokolle) nutzen,[10] um Repertoire zu erzeugen, dann ist der Sender-Empfänger-Ansatz aufgehoben. Wenn die „Programmträchtigkeit eines Mediums [...] von seinem Bedarf nach höherer Ordnung" (Coy 1998: o. S.) abhängt, dann vermögen Plattformen dies nicht hinreichend zu

---

8 Vgl. dazu den Beitrag von Bernd Holznagel und Thorsten Ricke in diesem Band.

9 Vgl. hierzu auch O'Reilly 2005. O'Reilly, durch den der Begriff des Web 2.0 popularisiert wurde, geht explizit auch auf das „Web als Plattform" unter Bezugnahme auf das mediale Repertoire ein, ohne allerdings die Konsequenzen auf den Medienbegriff zu reflektieren.

10 Vgl. den Beitrag von Tom Alby in diesem Band.

leisten: Browserbasierte Web-Anwendungen, bei denen sowohl automatisierte Verfahren zum Einsatz kommen als auch Nutzer ihre Programme und ihr Repertoire selbst ordnen und modellieren, unterscheiden sich substanziell von den Broadcast-Medien mit ihrem traditionellen Programmbegriff.

Ironischerweise könnten schlussendlich noch die ‚alten' Medien als Weißer Ritter in Erscheinung treten, um dem tradierten Medienbegriff zur Hilfe zu kommen. Ein Ausweg aus dem Begriffsdilemma wäre denkbar, wenn man das Web lediglich als erweiterten Distributionskanal verstünde, über den die tradierten Ordnungsmodelle ins Web transformiert werden. So könnte man, um ein konventionalisiertes Web-Repertoire zu erhalten, den über die Web-Oberfläche emulierten Zugriff auf das Repertoire der ‚alten' Medien als Beitrag zur Rettung des tradierten Medienbegriffs ansehen. Und, um ihre Medienmacht in Abgrenzung zu Plattform-Angeboten zu erhalten, bestücken die Rundfunk-, Verlags- und Film-Institutionen strategisch genau dieses Feld. Doch die junge Mediengeschichte des Webs zeigt schon jetzt, dass dieses Feld nicht zu markieren ist, was durch die medientechnisch induzierte prinzipielle Unabgeschlossenheit des Webs noch verstärkt wird. Insofern handelt es sich bei dem konventionalisierten Repertoire der ‚alten' Medien im Web – auch wenn die Medienunternehmen mit webspezifischen Formen neuen Content generieren – um nicht mehr als eine Gattung unter vielen im Repertoire des Webs. Denn der Unterschied zu nutzergetriebenen Content-Plattformen, die inzwischen eine soziokulturelle Eigenständigkeit erlangt haben, bleibt grundlegend erhalten. Die Emulation und Simulation der traditionellen Medienangebote geht somit weit über die mittelbare Einbeziehung der Basismedien hinaus: „Neben den alten Massenmedien erscheinen neue Individualmedien. Einerseits werden die Nutzungsformen aller alten Massenmedien simuliert, andererseits ergeben sich neue, interaktive und individualisierte Nutzungsformen." (Schanze 2007: 25)

Als Resultat einer Prüfung der Ordnungsmodelle ergibt sich also für den Medienbegriff des Webs eine strukturelle Differenz: Auf der einen Seite lassen sich Portal-Websites und der im Web distribuierte Content der traditionellen Medien zusammenfassen. Sie können mit den Merkmalen der Voraussehbarkeit, der Komplexitätsreduktion und einem konventionalisierten Repertoire erfasst werden. Diese beiden Medienangebotstypen wären somit, auch im Hinblick auf das Dispositiv, mit dem an den traditionellen Medien entwickelten Medienbegriff kompatibel. Auf der anderen Seite befinden sich Websites, die das Web als Plattform nutzen. Sie lassen sich *nicht* in den traditionellen Medienbegriff integrieren, da das mediale Repertoire der Medienangebote auf Plattformen nur bedingt voraussehbar und in seiner Komplexität nur schwer zu reduzieren ist.

6 Das Web und die Medien – Integration oder Dissoziation?

Wenn, so das Resümee aus den bisherigen Überlegungen, die medientechnische Gegenstandsbestimmung und medienstrukturelle Eigenschaften wie Digitalität, Interaktivität und Hybridisierung zwar notwendige, aber keine hinreichenden Merkmale liefern, um den Gegenstandsbereich des Webs als neues Medium zu diskriminieren, und Web-Angebote sich zudem zweifellos hinsichtlich Produktion, Ästhetik, Distribution und Rezeption von den ‚alten' Medien unterscheiden, dann offenbart sich anhand der Wesensbestimmung des Webs eine strukturelle und bedeutende Verschiebung der medialen Ordnung, die weder vorübergehend noch umkehrbar ist. Verantwortlich dafür ist in erster Linie das webmediale Ordnungsmodell der Plattform, das losgelöst von etablierten Medien- und Kommunikationsorganisationen existiert.

Durch die bahnbrechende medientechnische Erfindung der dezentral-hypertextuellen Web-Oberfläche, flankiert durch ökonomische und soziokulturelle Entwicklungen wie die vereinfachten und preiswerten Möglichkeiten zur Content-Produktion mit Hilfe von Content-Management-Systemen, bietet sich die Möglichkeit, Web-Angebote nicht nur zu produzieren, sondern sie auch massenhaft zu verbreiten, ohne dafür institutionalisierte Medienorganisationen in Anspruch zu nehmen. Das Herausbrechen der medieninstitutionellen Säule hat nun aber fatale Folgen für die Bestimmung des Einzelmediums Web. Weit schwerer als der Verlust medienpolitischer, medienrechtlicher oder professioneller Rahmenbedingungen wiegt für den Medienbegriff des Webs dabei die Unberechenbarkeit und Flüchtigkeit des Repertoires und der Archive. Ein Programmschema für das Web lässt sich nicht spezifizieren, und auch die Unmöglichkeit eines verbindlichen Kanons sowie eine für die Nutzer nicht dauerhaft zuverlässige Distribution lassen eine Programmgeschichte und -analyse unmöglich erscheinen. Folglich ist es angebracht, das Web weder als Einzelmedium noch als Hybrid- oder Meta-Medium im Sinne einer Addition der Einzelmedien zu begreifen, sondern als Medium zweiter Ordnung (Rainer Leschke). Auf dieser Stufe greift der an den ‚alten' Medien entwickelte Dispositivbegriff nicht mehr.

Was für das Web gilt, hat Mercedes Bunz medientheoretisch auch für das Internet herausgearbeitet. Das Besondere am Internet ist …

> … dass es die Eigenschaften eines ‚epistemischen Dings' aufweist: Es zeigt sich als ein Medium, das konstant im Prozess seiner Definition begriffen ist, denn in jeder Sendung hat es eine neue eigene Gestalt. Jede Sendung bestimmt, was das Medium konkret ist. Am Internet wird damit ein neuer medientheoretischer Aspekt sichtbar, der im Diskurs bislang eine eher unter-

> geordnete, zumindest aber nebensächliche Rolle gespielt hat: Die Unbestimmtheit des Mediums. (Bunz 2008: 111)

Für den Gegenstandsbereich des Webs sind parallele Entwicklungen zu beobachten: Zum einen Web-Angebote, die entweder in Ordnungsmodelle, die dem traditionellen Medien-Dispositiv entsprechen, zu integrieren sind oder einen Zugriff auf die Medienangebote der ‚alten' Medien simulieren. Zum anderen Web-Angebote der Plattformen, die auf den ersten Blick mit den Verfahren des (informationswissenschaftlichen) Information Retrieval zu ordnen sein könnten. Interessant wird es, wenn – im Medium zweiter Ordnung – diese Ordnungsformen Bestandteil des webmedialen Dispositivs werden und Ordnungsleistungen erbringen, die aus dem traditionellen informationswissenschaftlichen Zusammenhang in dieser Form unbekannt sind – wenn sich auf Plattformen auf Grundlage von heterarchischen und kollaborativen Konzepten[11] Ordnungs- und Sortierformen wie *social search*, *social tagging*, *tag clouds*, *blogrolls*, Empfehlungen usf. entwickeln, die in eine eigenständige, webspezifische und somit neue mediale Anschlusskommunikation münden:

> Bei Printpresse, Radio und Fernsehen haben sich streng hierarchisch gegliederte Entscheidungsinstanzen etabliert, die für eine gezielte Selektion dessen sorgen, *was* einer Veröffentlichung für wert befunden wird und *wie* es einer Veröffentlichung für wert befunden wird. Derartige Hierarchien scheint das Internet nicht zu kennen. „An die Stelle eines zentral gesteuerten Output wird ein dezentralisierter Input treten, Gruppenkonversation wird die Massenkommunikation ersetzen, Hierarchien werden sich in Heterarchien verwandeln [...]. (Youngblood 1991, S. 307)" (Welther 2000: 114-115; Herv. i. Org.)

Wichtig ist dabei der kategoriale Unterschied zu den Ordnungsmodellen der ‚alten' Medien: Webspezifische Ordnungs- und Sortierformen schwingen sich nicht auf zu Ordnungsmodi, die sich im Sinne einer Programmstruktur in ein Mediendispositiv einfügen lassen. Die Ordnungszuschreibungen sind unbestimmt, beliebig, automatisiert und vor allem nicht von geschulten Kommunikationsorganisationen institutionalisiert. Wilbur Schramm sprach 1964 davon, dass das „Massenmedium eine Kommunikationsorganisation [ist], eine Arbeitsgemeinschaft von Menschen, die daraufhin geschult und zusammengesetzt sind, mit einer gemeinsamen Stimme zu sprechen und eine Art von inkorporierter Persönlichkeit bilden" (Schramm 1964: 16). Der Unterschied zu Web-Angeboten auf Plattformen liegt auf der Hand.

---

[11] Vgl. die Zusammenhänge zwischen Kooperation und Kollaboration, Hierarchie und Heterarchie bei Schmalz 2007.

Anbieter von Plattformen entfernen sich vom klassischen Medienbereich, da sie – wie eine Zeitung ohne Redaktion – selbst keinen Content generieren, sondern auf nutzergenerierte Inhalte setzen. Die Institutionen auf der redaktionellen Ebene fallen weg, die Betreiber von Plattformen übernehmen in struktureller Hinsicht die Rolle der Post: Sie stellen bei der geordneten Übermittlung zum Austausch von Content präproduktive und produktive Strukturen bereit. Bestenfalls in der Präproduktion, bei der Umsetzung von der ‚Idee' zur Plattform, lässt sich eine Medienqualität erfassen, die konventionalisierbar wäre. Doch spätestens wenn im Anschluss an die Arbeit der Software-Produktion auf den Plattformen Content ‚produziert' wird, tritt eine strukturelle Komplexitätserweiterung auf, die mit dem traditionellen Medienbegriff nicht zu greifen ist: Im Sinne der traditionellen Einzelmedien ist das Web kein Medium, da es sich in der Gesamtheit seiner Medienangebote sowohl einer Konventionalisierung des Repertoires als auch dem Dispositiv-Begriff entzieht. Und präproduktive Strukturen allein sind für einen am Dispositiv entwickelten Medienbegriff zu unterkomplex

Folgt man diesen Gedanken, hat die Entwicklung des Webs irreversible Folgen für die wissenschaftliche Beschäftigung mit Medien. Schon heute ist abzusehen, dass die ökonomischen Entwicklungen radikal greifen[12] und die juristischen Hürden, die die Entwicklung des webmedialen Repertoires verzögert, aber nicht aufgehalten haben, zu nehmen sind. Bei den Plattformen, deren Integration in den traditionellen Medienbegriff gescheitert ist, lässt sich eine Dissoziation vom klassischen Medienbereich feststellen. Die fundamentale Veränderung des Medienbegriffs durch das Web hat somit auch destabilisierende Folgen für die Publizistik, die Rezeptionsmodelle sowie die Orientierungsleistung der Medien.

Die Folgen, die sich aus der Klärung des Medienbegriffs des Webs ergeben, sind für eine Webwissenschaft komplex. Sie muss – hier in enger Zusammenarbeit mit der Medien- und Kommunikationswissenschaft – sowohl die Entwicklungen der traditionellen Medien im Web als auch das Medienangebot der Website-Portale theoretisch und forschend begleiten. Besonderes Augenmerk gilt aber der Analyse von Web-Angeboten auf Plattformen. Die besondere Herausforderung eines webwissenschaftlichen Ansatzes besteht darin, das sich nicht mit den bekannten Ordnungsmodellen in den Griff zu bekommende Repertoire des Webs – von dem zu erwarten ist, dass es in Zukunft durch technische Innovationen von Web-Applikationen und binnenparadigmatische Schleifen immer wieder neu befruchtet werden wird – zu systematisieren.

---

[12] Vgl. den Beitrag von Jörg Hoewner in diesem Band.

Literatur

Alby, Tom [2]2007: *Web 2.0. Konzepte, Anwendungen, Technologien*. München: Hanser.

Berners-Lee, Tim 1999: *Der Web-Report*. München: Econ.

Bleicher, Joan Kristin 2005: „Vom Programm durch das Portal in den Cyberspace. Ordnungsmuster von Internetangeboten." In: *Programm und Programmatik. Kultur- und medienwissenschaftliche Analysen*. Hg. v. Ludwig Fischer. Konstanz: UVK, S. 357-370.

Bolter, Jay David 1997: „Das Internet in der Geschichte der Technologie des Schreibens." In: *Mythos Internet*. Hg. v. Stefan Münker und Alexander Roesler. Frankfurt/M.: Suhrkamp, S. 37-55.

Bolz, Norbert 1994: „Computer als Medium – Einleitung." In: *Computer als Medium*. Hg. v. Norbert Bolz, Friedrich Kittler und Georg Christoph Tholen. München: Fink, S. 9-16.

Bruns, Karin und Ramón Reichert 2007: „Einleitung." In: *Reader Neue Medien. Texte zur digitalen Kultur und Kommunikation*. Hg. v. Karin Bruns und Ramón Reichert. Bielefeld: transcript, S. 23-32.

Bunz, Mercedes 2008: *Vom Speicher zum Verteiler. Die Geschichte des Internet*. Berlin: Kadmos.

Bush, Vannevar 1945: „As We May Think." In: *Atlantic Monthly* 176, S. 101-108.

Coy, Wolfgang 1998: „Hat das Internet ein Programm?" http://waste.informatik.hu-berlin.de/coy/Coy_Internet_11-98.html (Abruf: 18.07.2008)

Coy, Wolfgang 2002: „Analog/Digital – Schrift, Bilder & Zahlen als Basismedien." In: *Bildschirm – Medien – Theorien*. Hg. v. Peter Gendolla, Peter Ludes und Volker Roloff. München: Fink, S. 155-165.

Debatin, Bernhard 2004: „Ethik des Online-Journalismus – medienethische Kriterien und Perspektiven." In: *Gute Seiten – schlechte Seiten. Qualität in der Kommunikation*. Hg. v. Klaus Beck, Wolfgang Schweiger und Werner Wirth. München: Fischer.

Faßler, Manfred 1997: „Handlung ohne Ende? Simulation, elektronisch verteiltes Wissen und programmierte Hybride." In: *Hybridkultur. Medien, Netze, Künste*. Hg. v. Irmela Schneider und Christian W. Thomsen. Köln: Wienand.

Flusser, Vilém 1985: *Ins Universum der technischen Bilder*. Göttingen: European Photography.

Glaser, Peter 1997: „Magischer Hauch." In: *Spiegel Special: Der digitale Mensch* 3, S. 27-28.

Hartmann, Frank 2003: „Techniktheorien der Medien." In: *Theorien der Medien. Von der Kulturkritik bis zum Konstruktivismus*. Hg. v. Stefan Weber. Konstanz: UVK, S. 49-80.

Hickethier, Knut 2003: *Einführung in die Medienwissenschaft*. Stuttgart: Metzler.

Hörisch, Jochen 2004: *Eine Geschichte der Medien. Vom Urknall zum Internet*. Frankfurt/M.: Suhrkamp.

Kerckove, Derrick de 2002: *Die Architektur der Intelligenz: Wie die Vernetzung der Welt unsere Wahrnehmung verändert*. Basel: Birkhäuser.

Kind, Thomas 2002: „Internet.“ In: *Metzler Lexikon Medientheorie – Medienwissenschaft*. Hg. v. Helmut Schanze. Stuttgart: Metzler, S. 154-157.

Kittler, Friedrich 1986: *Grammophon, Film, Typewriter*. Brinkmann & Bose: Berlin.

Kittler, Friedrich 1989: *Die Nacht der Substanz*. Bern: Benteli.

Kittler, Friedrich 1999: *Optische Medien*. Berliner Vorlesung. Merve: Berlin.

Leschke, Rainer 2001: „Medientheorie.“ In: *Handbuch der Mediengeschichte*. Hg. v. Helmut Schanze. Stuttgart: Kröner, S. 14-40.

Leschke, Rainer 2003a: *Einführung in die Medientheorie*. München: Fink.

Leschke, Rainer 2003b: „Von der Erfindung der Medienwissenschaft als regelmäßiger Übung.“ In: *Zeitschrift für Literaturwissenschaft und Linguistik* 33, 132, S. 67-89.

Leschke, Rainer 2007: „Medien – Ein loser Begriff. Zur wissenschaftshistorischen Rekonstruktion eines Begriffskonzeptes.“ In: *Navigationen. Siegener Beiträge zur Medien- und Kulturwissenschaft* 7, 1, S. 219-229.

Leschke, Rainer/Kolb, Andreas/Schemer-Reinhard, Timo 2008: „Interaktivität. Ein Begriff im Netz der Wissenschaften.“ In: *Navigationen. Siegener Beiträge zur Medien- und Kulturwissenschaft* 8, 1, S. 81-101.

Magenheim, Johannes 2008: „Interaktion und Interaktivität im Kontext von Wissenskonstruktion und Nutzung digitaler Medien. Zur Vielfalt des Interaktionsbegriffs.“ In: *Navigationen. Siegener Beiträge zur Medien- und Kulturwissenschaft* 8, 1, S. 10-41.

McLuhan, Marshall 1992 (1964): *Die magischen Kanäle. Understanding Media*. Düsseldorf u. a.: Econ.

Missomelius, Petra 2006: *Digitale Medienkultur. Wahrnehmung – Konfiguration – Transformation*. Bielefeld: transcript.

Nelson, Theodor H. 1965: „Complex information processing: a file structure for the complex, the changing and the indeterminate.“ In: *Proceedings of the 1965 20th national conference*. New York: ACM Press, S. 84-100.

O'Reilly, Tim 2005: „What Is Web 2.0. Design Patterns and Business Models for the Next Generation of Software.“
http://www.oreilly.de/artikel/web20.html;
deutsche Übersetzung unter http://www.distinguish.de/?page_id=36 (Abruf: 23.07.2008)

Roesler, Alexander 2005: „Cyberdemokratie.“ In: *Grundbegriffe der Medientheorie*. Hg. v. Alexander Roesler und Bernd Stiegler. Paderborn: Fink, S. 52-58.

Rörig, Horst 2006: *Die Mär vom Mehr. Strategien der Interaktivität. Begriff, Geschichte, Funktionsmuster*. Münster: LIT.

Rusch, Gebhard 2007: „Computer als Neues Medium – Medientheorien des Computers.“ In: *Theorien der Neuen Medien. Kino – Radio – Fernsehen – Computer*. Hg. v. Gebhard Rusch, Helmut Schanze und Georg Schwering. München: Fink, S. 345-394.

Sandbothe, Mike 1997: „Interaktivität – Hypertextualität – Transversalität.“ In: *Mythos Internet*. Hg. v. Stefan Münker und Alexander Roesler. Frankfurt/M.: Suhrkamp, S. 56-84.

Schanze, Helmut (Hg.) 2001: *Handbuch der Mediengeschichte*. Stuttgart: Kröner.

Schanze, Helmut 2002: „Medien.“ In: *Metzler Lexikon Medientheorie – Medienwissenschaft*. Hg. v. Helmut Schanze. Stuttgart: Metzler, S. 199-201.

Schanze, Helmut 2007: „Vorklärungen und Grundbegriffe.“ In: *Theorien der Neuen Medien. Kino – Radio – Fernsehen – Computer*. Hg. von Gebhard Rusch, Helmut Schanze und Georg Schwering. München: Fink, S. 21-37.

Schanze, Helmut 2008: „Noch einmal: Fernsehen als Ritual? Eine kritische Programmvorschau.“ In: *MedienRituale: Rituelle Performanz in Film, Fernsehen und Neuen Medien*. Hg. v. Anne Bartsch, Ingrid Brück und Kathrin Fahlenbrach. Wiesbaden: VS, S. 59-69.

Schmalz, Jan Sebastian 2007: „Zwischen Kooperation und Kollaboration, zwischen Hierarchie und Heterarchie. Organisationsprinzipien und -strukturen von Wikis.“ http://www.soz.uni-frankfurt.de/K.G/B5_2007_Schmalz.pdf [PDF-Datei] (Abruf: 21.07.2008)

Schramm, Wilbur 1964: „Kommunikationsforschung in den Vereinigten Staaten.“ In: *Grundfragen der Kommunikationsforschung*. Hg. v. Wilbur Schramm. München: Juventa, S. 9-26.

Schröter, Jens 2004a: *Das Netz und die Virtuelle Realität. Zur Selbstprogrammierung der Gesellschaft durch die universelle Maschine*. Bielefeld: transcript.

Schröter, Jens 2004b: „Intermedialität, Medienspezifik und die universelle Maschine.“ http://www.theorie-der-medien.de/text_detail.php?nr=46 (Abruf: 22.07.2008)

Sommer, Manfred 2002: „Gemeinsame Homepages und Portale – Möglichkeiten und Voraussetzungen.“ In: *Online-Findbücher, Suchmaschinen und Portale*. Hg. v. Angelika Menne-Haritz. Marburg: Archivschule, S. 219-230.

Tholen, Georg Christoph 2003: „Medienwissenschaft als Kulturwissenschaft. Zur Genese und Geltung eines transdisziplinären Paradigmas.“ In: *Zeitschrift für Literaturwissenschaft und Linguistik* 33, 132, S. 35-48.

Venus, Jochen 2002: „As We May Think About It. Zur Zukunft des Internets im System der Medien.“ In: *Navigationen. Siegener Beiträge zur Medien- und Kulturwissenschaft* 2, 2, S. 69-82.

Welther, Tilman 2000: „Medienrevolutionen und Redereflexe. Die Etablierung neuer Medien im Spiegel ihrer Diskurse.“ Dissertation Universität Siegen. http://www.ub.uni-siegen.de/pub/diss/fb3/2004/welther/welther.pdf [PDF-Datei] (Abruf: 09.07.2008)

Warum und zu welchem Zweck benötigen wir eine Webwissenschaft?

Helmut Volpers

1 Einleitung

Der nachfolgende Beitrag liefert Vorüberlegungen für die Herausbildung einer zukünftigen Webwissenschaft im Kontext des deutschen Wissenschaftssystems. Hierbei wird zunächst auf den konkreten disziplinären Forschungszusammenhang der Medien- und Kommunikationswissenschaft eingegangen. Die Frage „Why communication researchers should study the Internet"[1] wurde fachintern von der internationalen Kommunikationswissenschaft vielfach beantwortet. Überdies ist ein Großteil der vorliegenden theoretischen wie empirischen Forschungsergebnisse zum Web und zur Online-Kommunikation dieser Provenienz. Die Medien- und Kommunikationswissenschaft scheint daher auf den ersten Blick eine anschlussfähige Basis geschaffen zu haben, auf der eine Webwissenschaft aufbauen könnte. Wie der vorliegende Beitrag zeigen wird, lauern bei einer Ausdifferenzierung der Webwissenschaft aus der geistes- und sozialwissenschaftlichen Forschungstradition heraus jedoch auch erkenntnistheoretische Fallstricke. Daher werden auch Forschungsanregungen aus anderen Disziplinen berücksichtigt,[2] wobei den von Tim Berners-Lee et al. im Jahr 2006 veröffentlichten Artikeln „Creating a Science of the

---

1 So lautet der Titel eines Beitrags im *Journal of Communication* von 1996, der 2003 modifiziert wieder aufgegriffen wurde mit dem Artikel „How Do Communication and Technology Researchers Study the Internet?" (vgl. Walther, Gay und Hancock 2005).

2 Zu nennen ist hier vor allem die Web Science Research Initiative (WSRI) – ein Gemeinschaftsprojekt des Computer Science and Artificial Intelligence Laboratory am Massachusetts Institute of Technology (MIT) und der School of Electronics and Computer Science an der University of Southampton: „The goal of WSRI is to facilitate and produce the fundamental scientific advances necessary to inform the future design and use of the World Wide Web" (WSRI 2008). Auch in der deutschsprachigen Wissenschaftslandschaft sind daraufhin erste Reaktionen erfolgt: 2006 hat sich eine Arbeitsgruppe mit der Entwicklung eines Forschungsgebiets Webwissenschaft an der Johannes Kepler Universität Linz beschäftigt und erste curriculare Entwürfe für einen BA-Studiengang Webwissenschaft vorgelegt (vgl. Dobusch und Forstleitner 2007: 308-316). An der Fachhochschule Köln wurde 2007 eine bestehende Professur um das Gebiet Webwissenschaft erweitert.

Web“ und „A Framework for Web Science“ eine herausragende Bedeutung zukommt. Sie können international als Initialzündung für die Herausbildung einer Webwissenschaft angesehen werden.

Die moderne Wissenschaft ist durch eine zunehmende Ausdifferenzierung und Spezialisierung gekennzeichnet. Dies gilt vorrangig für ihre theoretischen, methodischen und inhaltlichen Perspektiven, nachrangig auch für die Institutionalisierung von Einzeldisziplinen. Der wissenschaftliche Erkenntnisprozess bewegt sich zumeist evolutionär und vergleichsweise selten in der Dynamik revolutionärer Umorientierung. Die Herausbildung neuer Einzeldisziplinen ist dabei keinesfalls die notwendige Folge dieses Prozesses, vielmehr erzeugt er häufiger einen wissenschaftsimmanenten Paradigmenwechsel.[3]

Für die Etablierung einer neuen Einzeldisziplin lassen sich historisch betrachtet zwei unterschiedliche Faktoren erkennen:

- Erstens die *Entstehung völlig neuer Gegenstandsbereiche* in der sich entwickelnden Gesellschaft; so führte letztlich die *Existenz* der Zeitung zur Zeitungswissenschaft[4] und die in der Folge neu hinzutretenden Medien zur Notwendigkeit der Publizistikwissenschaft.
- Zweitens die *zunehmende Komplexität wissenschaftlicher Erkenntnisse*, die eine Komplexitätsreduktion durch Spezialisierung erzwingt, wie dies etwa bei der Ausdifferenzierung medizinischer Teildisziplinen oder der Herausbildung der Soziologie erkennbar ist.

---

3 Hierunter versteht der amerikanische Wissenschaftshistoriker Thomas S. Kuhn den Wandel der anerkannten Probleme und Methoden eines Forschungsgebiets. Revolutionäre wissenschaftliche Erkenntnisse erzeugen zumeist einen Bruch mit den bestehenden festgefügten Theoriegebäuden (z. B. ptolemäische vs. kopernikanische Astronomie), der einen Paradigmenwechsel begründet (vgl. Kuhn 1976: 25).

4 Das erste Institut für Zeitungskunde wurde 1916 von Karl Bücher in Leipzig gegründet, also rund drei Jahrhunderte nach dem Entstehen der Zeitung. Allerdings haben sich auch die Verbreitung der Zeitungslektüre und die Reichweite dieses Mediums sowie dessen Bedeutung für die öffentliche Kommunikation über Jahrhunderte langsam entwickelt. Von der ersten öffentlichen Vorführung des Lumière'schen Kinematographen im Jahr 1895 bis zur institutionellen Etablierung einer Filmwissenschaft an der Sorbonne im Jahr 1948 (École de Filmologie) vergingen hingegen nur rund 50 Jahre.

- Beide Faktoren können als zutreffende Bedingung zu der Schaffung einer Webwissenschaft gelten, für die jedoch noch ein dritter hinzutritt: *die Notwendigkeit der immanenten Weiterentwicklung des Webs auf der Grundlage anwendungsbezogener Forschung.*

Der dritte Aspekt sprengt den Rahmen der kommunikations- und medienwissenschaftlichen Forschungstradition, in der Medien und Kommunikation primär Gegenstände der Erkenntnissuche, nicht jedoch der immanenten Weiterentwicklung sind.[5] In der Forschungsgruppe um Berners-Lee hingegen ist die Reflexion über den Gegenstand Web eng mit dem Anwendungsbezug verzahnt: „Understanding and fostering the growth of the World Wide Web, both in engineering and societal terms, will require the development of a new interdisciplinary field." (Berners-Lee et al. 2006a: 769)

2 Das Web als Gegenstandsbereich

2.1 Perspektiven der Medien- und Kommunikationswissenschaft

Im vorliegenden Sammelband hat sich Konrad Scherfer ausgehend von einem eindeutig medienwissenschaftlichen Ansatz mit der Frage auseinandergesetzt, ob, und wenn ja, wie sich das Web als Medium definitorisch fassen lässt. Er problematisiert hierbei zutreffend die traditionelle medienwissenschaftliche Perspektive, ohne sie jedoch zu verlassen. Deutlich wird in seinen Reflexionen, dass eine einzelmedienwissenschaftliche Begriffsbestimmung (analog zu Buch, Film, Radio oder Fernsehen) im Falle des Webs nicht greift. Wenn also die Medienwissenschaft bisher keine schlüssige Definition für das Web vorgelegt hat, gilt es zunächst zu prüfen, ob die Kommunikationswissenschaft ‚mehr zu bieten hat'. Grundsätzlich hat auch sie zentrale Definitionsdefizite.[6] Dennoch herrscht nach langem Diskussionsprozess

---

5 Sicherlich tragen die Forschungsergebnisse der Kommunikationswissenschaft in Einzelfällen auch zur Optimierung professioneller Kommunikationsabläufe bei, ihr Kerngeschäft ist jedoch die „Weiterentwicklung von Theorien und Methoden der Wissenschaft von der öffentlichen Kommunikation." (Brosius 2003: 47)

6 So schrieb Merten noch 1999: „Der Begriff Medium ist ein zentraler Grundbegriff der Kommunikationswissenschaft und, wie viele Grundbegriffe, bislang nicht zufriedenstellend definiert. Er

nun weitgehend Konsens darüber, was die Kommunikationswissenschaft als Medium versteht: „Medien konstituieren Sinn im Rahmen von institutionalisierten Handlungszusammenhängen, die an technische Vermittlungskanäle gebunden sind." (Neverla 2000: 179)[7] Die bei dieser Definition nahe liegende Krux im Bezug auf das Web besteht darin, „dass mit den digitalen Netzen technische Vermittlungskanäle vorliegen", die eben nicht „durchgehend an institutionalisierte Handlungszusammenhänge und professionelle Regelwerke gebunden sind." (ebd.) Die pragmatische Konsequenz, die Irene Neverla aus diesem Dilemma für das Fach zieht, mündet in eine gewisse Ambiguitätstoleranz: „Um der Konvergenz unseres wissenschaftlichen Objektes gerecht zu werden, sind fürs Erste auch theoretische Unschärfen in Kauf zu nehmen" (ebd.). So gerechtfertigt dieser Lösungsansatz für eine Übergangsphase auch erscheint, auf Dauer wäre er nicht hinzunehmen. Dennoch hat die Kommunikationswissenschaft per Selbstanspruch – und durchaus mit einer gewissen Berechtigung – ihren Forschungsbereich zunächst einmal um die Onlinemedien erweitert, ohne terminologische Passgenauigkeit dem Web gegenüber erzielen zu können. Hierbei kommt ihr zugute, dass ihr Gegenstandsbereich die „sozialen Bedingungen, Folgen und Bedeutungen von medialer, öffentlicher und interpersonaler Kommunikation" (Vowe et al. 2008: 2) umfasst.[8] Dies beinhaltet ausdrücklich auch die Onlinemedien (vgl. ebd.). Die Kommunikationswissenschaft kann sich somit, ohne einen erkenntnistheoretischen Bruch zu riskieren, sehr wohl mit online vermittelter Kommunikation auseinandersetzen, wenngleich ihr eine zutreffende Definition des Mediums fehlt. Mit der „digitalen Herausforde-

---

erweist sich jedoch in ganz unterschiedlichen kommunikativen Perspektiven als notwendig und hat, was die Klärung keinesfalls einfacher macht, zu unterschiedlichen Theorieentwürfen geführt." (Merten 1999: 133)

7 Irene Neverla beruft sich bei dieser Definition auf Ausführungen von Ulrich Saxer aus dem Jahre 1998 (vgl. Saxer 1998: 53).

8 Dieses Zitat entstammt einem auf der Tagung der Deutschen Gesellschaft für Publizistik- und Kommunikationswissenschaft (DGPuK) 2008 vorgestellten „Selbstverständnispapier" der Scientific Community, die in der DGPuK organisiert ist. Wenngleich die Arbeitsgruppe die Fachbezeichnung auf Kommunikations- und *Medien*wissenschaft erweitert, bleibt die sozialwissenschaftliche Ausrichtung des Faches – und somit der kommunikationswissenschaftliche Kern – auch im neuen Selbstverständnis bestehen. Auf den spannenden, aber nicht unproblematischen Diskurs des fachlichen Selbstverständnisses der sozialwissenschaftlichen (empirischen) Kommunikationswissenschaft und der geisteswissenschaftlichen Medienwissenschaft kann hier nicht weiter eingegangen werden. Vielmehr wird die Selbstverständnisdiskussion der in der DGPuK organisierten Fachvertreter hier nur insofern behandelt, als sie sich auf die fachliche Positionierung gegenüber der Onlinekommunikation bezieht.

rung“[9] im weitesten Sinne beschäftigt sich die Kommunikationswissenschaft seit rund 25 Jahren unter der Etikette „Computervermittelte Kommunikation“. Damit werden „alle Formen der interpersonalen, gruppenbezogenen und öffentlichen Kommunikation, die offline oder online über Computer(netze) und digitale Endgeräte erfolgen“ bezeichnet (DGPuK 2004). Die zentralen Ergebnisse dieser Forschungsrichtung werden nachfolgend kurz beleuchtet.

Bereits in den 1980er/90er Jahren sind in der US-amerikanischen Kommunikationswissenschaft Modelle entwickelt worden, die sich zur Abgrenzung computervermittelter Kommunikation von anderen Formen der Individualkommunikation eignen. Die wesentlichen distinktiven Merkmale der computervermittelten Kommunikation im Vergleich zur Face-to-Face-Kommunikation lassen sich über die *Entkörperlichung* (Verschwinden des Körpers als Zeichenträger), *Textualität* (Dominanz der Verschriftlichung) und *Entzeitlichung/Enträumlichung* (raumzeitliche Unabhängigkeit) fassen (vgl. ausführlicher Misoch 2006: 56-61). Von den verschiedenen Theorien, die an diesen grundlegenden distinktiven Merkmalen ansetzen, sind insbesondere zu nennen: die *Social Presence Theory* und in der Weiterentwicklung das *Kanalreduktionsmodell* (auch Restriktionsmodell) sowie der *Cues Filtered Out Approach* (Filtertheorie) (vgl. u. a. ebd.: 63). Im Kern geht es bei all diesen Modellen und Theorien um die Fragen: Welche Unterschiede lassen sich zwischen Face-to-Face-Kommunikation und computervermittelter Kommunikation feststellen? Welche Auswirkungen resultieren aus der computervermittelten Kommunikation für die Kommunikationssituation und für das Individuum?

Das relativ ‚wirkmächtige‘ Restriktionsmodell, das vor allem in den 1990er Jahren präferiert wurde, geht davon aus, dass es aufgrund des Fehlens von visueller, akustischer, olfaktorischer, gustatorischer und taktiler Sinneswahrnehmung innerhalb der computervermittelten Kommunikation zu einer Reizreduktion und damit einem Qualitätsverlust kommt (vgl. ebd.: 71). Überträgt man diese These auf die heutige webbasierte Kommunikation im engeren Sinne, greift sie nur noch bedingt: Im Web sind neben die (immer noch dominierende) textbasierte Kommunikation visuelle (Webcam, Fotoaustausch) oder andere „kreative Ausdrucksformen für Emotionen und Nonverbales“ (ebd.) getreten. In Erweiterung des Restriktionsmodells richtet sich die Filtertheorie auf die Folgen des Wegfalls sozialer Hinweisreize innerhalb der computervermittelten Kommunikation und die daraus resultie-

---

9 So der Titel eines Sammelbandes (vgl. Kimpeler, Mangold und Schweiger 2007) anlässlich der 10-jährigen Existenz der Fachgruppe „Computervermittelte Kommunikation“ in der DGPuK. Die US-amerikanische Kommunikationsforschung zu diesem Thema reicht deutlich weiter zurück.

renden (und auch feststellbaren, sowohl positiven wie negativen) Konsequenzen.[10] Die in den 1990er Jahren entwickelten Modelle und Theorien zur computervermittelten Kommunikation vermögen durchaus basale Erkenntnisse über die ‚kommunikative Standardsituation' zu liefern, in der sich ein Webnutzer befindet. Nimmt man allerdings die gesamte Bandbreite der Webnutzung in den Blick, ist die heuristische Aussagekraft der Befunde, die aus der Erforschung der computervermittelten Kommunikation resultieren, begrenzt. Diese Begrenzung ergibt sich im Wesentlichen aus dem zugrunde liegenden erkenntnisleitenden Interesse, das sich disziplinär auf kommunikative Aspekte der Webnutzung beschränkt.

Sowohl die Medien- als auch die Kommunikationswissenschaft nähern sich dem Gegenstandsbereich mit ihren tradierten und für die klassischen Medien bewährten Parametern[11] und versuchen, wie Scherfer zutreffend ausführt, die Grundkonstanten medialer Kommunikation auf das Web anzuwenden: Produktion, Distribution und Rezeption. Bei der Analyse von Kommunikationssituationen im Web wird als Bezugspunkt die interpersonale Face-to-Face-Kommunikation genommen und im Vergleich hierzu lediglich nach Abweichungen gesucht. Die kommunikationswissenschaftlichen Definitions- und Systematisierungsprobleme, die mit dem Web verbunden sind, haben fachintern durchaus Lösungsvorschläge erbracht:

> Das Netz ist ‚all-inklusiv'[sic], zumindest umfasst es deutlich mehr Themen, Kommunikatoren, Zeichensysteme (Codes) als die distinktiven Kommunikationsmedien, die wir seit langem kennen und nutzen. Das ‚Netz' ist demnach eher durch Entdifferenzierung und Re-Integration von Kommunikationsmodi gekennzeichnet als durch die wachsende Ausdifferenzierung, die wir bei den Massenmedien erkennen können. Offenbar sind auch die institutionellen Regeln und die organisatorischen Rahmen heterogener als bei den einzelnen Medien wie Rundfunk, Tageszeitung oder Telefonie, weil ‚im Netz' die Kommunikanden selber in stärkerem Maße die Regeln bestimmen, ja buchstäblich aushandeln. Das Netz könnte als ein ganzes Bündel von Medien, als Makro- oder Metamedium oder als Mischung verschiedener Medien bezeichnet werden, als Hybridmedium, das wie der Computer eine Fülle von Anwendungen, Funktionen und Kommunikationsmodi ermöglicht. (Beck 2005: 21)

---

10 Siehe hierzu auch den Beitrag von Helmut Volpers und Karin Wunder in diesem Band.

11 Vgl. hierzu auch Christoph Neuberger: „Die theoretischen Konstrukte der Kommunikationswissenschaft sind [...] durch die Objekte der Forschung imprägniert. Ihre Theorien, Modelle, Begriffe und Methoden reflektieren implizit den ‚Status quo' der Medienevolution. Die Kommunikationswissenschaft ist den bislang dominierenden Massenmedien verhaftet, weil sie im 20. Jahrhundert in der Auseinanderssetzung mit ihnen ihre Beobachtungs- und Deutungsinstrumente entwickelt hat." (Neuberger 2008: 18).

In der Kommunikationswissenschaft gilt weitgehend das Postulat, das Web sei ein Hybridmedium, das massen- und interpersonale Kommunikation gleichermaßen ermögliche. Das Web erscheint lediglich als ein neues *Materialobjekt*, wodurch das *Formalobjekt* der Kommunikationswissenschaft (der soziale Kommunikationsprozess) nicht tangiert wird.[12] Ähnlich argumentiert auch Hans-Bernd Brosius: „Die Phänomene, die Erscheinungsformen der Medien ändern sich, die dahinter stehenden Prozesse eben nicht. Und deswegen gibt es aus meiner Sicht auch im Zeitalter des Meta- oder Hybridmediums Internet keine neue Kommunikationswissenschaft." (Brosius 2003: 47) Das traditionelle fachspezifische Denkschema wird in diesen Argumentationen nicht verlassen. Um dieses zu durchbrechen, muss die radikale Frage gestellt werden, ob das Web überhaupt als Medium zu begreifen ist und ob es jenseits der Kommunikation nicht auch Interaktionsprozesse[13] ermöglicht? *Notwendig wäre eine Dekonstruktion des medien- und kommunikationswissenschaftlichen Diskurses, der im Web lediglich ein ‚neues Medium' sieht, das nur aufgrund seiner ‚Andersartigkeit' (noch) zu lösende definitorische Probleme aufwirft.*[14] Die andere denkbare Lösung wäre, dass die Kommunikationswissenschaft sich explizit nur mit denjenigen Aspekten des Webs beschäftigt, die sich auf seine medialen Eigenschaften und seine kommunikationsvermittelnden Leistungen reduzieren lassen, wie Brosius dies vorschlägt (vgl. ebd.: 48). Dieser Denkansatz verkennt allerdings, dass beim Web die Nutzungsverschränkung zwischen seinen einzelnen Funktionen so stark ist, dass eine analytische Abtrennung des Gegenstandsbereiches dem Phänomen nicht gerecht würde.

Vor diesem Hintergrund ist die Sicht der Computerwissenschaft auf das Web interessant und weiterführend, da hier der Fokus stärker auf die webimmanenten Funktionalitäten und deren Auswirkungen auf Nutzer und Gesellschaft gerichtet ist.

---

12 Beck begründet mit dieser wissenschaftstheoretischen Unterscheidung in Material- und Formalobjekt, dass es sich erübrige, Online-Forschung als Einzelmedienforschung oder gar Disziplin zu etablieren (vgl. Beck 2003: 9).

13 Unter Interaktion wird im vorliegenden Beitrag nicht symbolische Interaktion (=Kommunikation) verstanden, sondern vielmehr konkretes, wechselseitig aufeinander bezogenes Handeln, wie zum Beispiel der Kauf netzfähiger Waren (digitaler Produkte) inklusive des Bezahlvorgangs und der Lieferung.

14 Neuberger hat sich mit der verengten Sicht der Kommunikationswissenschaft auf das Web kritisch auseinandergesetzt (vgl. Neuberger 2008: passim).

2.2 Perspektive der Computerwissenschaft

2.2.1 „A Framework for Web Science“

Der von Berners-Lee et al. vorgelegte Beitrag „A Framework for Web Science“ (Berners-Lee et al. 2006b) ist international das bislang umfang- und folgenreichste Konzept für die Herausbildung einer Webwissenschaft.[15] Nicht zuletzt die exponierte Position, die Berners-Lee als Begründer des Webs und Vorstand des World Wide Web Consortium (W3C) in der Webcommunity innehat, sollte in der deutschen Wissenschaftslandschaft Anlass für eine intensive Auseinandersetzung mit diesen Vorschlägen geben. Allerdings ist die wissenschaftliche Herkunft der Autoren[16] – die dem deutschen Wissenschaftssystem entsprechend als (im weitesten Sinne) Informatiker zu bezeichnen sind – und ihre technologische und mathematische Interessenlage sowie Herangehensweise an den Gegenstandsbereich ein gewisser Hemmschuh für eine breite Rezeption dieses umfangreichen Konzepts in den Geistes- und Sozialwissenschaften. Im Kern geht es den Autoren darum, das Web immanent weiterzuentwickeln, um sowohl seinen Nutzwert als auch seine Funktionalität zu erhöhen. Neben diesem konkreten Anwendungsbezug werden aber auch die gesellschaftlichen und individuellen (mentalen) Auswirkungen der Webnutzung sowie erkenntnistheoretische Fragestellungen in den Fokus genommen. Die Leitidee der Autoren lässt sich folgendermaßen charakterisieren: *Aufgrund der herausragenden Bedeutung des Webs ist die Entwicklung einer Webwissenschaft mit eigenen methodischen Standards notwendig. Diese Disziplin soll eine Analyse, Regulierung und Entwicklung des Webs leisten und hierbei neben den technologischen Aspekten die rechtlichen und sozialen Bedingungen reflektieren.*

In „A Framework for Web Science“ werden zunächst die zentralen Begriffe und Funktionsweisen des Webs geklärt, wobei das Internet – als ‚Umgebungstechnologie‘ des Webs – nicht thematisiert wird. Es geht ihnen also dezidiert *nicht* um die Entwicklung einer ‚Internetwissenschaft‘. Diese konsequente Unterscheidung

---

15 In der Folge erschienen etliche wissenschaftliche Beiträge und es wurden Tagungen durchgeführt, welche die in „A Framework for Web Science“ skizzierten Ansätze weiter verfolgten und vertieften. Eine Übersicht bietet die Website des WSRI (siehe http://webscience.org).

16 Tim Berners-Lee und Daniel J. Weitzner (Computer Science and Artificial Intelligence Laboratory, MIT); Wendy Hall, Kieron O'Hara und Nigel Shadbolt (School of Electronics and Computer Science, University of Southampton); James A. Hendler (Department of Computer Science, Rensselaer Polytechnic Institute).

zwischen Web und Internet wird bewusst auch im vorliegenden Text und im Sammelband insgesamt vorgenommen.[17]

Berners-Lee et al. benennen drei zentrale Bausteine des Webs, die sie analytisch voneinander trennen:

- *Ressourcen* (Inhalte), die mittels URIs (Uniform Resource Identifiers) identifiziert werden können,
- die *Darstellung* bzw. Visualisierung der Inhalte mittels Formaten und
- die *Interaktionen*, die mittels Protokollen zwischen den Akteuren im Web erfolgen.

Das Leistungspotential des Webs beruht zum Großteil auf den Verlinkungen der Ressourcen, die assoziatives Navigieren ermöglichen. Ein Ziel der Webwissenschaft ist es, die Beziehungen zwischen Identifikationen von Ressourcen, Darstellung und Interaktionen zu erkennen und darauf aufbauend Strukturen und Systeme zu ermöglichen, die zur Funktionalität des Webs beitragen können (vgl. Berners-Lee et al. 2006b: 11).

Eine der wichtigsten Weiterentwicklungen des Webs wird die automatisierte Verbindung von Ressourcen, das ‚Semantic Web', sein. Hierbei werden die Verlinkungen auf eine neue Stufe gesetzt, indem nicht mehr Dokumente, sondern Daten verlinkt werden. Das Semantic Web ist als Werkzeug zu verstehen, das die Nutzungsbandbreite des Webs insgesamt erhöht, wobei insbesondere durch stärkere Formalisierung die automatische Nutzung verbessert werden soll (vgl. ebd.: 18-20).

Bei ihrer Analyse des Webs richten die Autoren ihren Fokus vor allem auf dessen komplexe Linkstruktur und mögliche Verlinkungsmuster. Entsprechende Untersuchungen zeigen, dass als maßgebliche Websites (*authorities*) solche bezeichnet werden können, zu denen viele Links hinführen. Als Knotenpunkte (*hubs*) des Webs sind hingegen solche Websites zu bezeichnen, die selbst viele Verlinkungen auf andere Sites beinhalten. Eine Linkmatrix des Webs zeigt Clusterbildungen um von verschiedenen Websites behandelte Begriffe. Diese Clusterstruktur wird als

---

17 Siehe hierzu auch die Beiträge von Tom Alby und von Konrad Scherfer (hier die Definition in Fußnote 2) im vorliegenden Band. Wenn dennoch häufig der Begriff Internet in verschiedenen Texten des Sammelbandes benutzt wird, dann deshalb, weil in der verwendeten Literatur diese klare Unterscheidung häufig nicht stattfindet. Insofern steht in Zitaten oft der Begriff ‚Internet', obwohl das Web gemeint ist.

authority-hub-structure bezeichnet (vgl. ebd.: 55). Weitergehende Untersuchungen lassen sich mit Hilfe der Graphentheorie[18] durchführen. Hierbei wird das Web als Graph verstanden, dessen Knoten die Websites sind, die über Links in Verbindung stehen. Untersucht man die Verbindungsformen dieses Webgraphen auf strukturelle Indikatoren hin, lassen sich wiederum Cluster-Strukturen erkennen. Das Web entwickelt sich also anhand konstanter (nicht zufälliger) struktureller Eigenschaften. Die Erforschung und Entwicklung entsprechender mathematischer und topographischer Ansätze sind für die Planungen (*roadmaps*) zur Erweiterung des Webs von zentraler Bedeutung.

Die vorstehenden Ausführungen belegen, dass die Informatik die Sichtweise der o. g. Autoren auf das Web stark determiniert. Sie bleiben allerdings bei dieser Betrachtungsweise *nicht* stehen; rund die Hälfte des Inhalts ihres Artikels richtet sich auf die philosophischen, sozialen und politischen Aspekte des Webs. Bei ihren diesbezüglichen Reflexionen werden die oben skizzierten topologisch-mathematischen Strukturen des Webs jedoch immer mitgedacht. *Dieses bikulturelle Denken, in mathematisch-naturwissenschaftlichen und sozial-geisteswissenschaftlichen Kategorien, dürfte richtungsweisend für die Herausbildung einer Webwissenschaft werden.* Als philosophische Basisüberlegung gehen die Autoren vom Supervenienzkonzept[19] aus, welches auf das Web übertragen wird. Hieraus resultiert die Frage: Worauf basiert das Web? Auf seinen physikalischen/mathematischen Grundlagen oder auf deren Gebrauch durch den User? Im Web gibt es eine enge Wechselbeziehung von automatisiertem/maschinellem Austausch von Daten und deren kognitivem ‚Gebrauch'. Programmiersprachen erlangen z. B. für den Nutzer erst auf der Basis des Programms, das er benutzt, Bedeutung.[20] Vor diesem Hintergrund muss ein neues (webspezifisches) Verständnis von Gebrauch (‚use') entwickelt werden. Immer wieder verweisen die Berners-Lee et al. auf die engen Interdepen-

---

18 Die Graphentheorie als mathematische Disziplin beschreibt ‚Graphen' als eine Menge von durch Linien miteinander verbundenen Punkten. Für die Webtypologie eröffnet die Graphentheorie geeignete Beschreibungsformen.

19 ‚Supervenienz' ist ein philosophisches Konzept, das in der Metaethik und der Philosophie des Geistes eine herausragende Rolle spielt. Es geht darum, das Verhältnis von moralischen bzw. mentalen Eigenschaften zu physischen Eigenschaften zu beschreiben.

20 Bei diesem Denkansatz übertragen die Autoren Ansätze der Sprachtheorie auf das Web; explizit verweisen sie auf Wittgenstein (Bedeutung von Sprache manifestiert sich im Gebrauch). Stärker noch entsprechen ihre Überlegungen denjenigen der „Generativen Grammatik" Noam Chomskys, der zwischen Tiefen- und Oberflächenstruktur der Syntax unterscheidet (vgl. Chomsky 1978). Chomsky war in den 1960er Jahren – wie Berners-Lee gegenwärtig – am MIT tätig, so dass hier Parallelen nahe liegen.

denzen zwischen der Technologie (bzw. dem materiellen Substrat) auf der einen Seite sowie individueller und sozialer Nutzung des Webs auf der anderen Seite. Sie befinden sich hier – ohne darauf explizit zu rekurrieren – in einer gewissen Nähe zu traditionellen Techniktheorien der Medien.[21] Anders als diese verlieren sie sich jedoch nicht in einer Organmetaphorik, sondern leiten ihre Reflexionen aus den unmittelbaren Funktionalitäten des Webs ab. So wird die Bedeutung der Linkstruktur bei den sozialen Aspekten des Webs wieder aufgenommen. Als eine der Haupttriebkräfte des Webs für seine Funktion als Wissensspeicher sehen die Autoren die Struktur der Hyperlinks, die eine assoziative Denkweise fördere – wobei die Assoziativität des Webs stärker auf den Assoziationen des ‚Autors' (in seiner Funktion als Linksetzer) als auf denjenigen des (reinen) ‚Lesers' beruht. Durch die Weiterentwicklung des Webs in Richtung ‚Open Hyperlinking' wird es jedoch auch für den Leser die Möglichkeit zur Erzeugung von Links geben (vgl. ebd.: 76). Die hier entfaltete Sichtweise wird stark durch das Konzept des Semantic Webs und die hiermit in Verbindung stehenden Weiterentwicklungen (wie z. B. Ontology-based Open Hypermedia[22]) bestimmt. Die bipolare Sicht auf ‚author' und ‚reader', die dabei zum Tragen kommt, verkennt möglicherweise die interaktive Dynamik des Web 2.0. So wären im obigen Kontext z. B. ‚Social Bookmarks'[23] zu diskutieren, was jedoch nicht geschieht. Berners-Lee et al. vermeiden – aus historischen und möglicherweise persönlichen Gründen – die Bezeichnung Web 2.0, die im „Framework" als Begriff nicht in Erscheinung tritt.[24]

In der Sicht der o. g. Autoren muss das Web als Spiegel des intellektuellen und sozialen Lebens und gleichzeitig als dessen Werkzeug angesehen werden. So wird eine Analyse der bei Google eingegebenen Suchbegriffe gegebenenfalls mehr sozialpsychologische Erkenntnisse erbringen als eine unmittelbare Feldforschung. Das Web erscheint bei Berners-Lee et al. quasi als ‚Substrat einer neuen Kultur-

---

21 Als exponierte Vertreter wären hier Marshall McLuhan oder Friedrich Kittler zu nennen; siehe hierzu detailliert den Beitrag von Konrad Scherfer im vorliegenden Band.

22 Vgl. hierzu insbesondere Carr et al. 2001, wo das Konzept ‚Open Hypermedia' erläutert wird. Voraussetzung für eine benutzerorientierte automatische Verlinkung von Informationen sind allerdings aussagekräftige Metadaten.

23 Anhand ‚Sozialer Lesezeichen' werden im Web durch verschiedene Nutzer Websites indexiert und es entstehen Bookmark-Netzwerke. Die Websites bzw. der Content können zudem kommentiert und bewertet werden; ferner werden thematische Cluster gebildet. Das populärste Beispiel im deutschen Sprachraum ist die Website *Mister Wong*.

24 Berners-Lee hat sich in einem Interview 2006 distanziert gegenüber dem Begriff und dem Web-2.0-Hype geäußert (vgl. Berners-Lee 2006).

technik‘. Die Herausbildung dieser Kulturtechnik ist zwar an die (technische) Existenz des Webs gekoppelt, die jedoch für sich genommen nicht das Web bildet, da dieses sich erst durch den Gebrauch konstituiert. Dadurch, dass der Gebrauch zum konstitutiven Element des Webs wird, erlangt das Verhalten der Nutzer einen besonderen Stellenwert. Die Struktur des Webs bedarf webspezifischer, moralischer und ethischer Verhaltensnormen, damit die Nutzer sich förderlich für das Gesamtsystem verhalten (vgl. ebd.: 94 f.). An dieser Stelle offenbart sich eine in gewisser Weise eingeschränkte Sicht auf die Webethik. Sie wird stark als eine technische Nutzerorientierung aufgefasst (z. B. Links oder Metadaten pflegen) und weniger als eine Verantwortung gegenüber den Inhalten, die jedoch in der deutschen Diskussion über eine Verantwortungskultur im Web besondere Berücksichtigung findet (vgl. hierzu Schnier und Volpers 2004).

Nicht zuletzt an diesem Beispiel wird deutlich, dass Berners-Lee et al. zwar die geistes- und sozialwissenschaftlichen Perspektiven einer Webwissenschaft betonen, ihnen hier aber offenbar die fachlichen Zugänge fehlen. Hieraus resultiert eine gewisse Verknappung in Bezug auf die kulturzentrische (in Europa dominierende) Sichtweise auf das Web und dessen sozial-kulturelle Dimensionen, insbesondere seines Contents.

2.2.2 „The Web's Awake. An Introduction to the Field of Web Science and the Concept of Web Life“

Der Autor des in der Überschrift genannten Buches, Philip Tetlow, ist Mitglied des W3C und koordiniert dort Bemühungen zur Einrichtung des Semantic Webs. Ebenso wie Berners-Lee et al. hat er eine mathematisch orientierte Sicht auf das Web. Noch stärker als jene Autorengruppe betont er jedoch dessen humane Ressourcen, wobei er stark systemtheoretisch und biologistisch argumentiert. Auf den ersten Blick scheint es, als ob sich Tetlow hierbei an das der Autopoiese zugrunde liegende Organisationsmuster anlehnt.[25] Er sieht das Web als System an, das Menschen, welche die treibende Kraft bei Erstellung und Betrieb des Webs sind, in sich aufnimmt. Menschen sind damit dem Web zugehörig; zugleich steigt die Abhängigkeit der Menschen vom Web, weil es viele Bereiche der modernen Gesellschaft durch-

---

[25] Tetlow geht nicht explizit auf Humberto R. Maturana ein, wenngleich hier durchaus nahe liegende Parallelen zu dessen Konzept der Autopoiese aufscheinen. Autopoiese ist ein allgemeines, allen lebenden Systemen gemeinsames Organisationsmuster, unabhängig von den Eigenschaften seiner Bestandteile (vgl. Maturana 1998: passim).

dringt. Aus dieser Perspektive kann das Web auch als teilweise lebendiges Wesen angesehen werden, in dem namentlich die Gesellschaft das lebendige Element darstellt (vgl. Tetlow 2007: 7).

Tetlow stellt heraus, dass die generelle Behauptung, das Web unterscheide sich von anderen modernen Technologien, eine zu starke Vereinfachung sei: Vielmehr ist der Unterschied sehr spezifisch, und die stark vernetzte, selbst organisierende Komplexität des Webs weicht deutlich von allen anderen von Menschen hervorgebrachten technischen Errungenschaften ab. Im Gegensatz zur industriellen Revolution führt die neue technische Revolution des Webs zurück zu quasi natürlichen Strukturen: Der lineare Pfad des Ursache-Wirkungsprinzips mit vorhersehbaren Folgen wird zugunsten einer Welt von komplexen Schemata und holistischen Perspektiven verlassen. Ein wissenschaftstheoretisches Problem, das durch das Web aufgeworfen wird, besteht darin, dass jeder Versuch, die facettenreiche Natur komplexer Systeme zu beschreiben, genau diese Komplexität automatisch bereits reduziert (vgl. ebd.: 48).

Im Kapitel „Evolution through Engineering" lehnt Tetlow sich an das Konzept der ‚Meme' des britischen Biologen Richard Dawkins an. In seinem 1976 erstmals erschienenem Werk *Das egoistische Gen* konzipiert dieser in Analogie zum ‚Gen' den Begriff des ‚Mem', welches als Replikator[26] der kulturellen Evolution angesehen wird. Meme sind als kulturelle Einheiten – z. B. Melodien, Gedanken, Schlagworte, Kleidermoden, die Art, Töpfe zu machen oder Bögen zu bauen (vgl. Dawkins 2007: 321) – aufzufassen, die sich durch den Prozess der Imitation vermehren und verändern. Nach Dawkins ist Evolution also nicht an ein physisches Dasein gebunden. Hieraus folgert Tetlow, dass das Web zu einem passenden Ort für die universelle Evolution wird. Im Web können alle dort verkörperten Konzepte als Replikatoren und sowohl Menschen als auch Software als ihre Vehikel angesehen werden (vgl. Tetlow 2007: 120 f.).[27]

Ebenfalls in Anlehnung an ein naturwissenschaftliches Konzept argumentiert Tetlow im Kapitel „Emergent Intelligence and Posthuman Concepts". Ilya Priogines Untersuchungen zur Selbstorganisation komplexer Systeme dienen als Folie zur Erklärung einer sich durch das Web konstituierenden künstlichen Intelligenz. Die

---

26 Dawkins unterscheidet zwischen Replikatoren und deren Vehikeln. Replikatoren sind dabei lediglich die gespeicherten Informationen, unabhängig von der physischen Struktur der Gene. Sie enthalten rein abstrakte Informationen, das Vehikel hingegen interagiert mit der Umwelt (vgl. Dawkins 2007: 52).

27 Ähnlich argumentierte bereits Susan Blackmore 1999 in ihrem Buch *The Meme Machine*, vgl. in der deutschen Ausgabe (Blackmore 2005) die Seiten 342-345.

zentrale These Priogines' ist, dass Selbstorganisation auf Selbstverstärkung beruht: Minimale Effekte werden so unter den richtigen Bedingungen verstärkt (so genanntes ‚Positives Feedback') und verschwinden nicht einfach durch Veränderungen (vgl. Tetlow 2007: 149).[28] Diese Beobachtungen lassen sich mit der Theorie der ‚Schwarm-Intelligenz' in Verbindung bringen. Intelligenz muss nicht zwangsläufig eine individuelle Fähigkeit oder alleinig dem Menschen zuzuschreibende Eigenschaft sein, da viele Formen von Intelligenz denkbar und existent sind. So agieren etwa Ameisenvölker, Bienen- oder auch Heringsschwärme in ihren jeweiligen Verbänden auf eine Weise, die den Gesamtverband als intelligente Einheit erscheinen lässt. Diese Formen der Intelligenz basieren auf der Summe vieler kleiner Kapazitäten, die für sich allein nur wenig ausdifferenziert sind. Die funktionellen Komponenten eines dezentralen Systems agieren und reagieren gegenüber der Außenwelt ohne Überblick über das Gesamtsystem und ohne irgendeine zentrale Koordination. Das Gesamtverhalten und die Gesamtfunktion ergeben sich aus der Anhäufung lokaler Interaktionen. Das Web kann letztlich ebenfalls als eine Form von ‚Schwarm-Intelligenz' beschrieben werden. Die verschiedenen Trends, welche die Webkultur bis heute hervorgebracht hat, können als Antworten auf die Bedürfnisse der Umwelt verstanden werden (vgl. Tetlow 2007: 155).

Insgesamt sind Tetlows Ausführungen nicht etwa im Sinne einer metaphorischen Umschreibung des Webs und seiner Eigenschaften zu verstehen, sondern vielmehr sehr konkret: Das Web ist für ihn ein ‚lebendiges System', das mehr ist als die Summe der im System handelnden (technischen oder humanen) Entitäten.[29] Tetlows biologistische Perspektiven eröffnen einen Blick auf das Web, der diskussionswürdig ist und der die konzeptionellen Überlegungen zur Webwissenschaft beeinflussen wird.

---

28 Entsprechendes lässt sich in der Natur beobachten: Molekülbewegungen führen zu Wärmestrahlung, ein Tropenwind wächst zu einem Hurrikan, Samen und Embryonen wachsen zu vollständigen Lebewesen.

29 Ob nicht an Stelle der ‚Schwarm-Intelligenz' auch die ‚Weisheit der Vielen' eine Konsequenz aus seinen Beobachtungen sein könnte, diskutiert Tetlow nicht. Bei der ‚Weisheit der Vielen' ergibt sich die kollektive Intelligenz letztlich aus der Summe der Einzelintelligenzen und ihrer wechselseitigen Fehlerkorrektur, wie das Beispiel *Wikipedia* zeigt. Das Konzept geht auf eine Publikation von James Surowiecki im Jahr 2004 zurück: *The Wisdom of Crowds. Why the Many Are Smarter Than the Few and How Collective Wisdom Shapes Business, Economies, Societies and Nations*. Im Vergleich zum Konzept der ‚Schwarm-Intelligenz' erscheint dieser Ansatz jedoch eher populärwissenschaftlich.

2.3 Das Web als Gegenstandsbereich im Kontext verschiedener Natur-, Geistes- und Sozialwissenschaften

Das Web durchdringt nahezu alle individuellen und gesellschaftlichen Lebensbereiche. Dies hat dazu geführt, dass sich zahlreiche wissenschaftliche Disziplinen mit dem Phänomen Web auseinandersetzen. Hierbei sind die Fragestellungen, Interessen und Methoden, mit denen sich die einzelnen Wissenschaften diesem Gegenstand nähern, sehr heterogen. Im Wesentlichen lassen sich drei unterschiedliche erkenntnisleitende Interessen erkennen: die *webimmanente Gestaltung und Weiterentwicklung (Anwendungsbezug)*, der *Verwendungsbezug* und die *Reflexion* über das Web. Dies soll am Beispiel jeweils einer Disziplin verdeutlicht werden:

- Das Fach Design (in der Ausdifferenzierung des Webdesigns) will einen spezifischen Aspekt des Webs – hier: die visuelle Erscheinung des Interface – weiterentwickeln und verändern.
- Die Wirtschaftswissenschaft beschäftigt sich mit der Verwendung des Webs im Rahmen von ökonomischen Strategien und Geschäftsmodellen sowie mit dem Web als Marketing- oder Verkaufskanal und hat sich bereits in Teildisziplinen wie z. B. ‚E-Commerce' ausdifferenziert.
- Die Politikwissenschaft reflektiert z. B. die Frage, inwieweit das Web zum Faktor innerhalb der öffentlichen Meinungs- oder politischen Willensbildung wird.

Mit diesen Beispielen sind idealtypische, forschungsleitende Grundpositionen benannt. In der Forschungspraxis kommt es jedoch in vielfacher Hinsicht zu Überschneidungen. So gibt es auch politikwissenschaftliche Arbeiten zur immanenten Entwicklung des Webs, wobei dessen selbstregulierende demokratische Prozesse untersucht werden (vgl. z. B. Leggewie 2001). Des Weiteren existieren Forschungsansätze, die von vornherein auf immanente Weiterentwicklung, Anwendungsbezug *und* Reflexion ausgerichtet sind, wie dies für die Suchmaschinenforschung gilt. Für die Medizin scheint das Web zunächst naturgemäß kein Gegenstand zu sein, dennoch ist das Themenfeld ‚Medizin im Web' von zunehmender Bedeutung, nicht nur für den Medizinjournalismus, sondern auch für Ärzte selbst. Sie sehen sich heute zusehends mit einem über einschlägigen Webcontent vor- (teilweise über-) informierten Patienten konfrontiert. Kaum eine wissenschaftliche

Disziplin kann das Web als Gegenstandsbereich aus seinen Forschungsfeldern ausklammern.[30] Vielfach wird aber auch erkennbar, dass den Annäherungen an das Web – aus einer wissenschaftlich weiter entfernten Perspektive – ein tieferes Verständnis gegenüber dem Gegenstandsbereich fehlt. So haben beispielsweise die Rechtswissenschaft und auch der Normgeber nach wie vor Probleme mit einer Einordnung des Webs in die bestehende Rechtssystematik.[31]

Für das Web als Gegenstandsbereich fehlt schließlich eine eigenständige Terminologie, die fachübergreifend akzeptiert ist. Neue distinktive Begriffsbildungen jedoch können erst dann entstehen, wenn die Objekte, auf die sie sich beziehen, wirklich verstanden (oder begriffen) worden sind. Die scheinbar schlichte Forderung von Berners-Lee et al. „Understanding the Web" fokussiert auf eben dieses Desiderat.

3 Phänomenologie des Webs

Unser Verständnis vom Web wird dadurch erschwert, dass es immer dann, wenn eine Disziplin sich bemüht, das Web innerhalb seines bestehenden Kategoriensystems zu verorten, zwangsläufig zu einer Komplexitätsreduktion kommt. Hierdurch werden (möglicherweise wesentliche) Aspekte des Gegenstandsbereiches ausgeklammert. Die jeweilige disziplinäre Macht der Diskurse verhindert einen ungefilterten Blick auf das Web. Um das Web in seinem ‚Wesen' zu verstehen, muss daher eine ‚Phänomenologie des Webs' entwickelt werden. Phänomenologie ist hier nicht als philosophischer Terminus im engeren Sinne aufzufassen, sondern als Methode der vorurteilslosen Beschreibung und Erfassung eines Objektes (also jenseits der einzelwissenschaftlichen Paradigmen). An dieser Stelle ist es selbstverständlich nicht möglich, eine solche Phänomenologie zu entwickeln, sondern es können lediglich Grundzüge eines entsprechenden Vorgehens aufgezeigt werden. In Anlehnung an James Hendler et al. muss das Web als Phänomen auf zwei Ebenen

---

30 Im vorliegenden Sammelband sind etliche der genannten Disziplinen vertreten. Vgl. zum (Web-) Design den Beitrag von Cyrus Khazaeli, zur Wirtschaftswissenschaft den von Jörg Hoewner. Die Suchmaschinenforschung wird von Dirk Lewandowski vorgestellt, den Bereich ‚Medizin im Web' beleuchtet Martina Waitz. Im Bereich des konkreten webimmanenten Anwendungsbezugs wurden zudem bereits etliche Studiengänge eingerichtet, z. B. ‚Online-Journalismus' bzw. ‚Online-Redakteur'; vgl. hierzu den Beitrag von Petra Werner.

31 Siehe hierzu den Beitrag von Bernd Holznagel und Thorsten Ricke in diesem Band.

erfasst werden: Auf der *Mikro-Ebene* ist das Web eine Infrastruktur mit künstlichen Sprachen und Protokollen und somit Teil einer technischen Konstruktion; auf der *Makro-Ebene* ist es die Interaktion von menschlichen Lebewesen, die Informationen kreieren, verlinken und konsumieren (vgl. Hendler et al. 2008: 63). Diese Doppelexistenz ist analytisch schwer greifbar und hat in der bisherigen Forschung zu einem disparaten Spektrum von Beschreibungen des Phänomens geführt: Das Web erscheint je nach Perspektive als Hypertext, Hypermedium, Lebewesen, Aggregatzustand künstlicher Intelligenz, Assoziationsraum, Vehikel für Meme und vieles mehr. Diese heterogenen und teilweise esoterisch anmutenden Vorstellungen machen vor allem eines deutlich: Es ist der Wissenschaft bisher noch nicht gelungen, eine konsistente und umfassende Beschreibung des Phänomens auch nur ansatzweise zu entwickeln. „Understanding the Web" erscheint daher als eine Aufgabe, die nur jenseits erkenntnisbegrenzender Fachinteressen erfolgen kann.

4 Modell einer zukünftigen transdisziplinären Webwissenschaft

Die Apologeten des Webs verkünden gerne Heilsbotschaften: Beispielsweise schaffe das Web für die alte Spezies Mensch einen neuen Verstand (vgl. Kelly 2005: 7). Ohne diese Euphorie zu teilen, kann bei nüchterner Betrachtung das Web als ein Emergenzsprung in der Entwicklung der Menschheit angesehen werden, da es in der bisherigen technischen Entwicklung eine noch nicht da gewesene lebensweltliche Durchdringung entfaltet. Das ‚Ubiquitous Computing'[32] steht aller Wahrscheinlichkeit nach erst am Anfang und tritt derzeit durch die Mobilität der Webanwendungen in eine neue Phase. Hierdurch wird die Allgegenwärtigkeit des Webs im Alltag weiter zunehmen und seine phänomenologische Erfassung erschwert werden. Das Web erlaubt nicht nur Kommunikation, sondern auch Interaktionsprozesse im oben genannten Sinne: vom Cybersex bis hin zur materiellen Lieferung netzfähiger Waren. Es ist weder lediglich als neues Medium noch als neue Informationstechnologie analytisch fassbar. Vielmehr muss es vor dem Hintergrund seiner Doppelexistenz (technische Konstruktion und humaner bzw. sozialer Aktionsraum) verstanden und erforscht werden. Keine der derzeit existierenden Einzelwissenschaften scheint hierzu das notwendige Potential zu besitzen. Wenngleich sowohl die Informatik als auch die Medien- und Kommunikationswissenschaft anschlussfä-

[32] Siehe hierzu den Beitrag von Cyrus Khazaeli in diesem Band.

hige Forschungsergebnisse erbracht haben, ist ihre fachliche Basis für eine umfassende Durchdringung des Phänomens zu schmal. Auf den ersten Blick erscheint daher die Herausbildung einer Webwissenschaft als neue eigenständige Disziplin, wie Berners-Lee et al. dies angeregt haben, eine nahe liegende Lösung. Hiermit sind jedoch sowohl institutionelle als auch erkenntnistheoretische Probleme verbunden.

Die Grade der Ausdifferenzierung wissenschaftlicher Fächer werden in hohem Maße durch ihre Institutionalisierung an Hochschulen und deren entsprechende organisatorische Infrastruktur begrenzt. Die Gründung eines neuen Faches tangiert zumeist das soziale System der Wissenschaft und sorgt für Verwerfungen innerhalb der etablierten Scientific Community. Dies führt zu einem Strukturkonservativismus des Wissenschaftssystems bei der Einrichtung neuer Disziplinen, nicht jedoch bei der Gründung neuer Studiengänge.[33] Daher wird die Herausbildung einer eigenständigen Webwissenschaft aller Voraussicht nach mit Widerständen zu kämpfen haben, wenn sie in eine institutionelle Manifestierung mündet und somit die bestehende organisatorische Infrastruktur berührt.

Ein weiteres Problem dürfte sich aus erkenntnistheoretischer sowie forschungspraktischer Perspektive aus der Komplexität des Phänomens ergeben. Allerdings ist – zumindest für naturwissenschaftliche Einzeldisziplinen – die Erkenntnis der eigenen Unvollkommenheit einem komplexen Gegenstandsbereich gegenüber nicht neu. Als Beispiel hierfür ist die Nanotechnologie zu nennen, in der Physik und Chemie gleichermaßen gefordert sind (vgl. Mittelstraß 2003: 14). Als forschungspraktische Lösung bietet sich hier das Konzept der Transdisziplinarität an. Dieser relativ junge Begriff der Wissenschaftstheorie beschreibt sowohl eine …

> … Forschungs- und Arbeitsform der Wissenschaft, wo es darum geht, außerwissenschaftliche Probleme […] zu lösen, als auch ein innerwissenschaftliches, die Ordnung des wissenschaftlichen Wissens und der wissenschaftlichen Forschung selbst betreffendes Prinzip. In beiden Fällen ist Transdisziplinarität ein Forschungs- und Wissenschaftsprinzip, das dort wirksam wird, wo eine allein fachliche oder disziplinäre Definition von Problemlagen und Problemlösungen nicht möglich ist […]. (ebd.: 8)

Transdisziplinarität hat also einen deutlich höheren Integrationsgrad als Interdisziplinarität, bei der die Fächergrenzen erhalten bleiben. Zudem – und dies ist im Falle des Webs von besonderer Bedeutung – fokussiert Transdisziplinarität auf

---

33 Hier lässt sich vielmehr eine starke Ausdifferenzierungstendenz erkennen; insbesondere bei Studiengängen mit dem Präfix „Medien-“ erscheint sie inflationär.

Problemstellungen, die in der Praxis vorhanden sind, sie ist also immer auch angewandte Wissenschaft. In erster Linie ist Transdisziplinarität ein Prinzip, das die Forschungen zahlreicher Fächer auf ein Ziel hin koordiniert. „Sie leitet Problemwahrnehmungen und Problemlösungen, aber sie verfestigt sich nicht in theoretischen Formen – weder in einem fachlichen oder disziplinären noch in einem holistischen Raum" (ebd.: 11). Vor dem Hintergrund dieses Verständnisses[34] wäre die Herausbildung einer eigenständigen Webwissenschaft kontraindiziert. Dennoch wird hier aus forschungspraktischen Erwägungen *für* eine Webwissenschaft mit transdisziplinärer Zielsetzung plädiert. Die Webwissenschaft unterscheidet sich von allen anderen am transdisziplinären Forschungsprozess beteiligten Wissenschaften dadurch, dass ihr genuiner Gegenstandsbereich das Web ist. Dieses Fach müsste sich allerdings von Anfang an der eigenen Unvollkommenheit seinem Gegenstand gegenüber bewusst sein, sich nach außen nicht abschließen und auf die Schaffung transdisziplinärer Forschungszentren hinarbeiten. Vorrangiges Ziel einer so definierten Webwissenschaft wäre es, zunächst eine grundlegende Phänomenologie des Webs zu erarbeiten, ein Terminologiegerüst zu schaffen und einen integrativen Forschungsprozess zu koordinieren, in dem die Webwissenschaft das Zentrum bildet. Eine so verstandene ‚transdisziplinäre Integrationswissenschaft' hätte vorrangig die heuristische Funktion, den Humusboden für fächerübergreifende Forschungen abzugeben. Dieses Konzept mag vor dem Hintergrund des institutionellen Systems des deutschen Wissenschaftsbetriebs und fachlicher Egoismen utopisch erscheinen. Andererseits wird die wachsende gesellschaftliche Bedeutung des Webs mittelfristig eine Reaktion des Wissenschaftssystems erzwingen. Die derzeit bestehende wissenschaftssystematische Ordnung wird dem Phänomen Web jedenfalls nicht gerecht.

Literatur

Beck, Klaus 2003: „Zwischen Hype und Hypothesen. ‚Online' ist vom Mode- zum Forschungsthema geworden." In: *Aviso* 32, S. 8-10.

Beck, Klaus 2005: *Computervermittelte Kommunikation im Internet*. München, Wien: Oldenburg.

---

[34] Transdisziplinarität wird allerdings nicht nur in dem hier von Mittelstraß skizzierten Sinne definiert, es existieren vielmehr etliche, leicht variierende Definitionen (vgl. Völker 2004).

Berners-Lee, Tim 2006: „IBM developerWorks Interviews: Tim Berners-Lee“. http://www.ibm.com/developerworks/podcast/dwi/cm-int082206.txt. (Abruf: 04.08.2008).

Berners-Lee, Tim/Hall, Wendy/Hendler, James A./Shadbolt, Nigel/Weitzner, Daniel J. 2006a: „Creating a Science of the Web.“ In: *Science* 313, 5788, S. 769-771.

Berners-Lee, Tim/Hall, Wendy/Hendler, James A./O'Hara, Kieron/Shadbolt, Nigel/Weitzner, Daniel J. 2006b: „A Framework for Web Science.“ In: *Foundations and Trends in Web Science* 1, 1, S. 1-130.

Blackmore, Susan 2005: *Die Macht der Meme oder Die Evolution von Kultur und Geist*. München: Spektrum.

Brosius, Hans-Bernd 2003: „Aufgeregtheiten durch Technikfaszination. Trotzdem und gerade deshalb: Die neue ist die alte Kommunikationswissenschaft.“ In: *Die neue Kommunikationswissenschaft. Theorien, Themen und Berufsfelder im Internet-Zeitalter. Eine Einführung*. Hg. v. Martin Löffelholz und Thorsten Quandt. Wiesbaden: Westdeutscher Verlag, S. 43-48.

Carr, Leslie/Bechhofer, Sean/Goble, Carole/Hall, Wendy 2001: „Conceptual Linking: Ontology-based Open Hypermedia.“ In: *Proceedings of the 10th World Wide Web Conference*. Zugänglich über: http://www10.org/cdrom/papers/frame.html (Abruf: 04.08.2008).

Chomsky, Noam 1978 (1969): *Aspekte der Syntax-Theorie*. Frankfurt/M.: Suhrkamp.

Dawkins, Richard 2007 (1976): *Das egoistische Gen*. Heidelberg: Spektrum.

DGPuK (Deutsche Gesellschaft für Publizistik- und Kommunikationswissenschaft) 2004: „Selbstverständnis der Fachgruppe Computervermittelte Kommunikation.“
http://www2.dgpuk.de/fg_cvk/selbstverstaendnis_2004.htm (Abruf: 03.08.2008)

Dobusch, Leonhard/Forstleitner, Christian (Hg.) 2007: *Freie Netze. Freies Wissen*. Wien: Echo.

Hendler, James/Shadbolt, Nigel/Hall, Wendy/Berners-Lee, Tim/Weitzner, Daniel 2008: „Web Science: An Interdisciplinary Approach to Understanding the Web.“ In: *Communications of the ACM* 51, 7, S. 60-69.

Kelly, Kevin 2005: We Are the Web. In: *Wired* 13, 8.
http://www.wired.com/wired/archive/13.08/tech_pr.html (Abruf 03.08.2008)

Kimpeler, Simone/Mangold, Michael/Schweiger, Wolfgang (Hg.) 2007: *Die digitale Herausforderung. Zehn Jahre Forschung zur computervermittelten Kommunikation*. Wiesbaden: VS.

Kuhn, Thomas S. ^{2}1976: *Die Struktur der wissenschaftlichen Revolution*. Frankfurt/M.: Suhrkamp.

Leggewie, Claus 2001: „ICANN im Kontext globaler Internet Governance.“ In: *Wer regiert das Internet? ICANN als Fallbeispiel für Global Internet Governance*. Hg. v. Ingrid Hamm und Marcel Machill. Gütersloh: Verlag Bertelsmann Stiftung, S. 293-346.

Maturana, Humberto R. 1998: *Biologie der Realität*. Frankfurt/M.: Suhrkamp.

Merten, Klaus 1999: *Einführung in die Kommunikationswissenschaft Bd 1/1. Grundlagen der Kommunikationswissenschaft*. Münster: LIT.

Misoch, Sabina 2006: *Online-Kommunikation*. Konstanz: UVK.

Mittelstraß, Jürgen 2003: *Transdisziplinarität - wissenschaftliche Zukunft und institutionelle Wirklichkeit.* Konstanz: UVK.

Neuberger, Christoph 2008: „Internet und Journalismusforschung. Theoretische Neujustierung und Forschungsagenda." In: *Journalismus online – Partizipation oder Profession?* Hg. v. Thorsten Quandt und Wolfgang Schweiger. Wiesbaden: VS, S. 17-42.

Neverla, Irene 2000: „Das Netz – eine Herausforderung für die Kommunikationswissenschaft." In: *Medien & Kommunikationswissenschaft* 2, S. 175-186.

Saxer, Ulrich 1998: „Mediengesellschaft: Verständnisse und Missverständnisse." In: *Politikvermittlung und Demokratie in der Mediengesellschaft.* Hg. v. Ulrich Sarcinelli. Opladen/Wiesbaden: Westdeutscher Verlag, S. 52-73.

Schnier, Detlef/Volpers, Helmut 2004: „Plädoyer für eine Verantwortungskultur im Internet." In: *Funktionsweise des Internets und sein Gefährdungspotential für Kinder und Jugendliche.* Hg. v. Helmut Volpers. Berlin: Vistas, S. 181-192.

Surowiecki, James. *The wisdom of crowds: why the many are smarter than the few and how collective wisdom shapes business, economies, societies, and nations.* New York u. a.: Doubleday, 2004.

Tetlow, Philip 2007: *The Web's Awake. An Introduction to the Field of Web Science and the Concept of Web Life.* Hoboken: Wiley.

Völker, Harald 2004: „Von der Interdisziplinarität zur Transdisziplinarität?" In: *Transdisziplinarität. Bestandsaufnahme und Perspektiven. Beiträge zur THESIS-Arbeitstagung im Oktober 2003 in Göttingen.* Hg. v. Frank Brand, Franz Schaller und Harald Völker. Göttingen: Universitätsverlag, S. 9-32.

Vowe, Gerhard et al. 2008: „Kommunikation und Medien in der Gesellschaft: Leistungen und Perspektiven der Kommunikations- und Medienwissenschaft." [internes Selbstverständnispapier der DGPuK, vorgestellt und diskutiert auf der Tagung der DGPuK 2008 in Lugano].

Walther, Joseph B./Gay, Geri/Hancock, Jeffrey T. 2005: „How Do Communication and Technology Researchers Study the Internet?" In: *Journal of Communication* 55, 3, S. 632-655.

WSRI (Web Science Research Initiative) 2008: „About the WSRI." http://webscience.org/about/ (Abruf: 03.08.2008)

‚Diese Site wird nicht mehr gewartet'. Medienanalytische Perspektiven in den Medienwechseln

Rainer Leschke

Dass eine Kunstform, nämlich die der hypertextuellen Erzählungen, bereits nach kaum mehr als einem Jahrzehnt am Ende zu sein scheint und ihr klammheimlicher Abgang sich vorbereitet, dass also immer seltener versucht wird, Erzählungen als Hypertexte zu organisieren, ist, wenn auch nicht unerhört, so doch zweifellos ein Vorgang, der Beachtung verdient. Gleichzeitig verspricht er Licht auf dreierlei zu werfen: die Objekte dieser Kunstform selbst, nämlich narrative Hypertexte, die Theorie, die diese Kunstform ausgerufen hat, sowie die Risiken dieser spezifischen Form des Medienwechsels. Da es sich ferner um eine Kunstform handelt, bei der der theoretische Textbestand den des Materials bei weitem übertrifft, was gerade im Bereich der Literatur nicht unbedingt zum Standard gehört, kristallisiert sich schnell die Theorie selbst, also die sich mit dem Wechsel von linearen zu nonlinearen Medien beschäftigenden medienwissenschaftlichen Konzepte, als Schwerpunkt des zu fassenden Problems heraus. Es handelt sich also vornehmlich um ein theoretisches Problem, das allerdings über nicht unerhebliche praktische Konsequenzen verfügt.

Aber zunächst einmal zur Diagnose: Hyperfiction, wie ich narrative Hypertexte einmal nennen möchte, ist entweder konventionell und dann ästhetisch zumeist belanglos oder aber ambitioniert und dann eher selten. Und dies hat durchaus einen Grund: Kommerzieller Return on Investment und narrativer Aufwand stehen bei hypertextuellen Narrationen in einem nahezu katastrophal inversen Verhältnis: Die Komplexität der Erzählungen wächst mit jedem Knoten, mit jeder Kopplung oder Verlinkung exponentiell, die Geschäftsmodelle im Netz lassen hingegen noch erheblich zu wünschen übrig und Literatur wird, bei all ihrem schon beinahe zur Tugend kultivierten ökonomischen Ungeschick, zweifellos nicht die erste sein, die erfolgreich die Hürden nimmt und dem Autor nicht nur zu bequemem Ruhm, sondern eben auch zu den nötigen Subsidien verhilft.

Bei aller Praxis handelt es sich um eine verteufelt theoretische Kunst, nämlich um das, was Hegel in der Ästhetik die „Außengestalt" des Geistes (Hegel 1971: 254) nannte, eine Angelegenheit, die stets möglichst natürlich ausfallen soll, meist aber als verkrampfte allegorische Konstruktion endet. Hyperfiction hat zudem noch das Problem, auf ein zumeist nur mäßig durchdachtes theoretisches Konzept zurückzugreifen und damit jene abstrakte Gewolltheit in Szene zu setzen, die bereits Hegel zurückwies:

> In dieser Beziehung haben wir uns klarzumachen, daß Kunstwerke nicht für das Studium und die Gelehrsamkeit zu verfertigen sind, sondern dass sie ohne diesen Umweg weitläufiger entlegener Kenntnisse unmittelbar durch sich selber verständlich und genießbar sein müssen. Denn die Kunst ist nicht für einen kleinen abgeschlossenen Kreis weniger vorzugsweise Gebildeter, sondern für die Nation im großen und ganzen da. (Hegel 1971: 383)

Wenn also selbst Hegel auf der Genießbarkeit ästhetischer Objekte insistiert – eine Haltung, die zweifellos die europäische Avantgarde nicht unbeschadet überstanden hat – so muss doch zumindest das charakteristische Auseinanderfallen von Programm und Rezeption befremden: Hyperfictions sind programmatisch offen bis zur Selbstaufgabe. Der konzeptionellen Rücknahme der Produzenten entspricht jedoch keineswegs die engagierte Übernahme des Zepters durch den historisch bislang stets funktionalisierten Rezipienten. Die Rezeption fiel schlicht aus, sie unterschritt, wiewohl sie „billig wie Leitungswasser" (Brecht 1932: 128) war, selbst die immer schon begrenzten Auflagen lyrischer Texte.

Neue und vor allem wohlfeile Distributionsformen sind zunächst offenbar vor allem für unter ökonomischem Druck stehende Kunstformen und Künstler attraktiv. Lyrik etwa hat sich bereits dem Radio als die diesem Medium an und für sich adäquate Textsorte (Leonhard 1924: 71) angedient. Nun gilt diese Problematik für Erzählungen wenigstens nicht im selben Maße, eine hohe Sensibilität gegenüber neuen Distributionsformen ist hier vor allem in jenen notorisch ökonomisch schwachen Sektoren derjenigen zu finden, die noch über keinen Zugang zum Literatursystem verfügen. Das Material und die Distribution von Hypertexten sind also grenzenlos billig und dennoch, also trotz der Abwesenheit ökonomischer Hürden und Hemmschwellen, werden sie schlicht nicht rezipiert. Dabei sind die hier auszumachenden Vorbehalte keineswegs auf eine sich ggf. als Rezeptionshindernis erweisende, herausragende ästhetische Qualität zurückzuführen, denn auch hier werden nicht selten die im Kunstsystem geltenden Margen unterschritten. Denn die haltlose Demokratisierung der Produktion[1] führt eben dazu, dass jeder darf und kann, selbst wenn er nach den Vorstellungen des Literaturbetriebs nicht können

---

1 Das muss noch längst kein Nachteil sein, solange wenigstens die, die können, auch noch im Spiel bleiben und von der Masse der Amateure nicht marginalisiert werden. Nur fällt die Diskriminierung angesichts des Materials zunehmend schwer, ist doch bekanntlich immer noch keine Software in der Lage, zwischen ästhetischen Niveaus zu diskriminieren.

sollte. Die mangelnde Rezeption von Hyperfiction ist also weder auf etwaige ökonomische noch ästhetische Anforderungen zurückzuführen. Das Problem scheint also struktureller Natur zu sein und damit tiefer zu liegen.

Nun scheitern Dinge bisweilen und das ist dann nicht unbedingt in jedem Fall Aufsehen erregend. Es wäre von daher auch keineswegs tragisch, wenn das Netz in schlechten Erzählungen erstickte. Fatal sind jedoch die Konsequenzen für die Medientheorie. Diese hat sich – von einigen warnenden Stimmen abgesehen – zunächst einmal grandios verkalkuliert. In einer Art konzertierter Aktion von Medien- und Literaturwissenschaft wurde Hyperfiction als neue, dem Zeitgeist entsprechende ästhetische Form gefeiert. Der Geehrte war von all der Würde offenbar merklich überfordert, wenigstens fiel es ihm schwer, das durchaus anspruchsvolle Programm auch einzulösen.

Und zunächst einmal gab es wie bei den meisten Kopfgeburten vor allem das, nämlich das Programm: Hyperfiction tut es nicht unter der universalen Verknüpfung,[2] die Poesie verlagert sich mittels einer „Transportpoetik"[3] in die Übergänge, es gibt nicht nur eine „Poetik des Links",[4] sondern sogar eine „Erotik der Verknüpfung" (Idensen 2000: o. S.). Es handelt sich um nichts weniger als die Geburt einer neuen Literatur, ja eines neuen Denkens aus der Maschine. Und wie bei allen einigermaßen vielversprechenden Entwicklungen hat es die Literatur selbst immer schon geahnt, hat sie doch den Hypertext im Print-Medium – wenn auch notgedrungen mit unzulänglichen Mitteln – bereits vorbereitet. Ähnlich wie die Er-

2 Vgl. Idensen (1996: 83): „[D]ie ‚Literatur' des Informationszeitalters wird zu einem Netzwerk untereinander verknüpfter Dateien."

3 Vgl. Idensen (1995: o. S.): „Navigieren durch Hypertexte kann als ein Ausprobieren, Berühren, Testen, Verfolgen, Aufspüren von Gedächtnisorten gesehen werden. Die funktionale Desktop-Oberfläche als eine Weiterführung der Gedächtniskünste - räumlicher Aufbau einer Wissensarchitektur, die dynamisch kognitive Prozesse unterstützt, visualisiert, ortet und abspeichert. Eine ‚Poetik des Transports' könnte vielleicht das alte Konzept der Metapher als Netzwerkladungen verfügbar machen, die durch Ankunft und Abreise, Import und Export, Ein- und Ausgänge in Wissenspartikel organisiert werden. Hypertextuelles - nicht-referentielles - Denken heißt nicht beliebiger postmoderner Zitatismus, sondern eine neue Form der Begriffsbildung und der gesellschaftlichen Kommunikation: eine aktive Semiose, in der Schreibende und Lesende fortwährend neue Zusammenhänge entdecken, Spuren nachgehen, Kommentare aufzeichnen - nicht als private (‚innere') Tätigkeit, sondern öffentlich, indem sie Wissenspfade in die Netze zurückkoppeln, wieder einspeisen, die Informationen ‚füttern'."

4 Vgl. Idensen (1996: 86): "Die Poetik eines *link* liegt keineswegs in der bloßen Anspielung, in einer metaphorischen oder impliziten Bezugnahme, sondern vollzieht sich in einem wirklichen Sprung, einer tatsächlichen Kopplung – eine Poetik des Transports entsteht." (Herv. i. Org.)

wartungen werden auch die literarischen Referenzen keineswegs bescheiden gewählt. So geht es selten unter Proust (vgl. Dotzler 2000), Joyce und Burroughs ab.[5] Wir haben es also nicht nur mit einer Bewegung, sondern – soviel wird auch dem unbefangenen Rezipienten klar – mit einer *eminent bedeutsamen* Bewegung zu tun, die die Zeichen der Zeit erkannt und sie zunächst einmal in ein literarisches Programm übersetzt hat. Das Hypertextprojekt wird solcherart mittels ideologischer Aufladung mit Bedeutung versorgt: Die Strukturen des medientechnischen Programms werden als solche eines postmodernen Denkens[6] wiedererkannt.

Üppiges Anforderungsprofil und ausufern wollende Bedeutung machen deutlich, dass es sich bei dem, was Hyperfiction ins Werk setzt, um nichts Geringeres als einen literarischen Paradigmenwechsel handelt. So wird mit der behaupteten Aufhebung des Autor-Leser-Gefälles[7] immerhin eine der zentralen Kategorien der

---

5 Vgl. Idensen (1996: 88f.): „Als ästhetisches Stilmittel finden sich solche Ausgangs- und Knotenpunkte künstlerischer Prozesse in Werken und Genres, die im weitesten Sinne einer Poetik des offenen Kunstwerkes zuzurechnen sind."; Idensen (1996: 92): „Experimentelle literarische Verfahren wie *cut-up*, intertextuelle Verknüpfungen, Verschachtelungen, Labyrinthstrukturen dringen als diskursive Methoden in den Wissensraum ein, beschleunigen die allgemeine Zirkulation und das Zusammenfließen von Informationen aus unterschiedlichen Bereichen, schaffen Anschlussmöglichkeiten und Schnittstellen zu anderen Wissensgebieten. Kurzschlüsse und Interferenzen zwischen Diskursen werden zu produktiven Feldern, in denen sich Entdeckungen, Erfindungen und Innovationen abspielen. Das Denken selbst ereignet sich in den Zwischenräumen, im Übergang von einem Gebiet in ein anderes."; sowie ebd.: 103: „Neben literarischen Experimenten quer durch die Literaturgeschichte werden – gerade in Übergangszeiten des Medienwechsels Innovationen und Diskursexperimente hervorgebracht, die sich geradezu als Antizipation des virtuellen Schreibens in digitalen Netzwerken lesen lassen."

6 Vgl. Idensen (1995: o. S.): „Die unter den Medientransformationen der Postmoderne einsetzende Zerstreuung von Erzählungen und Aussagen in kleinste Partikel (Wolken, Inseln, Datensätze) ohne verbindliche diskursive Zusammenhänge führt zu erheblichen Konflikten in den sogenannten Sprachspielen, die den Ernst selbst literarischer Destruktionen deutlich machen. Die Frage nach den Verkettungen und Verknüpfungen der einzelnen isolierten Splitter ist die Entscheidende."

7 Dotzler schreibt diese nicht so sehr der Interaktivität des Mediums, sondern vielmehr der Unwirklichkeit der Buchstaben auf dem Schirm zu: „Die Buchstaben auf dem Bildschirm werden nur vorgetäuscht. Text im Computer ist *simulierter* Text. Darum trifft die Erfindung des Hypertexts Autor und Leser. Beide verschwinden. Der Autor, weil das Medium Computer umstellt von Eigentumsfragen, wie die Fußnote sie ausweist, zu Techniken des Zugangs, wie der Hyperlink sie operationalisiert. Aber genauso der Leser, denn ebendiese Technik des Hyperlinks spannt ihn an die Marionettenfäden der Mausbedienung, während im Hintergrund der Link selber agiert." (Dotzler 2000: 2) Ohnehin ist Dotzler erheblich skeptischer, was die Chance von Hyperfiction anbelangt: „Es gibt, könnte man also sagen, keine Literatur im Netz und daher erst recht nicht

bürgerlichen Kunstproduktion angegangen. Es handelt sich hierbei um eine Fortschreibung jener Benjaminschen Utopie, nach der allein aufgrund der medientechnologischen Evolution jeder das Recht habe, gefilmt zu werden[8], in digitale Zeiten: Jeder hat in diesem Sinne medientechnologisch das Recht auf Autorschaft erworben.[9] Nun haben überschießende medientechnologische Utopien selten mehr

---

die so genannte Netzliteratur." (ebd.) Die Negativität der Perspektive auf die Netzliteratur verdankt sich allerdings nicht so sehr der strukturellen Analyse eines ästhetischen Potentials, sondern vor allem jenem insbesondere postmoderner Medientheorie eigenen Kokettieren mit dem Ende des Menschen, in das sich das Ende der Literatur vorzüglich einpasst: „Womöglich wäre überhaupt, während alle Literatur sich über Hölderlins ‚festen Buchstab' definiert, eine ‚Ästhetik [so genannter] digitaler Literatur' über die Löschfunktion als Basisoperation zu entwickeln – und das um so mehr, als gerade die Netzprojekte, die dezidiert „literarische Absichten" vor sich her tragen, dahin tendieren, doch wieder ‚das Transfugale [das Flüchtige] einer Internetliteratur ins Gefugte des Literaturbuchs zurückzubinden' (Suter/Böhler, Hyperfiction, S. 11)." (Dotzler 2000: 4)

8 *„Jeder heutige Mensch kann den Anspruch vorbringen, gefilmt zu werden*. Diesen Anspruch verdeutlicht am besten ein Blick auf die geschichtliche Situation des heutigen Schrifttums. Jahrhundertelang lagen im Schrifttum die Dinge so, daß einer geringen Zahl von Schreibenden eine vieltausendfache Zahl von Lesenden gegenüberstand. Darin trat gegen Ende des vorigen Jahrhunderts ein Wandel ein. [...] Damit ist die Unterscheidung von Autor und Publikum im Begriff, ihren grundsätzlichen Charakter zu verlieren. [...] Die literarische Befugnis wird nicht mehr in der spezialisierten, sondern in der polytechnischen Ausbildung begründet, und so ein Gemeingut." (Benjamin 1936: 29) Insofern beschreibt bereits Benjamin die beobachteten Veränderungen im Verhältnis von Autor und Rezipient in Abhängigkeit von medientechnologischen Veränderungen, wenn er sie auch im Gegensatz zu manchen gegenwärtigen Kurzschlüssen stets sozialhistorisch zu vermitteln sucht (vgl. auch Enzensberger 1970: 168). Zugleich besetzt auch Benjamin wenn schon nicht das Ziel einer (nicht möglichen) Interaktivität, so doch zumindest das einer Symmetrie im Verhältnis von Publikum und Produzent durchaus positiv als eine Art regulatives Prinzip der Medienentwicklung und er misst diesem Telos zugleich ein notwendig emanzipatorisches Potential bei, was aus seiner Entgegnung auf Huxley (Benjamin 1936: 30) deutlich wird. Bereits bei Benjamin besteht die medientechnische Utopie somit in der Wiederherstellung des Dialogs.

9 Vgl. Idensen (1995: o. S.): „Im Gebrauch digitaler Informationsnetzwerke bricht der für die abendländische Kultur konstitutive wesentliche Unterschied zwischen Schreiben und Lesen, Senden und Empfangen, Bezeichnen / Codieren und Interpretieren / Decodieren zusammen. Produktion, Verbreitung, Interpretation, Kommentierung, Retrieval von Informationen spielen sich in einem hypermedialen Netzwerk offener Verweis-, Navigations- und Strukturierungsoperationen ab. Neue Paradigmen für Schreiben und Lesen bilden sich erst langsam heraus: Navigieren, Interagieren, Informationsdesign, Bild-Schirm-Denken ... So wie es beim Hypertexten darauf ankommt, den Reader-Level (der völlig unbegründet einen komplexen Gebrauch vieler Hypertext-Programme verhindert) zu verlassen, so geht es bei den hier entworfenen Kreuzungs- und Kno-

bewirkt, als das Marketing für die möglichst profitable Implementierung einer neuen Technologie zu betreiben. So blieb Benjamins „zerstreuter Examinator“ (vgl. Benjamin 1936: 41), der die Barriere zwischen Wissenschaft und Praxis der Rezipientenmassen überwunden haben sollte, ein Konstrukt, auf das man immer noch wartet. Medieninventionen wird von ihren Propagandisten keineswegs selten unterstellt, sie wären in der Lage, lang gehegte kulturelle Hierarchien einfach mittels Technik einzureißen. Schlichter Medientechnik wird damit implizit das Versprechen auf eine Inversion von Machtstrukturen unterstellt. Dass auf solche Versprechen, was bei Marketingmaßnahmen kaum ernstlich verwundert, in der Regel nicht allzu viel zu geben ist, wird spätestens daran bemerkbar, dass sie flugs wieder zurückgenommen werden:

> „Das Schreibzeug arbeitet schließlich mit an unseren Gedanken“ ... mußte schon Nietzsche (nach seinen leidvollen Erfahrungen u.a. mit Kugelkopfschreibmaschinen) feststellen – und er entwickelte – frei nach Friedrich Kittler – u.a. auch im Kampf mit seinen Schreibutensilien z.b. seinen aphoristischen Stil ... (Idensen 2000: o. S.)

Dass das Schreibzeug an der Verfertigung von Gedanken zu Büchern durchaus beteiligt sein kann, stellt bereits eine erheblich verminderte Variante jener oben sich andeutenden medientechnologischen Potenzphantasien dar. Nun *gibt* es offenbar jenen Zusammenhang zwischen Medium und Diskurs – ein Konnex, der sich im Falle von Buch und Literatur offenkundig bewährt hat – und es stellt sich die Frage, wie es der Literatur nach dem proklamierten Medienwechsel denn ergehen mag. Die Prognosen sind, wie bei Netzenthusiasten nicht anders zu erwarten steht, die denkbar besten: Das Netz und seine hypertextuellen Möglichkeiten befreiten die Literatur von ihren medialen Fesseln, insbesondere von ihrer fatalen Linearität.

> Statt linearer evolutionärer Literaturrezeption (Autor - Werk - Tradition) ist Hypertext ein Werkzeug für strukturelle synchrone Text- und Datenmodellierungen (Text - Diskurs - Kultur) auf der Basis der Grundlegungen strukturalistische[r] Tätigkeit: auseinandernehmen und wieder zusammensetzen. Das ist gleichzeitig auch eine Grundtätigkeit ästhetischen Handelns. (Idensen 1995: o. S.)

---

tenpunkten hypertextueller Praxis nicht darum, daß alles schon immer Hypertext war (Ars combinatoria, experimentelle Schreibweisen, Art of Memory, die Welt als graphische Benutzeroberfläche), sondern darum, endlich damit aufzuhören, in der Welt bloß zu lesen, zu deuten, zu interpretieren (und das Eingreifen den Politikern und Gen-Technologen zu überlassen).“

Die These, dass die Abkehr von der Linearität einen Wert darstelle, geht auf die Anfänge medientheoretischer Reflexion zurück: Bereits Platon beklagte im Phaidros das mangelnde interaktive Potential von Schrift und Bild. Und von da ab hat das regulative Prinzip dialogischer Kommunikation die Medienutopien eigentlich nicht mehr verlassen. Das vornehmste Ziel medientechnologischer Entwicklung besteht demnach darin, sich selbst überflüssig zu machen, indem sie die Möglichkeit zum Dialog – wenn auch medientechnisch vermittelt – wiederherstellt. In den verschiedenen medientheoretischen Debatten ist dieses Moment hochgehalten worden: von Brecht mit seiner Abkehr von den Distributions- und seinem Plädoyer für die Kommunikationsmedien, über Benjamins Rehabilitierung des Publikums und Enzensbergers emanzipatorischen Mediengebrauch (vgl. Enzensberger 1970), bis hin zur postmodernen Medienontologie Flussers. Vilém Flusser – und dessen Position ist es vor allem, die in den gegenwärtigen Debatten erinnert wird – feiert die Ablösung der Schrift durch die technischen Bilder als ein epochemachendes Ereignis, das nichts weniger als die Überwindung des Zeitalters der Rationalität verspricht.[10]

---

[10] Vgl. Flusser (1989: 36): „Mit Hilfe des Alphabets wurde das mythische Geplapper begradigt, damit es eindeutig eine Zeile entlang einem Ruf-, einem Fragezeichen oder einem Schlußpunkt zulaufen könne (statt sich in Kreisen zu winden), damit es überhaupt erst kompetent werde, richtige Fragen zu stellen, richtige Befehle zu erteilen, richtig zu erzählen und zu erklären. Das Alphabet wurde erfunden, um das mythische Sprechen durch ein logisches Sprechen zu ersetzen, und damit das mythische Denken durch ein logisches Denken. Das Alphabet wurde erfunden, um überhaupt erst buchstäblich ‚denken' zu können."; sowie ebd.: „Wir sprechen, wenn wir uns die neuen Bilder auf Monitoren anschauen, von Computer-‚Kunst', ganz so, als ob es sich dabei nur um eine neue Technik handeln würde, Bilder herzustellen. Durch die Kategorie ‚Kunst' versperren wir uns den Weg zu diesen Bildern. Computer(tasten) simulieren Gehirnprozesse. Die Bilder, die da aufleuchten, sind beinahe unmittelbar – wenn denn ‚unmittelbar' für ein entfremdetes Wesen, wie der Mensch es ist, einen Sinn hat – aus dem Gehirn nach außen entworfene Bilder. Es ist daher irreführend, die veröffentlichten und exakt gewordenen Träume ‚Kunst' nennen; wollen - außer man fügte hinzu, daß alle bisherige Kunst nichts ist als zögernde Annäherung an diese Bilder. Der Begriff ‚Kunst' ist aber selbst so gefaßt eine Kategorie, die an den Bildern vorbeigeht. Die meisten der bisher erzeugten Computerbilder wurden in wissenschaftlichen und technischen Laboratorien herstellt, nicht in von benjaminischer Aura verklärten künstlerischen Winkeln. Diese in Laboratorien erzeugten Bilder haben zumindest die gleiche ästhetische Kraft wie jene, die von ‚Computerkünstlern' hergestellt werden. Die Grenze zwischen der Kategorie ‚Kunst' und der Kategorie ‚Wissenschaft und Technik' wird von solchen Bildern beseitigt. Die Wissenschaft stellt sich als eine Kunstform heraus und die Kunst als eine Quelle von wissenschaftlicher Erkenntnis."

Wie alle Medienutopien[11] verfügt auch die von Flusser über eine technologische Basis, nämlich die durch den Computer ermöglichten Netzstrukturen. Hypertext und Hyperfiction stellen somit die Einlösungen des medientheoretischen Versprechens dar. Sie sind von daher nicht nur Signaturen eines neuen Zeitalters, sondern Belege einer Theorie, die zweierlei behauptet: Es gibt einen notwendigen Konnex zwischen Medium, Denken und ästhetischer Form. Darüber hinaus lässt sich dieser Konnex auch noch bewerten: Das durch ein neues Medium wie die Netzstrukturen stimulierte Denken und die korrespondierenden ästhetischen Formen sollen nach Flusser allen bisher verfügbaren Formen überlegen sein.

Nun verdankt sich ein solches Denken einer recht einfachen Analogie, die in ihrer frappanten Einfachheit zumeist auch recht schnell und stillschweigend wieder zurückgenommen oder relativiert wird: Schrift ist in Linien organisiert und wird gelesen, indem die Abfolge von Zeichen eingehalten und reproduziert wird. Zugleich sind die Operationen von Wissenschaft – so das Modell – durch Folgerichtigkeit, also Kausalität gekennzeichnet, so dass man es auch hier mit einer unumkehrbaren Folge und damit mit Linearität zu tun habe. Hypertexte befreiten Textstrukturen nun von dieser Linearität und eröffneten dadurch ein neues Reich der Möglichkeiten. Das Problem ist nur, dass Texte eigentlich niemals in diesem banalen Sinne linear *waren*. Gängige Aufhebungen der Linearität lassen sich auf jeder Ebene des Textes feststellen: Anaphorische und kataphorische Verweisungen, Flash-backs und Flash-forwards, kennen alle ‚linearen Medien# und zu allem Überfluss weisen Texte immer schon mehr als eine Dimension auf: Sie sind gerade nicht linear, sondern sie verfügen stets über paradigmatische und syntagmatische Relationen zugleich (vgl. Saussure 1916: 147 ff.), von den pragmatischen ganz zu schweigen. Narrationen sind demgegenüber zweifelsohne linear wenigstens in dem Sinne, dass Umstellungen nicht zu den Regeln ihres Gebrauchs gehören. Von daher ist es auch durchaus konsequent, wenn etwa Dotzler, der den Hypertext am Paradigma der Fußnote aufhängt, von einem Spannungsverhältnis von Narration und Hypertext ausgeht.[12] Hyperfiction stellt aus dieser Perspektive zumindest einen latenten Widerspruch dar.

---

11 Bezog sich Platon noch auf die Schrift, so orientierte sich Brecht am Radio, Benjamin am Film und Enzensberger an einem Mediensystem, das das Fernsehen und die Videotechnologie einschloss. Allein die unterschiedlichen, vor allem aber sich wechselseitig ausschließenden Medienbezüge lassen die Problematik dieser These deutlich werden.

12 Vgl. Dotzler (2000): 1: „Die andere [Vergleichsrichtung] ist aber eben die Fußnote. Einerseits koextensiv mit der Technik des Buchdrucks, steht sie andererseits in einem genuinen Span-

Es bleibt allerdings die Frage nach der Struktur dieses Widerspruchs. Zunächst einmal sind die Zeitverhältnisse – und Linearität *ist* primär ein solches Verhältnis gerichteter Zeit – ein konstitutives Element narrativer Komposition. Die absichtsvolle achronologische Anordnung von Geschehnissen in der Zeit, jegliche Verzögerungen und Dynamisierungen im Verhältnis von Erzählzeit und erzählter Zeit, Vorausdeutungen, Zeitdifferenzen zwischen Handlungssträngen, Zeitdifferenzen zwischen Fraktionen des Figurenensembles und schließlich Zeitdifferenzen zwischen Rezipienten und Figuren – all diese Differenzen, die Zeit narrativ prozessieren, markieren potentiell bedeutungstragende Elemente.[13] Insofern ist es gerade umgekehrt: Nicht die Linearität, sondern die auf diese aufmodulierten Abweichungen von Linearität – also in diesem Zusammenhang Chronologie – erzeugen Bedeutung. Offene Bedeutungskonstituierung – und nur eine solche ist in ästhetischen Gefilden als Voraussetzung von Polyvalenz gefragt – setzt die minimale Komplexität von Ambivalenzen voraus. Textstrukturen müssen über Unschärfen verfügen.[14] Sie dürfen also prinzipiell nicht eindeutig sein, da andernfalls das Spiel der Interpretation, das in der Vereindeutigung einer polyvalenten Struktur besteht, keinen Sinn machte. Singulärer und zudem auch noch im Text selbst expliziter Sinn lässt die Angelegenheit trivial und das Spiel der Interpretation langweilig werden. Polyvalenz setzt damit Abweichung, also Differenzen voraus und jegliche Chance zur Hervorbringung von Differenzen ist eine Chance zum Komplexitätsgewinn und damit zur Polyvalenz. Bedeutsamkeit verdankt sich eben dieser Polyvalenz, sofern sie als intentional gedacht zu werden vermag. Das narrative Spiel mit Zeitverhältnissen entfaltet so Bedeutung. Steht eine solche Möglichkeit nicht mehr zur Verfügung, dann wirkt sich das automatisch bedeutungsverknappend aus.

Nun sind die Zeitverhältnisse in Narrationen üblicherweise festgeschrieben. Werden sie wie bei der hypertextuellen Organisation flexibel gehalten, dann geht die Erzeugung von Bedeutungspotential – wohlgemerkt nicht die Realisierung von Bedeutung – an den Rezipienten über, der im Zuge der Rezeption die Zeitverhältnisse einer aktualisierten Narration für diese einzelne Rezeption festlegt. Die Bedeutung von narrativen Strukturen in Hypertexten wird so systematisch reduziert und zugleich inkommunikabel. Der aktualisierte Text, also der im Zuge der Lektüre

---

nungsverhältnis zur Linearität der Schrift im allgemeinen wie der, sagen wir, Erzählliteratur im besonderen."

13 Über die Zeitbezüge des Erzählens klärt immer noch Lämmert auf, was allerdings von der Hypertextdiskussion leider nicht hinreichend zur Kenntnis genommen wird.

14 Diese sind von Iser bekanntlich unter dem Titel Unbestimmtheitsstellen thematisiert worden.

gewählte Pfad, interessiert niemanden, da er allenfalls nur unter Schwierigkeiten überhaupt wiederholbar ist und damit die Kollektivität von Publika systematisch ausfällt. Zudem fallen die im konventionellen Rezeptionsprozess an unterschiedliche Instanzen delegierten Aktionen – der Entwurf von Bedeutungspotential (Autor) und die Aktualisierung einer Bedeutung im Akt der Sinnzuweisung der Interpretation (Rezipient) – in der hyperfiktionalen Rezeption notgedrungen zusammen. Hyperfiktionale Rezeptionsprozesse fallen so strukturell trivial aus: Wenn das Bedeutungspotential selbstgemacht ist, wird die Interpretation überflüssig. Denn wenn die ‚Intention' bekannt ist, dann erscheint auch nur diese eine Sinnzuschreibung als legitim[15] und alle möglichen weiteren scheiden zwangsläufig aus. Damit verliert der Sinn sein Geheimnis oder aber – ein wenig nüchterner formuliert – seine konstitutive Informationsdifferenz. Der narrative Hypertext weist also notgedrungen und konstruktionsbedingt entschieden geringere Spannung auf. Der sich in der eigenen Konstruktion offenbarende Zusammenhang wird monovalent und damit zwangsläufig auch trivial.

Hinzu kommt, dass im Falle einer hypertextuellen Lektüre das Sprungziel in der Regel unbekannt ist, sind doch keineswegs alle wählbaren Textblöcke dem Rezipienten verfügbar, wie umgekehrt dem ‚Autor' nicht alle potentiellen Lektüren seines Textnetzes präsent sind. Die Verknüpfung selbst ist zufällig, also nicht oder nur in Ansätzen intentional, was bedeutet, dass die Verknüpfung bedeutungslos wird. Der Zufall ist nur ein schlechter Autor. Das Potential dieser Errungenschaft der Netzkultur, der Verlinkung, schwankt so zwischen weitgehender Bedeutungslosigkeit und Trivialität, was aus ästhetischer Perspektive allenfalls eine mäßig attraktive Alternative darstellt. Das ästhetische Potential der Verlinkung ist somit zu vernachlässigen und die angeblichen Freiheitsgrade eigenständigen Konstruierens werden durch die Unerheblichkeit des Zufälligen wieder neutralisiert. Die hypertextuelle Verknüpfung changiert insofern zwischen Unterkomplexität und Hyperkomplexität. Es handelt sich also um Verknüpfungen ohne ästhetisches Sinnpotential.

Es sind damit nicht Linearität und Non-Linearität, die Hyperfiction von konventionellen Narrationen unterscheiden, sondern es ist vielmehr die Festlegung der

---

15 Der Fall des Versuchs, das Bedeutungspotential eines intentional hergestellten Zusammenhangs über den von der Intention vorgegebenen Sinn hinaus zu entwickeln, kann als randständig weitgehend vernachlässigt werden, weil er eine ungewöhnliche Kenntnis ästhetischer Strukturen sowie den kontrollierten Umgang mit diesen voraussetzte, wovon allenfalls in Ausnahmen die Rede sein kann.

Zeitverhältnisse durch eine autorisierte Instanz wie eben den Autor, die den Unterschied macht. Die Differenzierung von Bedeutungserzeugung und Bedeutungsrealisation ist wesentlich für den literarischen Funktionsprozess. Die Sucht, die Positionen von Autor und Rezipient wechselseitig ineinander aufgehen zu lassen und damit eines der letzten kulturellen Herrschaftsverhältnisse zu schleifen, verkennt so diesen Funktionsprozess von Literatur grundlegend. Die vergleichsweise vorübergehende Attraktivität von hyperfiktionalen Konstruktionen und die Enttäuschung durch die zwangsläufig sich einstellende Langeweile haben in genau dieser Verkennung ihren Grund. Das Verschleifen von Autorschaft und Rezeption, das tendenzielle Zusammenfallen von der Konstruktion eines Potentials für Sinn und der Sinnsetzung selbst sind also im Sinne eines Funktionsprozesses von Narrationen kontraproduktiv und daher alles andere als erstrebenswert.

Der demokratische Impetus, der jeden zum Künstler befreit sehen wollte, hatte sich das durchaus anders vorgestellt: Es handelte sich um die Möglichkeit des Eintritts in den ästhetischen Kommunikationsprozess; nicht darum, nur noch selbstgeschriebene Texte zu lesen. Rezeption wurde nach wie vor konventionell als die Rezeption von Texten anderer Autoren gedacht. Allenfalls die Abkehr von der identifikatorischen Lektüre und eine damit verbundene Steigerung der Kompetenz des ästhetischen Urteils ließen sich durch die Verallgemeinerung der Autorschaft imaginieren. Die hypertextuelle Lektüre verbindet aber systematisch und unlösbar Textkonstruktion und Sinnproduktion. Das führt im Falle von Narrationen zu einer ebenso systematischen Sinnverknappung oder aber zu dem Scheitern von Sinnsetzung und damit zur Desorientierung. Zudem vertut man mit der Aufhebung der Differenz von Autor und Rezipient auch die Chancen, die in dieser Differenz liegen – bietet doch die Aneignung eines Fremden die Bedingung für eine Erweiterung des lesenden Subjekts. Der Widerstand der Alterität eines fremden Textes, der immer auch eine Herausforderung für den Rezipienten ist, verflacht im Kontext von Hypertexten nachhaltig.

Nun gehen alle diese Überlegungen von einer tendenziell unbegrenzten Komplexität möglicher Anschlüsse aus, was eine extrem unökonomische Annahme darstellt, wenn man den für die Konstruktion selbst eines knappen Hypertextes erforderlichen Aufwand bedenkt. Hypertexte sind im Gegensatz zu den konventionellen narrativen Konstruktionsverfahren außerordentlich ineffektiv: Sie sind gezwungen, endlose Mengen von Blindtexten zu produzieren, die kaum je der Lektüre gewürdigt werden, nur um ein Mindestangebot von Anschlussmöglichkeiten garantieren und damit wenigstens mit einigem Recht Anspruch auf den Titel Hypertext erheben zu können. Die konventionelle Textproduktion ist, was die Lektüre anbelangt, entschieden ‚digitaler' ausgelegt als die Konstruktion von Hypertexten: Sie funktioniert entweder ganz oder gar nicht. Allein schon die dramaturgische Struktur solcher Konstruktionen sorgt dafür, dass der Lektüreprozess, sobald er erst einmal begonnen hat, zwangsläufig defizitär bleibt, wenn er nicht zu seinem Ende geführt wird. Die hypertextuelle Lektüre bleibt demgegenüber systematisch unvollständig. Sie ist aufgrund der – zumindest potentiellen – Fülle des Materials gezwungen, irgendwann mehr oder minder willkürlich Schluss zu machen. Diese Unvollständigkeit der einzelnen Lektüre mag vielleicht zu einer Wiederholung und Variation des Lektüreprozesses animieren, mit dem heimlichen Telos, auch noch im Hypertext die gewohnte narrative Vollständigkeit wiederherzustellen. Nur lässt die Unsicherheit, dass man niemals weiß, ob man denn des Ganzen wirklich habhaft geworden ist, die Versuche zunehmend fad werden, zumal die Interpretation auf die Verfügbarkeit des Ganzen angewiesen bleibt.

Ähnlich unvollständig bleibt der Produktionsprozess, der mit einigem Sinn erst endet, wenn die Masse des Materials bis in die Unübersichtlichkeit hinein getrieben worden ist. Denn die Illusion einer grenzenlosen Freiheit der Kombination und damit die Interaktionsofferte funktioniert nur, solange die Grenzen des Materials nicht erfahrbar sind. Die netzbasierte kollektive Produktion, die zwar durch Rekrutierung des kostenlosen Idealismus der beteiligten Autoren das Material im nötigen Umfang heranzuschaffen vermag, hat sich dann jedoch mit dem Problem der prinzipiellen Unverfügbarkeit der Anschlüsse und der Kontrolle der Motive, Topik und Dramaturgie der Narration auseinanderzusetzen. Alle diese Ebenen der Erzählung sind bei der kollektiven Produktion mehr oder minder dem Zufall ausgesetzt, was die Wahrscheinlichkeit des Scheiterns massiv erhöht.

Das faktische Vorgehen ist demgegenüber erheblich pragmatischer und holt eben auch die Theorie von der abstrakten Höhe multipler, wenn nicht gar universeller Verknüpfungen herunter auf die begrenzte Kombination vergleichsweise gering ausdifferenzierte Einheiten. Die notwendige Anschlussfähigkeit nötigt auf der Ebene der Textzellen zu einem Maximum an Offenheit bzw. Unbestimmtheit. Nun gewährleisten etwa hermetische Texte zwar in der Regel eine solche prinzipielle Offenheit und insofern mag die Berufung auf die literarische Tradition der klassischen Avantgarde durchaus zu Recht erfolgen, nur erschwert die Kombination hermetischer Konstruktionen den interpretierenden Zugriff dermaßen, dass die Chancen eines Scheiterns der Lektüre ähnlich exponentiell wachsen: Also auch hier eher ein grandioses Scheitern, denn ein neues literarisches oder narratives Paradigma. Da der Zufall keine weitere Bedeutung als eben die des Zufälligen kennt, fallen die möglichen Bedeutungen solcher Konstruktionen, sofern sie sich nicht allgemeiner narrativer Konventionen und Stereotype bedienen, in Eins zusammen: Die hypertexuelle Narration terminiert so strukturell im Chaos.

Da Zufall und strukturelle Unübersichtlichkeit nun einmal nicht über die notwendige Attraktivität verfügen, um wenigstens einigermaßen für Publikum zu sorgen, liegt es nahe, Hypertexte nicht hermetisch, sondern hoch konventionell und offen zugleich zu konstruieren. Der Zufall wird also mit dem Stereotyp gebändigt. Es handelt sich zugleich um einen besonderen Typ des Stereotyps, der hier verlangt wird: Es muss hoch konventionell und anschlussfähig zugleich sein. Damit ist man gezwungen, mit flachen Stereotypen und unbedingt wiedererkennbaren Klischees zu operieren. Andernfalls wären die Anschlüsse an andere Texteinheiten und damit die Fortsetzbarkeit der Narration gefährdet. Dass solche flachen Stereotype konstruktionsbedingt zur Belanglosigkeit tendieren, ist offenkundig. Vor allem aber verfehlen sie systematisch eines: die Varianz, die die einzelne Narration gegenüber den anderen auf dem Markt der Erzählungen befindlichen besitzen sollte. Je flacher jedoch die Konstruktion des Stereotyps ausfällt, umso schwerer fällt es, sie von den anderen Narrationen zu unterscheiden, die sich desselben Stereotyps bedienen. Zugleich mag die Zahl der Stereotype vielleicht groß sein, prinzipiell jedoch bleibt sie nicht nur endlich, sondern überschaubar, funktionierte doch andernfalls die Wiedererkennung nicht mehr hinreichend zuverlässig. Es wird also aufgrund der hypertextuellen Konstruktionsbedingungen schwierig, die Bedingungen zu erfüllen, die selbst für populäre Narrationen gelten: nämlich jene kontrollierte Varianz[16] hervorzubringen, die es gestattet, trotz der Verwendung von Konventionen und Stereotypen eine Differenz der einzelnen Narrationen kenntlich zu machen und am Markt zu behaupten. Dass, wenn schon die für massenmediale Distributionsbedingungen erforderliche kontrollierte Varianz nicht gegeben ist, von einer ästhetischen Varianz, wie sie vom Originalitätsimperativ des Kunstsystems unerbittlich eingefordert wird, erst Recht nicht die Rede sein kann, versteht sich beinahe von selbst. Es werden so bei hypertextuellen Narrationen, konstruktionsbedingt und unabhängig vom Vermögen eines Autors oder aber eines Autorenkollektivs, nicht nur die Margen des Kunstbetriebs systematisch unterschritten, sondern eben auch die der massenmedial zirkulierenden Narrationen. Wir haben es

16 Unter kontrollierter Varianz soll ein Anforderungsprofil verstanden werden, das das Funktionieren massenmedial wirksamer Narrationen reguliert: Diese müssen stets einen Erwartungshorizont berücksichtigen – etwa in Hinsicht von Genrekonventionen, Konstruktionen von Protagonisten, Antagonisten etc. –, zugleich jedoch müssen sie mindestens über eine Differenz gegenüber den bisher dem Publikum zur Verfügung stehenden Narrationen verfügen, die die Rezeption der Narration überhaupt attraktiv erscheinen lässt. Wird der Erwartungshorizont nicht berücksichtigt, dann wird die Erzählung unverständlich; weist die Erzählung keine Differenzen gegenüber anderen auf, dann wird sie langweilig.

also keineswegs mit einem Aufbruch zu neuen narrativen Ufern, sondern mit dem prinzipiellen Unterschreiten aller bislang bekannten narrativen Standards zu tun, so dass sich der Verdacht aufdrängt, dass der Hypertext sich nun einmal nicht zum Erzählen eignet, womit zumindest eine der Grenzen dieser medialen Form in einem ersten Zugriff bestimmt wäre.

Zugleich verfügen Narrationen über spezifische Beschränkungen der Anschlussfähigkeit. Die ihnen eigene Dramaturgie vereitelt beliebige Ein- und Ausstiege und sie errichtet zugleich systematische Kombinationsverbote. Dramaturgien legen funktionale Einheiten innerhalb des Narrationsverlaufs fest. Diese Einheiten sind, wenn überhaupt, dann auch nur durch funktional äquivalente Einheiten zu substituieren. Sie bestimmen also die Größe der bei Narrationen tauschfähigen Elemente[17] und sie bestimmen sie nicht quantitativ, sondern funktional. Es gibt also kleinste funktionale Einheiten, die nicht unterschritten werden können und die die Elemente definieren, die überhaupt sinnvoll der Kombination ausgesetzt werden können. Diese funktionale Grenze stellt keineswegs die einzige Abschottung der Narration gegenüber ihrer parzellierten Kombination dar. Die Einheiten verfügen zugleich über ein definiertes und in der Regel nicht zu vernachlässigendes Verhältnis zum jeweiligen Stadium der Narration: Elemente der Exposition sind nun einmal nicht gegen solche der Retardation auszutauschen. Die funktionale Bestimmung limitiert von daher das narrative Stadium, in dem die einzelnen narrativen Partikel Verwendung finden können. Werden jedoch durch die narrative Dramaturgie Kombinationsverbote erzeugt, dann ist es zu jener kombinatorischen Unendlichkeit schon wieder ein wenig weiter.[18] Kombination ist also immer nur auf kompatiblen dramaturgischen Niveaus überhaupt möglich.

Zudem sind bei Erzählungen neben der Limitierung der Kombination durch die dramaturgischen Niveaus auch noch topische und personale Kombinationsbegrenzungen zu berücksichtigen. Orte, Themen, Konfliktstrukturen und das Perso-

---

17 Binnendifferenzierungen sind allenfalls in begrenztem Umfang denkbar: So lässt sich etwa bei der Exposition einer Narration die von Haupt- und Nebenfiguren soweit differenzieren, dass letztlich jede einzelne Exposition einer Figur eine denkbare Einheit darstellt. Diese Größen lassen sich, sofern eine Kombinierbarkeit vorausgesetzt werden soll, nicht sinnvoll unterschreiten, da andernfalls die Anschlüsse unberechenbar werden und die Exposition des narrativen Personals ggf. nur unvollständig erfolgen könnte.

18 Prosaischerweise benötigt man für das Erreichen derselben Unübersichtlichkeit und desselben Unendlichkeitseffekts schlicht die um den Faktor der Zahl kombinierbarer Einheiten erhöhte Zahl narrativer Einheiten, was in Abhängigkeit von der Tiefenschärfe der Differenzierung eine durchaus beachtliche Steigerung des narrativen Materials zur Folge haben kann.

neninventar lassen sich weder einfach aussetzen, noch sind Wechsel in diesen Dimensionen ohne eine narrative Vorbereitung denkbar, was den kombinatorischen Anschlüssen wiederum harsche Begrenzungen auferlegt. Das Personal verfügt darüber hinaus über narrative Lebenszyklen und unterliegt zumindest der Konvention, dass es nach seiner Einführung wenigstens auf eine Art narrativer Minimalversorgung Anspruch hat.[19] Zugleich muss zum Zwecke der Steigerung der Anschlussfähigkeit der Antagonist sich zur Not auch noch zum Protagonisten mausern können, was ein außergewöhnlich flaches und indifferentes Personal notwendig werden lässt. Wenn der Text schon nicht polyvalent ist, dann müssen es wenigstens die Figuren sein. Soll die mögliche Kombinationslogik nicht überkomplex werden, dann sind auf allen diesen Ebenen Begrenzungen einzuführen, was die Unendlichkeit von Hyperfiction recht schnell wieder auf den Boden narrativer Tatsachen zurückholt. Statt unbegrenzter Möglichkeiten sind Spielregeln einzuführen, soll das ganze überhaupt noch beherrschbar bleiben und wenigstens in Ansätzen narrative Effekte zeitigen. Es muss dabei nicht nur eine Gewähr für das Einhalten der Spielregeln geben und daher die Überschaubarkeit des Materials zumindest für den Autor oder Administrator gegeben sein, sondern diese Regeln sind auch relativ eng zu fassen, damit die weiteren Konditionen erfüllt werden können.

Rigide werden solche Restriktionen allerdings, sobald Kollektive zu Produzenten avancieren. Und diese Spielregeln müssen dann eingehalten werden, damit wenigstens die einfachsten Bedingungen des Erzählens, wie etwa die bloße Verständlichkeit der Erzählung, strukturell gewahrt werden. Es dreht sich also keineswegs um überzogene Ansprüche, die hier an Hyperfiction herangetragen würden, sondern um die elementaren Konditionen des Erzählens. Die strukturellen Schwierigkeiten, die der Hypertext allein schon mit der Erfüllung dieser Anforderungen hat, sind also bemerkenswert. Bei solch elementaren Problemen mit einem ästhetischen Anforderungsprofil konkurrieren zu wollen, das zusätzliche, sich selbst kaum in Regeln fassen lassende Abweichungen gegenüber der massenmedialen Konfektionsware vorsähe, erscheint von daher aussichtslos. Allenfalls der Zufall der Kombination könnte unter Umständen so etwas wie einen ästhetischen Effekt zeitigen, der jedoch in jedem Fall ohne ein Subjekt auskommen müsste. Zudem wäre er

19 Mit Ausnahme von Statisten muss einmal eingeführtes Personal zumindest sterben gelassen werden, d. h. auf die Einführung muss, selbst wenn die Figur – wie bei Nebenfiguren üblich – nicht weiter entwickelt werden sollte, eine mit der jeweiligen Handlungslogik kompatible Ausführung folgen.

auch nicht wiederholbar, so dass Ästhetik in diesen Gefilden sich nur rein zufällig ereignete.

Angesichts eines solch komplexen Ensembles von interferierenden Beschränkungen potentieller Kombinationen von Narrationspartikeln ist es keineswegs verwunderlich, dass hyperfiktionale Projekte auf Erzählstrategien zurückgreifen, die schon traditionell die Komplexität der narrativen Verknüpfungsregeln merklich herabsetzen. Das Prinzip einer solchen Komplexitätsreduktion von Narrationsstrukturen besteht in einer Emanzipation der Narrationspartikel. Die Konjunktur, die Nietzsches aphoristischer Stil unter den Enthusiasten des Hypertextes hat, ist von daher keineswegs zufällig, reagiert man damit doch genau auf diesen Zwang zur Emanzipation narrativer Elemente. In dem Moment, in dem diese Narrationspartikel autonom werden, müssen sie bereits als einzelne die elementaren Konditionen des Erzählens erfüllen. Die Narrationspartikel sind also gezwungen, sich zumindest zu Episoden zu mausern, um dann relativ frei miteinander kombinierbar zu sein. Das bedeutet, dass die narrativen Regeln für die einzelnen Episoden automatisch dichter werden, um so die Kombinationsfreiheit zu erhöhen. Die Episoden werden also strukturell gleichförmiger allein schon dadurch, weil von ihnen narrative Geschlossenheit gefordert wird. Und diese Geschlossenheit ist zu fordern, um die Kombinationslogik zu entlasten. Jegliche Unabgeschlossenheit einer Episode stellt eine Hypothek für diejenige Episode dar, die mit der unabgeschlossenen verknüpft werden soll, muss sie doch die narrativen Leerstellen verfüllen, bevor sie mit dem eigenen narrativen Programm überhaupt beginnen kann.

Das Prinzip der Episodenerzählung besteht in einer Stärkung der Ordnung der Einzelelemente und einer gleichzeitigen Vereinfachung der Organisationslogik des narrativen Rahmens. Im einfachsten Fall greift im Rahmen die Regel schlichter Addition: Es wird dabei Episode an Episode gereiht und diese Reihung unterliegt keiner dramaturgischen Regie. Die Reihung lässt sich von daher prinzipiell endlos fortsetzen und sie kann auch je nach Bedarf wieder ausgesetzt werden. Damit erfüllt das Prinzip der Reihe die Konditionen, die für einen Hypertext unerlässlich sind. Zugleich fällt die Rahmenerzählung denkbar einfach aus: Im Zweifel stellt sie nichts weiter als einen Rahmen dar, in dem mehr oder minder beliebig erzählt werden darf. Jede Steigerung des Organisationsprinzips der Rahmenerzählung – von der zeitlichen Sukzession bis hin zu seriellen Erzählformen mit z. T. komplexen dramaturgischen Interferenzen - greift zwangsläufig auch in die Autonomie der Binnenerzählungen ein und lässt damit die vom Hypertextkonzept erwünschte freie Kombination der Elemente nicht mehr zu. Hyperfiction tendiert so zu extrem einfachen Rahmungsprinzipien noch weit unterhalb von Serienstrukturen. Wenn es also Rahmenerzählungen gelingt, sich im wesentlichen zurückzuhalten, allenfalls grobe thematische Vorgaben zu machen und dabei zugleich ein hohes additives Potential zur Verfügung zu stellen, das sich durch sukzessives Abarbeiten einlösen lässt, dann wird offenbar die optimale erzählerische Umgebung für Hyperfiction zur Verfügung gestellt. Die Qualität und das Geschick solcher Rahmenkonstruktionen sind abhängig von dem Grad an Konventionalisiertheit dieser Konstellation und das Funktionieren der narrativen Nuklei, also der auf diesem Wege integrierten Binnenerzählungen, stützt sich auf Vertrautheit oder kulturelle Eingeführtheit der Situation. Was dabei im optimalen Fall herauskommen kann, ist eine einigermaßen interessante Anthologie von kurzen Geschichten; ansonsten hat man es mit in ein anderes Medium transferierten Buchbindersynthesen zu tun, wobei noch nicht einmal das merkantile Interesse eines Verlegers dafür verantwortlich gemacht werden kann.

Problematisch an diesen zurückgenommenen Rahmenkonstruktionen ist vor allem der geringe Einfluss auf die Dramaturgie der gesamten Erzählung. Da narrative Nuklei montiert werden, wobei man als Autor/Rezipient allenfalls marginalen Einfluss auf die Abfolge hat, ist eine gezielte Dynamisierung im Lektüreprozess nicht denkbar: Sie ist entweder zufällig oder aber man hat es, wenn überhaupt, mit recht flachen Dynamiken zu tun. Der Aufbau von Spannung über einen langen narrativen Zusammenhang hinweg ist so kaum möglich. Man hat sich entweder mit dem merklich geschrumpften Spannungsbogen einzelner Episoden zufrieden zu geben oder aber den zufälligen Wechsel zur nächsten Episode notgedrungen als Spannung zu interpretieren. Die banale Rezeptionserfahrung, wonach Konfliktpotentiale der Steigerung bedürfen, wenn die affektive Involviertheit auch nur einigermaßen anhalten soll, lässt sich im Bereich von Hyperfiction nicht bedienen. Das Konfliktpotential der Binnenerzählungen wird versuchen, das denkbar Höchste auszureizen, und trotzdem wird es tendenziell verschleißen. Über die Alternative, mittels der sich der Spielesektor aus dieser Bredouille befreit, nämlich über eine Steigerung der Geschwindigkeit der Handlungsabläufe, über diese Alternative verfügt das Geschäft des Erzählens hingegen nicht. Um eine solche Dynamisierung des Erzählprozesses oder vielmehr desjenigen der Lektüre einzuleiten, bedürfte es einer Rahmenerzählung, die unterschiedliche narrative Dynamikniveaus einigermaßen zuverlässig diskriminierte und in eine zeitliche Anordnung überführte, den Zugang zu unterschiedlichen Niveaus der Binnenerzählung also an bestimmte Quanten an Lektüreleistung bände. Die nach solchen strukturellen Überlegungen fällige Konzeption von Rahmenerzählungen tendierte durchaus zu jenen aus dem Spielebereich bekannten notdürftigen Rahmenkonstruktionen, die Topoi und Bildanlass stiften und Niveaus abgrenzen helfen, ansonsten aber möglichst schnell und unproblematisch erzählt sind.

Auch die Erzeugung von Volumen durch Redundanzen und eine möglichst geringfügige Variation, wie sie im Spielesektor gang und gäbe ist, fällt im narrativen Bereich weitgehend flach: Erzählerische Schleifen sind aufgrund eingeschränkter Varianzen eben nicht sonderlich populär. Eine Ausnahme bilden vielleicht jene running gags, die man allerdings aufgrund der unplanbaren Kombinationen auf hypertextuellem Terrain auch nicht so recht ans Laufen bekommt. Die Erstellung des Materials für die hyperfiktionalen Universen wird jedoch, wenn der Rückgriff auf Redundanzen entfällt, genauso aufwändig wie der Anspruch hoch ist.

Hyperfiction ist von daher entweder von einem äußerst komplexen Regelapparat abhängig oder aber dramaturgisch flach. Die Kombinationsfreiheit wirkt sich systematisch sinnverknappend aus, so dass es sich um ein strukturell triviales Genre handelt. Die in Hyperfictions strukturell angelegte Verschleifung der Grenzen von Autorschaft und Rezeption sabotiert zugleich den Funktionsprozess von Erzählungen. Dies kann einzig um den Preis verhindert werden, dass die Wahlen des Rezipienten vom Autor kontrolliert werden können. Damit werden allerdings die Freiheit der Wahl des Rezipienten und damit das Versprechen des Hypertextes zur bloßen Farce. Fülle und Endlosigkeit müssen wohl oder übel mit Erzähltexten erst einmal erzeugt werden. Im Falle von Hypertexten können sie jedoch noch nicht einmal zielgerichtet produziert werden, sondern es muss Überfluss geschaffen werden – nicht so sehr, weil man auf einen geneigten Rezipienten rechnen könnte, sondern weil es die Textsorte und vor allem ihre Ideologie verlangt.

Der Enthusiasmus, mit dem das Konzept von Hyperfiction trotz allem verfolgt wurde, verdankt sich einer grundlegenden Verkennung und vor allem einer Unterschätzung des konventionellen Rezeptionsprozesses von Narrationen. Trotz der Begrenztheit des Textes und der damit zugleich gegebenen Verfügbarkeit des Ganzen ist der Prozess der Rezeption von Texten, wie ein Blick selbst in traditionelle Hermeneutiken lehren kann, unabschließbar und gerade hierin liegt ja der Reiz. Die Verfügbarkeit des Ganzen ist die Voraussetzung der unausgesetzten Tätigkeit des Lesers, die im Übrigen noch nie ein Autor kontrollieren konnte. Die unausgesetzte Tätigkeit des Rezipienten im Akt der Interpretation verdankt sich der strukturellen Polyvalenz geschlossener Texte. Interpretation wird überflüssig, sobald Texte tendenziell eindeutig werden oder aber wenn sie ihre Selbstexplikation mitführen, und Interpretation wird unmöglich, sobald kein Ganzes mehr verfügbar ist. Interpretation und damit das Spiel der Lektüre funktioniert also in einem recht genau definierten Zwischenbereich, aus dem Hyperfiction jedoch genauso präzise herausfällt.

Unterschätzt wird demnach von den Enthusiasten der Netzliteratur der Eigenanteil des Rezipienten an der Konstituierung von Bedeutung: Man muss eben noch längst nicht notwendig auch schreiben, um auf literarischem Feld aktiv werden zu können. Nur handelt es sich bei der Konstruktion von Bedeutsamkeit und dem Zuweisen von Bedeutung um vollkommen verschiedene Tätigkeiten, bei denen auch nicht notwendig ein kulturelles oder soziales Gefälle angenommen werden muss. Wenn der Leser zum Autor wird, dann wird er nicht emanzipiert, sondern er wechselt schlicht in ein anderes Metier. Zugleich geht die Last der Erzeugung von Bedeutsamkeit und damit die Verantwortung für die ästhetische Qualität vom Produzenten auf den Rezipienten über: Die Niveaus der Texte hierarchisieren zugleich Rezipienten. Rezeptions- und Produktionsniveaus fallen zusammen und die historische Ausdifferenzierung der Handlungsrolle Autorschaft wäre nur wenig erfolgreich gewesen, wenn sie durch beliebige Rezipienten ohne einen merklichen Niveauverlust übernommen werden könnte. Wenn das Schleifen der Autor-Rezipienten-Differenz allein im Vertrauen auf Medientechnik unternommen wird, provoziert man, dass der Amateur zur Universalie und damit zum Maßstab wird. Das mag vielleicht rührend sein, führt jedoch kulturell kaum weiter.[20] Die Delegierung der Konstruktion von Bedeutsamkeit an den Rezipienten setzt damit auf das im Zweifel schwächste Glied im ästhetischen Konstruktionsprozess. Das Vertrauen in die ästhetische Produktivität des Publikums ist historisch bereits zu oft strapaziert worden, als dass hier noch Illusionen erlaubt wären.[21]

Ebenso wie die Aktivität des Rezipienten im Zuge der Lektüre wird der Effekt der Unverfügbarkeit eines Ganzen auf den Rezeptionsprozess zumeist unterschätzt: Texte, die nicht zumindest hypothetisch als Ganzes – und sei es auch nur als ein defizitäres wie im Fall von Fragmenten – betrachtet werden können, sind mittels Interpretation nicht zu verarbeiten. Eben diese Verfügbarkeit der Einheit, die die hermeneutische Tradition nicht umsonst zum Werkbegriff verklärte, fehlt jedoch im Falle von Hyperfiction, die sich damit strategisch der Interpretation entzieht. Dies mag alles noch keineswegs tragisch sein, hat doch bereits Benjamin die Aura des Kunstwerks verabschiedet, so dass mit dem Verlust des Autor-Subjekts und der Interpretation allenfalls ein längst begonnener Prozess zu Ende geführt würde; nur sollte man sich auch darüber im Klaren sein, dass damit grundlegend in den Funktionsprozess des Erzählens eingegriffen wird. Was dann stattfindet, hat nicht mehr

---

20 Vgl. Enzensberger (1970: 169): „Das Programm, das der isolierte Amateur herstellt, ist immer nur die schlechte und überholte Kopie dessen, was er ohnehin empfängt."

21 Die Hofierung des Rezipienten passt zwar durchaus in die medientheoretische Landschaft, speist sie sich doch auch von dem Impuls der Cultural Studies (vgl. auch Leschke 2002). Dieser ist selbst allerdings ähnlich problematisch (vgl. Leschke 2003) wie das Votum für die Aufhebung der Trennung von Autor und Rezipient.

unbedingt etwas mit Erzählung zu tun, es ist vielmehr ein Spiel mit Texten wie ein Kreuzworträtsel ein Spiel mit Worten und Buchstaben ist. Zweifellos verlangt dieses Spiel seine eigenen Fertigkeiten und Kompetenzen, nur sind es nicht mehr vor allem die des Erzählens.

Fällt jedoch das Sinnpotential eines Textes weg, dann fällt konsequent gemäß der Benjaminschen Logik auch all das weg, was sowohl seinen Widerstand gegen die Zeit ermöglicht als auch jeweils Anlass zu neuer Rezeption geboten hat. Wir haben es also mit einem Verlust des Traditionswertes von Hyperfiction zu tun: Die Lektüre eines Textes, die eben auch Konstruktion von Bedeutung ist, bleibt einmalig und wird als solche nicht dokumentiert. Die Bedeutung wird autonom produziert und sie bleibt einsam, ja sie ist noch nicht einmal kommunizierbar, da der Gegenstand in der individuellen Lektüre überhaupt erst hervorgebracht wird und mit ihr auch ebenso konsequent wieder verschwindet. Bedeutung wird zur Privatsache und ist damit nicht mehr traditionsfähig. Es gibt im Gegensatz zu traditionellen Texten schlicht kaum noch etwas, was überhaupt der Geschichte überantwortet werden könnte. Die Polyvalenz einer geschlossenen Konstruktion ermöglichte ihren Texten wenigstens einen historisch durchaus produktiven Traditionsprozess, Hyperfiction ist demgegenüber eben nicht tradierbar im Sinne einer Akkumulation und eines Wandels von Bedeutungen von verfügbaren Texten, sondern allenfalls als ein Spiel, das man vielleicht immer noch spielt.

Wie bei den meisten technologiebasierten medialen Innovationen, handelt es sich eben auch bei Hyperfiction um eine der „Erfindungen, die nicht bestellt" (Brecht 1932: 127) wurden, wenigstens nicht von den Autoren. Und auch die Rezipienten verfügen offenbar über kein so nachhaltiges Interesse, dass es diesen Medienwechsel und seine neue Textsorte tragen könnte. Die Bilanz der vorgelegten formalästhetischen Analyse dieses Medienwechsels, die gleichermaßen von Medientechnologie und Medientheorie getragen wurde, ist fatal, so dass sich die Frage aufdrängt, was, wenn schon keine Erzählungen, man denn mit Hypertexten überhaupt machen kann. Die erschreckend banale Antwort lautet: Man kann mit ihnen das machen, was immer schon mit Hypertexten gemacht wurde: Man kann mit ihnen spielen und man kann Wissen organisieren.

Literatur

Benjamin, Walter [11]1979 (1936): „Das Kunstwerk im Zeitalter seiner technischen Reproduzierbarkeit." In: *Das Kunstwerk im Zeitalter seiner technischen Reproduzierbarkeit. Drei Studien zur Kunstsoziologie.* Hg. v. Walter Benjamin. Frankfurt/M.: Suhrkamp, S. 7-44.

Brecht, Bertolt 1990 (1932): „Der Rundfunk als Kommunikationsapparat." In: *Gesammelte Werke in 20 Bänden*. Bd. 18. Frankfurt/M.: Suhrkamp, S. 127-134.

Dotzler, Bernhard 2000: *Virtual Textuality oder Vom parodistischen Ende der Fußnote im Hypertext.* http://www.brown.edu/Research/dichtung-digital/Forum-Kassel-Okt-00/Dotzler/index1.htm (Abruf 11.05.2008)

Enzensberger, Hans Magnus 1970: „Baukasten zu einer Theorie der Medien." In: *Kursbuch* 20, S. 159-186.

Flusser, Vilém ²1989: *Die Schrift: hat Schreiben Zukunft?* Göttingen: Immatrix Publications.

Hegel, Georg W. F. 1971 (1842): *Ästhetik*. Frankfurt/M.: Europäische Verlags-Anstalt.

Idensen, Heiko 1995: *Hypertext als Utopie. Entwürfe postmoderner Schreibweisen und Kulturtechniken.* http://www.netzliteratur.net/idensen/utopie.htm (Abruf: 11.05.2008)

Idensen, Heiko 1996: „Schreiben/Lesen als Netzwerk-Aktivität. Die Rache des (Hyper-)Textes an den Bildmedien." In: *Hyperkultur. Zur Fiktion des Computerzeitalters*. Hg. v. Martin Klepper, Ruth Mayer und Ernst-Peter Schneck. Berlin, New York: De Gruyter, S. 81-107.

Idensen, Heiko 2000: *Hypertext, Hyperfiction, Hyperwissenschaft. Von der Hyperfiction zu kolloborativen Online-Projekten*. Simulation eines Vortrags vom 18.4.2000 in Karlsruhe, Museum für Literatur am Oberrhein. http://www.netzliteratur.net/idensen/hypersciencefiction_text.htm (Abruf: 11.05.2008)

Leonhard, Rudolf 1924: „Technik und Kunstform." In: *Radio-Kultur in der Weimarer Republik*. Hg. v. Irmela Schneider. Tübingen: Narr, S. 67-72.

Leschke, Rainer 2002: „Die Verneigung vor dem Publikum." In: *Navigationen* 2, 2, S. 101-116.

Leschke, Rainer 2003: *Einführung in die Medientheorie*. München: Fink.

Saussure, Ferdinand de ²1967 (1916): *Grundfragen der allgemeinen Sprachwissenschaft*. Hg. v. Charles Bally und Albert Sechehaye. Berlin: De Gruyter.

Emergente Öffentlichkeit? Bausteine zu einer Theorie der Weböffentlichkeit

Christoph Ernst

1 Politische Gegenöffentlichkeit? Grenzen der Kritischen Theorie

„Civil liberties under attack“ lautet der Titel einer Folge der auf dem *Independent Film Channel* gesendeten und auf Video-Plattformen wie *YouTube* weiterverbreiteten *Henry Rollins Show*. Bei dem Namensgeber der Produktion handelt es sich nicht nur um einen in Szenekreisen einschlägig bekannten Frontmann, Spoken-Word-Comedian und Hollywood-Schauspieler. Neben diesen Aktivitäten ist Rollins ein engagierter Kritiker der Regierung von George W. Bush. Nicht überraschend daher, dass der Zuschauer anlässlich des Themas ‚Civil rights‘ eine Schimpftirade in Richtung einflussreicher Protagonisten und Befürworter der Bush-Administration geboten bekommt. Rollins wettert z. B. gegen die Strategie, Kritiker als „unpatriotic“ abzukanzeln. Anhand solcher Phänomene sei erkennbar, dass sich die Demokratie in den USA ‚on the run‘ befinde. Glücklicherweise existiere aber eine Alternative zu den Verlautbarungen der Regierung: das Medium Internet. Unter den gegebenen Verhältnissen sei das Internet die maßgebliche Plattform für individuelle Meinungsäußerungen und abweichende Informationsangebote. Doch diese Gegenöffentlichkeit ist gefährdet. Große Telekommunikations-Unternehmen verdingen sich als willfährige Agenten des Establishments. Im Namen des „War on terror“ versuchen sie den Zugang zum Netz einzuschränken: „How much do you wanna bet, they want the internet regulated, contained and thrown into a cell at Guantanamo Bay?“ (Rollins 2007: o. S.)

Das medientheoretische Argument, das Henry Rollins zwar implizit, dennoch aber prototypisch reproduziert, gehört zu den bekanntesten Topoi, wenn es um den Zusammenhang zwischen Internet und Öffentlichkeit geht. Demnach kann die zentralisierte Öffentlichkeit von ‚Broadcast‘-Medien wie dem Fernsehen durch die Nutzung des unabhängigen ‚Grassroot‘-Mediums Internet unterlaufen werden. Das Internet erscheint als Medium, das die Herausbildung einer plebiszitären und egalitären *Gegenöffentlichkeit* ermöglicht.[1] In einem basalen Sinne gilt das Internet als demokratisch. Ihm wird das Potenzial zugesprochen, Informationsmonopole zu brechen und Kommunikationsräume zu etablieren, die einer freien Meinungsäußerung zuträglich sind. Vom Beginn der Theoriebildung zum Zusammenhang zwischen Internet und Öffentlichkeit an ist das Internet zum Gegenstand derartiger Hoffnungen geworden. Die Sache hat nur einen Haken: Der Geltungsanspruch solcher Hoffnungen bleibt auf das Funktionssystem der Politik beschränkt. Die Rede von emanzipatorischen Potenzialen ist eine auf das politische System begrenzte Aussage.[2] Wie für komplexe Gesellschaften typisch, ist die Beschreibung des Internets als positiv zu bewertende Gegenöffentlichkeit aber nur eine unter vielen.

Diese Einschränkung des Problemhorizonts auf die politische Kultur wird man Henry Rollins schwerlich vorwerfen wollen. Als Faktum der Theoriebildung ist es allemal zu konstatieren. Denn die Verbindung des Themas Internet und Öffentlichkeit mit dem politischen Diskurs hat nicht zuletzt theoriegeschichtliche Gründe.[3] Bestes Beispiel ist die Kritische Theorie. Seit Hannah Arendts *Vita activa oder Vom tätigen Leben* (1960) und Jürgen Habermas Studie zum *Strukturwandel der Öffentlichkeit* (1962) wird das Thema Öffentlichkeit im Kontext politischer Fragestellungen erörtert (vgl. Arendt 2007, Habermas 2004). Oskar Negt und Alexander Kluge betonen in *Öffentlichkeit und Erfahrung* zehn Jahre später zwar die Bedeutung der Massenmedien für die Öffentlichkeit (vgl. Negt und Kluge 1986; zudem Negt 1978, Negt 1993 sowie Kluge 1974 und Kluge 1985).[4] Vorrangig interessieren sich Negt und Kluge jedoch für die Darstellung der Dialektik zwischen proletarischer und bürgerlicher Öffentlichkeit. Auch bei ihnen geht es um einen politischen Argumentationskontext.[5]

---

1 Eine gründliche kommunikationswissenschaftliche Studie zum Konzept der Gegenöffentlichkeit ist Wimmer 2007.

2 Dies setzt sich bis in die Diskussion um das so genannte ‚Web 2.0' fort. Vgl. u. a. Schönafinger und von Dahlern 2007. Zum Zusammenhang von Internet und Politik vgl. u. a. Arns 2002; Dahinden 2000; Donges 2000; Jarren 1998; Kabalak und Rhomberg 2007; Kamps 2000; Marschall 1998; Plake, Jansen und Schuhmacher 2001 sowie Winkel 2001.

3 Vgl. zu den historischen Dimensionen der Öffentlichkeit Hohendahl 2000.

4 Nach Aussage der Verfasser sollte das Buch zuerst Öffentlichkeit und Massenmedien heißen. Vgl. Negt und Kluge 1986: 7.

5 Vgl. zur Theorie der politischen Öffentlichkeit grundlegend die Beiträge in Neidhardt 1994 sowie die Texte in Leggewie 1998. Einen Überblick zur Kritischen Theorie bietet Kellner 1982.

Besonders in der (kulturwissenschaftlichen) Medienwissenschaft ist die Begrenzung dieses Problems auf politische Funktionsbereiche auf Widerspruch gestoßen. Seit Mitte der 1990er Jahre richtet diese Disziplin ihr Augenmerk auf die *Medialität* derjenigen Medien, welche verschiedene Öffentlichkeiten hervorbringen. Aus diesem Ansatz resultieren neue Anforderungen an das Beschreibungsvokabular. Um eine Verschiebung der Frage hin auf den konstruktiven Anteil der Medien bei der Produktion von Öffentlichkeit entwickeln zu können, hat es sich als notwendig erwiesen, einen Medienbegriff anzusetzen, der nicht auf den Fehler verfällt, die Öffentlichkeit als Nebeneffekt eines einzelnen Mediums zu hypostasieren (z. B. die von der Kritischen Theorie viel gescholtene Fernsehöffentlichkeit).[6]

In dieser Kritik offenbart sich ein axiomatischer Unterschied: Die Medienwissenschaft betrachtet die Medien nicht von einer spezifischen Öffentlichkeit aus (z.B. der politischen Öffentlichkeit). Sondern die Inblicknahme der Öffentlichkeit erfolgt ausgehend von der Logik der Medien. In dieser Perspektive wirken die Operationen der Medien in die normative Sphäre sozialer Handlungs- und Verantwortungsbereiche zurück. Logisch sind sie diesen Bereichen aber vorgeordnet (Medienapriorismus).[7] Öffentlichkeit muss von der Medialität der Medien her gedacht werden. Eine Theorie, die für diese Position anschlussfähig ist, ist die soziologische Systemtheorie. Unabhängig von vergleichbaren Gedanken im Bereich des Poststrukturalismus (vgl. Baudrillard 1978: 83 ff.; Baudrillard 1985) hat Niklas Luhmann bereits in den 1970er Jahren die Unterordnung der Frage nach dem Zusammenhang zwischen Öffentlichkeit und Medien unter die Vorgaben einer politischen Fragestellung kritisiert (vgl. Luhmann 1970; Luhmann 2005a; Luhmann 2005b).[8]

---

6 Der Forschungsstand zum Thema Öffentlichkeit ist schwer zu überblicken. Eine Arbeitsbibliographie, die den Stand bis Anfang der 1990er Jahre wiedergibt, findet sich in Faulstich 1993: 249 ff.

7 Mit Rainer Leschke ist vom Gegensatz zwischen einer „Generellen Medientheorie" und einer „Generellen Medienontologie" zu sprechen. Vgl. Leschke 2003: 161 ff., 237 ff.

8 In Abgrenzung zu Leschke 2003: 215 ff. ist hier anzumerken, dass Luhmann keineswegs im Stile einer „Generellen Medientheorie" argumentiert. Seine Theorie lässt sich plausibel vom Begriff der Medialität her rekonstruieren. Vgl. im Kontext Rauscher 2003. Eine ausführliche Darstellung des Zusammenhangs zwischen Medien, Öffentlichkeit und Kultur kann hier nicht erfolgen. Vgl. überblickend Winter 1993. Interessante Bezüge ergeben sich für die Medienwissenschaft insb. in Richtung eines funktionalen Begriffs von Populärkultur. Vgl. die Beiträge in Huck und Zorn 2007.

2 Öffentlichkeit und Medien? System- und medientheoretische Perspektiven

Idealtypisch basiert Öffentlichkeit auf einer Kommunikationsanordnung, in der es einen Handelnden und eine Zahl von Beobachtern gibt, die den Handelnden bei seiner Handlung beobachtet.[9] Der Handelnde weiß dabei nicht genau, wie seine Außenbeobachter (z. B. das „Publikum" in der Kunst) auf seine Handlungen reagieren. Bei der Bearbeitung dieser Unsicherheit spielen Vermittlungsinstanzen eine wesentliche Rolle. Diese Vermittlungsinstanzen, zum Beispiel technische Medien, beziehen die Perspektiven von Handelndem und Beobachtern aufeinander (vgl. Häussling und Mangold 2007: 21 ff.). Ziemlich verkürzt gesagt liegt dieses Konzept auch der systemtheoretischen Beschreibung der Öffentlichkeit zugrunde (vgl. Luhmann 2004: 183 ff.; vgl. zudem Baecker 1996; Baecker 2003; Werber 2002). Öffentlichkeit gilt dort als „interne Umwelt" der einzelnen Funktionssysteme, also z. B. der „Markt" als interne Umwelt im Wirtschaftssystem (vgl. Baecker 1996) oder die „öffentliche Meinung" im System der Politik. Im Design der Systemtheorie können die Funktionssysteme der Gesellschaft die Grenzen zu ihrer Umwelt nicht überschreiten. Sie können aber das Faktum beobachten, dass sie die Grenzen nicht überschreiten können (vgl. Luhmann 2004: 184). Dafür nutzen sie die Öffentlichkeit, mit deren Hilfe sie sich Außenbeobachtungen aussetzen.

Mit Luhmann ist es möglich, Henry Rollins vorzuhalten, an einer Idealvorstellung von „Gegenöffentlichkeit" festzuhalten, die dem normativen *Gesellschaftsideal* „Öffentlichkeit" verpflichtet ist (vgl. Roesler 1997: 173 f.). Eine solche Auffassung von Öffentlichkeit mag für das politische System hilfreich sein. Sie täuscht aber darüber hinweg, dass Öffentlichkeit per se kein systemspezifischer Begriff ist. Öffentlichkeit ist für die Systemtheorie schlicht eine „Beobachtungsformel der Selbstbeschreibung der modernen Gesellschaft" (Baecker 1996: 99), die in allen Funktionssystemen vorkommt. Der Begriff „Öffentlichkeit" bezieht sich also auf die ganze Gesellschaft (vgl. Baecker 2003).

Der Medienwissenschaft kommt das natürlich entgegen. Definiert man Medien als technische Apparate, die es Zeichenpraxen erlauben, Raum und Zeit zu überwinden und auf diese Weise Kommunikation zu ermöglichen (vgl. Winkler 2008: 11), lässt sich leicht feststellen, dass Medien ein zentraler Bestandteil der

---

[9] Vgl. zur Begriffsgeschichte und historischen Dimension Hohendahl 2000.

Infrastruktur sind, mit dessen Hilfe sich Öffentlichkeit organisiert.[10] Die Öffentlichkeiten der Funktionssysteme – und zwar aller Funktionssysteme – sind insbesondere durch die so genannten „Massenmedien" (vgl. Maletzke 1963) wie Printmedien, Rundfunk und Fernsehen (mit)konstruiert (vgl. Luhmann 2004).

Eine ihrer hauptsächlichen Funktionen für die Öffentlichkeit ist die Bearbeitung des Problems der Außenbeobachtung. Medien stabilisieren Außenbeobachtungen (a) strukturell, weil sie die raumzeitliche Dimension der Öffentlichkeit von der Interaktion unter Anwesenden abkoppeln, also die Reichweite der Kommunikation erhöhen, und (b) inhaltlich, weil sie die Außenbeobachtungen auf spezifische Themen konzentrieren (vgl. Luhmann 2004: 184 f.).[11] Zusammengehalten wird die strukturelle Seite der Technik und die diskursive Seite der Themen dabei (c) durch die pragmatische Dimension der Mediennutzung. Struktur und Diskurs, Technik und Inhalt, sind zum Erreichen bestimmter Zwecke jeweils unterschiedlich konfiguriert.[12] In Anlehnung an die Systemtheorie lässt sich die Funktion der Medien für die Öffentlichkeit daher so analysieren, dass man die strukturelle, die pragmatische und die diskursive Dimension der Medien verknüpft und ihre Auswirkungen für die Kommunikation (vgl. auch Baecker 2005; Baecker 2007a) unter dem Dachbegriff der Medialität untersucht.[13]

Betrachtet man es auf diese Weise, erheben Henry Rollins' Ausführungen mit ihren Vorstellungen zu einer Internetöffentlichkeit zwei normative Forderungen, die sich auf eine medientheoretische Präsupposition berufen können: Sie definie-

---

10 Medien sind zwar wichtige, aber nicht die allein entscheidenden Faktoren für die Etablierung einer Öffentlichkeit. Eine Toilette kann öffentlich sein und dennoch gut ohne Medien auskommen. Vgl. Luhmann 2004: 184 f.

11 Die strukturelle und die diskursive Seite kann man auch so fassen: Medien überbrücken auf der strukturellen Ebene (a) Zeit bzw. (b) Raum und lösen auf der diskursiven Ebene (c) Zugangsprobleme zu Informationen, schaffen also (d) einen einheitlichen Wissensstand. Vgl. Kamps 2000: 228 f.

12 Hier eine pragmatische Ebene anzusetzen läuft den Axiomen der Systemtheorie zuwider. Dennoch möchte ich an der pragmatischen Dimension im vorliegenden Kontext als einem strikt heuristischem Begriff festhalten, ohne dies aus Platzgründen näher erläutern zu können. Vgl. im Kontext Sandbothe 2001.

13 Die Begriffe der Struktur und des Diskurses werden von mir bewusst lose definiert. Sie verweisen nicht direkt auf eine bestimmte Referenztheorie (z. B. Diskurstheorie), sondern sind für die vorliegenden Zwecke idealtypisch zu verstehen. Sie sollen unterschiedliche theoretische Akzentsetzungen zum Ausdruck bringen, also z. B. eine eher materialistisch (‚strukturell') orientierte von einer eher inhaltlich (‚diskursiv') und nutzungsorientiert (‚pragmatisch') argumentierenden Medientheorie unterscheiden helfen.

ren die (Gegen-)Öffentlichkeit des Internets im Einklang mit der Kritischen Theorie (a) als thematische *Offenheit* der Information, wo in anderen Medien (z. B. dem Fernsehen oder den Printmedien) Geschlossenheit und Auswahl (Zensur) herrscht, und sie fordern (b) *Gleichheit* im Zugang zum politischen Diskurs (vgl. auch Peters 1994: 46 ff.). Abgestützt ist dies auf eine Hintergrundannahme, die sich auf *den* locus classicus zur Medialität des Internets schlechthin bezieht: Gegenüber Medien wie dem Fernsehen punktet das Internet durch seinen *Netzcharakter*. Henry Rollins behauptet demnach: Während die Öffentlichkeit der Massenmedien nach dem Muster der „faschistischen Schaltung" (Vilém Flusser) einer One-to-Many-Kommunikation organisiert ist, ermöglicht das Internet demokratische Gegenöffentlichkeiten, weil es im Stil einer reziproken „dialogischen" und „egalitären" Many-to-Many-Kommunikation funktioniert.

Diese oft reflexartige normative Überformung der frühen Computernetztheorie ist seit langem Gegenstand heftiger Kritik. Die Kritiker wenden ein, dass die Möglichkeiten zur Partizipation an der Öffentlichkeit eines Funktionssystems aus strukturellen Gründen notwendig begrenzt sind (vgl. Habermas 2004: 86 ff.; Neuberger 2003). Normative Ansprüche gegenüber Medien wie dem Internet übergehen die Logik der Medien (vgl. z. B. Maresch 1997). Ebenso wie Medien Inklusion befördern, sind sie notwendig auf Exklusion gegründet. Das Internet macht hier keine Ausnahme. Deskriptiv betrachtet erzeugt eine medial mitkonstruierte Öffentlichkeit immer eine ‚Nicht-Öffentlichkeit'. Diese Nicht-Öffentlichkeit meint nicht das ‚Private', sondern etwas, das jenseits der Öffentlichkeit bleibt und keinen eigenen Raum hat (vgl. Maresch 1997: 195). Während sich die Öffentlichkeit als politischer Handlungs- und Verantwortungsbereich in Unterscheidung zum Privaten ausdifferenziert (vgl. Arendt 2007), ist jeder Vollzug von Öffentlichkeit eine Selektionsleistung, die Informationen ein- und ausschließt.

Diese „Nicht-Öffentlichkeit" der medialen Kommunikation ist das Diskrete und Nicht-Gesagte *an* der öffentlichen Information selbst. In der Umgangssprache manifestiert sich diese Nicht-Öffentlichkeit häufig in einer visuellen Metaphorik, die sich der Unterscheidung Sichtbarkeit/Unsichtbarkeit bedient: Etwas ‚erscheint' im ‚Lichte der Öffentlichkeit'; anderes bleibt im ‚Verborgenen' (ohne deshalb ‚privat' zu sein). Dieses Verschwiegene wird auf die Operationen der Medien attribuiert: Das Nicht-Öffentliche der jeweiligen Medien gewinnt den Charakter eines *submedialen* Bereichs der Öffentlichkeit. Dieser submediale Raum bezeichnet das, was durch die Selektionsleistungen der Medien unsichtbar gemacht wird: ein Ungesagtes in der Medienöffentlichkeit, das einen unhintergehbaren Verdacht auf sich zieht (vgl. Groys 2001).

So berechtigt Forderungen nach ‚Offenheit' und ‚Gleichheit' also sein mögen – sofern sie an die Medien gerichtet werden, gehen sie an die falschen Adressaten. Aussagen über die Medialität eines Mediums, z. B. Schlussfolgerungen bzgl. seiner Struktur (etwa der des ‚Netzes'), müssen auf einer korrekten Einschätzung des medialen Modus der Kommunikation beruhen. Hier gilt das Diktum des Medienapriorismus: Mediale Kommunikation ist ein in technischen Bedingungen verwurzelter autonomer Prozess, der nicht in normativen Begriffen beschrieben werden kann.

3 Das Web als Medium: Elemente einer Theorie der Weböffentlichkeit

Das ist auch der Ansatz der Forschung zur Theorie der Öffentlichkeit im Web. In ihrem Zentrum steht die spezifische Medialität des Webs. Und die erschöpft sich mitnichten im bei Henry Rollins affirmierten „Netzcharakter" des Internets. Der Hinweis auf die Netzförmigkeit ist zwar eine grundsätzlich richtige Beschreibung der *Struktur* des Internets. Er reicht aber nicht aus, um die Leistung dieser Struktur für die *Kommunikation* zu erfassen. Diese Leistung ist erst in Sichtweite, wenn man das Internet nicht als Einzelmedium, sondern im Verbund mit der Nutzung des Computers als Medium begreift. Schon der Blick in die medientheoretische Einführungsliteratur illustriert, dass die Medialität des Netzes darin besteht, Kommunikation gleichermaßen in den raumzeitlichen Dimensionen des Übertragens und des Speicherns zu prozessieren. Das Netz fungiert sowohl als Echtzeitmedium als auch als Speichermedium (vgl. Winkler 2008: 163 ff.; vgl. im Kontext Kittler 1993: 8).

Dieser Gedanke ist für eine zukünftige Theorie des Webs wichtig, weil er die Aufmerksamkeit darauf richtet, dass es auf den *Verbund* zwischen Internet und Computer ankommt. Wirklich relevant für die Kommunikation wird das Netzmedium Internet erst im Zusammenspiel mit der Medialität des Computers. Vor allem eine Eigenschaft ist wichtig: Als Kommunikationsmedium zeichnet sich der Computer dadurch aus, strukturelle, inhaltliche und pragmatische Qualitäten anderer Medien zu integrieren. Der Computer ist ein Übersetzungsmedium für andere Medien (vgl. Engell und Neitzel 2004, Robben 2006). Was man daher für eine zukünftige Webwissenschaft benötigt, ist eine Theorie, die den Verbund bzw. das Zusammenspiel des ‚Netzmediums' Internet mit dem ‚Übersetzungsmedium' Computer beschreibt (vgl. Schröter 2004).

Hierfür eignet sich die Systemtheorie. Mit ihrer Hilfe lässt sich das Web als Effekt einer *strukturellen Koppelung* zwischen Internet und Computer erfassen.[14] Wenn man Internet und Computer (versuchsweise) im Verhältnis struktureller Koppelung betrachtet, haben sie den Status eigenständiger Medien, die sich wechselseitig ihre Ressourcen als Umwelt zur Verfügung stellen, in ihren Operationen füreinander aber autonome Medien bleiben, also in einem jeweils asymmetrischen Verhältnis stehen.[15] Das Web erscheint dann als das Medium der Möglichkeiten dieser strukturellen Koppelung. Andere Medien, die durch das Übersetzungsmedium Computer digitalisiert werden (Fernsehen, Radio, Zeitung etc.), bilden im Medium des Webs neue Formen aus, wie auch das Web gegenüber den anderen Medien kraft des Netzmediums Internet eine eigene Form gewinnen kann. In ihren Konsequenzen ausagiert werden die Kommunikationsmöglichkeiten der strukturellen Koppelung zwischen Internet und Computer dann im Medium des Webs.

Das Web ist somit kein ‚hybrides' drittes Medium neben Computer und Internet. Es operiert strukturhomolog zum *tertium comparations* einer Übersetzung zwischen zwei Sprachen. Es ist ein Medium, mit dessen Hilfe die Strukturen, Diskurse und Praxen anderer Medien und von Computer sowie Internet selbst in den digitalen Code übertragen und die daraus resultierenden Möglichkeiten in den verschiedenen webspezifischen ‚Anwendungen' ausgehandelt werden. Um diesen Gedanken für die Frage nach den Perspektiven einer Theorie der Weböffentlichkeit fruchtbar zu machen, eignet sich als Anknüpfungspunkt der bereits für das Internet diagnostizierte „Zerfall" bzw. die „Zersplitterung" der Öffentlichkeit (vgl. Fohrmann und Orzessek 2002; Jarren, Imhof und Blum 2000).

In den 1990er Jahren hat man die Vielfalt der Internet-Öffentlichkeiten mit poststrukturalistischen Begriffen wie denen des „Rhizoms" gefasst (vgl. Deleuze und Guattari 1977; Maresch 1997). In der Perspektive einer Medientheorie des Webs war das richtig. Gilles Deleuzes Entwurf einer neuen Ontologie hatte es ja zum Ziel, ein Argument stark zu machen: Nicht auf Unterscheidungen wie Identität („Öffentlichkeit") oder Negation („Gegenöffentlichkeit"), sondern auf Verhältnisse,

---

14 Vgl. zum Begriff der „strukturellen Kopplung" Luhmann 2002a I: 92 ff. sowie Luhmann 2002b: 38 ff. Betonen möchte ich, dass der Begriff nicht unverändert auf das Zusammenspiel von Internet und Computer übertragbar ist. Die dafür nötige Theoriearbeit muss an dieser Stelle jedoch unterbleiben. Einstweilen soll dieser theoretische Ansatz daher als ein Gedankenexperiment verstanden werden.

15 Ich orientiere mich mit diesen Bemerkungen zum Computer an Niklas Luhmanns Beurteilung des Computers als Kommunikationsmedium. Vgl. die Rekonstruktion dieser Sichtweise (mit Literaturhinweisen) in Ernst 2008.

die sich aus dem Zusammenspiel von Differenz und Wiederholung ergeben, kommt es an. Nach Deleuze bedeutet das: Verhältnisse, die zwischen *Aktualität* und *Virtualität* (vgl. Deleuze 1992) changieren. Daraus ergibt sich eine neue Beschreibung der Gesellschaft.

Spätkapitalistische Gesellschaften sind sich in zunehmendem Maße ihrer eigenen Kontingenzen bewusst. Natürlich hat dieser Gedanke auch eine normative Seite – zumal bei Deleuze (vgl. Deleuze 1992: 243 ff.). Deleuze sieht aber einen Umstand deutlich klarer als die Kritische Theorie: Die moderne Gesellschaft operiert im Modus einer Experimentalkultur, die ihre Operationen auf das Durchspielen und Kontrollieren von *Möglichkeiten* abgestellt hat. Digitale Medien sind ein elementarer Bestandteil dieses Prozesses (vgl. Baecker 2007b). Sie virtualisieren Kommunikation nicht nur auf der Inhalts- und Ausdrucksebene. Überdies integrieren sie die Handlungspotenziale und Verwendungskontexte anderer Medien. Hieraus resultieren im Einklang mit der bisherigen Forschung zur Frage nach dem Status der Öffentlichkeit im Internet einige wichtige Akzentsetzungen für eine zukünftige Theorie der Weböffentlichkeit.

Wenn heute auf der strukturellen Ebene z. B. von Medienintegration die Rede ist, zielt diese Diskussion nicht auf die vorgebliche Multimedialität des Webs ab. Es geht um das, was als Kontingenz seiner möglichen medialen Nutzungen im Raume steht, um seine „Multimodalität". Im Gegensatz zum Radio oder Fernsehen ist das Web nicht per se ein *Massen*medium (vgl. auch Münker und Roesler 2002: 22). Das Web hat die *Möglichkeit*, so zu funktionieren, muss es aber nicht. Folglich setzt das Web keine Öffentlichkeit in dem Sinne voraus, wie das Fernsehen sie voraussetzt. Das hängt damit zusammen, dass das Web die Normen und Praxen verschiedener Öffentlichkeiten simulieren und transformieren kann. Das Web kann eine ‚Fernsehöffentlichkeit' erzeugen wie es die Möglichkeit hat, ‚Print-, oder ‚Radioöffentlichkeiten' zu generieren. Die Pluralisierung der Öffentlichkeit im Web ist eine Form struktureller Virtualisierung von Medienöffentlichkeiten (vgl. auch Ludwig 1998; Westerbarkey 1993).

Das unterstreicht auf der diskursiven Ebene die bekannte Einsicht, dass die Frage nach den Weböffentlichkeiten kein vorrangig inhaltliches Problem ist. Die implizite Apokalyptik von Diskursen zur „Zerstreuung" und zum „Zerfall" der Öffentlichkeit durch eine „Informationsflut" sucht eine simplifizierende Lösung für einen komplexen Sachverhalt (vgl. Vogl 2002). Wer Zerfall und Zerstreuung der Öffentlichkeit in einer Pluralität der Themen beklagt, setzt auf ein auf identitätstheoretischen Prämissen gegründetes Verständnis von Öffentlichkeit. Unberücksichtigt bleibt, dass das Web keine themenzentrierte Öffentlichkeit ausprägt, sondern mit dem Begriff der „Plattform" angemessen bezeichnet ist. Das Web ist gleichermaßen „Öffentlichkeit“ und „Gegenöffentlichkeit“. Themen, die *top-down* von Organisationen lanciert werden, und Themen die *bottom-up* von Individuen artikuliert werden, finden auf einem Plateau zusammen. Die Virtualisierung in mögliche Öffentlichkeiten führt zu keiner Informationsflut, sondern zu einem pluralistischen Holismus der Öffentlichkeiten.

In gewisser Weise beweist der Rummel um das ‚Web 2.0‘ auf der pragmatischen Ebene genau diesen Umstand. Was unter dem Label ‚Web 2.0‘ läuft, teilt ein Merkmal: Der spezifische ‚Mehrwert‘ wird aus der Gesamtheit der Nutzungspraxen einer Anwendung erzeugt, die ihrerseits in einem zirkulären Prozess die pragmatische Wirksamkeit der Anwendung definieren. *Wikipedia* funktioniert, wenn sich viele Menschen beteiligen und die Anwendung auf diese Gesamtheit der Nutzungspraxen ausgelegt ist – also hochgradig „öffentlich“ ist, auf „Partizipation“ gründet und hieraus ihren „Mehrwert“ für die „Wissensgesellschaft“ generiert. Zu den Bedingungen dieser Arten von Weböffentlichkeiten gehört, dass sie auf die Öffentlichkeiten anderer Medien in zweierlei Hinsicht angewiesen sind: Von dort integrieren sie ihre Inhalte und von dort werden sie selbst wieder als Öffentlichkeit für die Wissensgesellschaft aktualisiert. Die Idee eines Metamediums, in das alle Öffentlichkeiten Eingang finden, ist verlockend, aber pragmatisch falsch: Die funktionale Spezifik (somit zwangsläufig die funktionale *Begrenzung*) der Medialität des Webs *ist* seine Integrationsfunktion. Die Außenseite bzw. Umwelt der Weböffentlichkeiten ist dort zu finden, wo der Verbund von Internet und Computer im Medium des Webs (notwendig vorausgesetzte) andere Medienöffentlichkeiten integriert.

4 Emergente Öffentlichkeiten? Perspektiven einer Theorie der Weböffentlichkeiten

Auf der Achse der Fremdreferenz bietet die Medialität des Webs also die Option, die Öffentlichkeiten anderer Medien in einer bisher unbekannten Qualität zu beobachten. Die Selektionen anderer Medien (also *was* diese anderen Medien zeigen und *wie* sie es zeigen) sind Gegenstand dieser Beobachtung. Weböffentlichkeiten entwickeln sich z. B. in der Blogosphäre als kommentierende Öffentlichkeiten anderer Öffentlichkeiten. Sie untersuchen die Selektionsleistungen anderer Medien auf das hin, was in ihren Öffentlichkeiten ungesagt bleibt – siehe als prominentes Beispiel *bildblog.de* (vgl. Leggewie 2007: 47). Die medienintegrativen Übersetzungsmöglichkeiten erlauben es, Kritik an anderen Medienöffentlichkeiten nicht nur auf der inhaltlichen Ebene zu üben. Ebenso können die technischen Vollzüge und die spezifischen Anwendungsweisen anderer Medien in das Web integriert werden. Daher greifen politische Instrumentalisierungen des Webs auf der Achse der Fremdreferenz am effizientesten. Dies geschieht jedoch nur in selbst wieder virtualisierter Form. Fragmentierung ist bloß der pejorative Begriff für ein Ausspielen *aller möglicher* inhaltlicher oder thematischer Positionen, kurz: öffentlicher Meinungen. Ein Beispiel ist die hochgradig politisierte Diskussion um den Film *Loose Change* (2005).[16]

Auf der Achse der Selbstreferenz führt die Medialität des Webs zu einem ganz anderen Effekt. Wie bereits für das Internet festgestellt wurde, ist die Metapher vom *global village* für die Weböffentlichkeit falsch gewählt, weil sie die Grenze zwischen *oikos* und *polis* nahe legt, zwischen Öffentlichkeit und Privatsphäre (vgl. de Kerckhove 1996). Inzwischen haben die Wände der Häuser im Dorf, wie Vilém Flusser zu sagen geneigt war, Löcher bekommen (vgl. Flusser 1998: 61 ff.). Hinsichtlich der Differenz zwischen Öffentlichkeit und Privatsphäre definieren die Anwendungen der Partizipationskultur des so genannten Web 2.0 das Web deshalb nicht einfach als ‚social media'. Sondern diese Anwendungen fordern dazu auf auszuhandeln, was man öffentlich macht und was privat bleiben soll. Sie lassen die Differenz zwischen Öffentlichkeit und Privatsphäre in ihrer alltäglichen Nutzung zum öffentlich ausgehandelten Thema, mithin: einer Information, werden.
Um die Öffentlichkeit des Webs zu erklären, hilft es daher nicht weiter, in Registern der Unterscheidung in Öffentlichkeit/Privatsphäre zu denken. Die Selbstreferenz vieler Anwendungen auf diese Unterscheidung zeigt nur, wie sehr die Differenz Öffentlichkeit/Privatsphäre in den verschiedenen Öffentlichkeiten als instabiler Bereich wahrgenommen wird. Wenn es zur Funktion der Massenmedien gehört, solche Unbestimmtheiten für die Gesellschaft zu produzieren (vgl. Baecker 2003), dann ist es die Aufgabe der Weböffentlichkeiten, die Aufmerksamkeit auf diese Instabilität der internen Umwelten der gesellschaftlichen Funktionssysteme auszurichten – und dadurch neue Stabilität zu erzeugen.

Normativen Zugriffen entgeht, dass die Aktualisierung von Öffentlichkeiten im Web nicht entlang der Differenz Öffentlichkeit/Privatsphäre erfolgt, sondern unter einer weitreichenden Einbeziehung ihrer Alternative: dem *Nicht-Öffentlichen*, das in allen Formen von Öffentlichkeit mitproduziert wird: „Je mehr Bereiche des Privaten dem wachsenden Sog nach Veröffentlichung erliegen, desto

16 Als Einstieg in die Debatte um *Loose Change* bietet sich der entsprechende Wikipedia-Artikel an: http://de.wikipedia.org/wiki/Loose_Change.

mehr nimmt die Bedeutung der 'hidden information' zu" (Maresch 1997: 207). Jenseits der Selektionen der Öffentlichkeit *ist* ‚etwas', ohne öffentlich zu werden und ohne privat zu sein. Im Sinne der Dekonstruktion könnte man sagen: Die Weböffentlichkeit operiert mit der kommunikativen *Latenz* der Öffentlichkeit (vgl. im Kontext die Beiträge in Diekmann und Khurana 2007, Haverkamp 2002). Ihre Existenz wird zwar fremdreferenziell den *anderen* Medien und ihrem „submedialen Raum" zugeschrieben, ist faktisch aber selbstreferenziell in den eigenen Operationen vorausgesetzt.

Die Weböffentlichkeiten richten sich auf das aus, was als Nicht-Öffentlichkeit außerhalb der Öffentlichkeit der Medien bleibt: die konjunktivische Latenz einer möglichen Information. Die Öffentlichkeiten im Web sind Kalkulationen auf die An- und Abwesenheit von Öffentlichkeiten anderer Medien. Dabei ist es austauschbar, ob es wie bei *Loose Change* um eine Aufdeckung von gezeigten und doch aus der Fernsehöffentlichkeit vermeintlich entfernten Schlüsselinformationen zum 11.09.2001 geht oder ob das *Disclosure Project* mit seiner Forderung nach Herausgabe von möglicherweise existierenden UFO-Informationen Erfolg haben könnte.[17] Die Möglichkeit, dass etwas ‚bekannt werden könnte', stachelt nicht nur die Phantasie der Verschwörungstheoretiker im Web an. Die Ausrichtung auf die Latenz des Ereignisses, das möglicherweise öffentlich wird, ist ein elementares Merkmal der Weböffentlichkeiten. Wollte man in der Sprache der Dekonstruktion bleiben, könnte man die Öffentlichkeiten des Webs als *latente* oder *okkulte* Öffentlichkeiten bezeichnen. Szientistischer hat sich die Rede von der *emergenten* Öffentlichkeit eingebürgert (vgl. Maresch 1996: 119 ff.).

In einer bemerkenswerten Selbstkorrektur seines normativen Öffentlichkeitsmodells notiert Jürgen Habermas, vieles spräche „dafür, daß das demokratische Potential einer Öffentlichkeit, deren Infrastruktur von den wachsenden Selektionszwängen der elektronischen Massenkommunikation geprägt ist, ambivalent ist" (Habermas 2004: 49). Diese Diagnose trifft den Punkt: Als Beschreibungskonzept ist die Rede von emergenten Öffentlichkeiten die Konsequenz aus der Tatsache, dass die Medialität des Webs als ein normativen Zugriffen vorgeordnetes Potenzial zur Selbstirritation und Selbsttransformation der Gesellschaft anzusehen ist. Die Funktion, die Selektionsleistungen anderer Medienöffentlichkeiten zu beobachten und selbst Medienöffentlichkeiten zu erzeugen, ist in dieser Hinsicht das wichtigste Merkmal besagter ‚Ambivalenz' der Öffentlichkeiten des Webs.

---

17 Vgl. http://www.disclosureproject.org/

Um zum Abschluss auf Henry Rollins zurückzukommen: Die Möglichkeit, demokratische oder emanzipatorische Zwecke zu erzielen, ist dem Web nicht per se inhärent, sondern als eine von vielen Möglichkeiten gegeben. Das hat nichts mit postmodernem Relativismus zu tun, sondern basiert auf einer Einschätzung der Medialität des Webs, die das Web als Teil der Virtualisierung der Medieninfrastruktur der Öffentlichkeit(en) betrachtet (vgl. auch Lévy 1998). Die Suspension des normativen Konzeptes der Gegenöffentlichkeit als angemessener Beschreibung für die Weböffentlichkeiten führt zu keinem Ausschluss von kritischen Fragen nach Macht, Zugang und Kontrolle (vgl. auch Wimmer 2007). Sie warnt vor voreiligen Schlüssen hinsichtlich der Rolle der Medien bei derartigen Erwägungen. Die Weböffentlichkeiten mögen aus Perspektive der Kommunikationswissenschaft eine intermediäre Integrationsinstanz zwischen den Teilsystemen der Gesellschaft und individuellen Lebenswelten sein (vgl. Peters 1994; Wimmer 2007). Aus Sicht der Medienwissenschaft sind sie Teil eines Virtualisierungsprozesses, in dem die Effekte für die Kommunikation und ihre kulturelle Formen das Problem bilden.

Unter dem Strich läuft die Diskussion um den Zusammenhang zwischen Web und Öffentlichkeit auf einen einfachen Sachverhalt hinaus: Die Medialität des Webs ist dadurch ausgezeichnet, Anwendungen zu entwickeln, welche überschüssige Kommunikationsmöglichkeiten der strukturellen Koppelung zwischen Internet und Computer an die Kommunikation in der Gesellschaft zurückbinden (vgl. Baecker 2007b). Die Weböffentlichkeiten emergieren in diesem Prozess als kulturelle Formen. Im Medium des Webs sind die Weböffentlichkeiten Aktualisierungen lokaler Möglichkeiten der strukturellen Koppelung zwischen Internet und Computer zur Ausbildung von Öffentlichkeit. Sie entwickeln sich in Relation zu Bezugsproblemen der Öffentlichkeiten anderer Medien und finden genau in diesem Möglichkeitsbezug ihren medialen Charakter.

Literatur

Arendt, Hannah [6]2007 (1960): *Vita activa oder Vom tätigen Leben*. München: Piper.

Arns, Inke 2002: „This is not a toy war. Politischer Aktivismus in Zeiten des Internet." In: *Praxis Internet. Kulturtechniken der vernetzten Welt*. Hg. v. Stefan Münker und Alexander Roesler. Frankfurt/ M.: Suhrkamp, S. 37-59.

Baecker, Dirk 1996: „Oszillierende Öffentlichkeit." In: *Medien und Öffentlichkeit. Positionierungen, Symptome, Simulationsbrüche*. Hg. v. Rudolf Maresch. München: Boer, S. 89-107.

Baecker, Dirk 2003: „Die vierte Gewalt." Vortrag auf der Konferenz *Strukturwandel der Öffentlichkeit 2.0. Mediendemokratie = Medien + Demokratie?* http://www.bpb.de/files/UDI3Z2.pdf [PDF-Dokument] (Abruf: 10.02.2008)

Baecker, Dirk 2005: *Kommunikation*. Leipzig: Reclam.

Baecker, Dirk 2007a: *Form und Formen der Kommunikation*. Frankfurt/M.: Suhrkamp.

Baecker, Dirk 2007b: *Studien zur nächsten Gesellschaft*. Frankfurt/M.: Suhrkamp.

Baudrillard, Jean 1978: *Kool Killer oder der Aufstand der Zeichen*. Berlin: Merve.

Baudrillard, Jean 1985: „The masses. The implosion of the social in the media." In: *New Literary History* 16, S. 577-589.

Dahinden, Urs 2000: „Demokratisierung dank Internet? – Zum Austauschverhältnis zwischen neuen elektronischen und traditionellen massenmedialen Öffentlichkeiten." In: *Zerfall der Öffentlichkeit?* Hg. v. Otfried Jarren, Kurt Imhof und Roger Blum. Wiesbaden: Westdeutscher Verlag, S. 240-254.

Deleuze, Gilles 1992: *Differenz und Wiederholung*. München: Fink.

Deleuze, Gilles/Guattari, Felix 1977: *Rhizom*. Berlin: Merve.

Diekmann, Stefanie/Khurana, Thomas (Hg.) 2007: *Latenz*. Berlin: Kadmos.

Diemand, Vanessa/Mangold, Michael/Weibel, Peter (Hg.) 2007: *Weblogs, Podcasting und Videojournalismus. Neue Medien zwischen demokratischen und ökonomischen Potenzialen*. Hannover: Heise.

Donges, Patrick 2000: „Technische Möglichkeiten und soziale Schranken elektronischer Öffentlichkeit." In: *Zerfall der Öffentlichkeit?* Hg. v. Otfried Jarren, Kurt Imhof und Roger Blum. Wiesbaden: Westdeutscher Verlag, S. 255-265.

Engell, Lorenz/Neitzel, Britta (Hg.) 2004: *Das Gesicht der Welt. Medien in der digitalen Kultur*. München: Fink.

Ernst, Christoph 2008: „Revolutionssemantik und die Theorie der Medien. Zur rhetorischen Figuration der 'digitalen Revolution' bei Niklas Luhmann und Vilém Flusser." In: *Revolutionsmedien – Medienrevolutionen*. (= Historische Kulturwissenschaft 13). Hg. v. Sven Grampp, Kay Kirchmann, Marcus Sandl und Eva Wiebel. Konstanz: UVK (erscheint).

Faulstich, Werner (Hg.) 1993: *Öffentlichkeit. Konzepte*. 3. Lüneburger Kolloquium zur Medienwissenschaft. Bardowick: Wissenschaftler-Verlag.

Flusser, Vilém 1998: *Vom Subjekt zum Projekt. Menschwerdung*. Frankfurt/M.: Fischer.

Fohrmann, Jürgen/Orzessek, Arno (Hg.) 2002: *Zerstreute Öffentlichkeiten. Zur Programmierung des Gemeinsinns*. München: Fink.

Groys, Boris 2001: *Unter Verdacht. Eine Phänomenologie der Medien*. München: Hanser.

Habermas, Jürgen [9]2004 (1962): *Strukturwandel der Öffentlichkeit. Untersuchungen zu einer Kategorie der bürgerlichen Gesellschaft*. Frankfurt/M.: Suhrkamp.

Häussling, Roger/Mangold, Michael 2007: „Potenziale der Massenmedien für eine neue Öffentlichkeit – Zur Revision der traditionellen Medienkritik." In: *Weblogs, Podcasting und Videojournalismus. Neue Medien zwischen demokratischen und ökonomischen Potenzialen*. Hg. v. Vanessa Diemand, Michael Mangold und Peter Weibel. Hannover: Heise, S. 21-41.

Haverkamp, Anselm 2002: *Figura Cryptica. Theorie der literarischen Latenz*. Frankfurt/M.: Suhrkamp.

Hohendahl, Peter Uwe (Hg.) 2000: *Öffentlichkeit. Geschichte eines kritischen Begriffs*. Stuttgart: Metzler.

Huck, Christian/Zorn, Carsten (Hg.) 2007: *Das Populäre der Gesellschaft. Systemtheorie und Populärkultur*. Wiesbaden: VS.

Jarren, Otfried 1998: „Internet – neue Chance für die politische Kommunikation?" In: *Aus Politik und Zeitgeschichte* 48, S. 13-21.

Jarren, Otfried/Imhof, Kurt/Blum, Roger (Hg.) 2000: *Zerfall der Öffentlichkeit?* Wiesbaden: Westdeutscher Verlag.

Kabalak, Alihan/Rhomberg, Markus 2007: „Die politische Öffentlichkeit der Medien." In: *Die Zukunft des Öffentlichen. Multidisziplinäre Beiträge für eine Öffnung der Diskussion über das Öffentliche*. Hg. v. Stephan Jansen, Birger P. Priddat und Nico Stehr. Wiesbaden: VS, S. 130-151.

Kamps, Klaus 2000: „Die Agora des Internet. Zur Debatte politischer Öffentlichkeit und Partizipation im Netz." In: *Zerfall der Öffentlichkeit?* Hg. v. Otfried Jarren, Kurt Imhof und Roger Blum. Wiesbaden: Westdeutscher Verlag, S. 227-239.

Kellner, Douglas 1982: „Kulturindustrie und Massenkommunikation. Die Kritische Theorie und ihre Folgen." In: *Sozialforschung als Kritik. Zum sozialwissenschaftlichen Potenzial der Kritischen Theorie*. Hg. v. Wolfgang Bonß. Frankfurt/M.: Suhrkamp, S. 482-515.

Kerckhove, Derrick de 1996: „Jenseits des Globalen Dorfes. Infragestellen der Öffentlichkeit." In: *Medien und Öffentlichkeit. Positionierungen, Symptome, Simulationsbrüche*. Hg. v. Rudolf Maresch. München: Boer, S. 135-148.

Kittler, Friedrich 1993: *Draculas Vermächtnis. Technische Schriften*. Leipzig: Reclam.

Kluge, Alexander 1974: „Medienproduktionen." In: *Perspektiven der kommunalen Kulturpolitik. Beschreibungen und Entwürfe*. Hg. v. Hilmar Hoffmann. Frankfurt/M.: Suhrkamp, S. 326-337.

Kluge, Alexander 1985: „Die Macht der Bewusstseinsindustrie und das Schicksal unserer Öffentlichkeit." In: *Industrialisierung des Bewusstseins*. Hg. v. Klaus von Bismarck. München: Piper, S. 51-129.

Leggewie, Claus (Hg.) 1998: *Internet & Politik. Von der Zuschauer- zur Beteiligungsdemokratie?* Köln: Bollmann.

Leggewie, Claus 2007: „Rampensäue, bitte zurücktreten! Vom Blogger-Narzissmus zum Paradigma Kollaboration." In: *Weblogs, Podcasting und Videojournalismus. Neue Medien zwischen demokratischen und ökonomischen Potenzialen*. Hg. v. Vanessa Diemand, Michael Mangold und Peter Weibel. Hannover: Heise, S. 42-57.

Leschke, Rainer 2003: *Einführung in die Medientheorie*. München: Fink.

Lévy, Pierre 1998: *Becoming virtual. Reality in the digital age*. New York: Plenum Trade.

Ludwig, Johannes 1998: „Öffentlichkeitswandel durch 'Gegenöffentlichkeit'? Zur Bedeutung computervermittelter Kommunikation für gesellschaftliche Emanzipationsprozesse." In: *Computervermittelte Kommunikation: Öffentlichkeit im Wandel*. Hg. v. Elizabeth Prommer und Gerhard Vowe. Konstanz: UVK, S. 177-209.

Luhmann, Niklas 1970: „Öffentliche Meinung." In: *Politische Vierteljahresschrift* 11, S. 2-28.

Luhmann, Niklas 2002a: *Die Gesellschaft der Gesellschaft*. 2 Bde. Frankfurt/M.: Suhrkamp.

Luhmann, Niklas 2002b: *Die Wissenschaft der Gesellschaft*. Frankfurt/M.: Suhrkamp.

Luhmann, Niklas ^{3}2004 (1995): *Die Realität der Massenmedien*. Wiesbaden: VS.

Luhmann, Niklas ^{3}2005a (1990): „Gesellschaftliche Komplexität und öffentliche Meinung." In: *Soziologische Aufklärung*. Bd 5: Konstruktivistische Perspektiven. Hg. v. Niklas Luhmann. Wiesbaden: VS, S. 163-176.

Luhmann, Niklas ^{4}2005b (1981): „Veränderungen im System gesellschaftlicher Kommunikation und die Massenmedien." In: *Soziologische Aufklärung*. Bd. 3: Soziales System, Gesellschaft und Organisation. Hg. v. Niklas Luhmann. Wiesbaden: VS, S. 355-368.

Maletzke, Gerhard 1963: *Psychologie der Massenkommunikation. Theorie und Systematik*. Hamburg: Hans Bredow-Institut.

Maresch, Rudolf (Hg.) 1996: *Medien und Öffentlichkeit. Positionierungen, Symptome, Simulationsbrüche*. München: Boer.

Maresch, Rudolf 1996: „Mediatisierung. Dispositiv der Öffentlichkeit 1800/2000." In: *Medien und Öffentlichkeit. Positionierungen, Symptome, Simulationsbrüche*. Hg. v. Rudolf Maresch. München: Boer, S. 9-29.

Maresch, Rudolf 1997: „Öffentlichkeit im Netz. Ein Phantasma schreibt sich fort." In: *Mythos Internet*. Hg. v. Stefan Münker und Alexander Roesler. Frankfurt/M.: Suhrkamp, S. 193-212.

Marschall, Stefan 1998: „Netzöffentlichkeit – eine demokratische Alternative?" In: *Demokratie und Internet*. Hg. v. Winand Gellner und Fritz von Korff. Baden Baden: Nomos, S. 43-54.

Münker, Stefan/Roesler, Alexander (Hg.) 1997: *Mythos Internet*. Frankfurt/M.: Suhrkamp.

Münker, Stefan/Roesler, Alexander (Hg.) 2002: *Praxis Internet. Kulturtechniken der vernetzen Welt*. Frankfurt/M.: Suhrkamp.

Münker, Stefan/Roesler, Alexander 2002: „Vom Mythos zur Praxis. Auch eine Geschichte des Internet." In: *Praxis Internet. Kulturtechniken der vernetzten Welt*. Hg. v. Stefan Münker und Alexander Roesler. Frankfurt/M.: Suhrkamp, S. 11-24.

Neidhardt, Friedhelm (Hg.) 1994: *Öffentlichkeit, Öffentliche Meinung, Soziale Bewegung*. (= Sonderheft 34 der Kölner Zeitschrift für Soziologie und Sozialpsychologie). Opladen: Westdeutscher Verlag.

Negt, Oskar 1978: „Mass Media: Tools of Domination or Instruments of Liberation? Aspects of the Frankfurt School's Communications Analysis." In: *New German Critique* 14, S. 61-82.

Negt, Oskar 1993: „Keinen Augenblick mehr allein gelassen. Medienwirklichkeit und Erfahrungsverlust." In: *Zukunft oder Ende. Standpunkte, Analysen, Entwürfe*. Hg. v. Rudolf Maresch. München: Boer, S. 271-280.

Negt, Oskar/Kluge, Alexander [8]1986 (1972): *Öffentlichkeit und Erfahrung. Zur Organisationsanalyse von bürgerlicher und proletarischer Öffentlichkeit*. Frankfurt/M.: Suhrkamp.

Neuberger, Christoph 2003: „Google, Blogs & Newsbots. Mediatoren der Internetöffentlichkeit." Vortrag auf der Konferenz *Strukturwandel der Öffentlichkeit 2.0. Mediendemokratie = Medien + Demokratie?*. http://www.bpb.de/files/AJGN9T.pdf [PDF-Dokument] (Abruf: 10.02.2008)

Peters, Bernhard 1994: „Der Sinn von Öffentlichkeit." In: *Öffentlichkeit, Öffentliche Meinung, Soziale Bewegung*. (= Sonderheft 34 der Kölner Zeitschrift für Soziologie und Sozialpsychologie). Hg. v. Friedhelm Neidhardt. Opladen: Westdeutscher Verlag, S. 42-76.

Plake, Klaus/Jansen, Daniel/Schuhmacher, Birgit (Hg.) 2001: *Öffentlichkeit und Gegenöffentlichkeit im Internet*. Wiesbaden: Westdeutscher Verlag.

Rauscher, Josef 2003: „Medialität und Medien." In: *Perspektiven interdisziplinärer Medienphilosophie*. Hg. v. Christoph Ernst, Petra Gropp und Karl-Anton Sprengard. Bielefeld: transcript, S. 25-44.

Robben, Bernhard 2006: *Der Computer als Medium. Eine transdisziplinäre Theorie*. Bielefeld: transcript.

Roesler, Alexander 1997: „Bequeme Einmischung. Internet und Öffentlichkeit." In: *Mythos Internet*. Hg. v. Stefan Münker und Alexander Roesler. Frankfurt/M.: Suhrkamp, S. 171-192.

Rollins, Henry 2007: „Civil Liberties under Attack." http://www.youtube.com/watch?v=GVg2Ypi4RGo [Video-Datei] (Abruf: 10.02.2008)

Sandbothe, Mike 2001: *Pragmatische Medienphilosophie. Grundlegung einer neuen Disziplin im Zeitalter des Internet*. Weilerswist: Velbrück Wissenschaft.

Schönafinger, Bärbel/ von Dahlern, Tanja 2007: „*kanalB* oder warum herkömmliches Fernsehen ersetzt werden muss." In: *Weblogs, Podcasting und Videojournalismus. Neue Medien zwischen demokratischen und ökonomischen Potenzialen*. Hg. v. Vanessa Diemand, Michael Mangold und Peter Weibel. Hannover: Heise, S. 193-208.

Schröter, Jens 2004: *Das Netz und die virtuelle Realität. Zur Selbstprogrammierung der Gesellschaft durch die universelle Maschine*. Bielefeld: transcript.

Vogl, Joseph 2002: „Apokalypse als Topos der Medienkritik." In: *Zerstreute Öffentlichkeiten. Zur Programmierung des Gemeinsinns*. Hg. v. Jürgen Fohrmann und Arno Orzessek. München: Fink, S. 133-141.

Werber, Niels 2002: „Kommunikation ohne Interaktion. Thesen zu einem zweiten 'Strukturwandel' der Massenmedien." In: *Zerstreute Öffentlichkeiten. Zur Programmierung des Gemeinsinns*. Hg. v. Jürgen Fohrmann und Arno Orzessek. München: Fink, S. 43-51.

Westerbarkey, Joachim 1993: „Virtuelle Publizität. Öffentlichkeit als imaginäres Kommunikationssystem." In: *Öffentlichkeit. Konzepte*. 3. Lüneburger Kolloquium zur Medienwissenschaft. Hg. v. Werner Faulstich. Bardowick: Wissenschaftler-Verlag, S. 83-100.

Wimmer, Jeffrey 2007: *(Gegen-)Öffentlichkeit in der Mediengesellschaft. Analyse eines medialen Spannungsverhältnisses*. Wiesbaden: VS.

Winkel, Olaf 2001: „Die Kontroverse um die demokratischen Potenziale der interaktiven Informationstechnologien – Positionen und Perspektiven." In: *Publizistik* 46, 2, S. 140-161.

Winkler, Hartmut 2008: *Basiswissen Medien*. Frankfurt/M.: Fischer.

Winter, Carsten 1993: „Kulturelle Öffentlichkeiten? Kritik des Modells bürgerlich-liberaler Öffentlichkeit." In: *Öffentlichkeit. Konzepte*. 3. Lüneburger Kolloquium zur Medienwissenschaft. Hg. v. Werner Faulstich. Bardowick: Wissenschaftler-Verlag, S. 29-46.

Das ICH im Web – Auswirkungen virtueller Identitäten auf soziale Beziehungen

Helmut Volpers / Karin Wunder

1 Einleitung

„Jeder Mensch erfindet sich früher oder später eine Geschichte, die er für sein Leben hält, oder eine ganze Reihe von Geschichten" – mit diesem Satz umreißt Max Frisch in *Mein Name sei Gantenbein* viele Aspekte, die in der Identitätsforschung der letzten Jahrzehnte theoretisch ausformuliert worden sind.[1] Als deren Quintessenz lässt sich formulieren: Die Wahrnehmung der eigenen Identität (oder eigener Identitäten) entsteht durch eine Selbstverortung, die ihren Ausdruck in Narrationen (dem Erzählen von Geschichten) findet. Wie stark die Realitätsbezüge dieser autobiographischen Selbstkonstruktionen sind, ist individuell ebenso unterschiedlich wie es auch die Reaktionen des sozialen Umfelds auf die erzählten ‚Geschichten' sind. Die klassischen Medien spielen bei der Identitätsbildung von jeher eine zentrale Rolle – sei es im Spiegel autobiographischer Selbstreflexion, die Goethe in seinem Fall nicht zufällig als „Dichtung und Wahrheit" bezeichnet hat, sei es durch Tagebuchaufzeichnungen zur Selbstvergewisserung oder durch Identifikationsprozesse mit fiktionalen Inhalten. Ebenso ermöglichen Medien ein geistiges Eintauchen in virtuelle Räume und die Flucht aus der Realität (Eskapismus). Das Oszillieren zwischen ‚virtuellen' (bzw. fiktionalen) und ‚realen' Erlebnissphären ist nicht erst durch das Web möglich geworden. Dennoch existieren online neue Möglichkeiten der Identitätsbildung und des Spiels mit verschiedenen Teilidentitäten eines Subjekts.

Virtuelle Identitäten sind im Wesentlichen dadurch gekennzeichnet, dass ihnen soziale Hinweisreize und körpergebundene Zeichen fehlen (Misoch 2006: 115). Im Sinne Paul Watzlawicks handelt es sich um eine rein „digitale Kommuni-

---

1 Eine erhebliche Wirkmächtigkeit entfalteten die Identitätsbegriffe von Georg Herbert Mead und Erik H. Erikson. Im vorliegenden Beitrag orientieren sich die Autoren primär an den Ergebnissen jüngerer Forschungen im Kontext der reflexiven Sozialpsychologie zur Identitätskonstruktion, die im Umfeld eines Forschungsprojektes an der Universität München entstanden sind (Keupp et al. 2006).

kation“, der jegliche analoge Zusatzinformationen (Sprechen, Gestik, Mimik, Kleidung, Geruch etc.) fehlen. Der Sender muss alle Zeichen, die er seinem Kommunikationsgegenüber vermittelt, bewusst geben, um für diesen sichtbar zu werden und kommunikativ sowie sozial wirken zu können. Hieraus ergeben sich neue Darstellungsnotwendigkeiten – es ergibt sich aber auch ein Zuwachs an Freiheitsgraden, die sich als „Simulationspotential“ bezeichnen lassen (Misoch 2006: 115). Daraus resultieren für Sender und Empfänger Konsequenzen: Der Sender erhält einen Kontrollgewinn über die Selbstdarstellung (frei von der eigenen Körperlichkeit) und beim Empfänger entsteht eine „kommunikative Verunsicherung“, da er um diese Situation weiß, die ja auch umgekehrt besteht (ebd.: 116). Wenn dennoch soziale Beziehungen im Web gestiftet werden, unterscheiden sie sich aufgrund der skizzierten Rahmenbedingungen (solange sie im virtuellen Raum verbleiben) zumindest in der Kommunikationssituation erheblich von realen Beziehungen.

2 Identitätsbildung als Konstruktionsprozess

Die individuelle Identität[2] einer Person lässt sich als konstruktive Selbstverortung definieren. Die Frage „Wer bin ich?“ wird vom Individuum im Prozess der Identitätsarbeit ständig neu beantwortet. Es ist eine dauernde „Verknüpfungsarbeit, die dem Subjekt hilft, sich im Strom der eigenen Erfahrungen selbst zu begreifen“ (Keupp et al. 2006: 190). Das Subjekt ordnet hierbei seine Selbsterfahrungen unter drei Perspektiven: *zeitlich* (verknüpft Vergangenes mit Gegenwärtigem und Zukünftigem), *lebensweltlich* (Selbsterfahrung im Beruf, als Partner usw.) und *inhaltlich* (der Vergleich bisheriger und neuer Erfahrungen) (vgl. ebd.). Wenngleich die Identitätsbildung ein im Subjekt selbst stattfindender Vorgang ist, wird er immer begleitet durch Interaktion mit dem sozialen Umfeld. Die eigene Identität wird dem sozialen Umfeld durch Erzählungen vermittelt. Die Narration wird somit zum Mittel der Verknüpfungsarbeit (vgl. ebd.: 207).

Vor dem Hintergrund der (vergleichsweise neuen) Möglichkeit, neben der ‚realen Identität‘ auch eine ‚virtuelle Identität‘ anzunehmen, stellt sich die Frage nach den o. g. Verknüpfungen, Narrationen, Interaktionen und Rollenspielen der

[2] In der Identitätsforschung wird zwischen *personaler* (subjektive Verarbeitung biographischer Kontinuität und Diskontinuität), *sozialer* (als Teil der Gemeinschaft) und *individueller* (Selbstinterpretation des ICHs) Identität unterschieden. Im Folgenden steht die individuelle Identität im Vordergrund.

Identitätsbildung neu. Wie wird das im Web Erfahrene mit der realen Lebenswelt verknüpft? Mit anderen Worten: Wirkt die virtuelle Identität auf die reale zurück und wenn ja, mit welchen Konsequenzen? Selbst wenn Menschen im Web Identitäten annehmen, die scheinbar völlig abgelöst vom realen ICH sind, und zwei getrennte Identitäten – die Online- und Offline-Identität – existieren, entstehen Übertragungseffekte. Diese Interferenzen verändern zwangsläufig den Konstruktionsprozess von ‚realer Identität'. Andererseits wirkt die reale auch in die virtuelle Identität hinein; es entsteht ein reziprokes Verhältnis von Online- und Offline-Identität.

Im Mittelpunkt jeder Identitätsbildung steht der ständige Abgleich von Selbst- und Fremdbild. Nur wer auch auf Widerstand stößt, hat die Möglichkeit, Identität zu entwickeln (Wiegerling 2006: 6). In virtuellen Welten kann die Identität teilweise oder vollständig selbst kreiert werden, ohne den Widerstand zu erfahren, der für die Identitätsbildung eine wichtige Rolle spielt. Die Konsequenz aus der Erfahrung ablehnenden Verhaltens ist nicht mehr eine Motivation zum Selbstabgleich und zur Entwicklung von Problemlösungsstrategien, vielmehr bieten sich im Web scheinbar unendlich viele Möglichkeiten, die gewünschte Anerkennung durch andere zu finden, ohne hierbei auf Widerstand durch Ablehnung zu stoßen. Die Selbst- und Fremderfahrung kann also eine Idealisierung erfahren, die in der realen Welt nicht verifizierbar ist. Die Identität wird zur „Als-ob-Identität" (Wiegerling 2006: 7) und zunehmend unverbindlicher. Es kann zu einer Ablösung der Online- von der Offline-Identität und – in pathologischen Fällen – einer Verlagerung der Identitätskonstruktion in eine virtuelle Parallelwelt kommen. Die Verfremdung der Identität kann zu einer Verunsicherung des Subjekts führen, da nun kein Rückschluss mehr auf das eigene reale ICH möglich ist. Die Interaktionen im Web gelten dem ‚virtuellen Pseudonym', nicht mehr der realen Person. Das Subjekt ist sich somit nicht mehr sicher, „ob die Reaktion der Online-Community auch auf seine reale Identität übertragbar ist." (Sommer und Behrendt 2008: 27)

Bereits die klassischen Medien bieten Hilfestellungen bei der Identitätsbildung: Sie sind „Instanzen der Selbstdarstellung, der Transzendierung und Selbstreflexion" (Wiegerling 2006: 7). Durch das Web hat sich die Nutzung dieser Funktionen für den Einzelnen jedoch stark vereinfacht und übersteigert. Vor allem die Anwendungen des Web 2.0 erlauben nicht nur die Produktion von Inhalten, sondern auch vielfältige Optionen der Selbstdarstellung. Hierbei spielt die (symbolische) Interaktion eine zentrale Rolle.

3 Anonyme soziale Interaktion – Maskierung und Abkopplung

Zunehmend stellt sich in online vermittelten Interaktionen die Frage nach den Akteuren. Letztlich steht hinter jeder virtuellen Repräsentanz eines Individuums eine Person mit ihrer physischen und psychischen Realität. Gleichzeitig eröffnen sich für dieses reale Individuum vielfältige Freiheitsgrade der Selbstinszenierung, der Verschleierung und des Rollenspiels. Die daraus resultierenden Konsequenzen werden nachfolgend anhand konkreter Interaktionsformen beispielhaft beleuchtet.

In den meisten Online-Flirt-Communities stehen persönliche Profile der Mitglieder im Mittelpunkt. Hier finden sich Aussagen über Alter, Aussehen, Wohnort, Geschlecht, Beruf und einiges mehr. Auch Selbstbeschreibungen und Bilder sollen möglichst viel über die Person hinter dem Profil aussagen. Dass die Angaben häufig bewusst oder unbewusst von der Offline-Identität abgekoppelt sind, zeigen viele Berichte über enttäuschende Begegnungen sowie auch die Angst vor einem Treffen im realen Leben (‚Real Life'). Sherry Turkle zitiert eine Frau, die kurz vor dem Treffen mit einem Mann steht, den sie im Chat kennen gelernt hat: „Ich habe ihn in keinem bestimmten Punkt direkt angelogen, aber ich fühle mich online einfach ganz anders [...]. Ich fühle mich eher so, wie ich zu sein wünsche." (Turkle 1998: 288) Menschen idealisieren in virtuellen Umgebungen ihre vorhandene, reale Persönlichkeit oder kreieren (für sich selbst und andere) eine neue, von der Offline-Identität völlig abgekoppelte (Döring 2000: 65). Diese ‚Maskierung' macht einerseits den Reiz der Online-Identität aus, andererseits erschwert sie teilweise den erwünschten sozialen Kontakt im Real Life, da dieser unweigerlich zu einer Demaskierung führen würde.

Die Selbstbeschreibungen in Chats entsprechen den gängigen Schönheitsnormen, während die Lebensläufe und Interessen möglichst außergewöhnliche und individuelle Punkte enthalten. Auch das bewusste Verfälschen und Verschleiern der eigenen Identität bis hin zum Geschlechtertausch (Gender Switching) ist möglich. Solche ‚Fakes' werden teilweise mit hohem Aufwand betrieben. So ist den Autoren folgender Fall bekannt: Eine lesbische Frau (Mitte 20) sucht im Web nach Kontakt zu anderen lesbischen Frauen und findet eine jüngere Partnerin, mit der sie sich online intensiv und intim austauscht. Dabei werden auch intime Bilder getauscht. Die ‚Online-Romanze' entwickelt sich über mehrere Monate zu einer ‚Online-Beziehung'. Vereinbarte Treffen im echten Leben scheitern jedoch immer wieder an scheinbaren Sachzwängen. Erst nach einem Jahr entdeckt die Frau, dass sich hinter dem attraktiven, jungen Mädchen (in deren entsprechende Fotos sie sich verliebte) ein Mann steckte, vor dem sie virtuell ihre (realen) sexuellen Phantasien ausgebreitet hat. Später stellt sich durch Zufall heraus, dass die ihr zugesandten Bilder von einer US-amerikanischen Model-Posing-Website stammen.

Neben dem Geschlecht können im zunächst völlig anonymen Raum sämtliche Persönlichkeitsmerkmale und der Familienstand variiert werden. Menschen mit solchen ‚Fake-Profilen' halten häufig über einen gewissen Zeitraum Kontakt mit anderen Nutzern. In der Regel kommt es dabei erst gar nicht zu einem Treffen im echten Leben. Die Problematik solcher Identitätsspiele zeigt sich, wenn sich virtuelle und reale Welt überschneiden und zum Beispiel echte Gefühle für das virtuelle Gegenüber entstehen. Diese Identitätstäuschungen führen zu emotionalen Verletzungen, vor dem Hintergrund unseriöser oder krimineller Absichten mitunter sogar zu gefährlichen Begegnungen. Ein bekanntes Delikt sind sexuelle Übergriffe auf Kinder durch pädosexuelle Erwachsene im Chat.

Ein weiteres Phänomen, das weitreichende Auswirkungen auf das Real Life hat, ist die Online-Dating-Sucht. Ähnlich wie die Onlinesucht im Allgemeinen liegt ihre Ursache zunächst in der vermeintlichen Anonymität virtueller Welten und der Möglichkeit, idealisierte Identitäten anzunehmen. Auch das veränderte Raum-Zeit-Gefühl und die scheinbar völlige Loslösung vom realen Alltag und dessen Gesetzen gehören zu den Hauptgründen für Onlinesucht (vgl. Bergmann und Hüther 2006: 13 ff.). Die Online-Dating-Sucht ist zusätzlich geprägt von einer ganzheitlichen Verlagerung der Partnersuche ins Web. Es kommt zwar immer wieder zu Begegnungen im Real Life, der oder die ‚Richtige' ist jedoch nie dabei und der Kontakt wird in der Regel nach einigen Treffen abgebrochen. Die Mentalität der Betroffenen bei ihrer online organisierten Partnersuche ähnelt der bei einem Einkauf im Supermarkt: Das Angebot ist schier unerschöpflich und ständig kommen neue ‚Produkte' auf den Markt. Die in der kapitalistischen Gesellschaft angelegte Warenstruktur der zwischenmenschlichen Beziehung wird hier auf die Spitze getrieben. Es kommt zu einer ‚Verproduktung' des Selbst. Um auf dem ‚Beziehungsmarkt' wahrgenommen zu werden, formt sich das Individuum zu einem scheinbar attraktiven Angebot (vgl. Wiegerling 2006: 8).

Interessant ist in diesem Zusammenhang, an welchen Parametern sich die Attraktivität innerhalb der webbasierten Kontaktbörsen festmacht. Welche Präferenzen sind es, die zur Entscheidung einer Kontaktaufnahme führen? Wie erlebt das sich selbst anbietende Subjekt seine Erfolge („Ich bin begehrt") oder Misserfolge („Ich werde weggeklickt") und mit welchen Auswirkungen auf die reale Identität bzw. das Selbstwertgefühl? Mitte des Jahres 2007 suchten 6,5 Millionen Bundesbürger in Online-Kontaktbörsen nach Partnern. Vor einem Treffen im Real Life vergleichen die meisten von ihnen Hunderte möglicher ‚Angebote'. Ihre Präferenzliste orientiert sich dabei an mehr oder minder traditionellen sozialen Kategorien wie Beruf, Einkommen, Herkunft oder Bildungsstand. Neben dem Aussehen sind solche Faktoren bei der Partnerwahl zum wichtigsten Kriterium geworden, diese Tendenz wird in Online-Börsen noch verstärkt (vgl. Kohlenberg und Uchatius 2007: 15). In einem Forschungsprojekt der Bamberger Universität[3] werden die Kontaktaufnahmen einzelner Personen empirisch nachverfolgt. Hierbei zeigt sich, wie stark die milieuspezifische Selektion wirkt: Für einen Werkzeugmacher hat eine partnersuchende Apothekerin nur eine halbe Sekunde übrig, ebenso ergeht es ihm bei einer Betriebswirtin, Studentin oder Ingenieurin. „Bei ihnen allen hat es der Werkzeugmacher versucht. Keine der Frauen hat ihn genauer angeschaut, keine wollte wissen, welche Hobbys er hat, wie er seinen Charakter beschreibt. Der Blick auf den Beruf hat genügt. Dann wurde er weggeklickt" (ebd.). Entsprechende Misserfolgserfahrungen stellen sich in Online-Börsen schnell und ‚gnadenlos' ein. Welche Auswirkungen hieraus auf das Selbstwertgefühl resultieren, ist bislang noch ein Desiderat psychologischer Forschung.

4 Stellvertreter-Persönlichkeiten

Die Möglichkeit einer anonymen, körperlosen Maskierung birgt aber auch Chancen für Nutzer, die normalerweise aufgrund bestimmter Einschränkungen entsprechende Aktivitäten im Real Life nicht vollziehen können. Beschränkungen, die im echten Leben aufgrund des Abweichens von sozio-kulturellen Normen (wie Aussehen oder Alter) oder gesellschaftlich tolerierten Persönlichkeitsmerkmalen bestehen, können in virtuellen Räumen umgangen werden. Hier lassen sich unterschiedliche Rollen einüben, sie bieten Experimentierraum und sind „Laboratorien für die Identitätskonstruktion" (Turkle 1998: 297). Neigungen und Verhaltensweisen, deren Ausleben im Alltag auf Unverständnis oder Widerstand stoßen würde, können in einer virtuellen Umgebung ohne soziale Hemmschwellen gezeigt werden. Die virtuelle Identität kann somit auch dem Austarieren der verschiedenen Teile der Identität dienen. Der Übergang zwischen virtueller und realer Identität ist hier

---

[3] An der Otto-Friedrich-Universität Bamberg wird am Lehrstuhl für Soziologie I unter Leitung von Hans-Peter Blossfeld das von der Deutschen Forschungsgemeinschaft geförderte Forschungsprojekt „Prozesse der Partnerwahl bei Online-Kontaktbörsen" durchgeführt.

fließend (ebd.: 299) und zeigt reziproke Strukturen. So sieht Turkle z. B. in MUDs[4] ein Mittel zur Problemverarbeitung. Die Stellvertreter in MUDs, die Personae, sind zunächst völlig losgelöst von der realen Person. Lediglich die Beschreibung, die der Nutzer der Persona gegeben hat, sowie Art und Qualität des Geschriebenen zählen (Turkle 1998: 295). Diese anonyme soziale Interaktion bietet den Nutzern die Gelegenheit, selbst zu bestimmen, wie ähnlich oder unähnlich die Personae ihrer realen Identität sind. Trotzdem sind die verschiedenen virtuellen Identitäten eingebettet in ein (virtuelles) soziales Umfeld: „Die Inszenierungen in den virtuellen Kommunikationslandschaften verdeutlichen damit, dass Identität und Sozialität in einem komplexen Wirkungsverhältnis stehen" (Vogelgesang 2003: 6). Die Simulation wird zum ‚Training' für die Anforderungen der postmodernen Gesellschaft.

Die virtuellen Welten von Online-Rollenspielen, insbesondere der „Massively Multiplayer Online Role-Playing Games" (MMORPG)[5], bieten neben der Spielhandlung vor allem eine Plattform für die Entwicklung einer Stellvertreter-Persönlichkeit, dem ‚Avatar'[6]. Besondere Aufmerksamkeit erlangte dabei die synthetische Welt *Second Life*. Im Gegensatz zu anderen Multiplayer-Online-Rollenspielen besteht der Inhalt von *Second Life* nicht in der Bewältigung von Aufgaben, sondern in der Entwicklung des eigenen Avatars und dessen Interaktionen. Im engeren Sinne handelt es sich bei *Second Life* nicht um ein Spiel, da es nicht regelgeleitet ist.[7] Die ‚Spieler' sind weder in einen Konflikt, noch in eine Handlung eingebunden. Das Ende des Spiels ist nicht bestimmbar, weil es de facto kein zu erreichendes Ziel gibt. Die Grenzen zwischen der synthetischen Welt *Second Life* und der Realität sind fließend. Die virtuelle Identität ist also nicht völlig losgelöst von der realen, sondern eher deren ‚getunte' Version. Umgebung, soziale und wirtschaftliche Gepflogenheiten sowie die äußerliche Konstitution der meisten Avatare sind trotz der vermeintlichen Freiheit im ‚Zweiten Leben' aus dem ‚Ersten Leben' importiert. Es scheint, als gingen die Übertragungseffekte eher vom Real Life aus. Auch das Ausleben bestimmter Teile der Identität, die im Alltag nicht ausgelebt werden können, und das Austragen von Konflikten mittels des ‚Stellver-

---

4 Ein MUD (Multi User Dungeon) ist ein dialogbasiertes Rollenspiel über das Web, das nicht in einer graphisch dargestellten virtuellen Welt spielt, sondern nahezu ausschließlich textbasiert ist. Die Umwelt und alle Handlungen werden schriftlich beschrieben.

5 „Massen-Mehrspieler-Online-Rollenspiele" sind Computerspiele, die mehrere Spieler (gleichzeitig) über das Web in einer speziellen virtuellen Graphikumwelt spielen.

6 Ein Avatar ist der virtuelle Stellvertreter des Nutzers in virtuellen Welten.

7 Vgl. Salen und Zimmermann (2003: 81): „A game is a system in which players engage in an artificial conflict, defined by rules, that results in a quantifiable outcome."

treter-Selbstes' im Web sprechen für eine im Real Life begründete virtuelle Identität. Mit anderen Worten: „Die Nutzer entkommen in der virtuellen Welt ihren realen Bedürfnissen nicht, entgrenzen sie aber" (Amann und Martens 2008: 267). Bei einigen Nutzern von *Second Life* kommt es über die Avatare zur hochgradigen Emotionalisierung und dem Wunsch, die ‚Beziehung' im First Life weiterzuführen. Amann und Martens konnten in einer Stichprobe von 500 Personen in 24 Fällen eine verbürgte „virtuell induzierte Lebensgemeinschaft" ermitteln (ebd.).

Auch im Online-Rollenspiel *World of Warcraft* agieren die Spieler über einen Avatar. Im Gegensatz zu *Second Life* steht hier das strategische und taktische Agieren gegenüber Gegnern, der Wettstreit um Gegenstände und Land sowie die Anerkennung in der Gemeinschaft im Mittelpunkt. Vorgegebene „Quests" (Abenteuer) werden allein oder in einer Gilde[8] bewältigt und dienen auch der Entwicklung des Avatars. Der Spieler entwirft mit dem Avatar seinen eigenen Charakter. Er *spielt* nicht *jemanden*, sondern *ist* im Prinzip *er selbst*. Die Folge kann eine starke Identifizierung mit dem Avatar sein. Die Entwicklung des Avatars ist weitgehend von den eigenen Narrationen und denen der Mitspieler beeinflusst. Avatar und Spieler sind beide in ein komplexes soziales Gefüge eingebunden, das wiederum den Regeln des Real Life unterliegt. Auch hier sind die Grenzen also fließend. So schreibt ein Spieler in einem Onlinespiele-Forum: „das alter ego ist ein held ist stark man kann etwas erreichen man knüpft bekanntschaften geht verpflichtungen ein für die guilde oder party. man fühlt sich an das spiel gebunden. im realen leben ist sehr viel schwerer bekanntschaften zu knüpfen anerkennung zu erlangen oder etwas zu bewegen / zu erreichen." (zitiert nach: Die Pädagogen 2008)[9] Auch *World of Warcraft* ist per Definition *kein* Spiel, obwohl es regelgeleitet und zielgerichtet ist, weil das Ziel und der Zeitpunkt des Endes nicht eindeutig festgelegt sind.

Die Suchtgefahr von Online-Rollenspielen und deren Beliebtheit vor allem bei jugendlichen Nutzern lässt sich auch mit dem Flow-Effekt erklären: Durch das Eintauchen (Immersion) verliert man sich im Spiel und nimmt sein Tun nicht mehr als solches wahr; es wird zum Selbstzweck. Mihaly Csikszentmihalyi, Entdecker des Flow-Effekts, sieht dieses Eintauchen als intrinsisch motiviert: „The fact is that people do what they want to do, and what they want to do does not depend directly on outside forces, but it depends on priorities established by the needs of the self." (Csikszentmihalyi 1994: 16) Je negativer die Erfahrungen im Real Life sind,

---

8 Das Wort Gilde bezeichnet hier einen Zusammenschluss von Spielern, um schwierige Aufgaben gemeinsam zu lösen.

9 Rechtschreibung im Original.

desto eher besteht das Risiko, die für die Identitätsbildung nötige Anerkennung in virtuellen Welten zu suchen. Vor allem bei regelgeleiteten und zielgerichteten Spielen setzt der Flow-Effekt schnell ein: Die Aufgaben bauen aufeinander auf und das erfolgreiche Bewältigen eines Abenteuers ist Voraussetzung für das Weiterkommen. In *World of Warcraft* etwa stärken Belohnungen den Avatar und versetzen ihn in die Lage, weitere, noch größere Probleme zu lösen. Die Abenteuer (Quests) sind dabei in der Regel nicht zu schwer und somit zu bewältigen. Im Gegensatz zum Real Life kommt es hier früher oder später automatisch zum Erfolgserlebnis.

5 Ausblick

Die Identitätsforschung wird nicht umhinkommen, ihr Repertoire zu erweitern. In der Postmoderne ist die Kohärenz der individuellen Identität brüchig geworden. An die Stelle einheitlich gewachsener Selbstverortung ist die Patchwork-Identität getreten, deren Konstruktion zunehmend auch die Online-Identität(en) des Subjekts mit umfasst. Die gegenwärtigen gesellschaftlichen Bedingungen schließen eine Identitätsarbeit, deren Ziel Kohärenz ist, zunehmend aus. Eine gelingende Ich-Identität ist (scheinbar) nicht mehr an Stabilität gekoppelt. Dies bedeutet nicht, dass die „Sehnsucht" nach eben jener Stabilität in vielen Menschen nicht mehr vorhanden ist. Wenn Richard Sennetts Analyse[10] zutrifft, dann ist der „flexible Mensch" mit den an ihn gestellten Anforderungen an Flexibilität und dem daraus resultierenden instabilen sozialen Umfeld überfordert. „Da das reale soziale Umfeld durch Instabilität geprägt ist, begeben wir uns auf der Suche nach uns selbst in die digitale Welt." (Sommer und Behrendt 2008: 26) Online-Identitäten können als ‚Fluchtpunkt' und eskapistische Abwendungen von den Überforderungen der Realität genutzt werden. Sie werden somit zum Ersatz für eine Kohärenz, die von der Realität verweigert wird.

Die Untersuchung von Online-Identitäten und deren Auswirkungen auf das reale ICH stehen noch am Anfang. Die sozialpsychologischen Dimensionen der Web-Nutzung sind nicht zu unterschätzen, aber bisher kaum untersucht. Die Mög-

---

10 Der amerikanische Soziologe kommt in seinem Buch *Der flexible Mensch. Die Kultur des neuen Kapitalismus* (1998) zu der Erkenntnis, dass Stabilität der Lebensverhältnisse und Langfristigkeit für den emotionalen Haushalt des Menschen extrem wichtig sind und dass die Subjekte viel weniger flexibel sind als die gesellschaftlichen Anforderungen.

lichkeiten des Identitätsspiels in virtuellen Welten tragen auch den Veränderungen der postmodernen Gesellschaft Rechnung. Wie im Real Life ist der Identitätskonstruktionsprozess in virtuellen Welten fließend und scheinbar nicht endend.

Die Allgegenwart des Webs wird mit großer Wahrscheinlichkeit dazu führen, dass der Stellenwert virtueller Identitäten steigen und die Kreation derselben für immer mehr Menschen zur Alltagserfahrung gehören wird. Im Web ‚Erfahrungen' zu sammeln, soziale Kontakte anzubahnen, zu pflegen und im echten Leben fortzusetzen oder zu negieren, wird schon bald zum kulturellen Repertoire einer ganzen Generation gehören. Virtuelle Präsenz und Interaktion werden somit zum Bestandteil des Sozialisationsprozesses und der Identitätskonstruktion.

Literatur

Amann, Rolf/Martens, Dirk 2008: „Synthetische Welten: Ein neues Phänomen im Web 2.0." In: *Media Perspektiven* 5, S. 255-270.

Bergmann, Wolfgang/Hüther, Gerald 2006: *Computersüchtig. Kinder im Sog der modernen Medien.* Düsseldorf: Walter.

Csikszentmihalyi, Mihaly 1994: „The flow experience and its significance for human psychology." In: *Optimal Experience. Psychological Studies of Flow in Consciousness*. Hg. v. Mihaly Csikszentmihalyi und Isabella Selega Csikszentmihalyi. Cambridge: Cambridge University Press, S. 15-35.

Die Pädagogen 2008: „World of Warcraft – pädagogische Beurteilung." http://snp.bpb.de/index2.html (Abruf: 23.03.2008)

Döring, Nicola 2000: „Identität + Internet = Virtuelle Identität?" In: *forum medienethik* 2, S. 65-75. http://www.mediaculture-online.de/fileadmin/bibliothek/doering_identitaet/doering_identitaet.pdf [PDF-Datei] (Abruf: 23.03.2008)

Keupp, Heiner/Ahbe, Thomas/Gmür, Wolfgang/Höfer, Renate/Kraus, Wolfgang/Mitzscherlich, Beate/Straus, Florian ^{3}2006: *Identitätskonstruktionen. Das Patchwork der Identitäten in der Spätmoderne.* Reinbek: Rowohlt.

Kohlenberg, Kerstin/Uchatius, Wolfgang 2007: „Gesellschaftsklassen. Von oben geht's nach oben." In: *Die Zeit* 35, S. 15.

Misoch, Sabina 2006: *Online-Kommunikation*. Konstanz: UVK.

Salen, Katie/Zimmerman, Eric 2003: *Rules of Play. Game Design Fundamentals*. Boston: MIT Press.

Sennett, Richard 1998: *Der flexible Mensch. Die Kultur des neuen Kapitalismus*. Berlin: Berlin-Verlag.

Sommer, Melanie/Behrendt, Catarina: „Kampf von Begierde und Kontrolle." In: *Research & Results* 4, S. 26-27.

Turkle, Sherry 1998: *Leben im Netz. Identität in Zeiten des Internets*. Reinbek: Rowohlt.

Vogelgesang, Waldemar: „Wie beeinflusst das Netz die Jugendkultur? Das Internet als jugendkulturelle Arena.“ http://www.waldemar-vogelgesang.de/mainz.pdf [PDF-Datei] (Abruf: 01.03.2008)

Wiegerling, Klaus 2006: „Identitätsbildung in neuen medialen Umgebungen: Individualisierung versus Typologisierung.“ http://www.nlm.de/fileadmin/dateien/mediengespraeche/Vortrag_Wiegerling.pdf [PDF-Datei] (Abruf: 23.03.2008)

Technikgeschichte des Webs

Tom Alby

1 Einleitung

Die Begriffe ‚Web' und ‚Internet' werden nicht selten synonym verwendet, obwohl es sich um zwei verschiedene Ebenen der Vernetzung handelt und die Begriffe keineswegs dasselbe bezeichnen. Denn das Internet mit seinen vernetzten Rechnern stellt die Infrastruktur in Form von Hardware und Protokollen für die vernetzten Dokumente des Webs sowie für andere Internetdienste wie E-Mail zur Verfügung. Das Internet hat auch schon ohne das Web existiert, umgekehrt ist dies nicht möglich.

Doch während sich die Technologien des Internets nur langsam verändern (man denke zum Beispiel an IPv6), so ist die Weiterentwicklung der Technologien im Web gekennzeichnet durch rapide Sprünge. Die ersten Ideen zu vernetzten Dokumenten wurden jedoch abseits des Internets entwickelt, so dass ein Web auch an anderer Stelle hätte entstehen können. Doch der Blick zurück in die Geschichte zeigt, wie sehr die technischen Ansätze des Webs seine Verbreitung begünstigten.

2 Hypertext-Konzepte vor dem World Wide Web

Vannevar Bush wird gemeinhin als einer der Vordenker des Webs bezeichnet, beinhalteten seine 1945 veröffentlichten Ausführungen über das nie gebaute Memex doch bereits Ideen zu einer Multimedialität und zu sofort verfolgbaren Querverweisen, die das Web heute prägen (Bush 1945). Querverweise existierten schon zuvor und als Beispiele früher Hypertexte mag man Inhaltsverzeichnisse, die mühselig manuell erstellten Konkordanzen der Bibel oder der Werke Shakespeares sowie den Talmud ansehen, wenngleich sie analog sind; zugleich waren Konkordanzen die ersten Suchmaschinen, deren digitale Nachkommen immer noch dasselbe Konzept als Basis nutzen (Witten, Moffat und Bell 1999: 2-5).

Zur Zeit der zweiten Computergeneration entstand 1960 Ted Nelsons Idee des „nonsequential writing", dessen Produkt er 1965 in einem wissenschaftlichen Papier „Hypertext" nannte (Nielsen 1995: 37-39). Diese Idee ließ sich mit den damals verfügbaren Rechnern nicht verwirklichen und auch in den folgenden Jahrzehnten stieß Nelson regelmäßig an die Grenzen des technisch Möglichen. Selbst heute lässt sich Nelsons Idee in der Dimension des World Wide Webs nicht vollständig realisieren, denn sein Hypertext-Konzept erstreckt sich von einer Dokumentenversionierung über ausgefeilte Copyright-Mechanismen bis hin zu einem Abrechnungssystem für die Nutzung von Dokumenten.

Auch Doug Engelbarts ab 1962 entwickeltes und 1968 in einer berühmten Demonstration präsentiertes oN Line System (NLS) ist ein Vorläufer des heutigen Webs sowie generell der interaktiven Arbeit mit Computern (Nielsen 1995: 36-37). Hypertext war jedoch vor dem World Wide Web keineswegs lediglich ein akademisches Konzept. So war eines der erfolgreichsten Hypertext-Produkte Apples HyperCard-System (Nielsen 1995: 58). Seine Popularität war zum einen dadurch begründet, dass es seit 1987 jedem Apple-Rechner kostenlos beilag; Apple-Rechner wurden zu jener Zeit verstärkt in Schulen und Universitäten genutzt, so dass eine ganze Generation mit HyperCard in Berührung kam. Zum andern gereichte seine einfache Benutzbarkeit HyperCard zum Vorteil, denn sie ermöglichte es selbst Computer-Anfängern, Hypertexte sowie kleine Programme zu erstellen. Und auch wenn Apple es nicht verstand, HyperCard an die Gegebenheiten eines populär werdenden World Wide Webs anzupassen und daher die Produktpflege in den 1990er Jahren einstellte, darf nicht unterschätzt werden, dass HyperCard und die Nachahmer-Produkte für Windows & Co das Konzept des Hypertexts bereits in den 1980er Jahren Millionen von Anwendern näher brachten.

3 Die Geburt des World Wide Webs

Während Hypertext zumindest offline durch die zuvor genannten Systeme bereits genutzt wurde, war das Internet nur einer Minderheit bekannt, denn der Zugang war vor allem Wissenschaftlern und Militärangehörigen vorbehalten. Einer der Mythen, die sich um das Internet ranken, handelt von dem militärischen Hintergrund der Entstehung des Internets, insbesondere der Sicherung der Kommunikation im Fall eines atomaren Schlages im Kontext des Kalten Krieges (Krol 1992: 11). Tatsächlich ging es bei der Entstehung des Vorläufers des Internets, dem ARPANET, um mehr Sicherheit in der Kommunikation, primär jedoch um das Zurverfügungstellen von Rechen- und Datenressourcen, die zu Beginn des Computerzeitalters rar waren (Leiner et al. 2003).

Nach eigener Aussage kannte Tim Berners-Lee die Ansätze von Bush, Nelson und Engelbart nicht, als er 1980 am CERN an einem ersten Hypertext-Projekt namens ENQUIRE arbeitete (Berners-Lee 2000: 5-6). Ende der 1980er Jahre griff er diese Idee wieder auf, als das CERN bereits der größte Internet-Knoten Europas war. Er entwickelte das Hypertext Transfer Protocol (HTTP), welches das Internet-Protokoll Transmission Control Protocol (TCP) nutzt, die Hypertext Markup Language (HTML), das Konzept einer URI (Uniform Resource Identifier) sowie eine erste Server- und Client-Software. 1991 wurde die erste Seite online gestellt, Berners-Lees NeXT-Computer war zugleich Redaktionssystem, Server und Client.

Die Verbreitung des Webs erfolgte zunächst zögerlich, denn NeXT-Computer waren weit weniger verbreitet als andere Computersysteme. Der 1992 veröffentlichte ViolaWWW-Browser war der erste Browser, der nicht nur auf NeXT-Computern, sondern auf allen X Window-Systemen funktionierte (Berners-Lee 2000: 56-57). Er erleichterte den Zugang zum World Wide Web für Computer-Experten, die die schwierige Installationsprozedur durchführen konnten. Erst der 1993 veröffentlichte Mosaic-Browser ermöglichte einer breiteren Öffentlichkeit ohne ausgiebige Computer-Expertise die Nutzung des Webs (Berners-Lee 2000: 68). Mosaic war nicht nur einfach zu benutzen, es war auch der erste Browser, der Grafiken innerhalb des Textes darstellen konnte und dafür kein neues Fenster öffnete. Zu betonen ist, dass alle frühen Browser nur sehr wenige HTML-Befehle interpretieren konnten, so dass der Hauptfokus auf Textdokumenten mit wenigen Bildern lag. Die ästhetische Komponente einer Webseite spielte zu dieser Zeit eine Nebenrolle, wenn überhaupt.

Schon im März 1994 hatte das WWW den ebenfalls 1991 veröffentlichten Service Gopher als populärsten Dienst, gemessen an dem durch ihn verursachten Datentransfer, überholt – nach Jakob Nielsens Interpretation das Resultat eines ungleich besseren Benutzerinterfaces (Nielsen 1995: 183). Dennoch spielte sicherlich auch eine Rolle, dass die für die Entwicklung von Gopher verantwortliche University of Minnesota ankündigte, von bestimmten Nutzergruppen Lizenzgebühren kassieren zu wollen, was für die Entwickler von auf Gopher basierenden Applikationen kommerzielle Unsicherheit bedeutet hätte (Berners-Lee 2000: 72). Die Nutzung der Web-Standards sollte dagegen kostenlos bleiben, denn das CERN entschied, die Technologie des World Wide Webs der Public Domain zu überlassen.

Bereits in dieser Betrachtung der frühen Jahre des Webs wird deutlich, welche Schlüsselrolle der Browser für die Weiterentwicklung der Technologie einnimmt. Durch ihn ist festgelegt, was angezeigt werden kann, so dass seine Möglichkeiten die für den menschlichen Betrachter verfügbaren Möglichkeiten des Webs bestimmen. Seine Limitationen sind zunächst auch die Einschränkungen des

Webs. Noch deutlicher wurde dies bei den kommerziellen Produkten, die nun folgten.

4 Abseits von Spezifikationen: Der Netscape-Browser

Der Co-Entwickler des Mosaic-Browsers, Marc Andreessen, war verantwortlich für die nächste Generation der Webbrowser, den Netscape Navigator, der im Dezember 1994 in einer ersten offiziellen Version veröffentlicht wurde (Berners-Lee 2000: 82). Eine Besonderheit des Netscape Navigators war, dass er zu Beginn nur für den nicht-kommerziellen Einsatz kostenlos war und kommerzielle Anwender dafür zahlen sollten (was sie aber in der Regel nicht taten und später von Netscape angesichts des drohenden Marktanteilverlustes auch nicht weiter belangt wurden). Viel wichtiger war jedoch eine Innovation auf technischer Ebene, nämlich das Darstellen einer Webseite, während sie geladen wird. In den bisherigen Browsern wurde eine Webseite erst dann angezeigt, wenn sie komplett mit allen Bildern geladen war, was bei den damaligen Zugangsgeschwindigkeiten bedeutete, dass mitunter mehrere Minuten auf einen leeren Bildschirm gestarrt wurde. Mit dem Netscape-Browser konnten zumindest die Teile einer Seite betrachtet werden, die schon geladen waren, zum Beispiel der Text einer Seite, während die Bilder noch geladen wurden (Braun 2008). Darüber hinaus behandelte Marc Andreessen den Browser wie ein richtiges Produkt, wohingegen die vorherigen Browser eher akademische Projekte waren; Andreessen reagierte schnell auf die Bedürfnisse der Webnutzer, so dass diese die Weiterentwicklung des Browsers und die daraufhin eintretende Marktführerschaft Netscapes die Wahrnehmung des Webs bestimmten.

Dieser Fokus auf den Benutzer bewirkte, dass Funktionalitäten abseits von den W3C-Spezifikationen entstanden. So wurden für die Entwicklung eines Warenkorbs nach dem UNIX-Vorbild der Magic Cookies die so genannten HTTP-Cookies eingeführt: kleine Textdateien, die von einem Webserver an den Browser eines Benutzers geschickt und für eine definierte Zeit auf der Festplatte gespeichert werden. Viele der heutigen Web-Applikationen wären nicht möglich ohne die Existenz von Cookies – sei es um Benutzern zu ermöglichen, persönliche Einstellungen in der Benutzung einer Applikation zu speichern, sei es um die Besuche von Benutzern von denen anderer Benutzer zu differenzieren und zu protokollieren. Zunächst von niemandem bemerkt wurden Cookies wenige Monate später zum Inhalt von Diskussionen über die Privatsphäre der Benutzer (Meissner 1996), dennoch wurden sie von jedem danach folgenden Browser unterstützt. Zwar erlauben alle modernen Browser das Deaktivieren von Cookies, wodurch jedoch viele Websites unbenutzbar würden.

Im März 1996 veröffentlichte Netscape den Navigator 2.0 und mit ihm führte man Frames, Java und (das damit nicht verwandte) JavaScript ein. Darüber hinaus konnten nun animierte GIFs dargestellt und unterschiedliche Schriftfarben sowie weitere Tags verwendet werden. Netscape richtete sich hier wiederum nicht nach den vom W3C spezifizierten Erweiterungen, sondern implementierte Standard-fremde Erweiterungen wie die Tags zur visuellen Darstellung von Inhalten.

Netscape beschränkte sich bei seinem Alleingang nicht allein auf Designfragen. So ermöglicht JavaScript die Ausführung von Skripten innerhalb des Browsers. Ein Dokument innerhalb eines Browsers war nun mehr als eine Repräsentation von Inhalten und konnte mit dem Benutzer interagieren, zum Beispiel um Benutzereingaben zu überprüfen. JavaScript wurde später durch Ecma International spezifiziert, um Kompatibilität über die Grenzen von Netscapes Navigator hinaus zu gewährleisten. Frames, ebenso eine Erfindung von Netscape, wurden 1997, nachdem sie schon von vielen Websites genutzt wurden, in die HTML 4.0-Spezifikation aufgenommen.

Mit der Unterstützung von Suns Java-Technologie konnten in dem Browser erstmals auch größere Applikationen, Applets genannt, ausgeführt werden. Obwohl langsamer als Desktop-Applikationen sind Java-Programme schneller als zum Beispiel JavaScript-Programme und zudem kompiliert, so dass der Code nicht einfach kopiert werden kann. Die Unterstützung von Java eröffnete gleichzeitig die Möglichkeit, Code einmal zu schreiben und auf allen Systemen laufen zu lassen.

5 Der Beginn des Browser-Krieges zwischen Netscape und Microsoft

Im Vergleich zu Netscape betrat Microsoft den Browser-Markt im August 1995 spät und zunächst auch nicht mit eigener Software, sondern mit einem größtenteils lizenzierten Produkt. Wenige Monate später folgte Version 2, doch erst durch die größtenteils neu geschriebene und im August 1996 veröffentlichte Version 3.0 wurde Microsoft Erfolg beschert. Diese Version enthielt Microsofts Antwort auf JavaScript, JScript, das größtenteils kompatibel war, aber auch eigene Erweiterungen. Zusätzlich führte Microsoft eine eigene Technologie ein, ActiveX, die wiederum keinen Standard zur Grundlage hatte, sondern einen Alleingang in eine eigene Richtung bedeutete. Gleichzeitig war der Internet Explorer 3 der erste große Browser, der zumindest teilweise Cascading Style Sheets (CSS) und somit die ursprünglich vom W3C gewünschte Trennung von Inhalt und Layout unterstützte. Allerdings war diese Implementierung von CSS, aufgrund der Inkompatibilität zu dem Netscape Navigator sowie der nur teilweisen Unterstützung, zu dieser Zeit noch nicht nutzbar (Hüskes 1997: 240). Das Design von Webseiten wurde vor allem durch die Nutzung von Tabellen realisiert, welche wiederum von den beiden Browsern unterschiedlich interpretiert wurden.

Netscape veröffentlichte im gleichen Monat wie Microsoft die Version 3 seines Browsers. Dieser unterstützte mehr oder weniger HTML 3.2 und zusätzliche Tags, die keinem Standard entsprachen. Die Entwickler von Webseiten waren durch die Inkompatibilitäten gezwungen, sich entweder auf einen Browser zu konzentrieren und somit die Nutzer anderer Browser zu vernachlässigen oder aber verschiedene Versionen einer Seite anzufertigen, was einen erheblichen Mehraufwand bedeutete. Die Technologien des Webs waren entweder hinsichtlich ihrer Browser-Kompatibilität fragmentiert und daher kaum nutzbar oder sie verlangten einiges an Kreativität von den Webentwicklern.

Ein Ausweg war die 1996 von Macromedia eingeführte Flash-Technologie, mit der Animationen und interaktive Elemente zu einer Seite hinzugefügt werden konnten. Dabei spielte es keine Rolle, welcher Browser genutzt wurde, denn die Inhalte wurden genau so dargestellt, wie sie erstellt wurden. Allerdings musste dazu nachträglich ein Browser-Plugin installiert werden, was vor allem für neue Benutzer sowie angesichts langsamer Leitungen in den frühen Tagen des Webs ein großes Hindernis war. Erst später war das Flash-Plugin bei vielen Browsern von vornherein mit enthalten.

6 Der Siegeszug des Internet Explorers

Mit der Veröffentlichung der Version 4 ihres Browsers im Juni 1997 und der Umbenennung von Navigator auf Communicator begann das Ende der Netscape-Ära. Der Communicator enthielt nicht nur den Browser, sondern auch einen Mail- und Newsreader sowie einen Webseiteneditor (mit Newsreader ist hier ein Usenet-Newsreader gemeint, kein Feedreader). Die zusätzlichen Komponenten wirkten sich allerdings auf die Stabilität des Browsers sehr nachteilig aus. Die Software reagierte langsam auf die immer größer werdenden und mit komplexem JavaScript versehenen Webseiten. Bis auf das Hinzufügen des Flash-Plugins im August 1998 konnte der Netscape Communicator zudem mit keinen neuen Features aufwarten, die das Web so veränderten, wie es die vorherigen Versionen getan hatten. Hinzu kam, dass Microsoft ab der im September 1997 veröffentlichten Version 4 des Internet Explorers den Browser tiefer in das dominierende Betriebssystem Windows integrierte und gleichzeitig dafür sorgte, dass der Internet Explorer von Internet Service Providern verbreitet wurde; letzteres hat sogar mehr für den Gewinn von Marktanteilen getan als die technologischen Vorteile (Bresnahan und Yin 2006: 47-49). Hatte der Internet Explorer 1995 noch einen Marktanteil von 2,9 %, lag er 1997 bereits bei 39,4 %.

Netscape sah angesichts der schlechten Codequalität des eigenen Browsers und der Marktanteilsverluste nur den Ausweg, den Quellcode im März 1998 frei zu geben und die Open-Source-Gemeinde das Produkt weiter entwickeln zu lassen (Borchers 2008). Das daraus resultierende Mozilla-Projekt konnte Netscape aber nicht mehr retten. Mozilla 1.0 erschien erst vier Jahre nach der Code-Freigabe von Netscape, das zuvor bereits von AOL aufgekauft worden war (die sich 2003 von der Browser-Entwicklung trennten).

Bis 2001 war der Marktanteil des Internet Explorers indes auf über 90 % gestiegen. Im März 1999 hatte Microsoft die Version 5 herausgegeben, die Extended Markup Language (XML), Extensible Stylesheet Language (XSL) und auch eine erste Version von XMLHttpRequest beinhaltete; letzteres sollte später für Ajax genutzt werden. Etwas mehr als zwei Jahre später führte Microsoft mit dem Internet Explorer sechs Verbesserungen in der Behandlung von CSS, Dynamic HTML (DHTML), Document Object Model (DOM) und Synchronized Multimedia Integration Language (SMIL) ein. Der Internet Explorer war der De-facto-Standard des Webs geworden und Microsoft bestimmte die Geschwindigkeit, in der die Standards des W3C umgesetzt wurden. Gerade die verbesserte Unterstützung von CSS ermöglichte es den Web-Entwicklern endlich, mehr Kontrolle über die visuelle Gestaltung einer Seite zu erhalten und HTML nicht mehr für das Design zu ‚missbrauchen', wie es zuvor geschehen war. Zwar waren die in den Spezifikationen festgelegten Standards noch nicht erreicht, zumindest aber waren die Technologien nun nicht mehr fragmentiert, vor allem aber waren sie stabil. Das Entwicklerteam des Internet Explorer wurde nach der Version 6 fast komplett aufgelöst, so dass kaum mehr eine Weiterentwicklung stattfand.

7 Der zweite Browser-Krieg: Firefox, Safari und Mobile Browsers

Microsoft hatte den ersten Browser-Krieg gewonnen, doch die Entwickler des Mozilla-Projekts hatten bewiesen, dass es möglich ist, einen Browser zu entwickeln, der komplett konform zu den W3C-Spezifikationen ist. Jedoch kam die Version 1.0 des Mozilla-Abkömmlings Firefox, der in der folgenden Zeit dem Platzhirschen Internet Explorer wieder Marktanteile abnehmen konnte, erst 2004 heraus. Gleichzeitig entwickelte Apple einen eigenen Browser, Safari, der zum Standardbrowser auf der Macintosh-Plattform wurde und heute auch auf dem iPhone installiert ist. Safari war zugleich der erste Browser, der den kompletten Acid2-Test bestanden hat, einen Test, in dem die Kompatibilität zu HTML und CSS unter Beweis gestellt werden muss. Firefox und Opera bestanden diesen Test kurz darauf, lediglich der Internet Explorer schuldet diesen Beweis noch. Neben Apple hat auch Opera mit dem Opera Mini einen Browser entwickelt, der viele innovative Funktionen für das Browsen auf einem Mobiltelefon enthält.

Angesichts dieser neuen Entwicklungen wird bereits von einem zweiten Browserkrieg gesprochen. Denn eine Auswirkung der zunehmenden Nutzung alternativer Browser war, dass Microsoft der Weiterentwicklung des Internet Explorers wieder mehr Bedeutung zumaß und im Oktober 2006 die Version 7 veröffentlichte. Die Frage ist, ob dieser zweite Browser-Krieg wieder für Innovationen sorgen wird, wie es der erste getan hat. Angesichts der Limitationen der mobilen Geräte wie einem kleinen Display und der Verkürzung der Batterielaufzeit durch die Verwendung von komplexen Skripten sind weitere Innovationen dringend notwendig.

8 Die andere Seite: Der Webserver und seine Applikationen

Bisher wurde der Blick nur auf den Client, also den Browser gerichtet, doch zum Ausliefern von Webseiten werden ebenso ein Webserver sowie gegebenenfalls ‚dahinter liegende' Applikationen benötigt. Deren Entwicklung wird häufig wenig Beachtung geschenkt, denn der Benutzer sieht sie nicht und identifiziert das Web vor allem mit dem Browser.

Der erste Webserver wurde von Berners-Lee entwickelt und war ausschließlich zum Ausliefern von auf dem Server gespeicherten Dokumenten gedacht; auch die darauf folgenden Alternativen wie der NCSA HTTPd, die nicht nur auf einem NeXT-Computer liefen, hatten darüber hinaus wenige Funktionen zu bieten.

1995 wurde das Common Gateway Interface (CGI) spezifiziert, mit dem die Schnittstelle zwischen einem Webserver und einer externen Applikation beschrieben wird. Dadurch konnten nicht mehr nur statische Dokumente ausgeliefert, sondern Inhalte auch während der Laufzeit generiert und in einem vom Webserver auszuliefernden Dokument zusammengeführt werden. Dies können zum Beispiel die Ergebnisse einer Datenbankabfrage, aber auch ein Shopsystem sein, welches die zuvor erwähnten Cookies nutzt. Ähnlich wie Java und JavaScript für Client-Applikationen wurde CGI der Standard für Server-seitige Anwendungen.

CGI-Programme haben allerdings den Nachteil, dass sie Ressourcen-hungrig sind, denn die aufzurufenden Programme werden bei jeder neuen Benutzeranfrage auch neu gestartet. Als Alternative zu dem CGI-Ansatz hatte Netscape daher ein Application Programing Interface (API) in seinem Webserver eingerichtet, das NSAPI (Netscape Server API), dessen Pendant in Microsofts Internet Information Server ISAPI (Internet Server API) heißt und im heute populären Apache-Webserver als Apache Modules existiert. Programme, die diese API nutzen, werden nicht mit jedem neu gestellten Request neu gestartet, sondern sind persistent, was die Performanz einer Applikation verbessert.

Wurden viele Server-seitige Web-Applikationen anfänglich in Perl geschrieben, gesellten sich kurz darauf drei weitere Sprachen dazu. PHP sowie Python bilden mit Perl die ‚Three Ps'; im Gegensatz zur klassischen Desktop-Applikationswelt handelt es sich bei ihnen nicht um kompilierte, sondern um Skriptsprachen, die, allen voran Perl, besonders effizient in der Verarbeitung von Text sind (Christiansen und Torkington 1999: 705). Der Vorteil dieser Skriptsprachen liegt darin, dass sie auch unerfahrenen Entwicklern schnelle Ergebnisse ermöglichen, was der Entwicklung von Applikationen im Web mehr als zuträglich war. Es ist keine Entwicklungsumgebung für das Kompilieren des Codes notwendig und auch ohne das Einbinden von Libraries können bereits beachtliche Funktionen erstellt werden.

Die dritte weitere Sprache ist Java, die sich mehr an den klassischen objektorientierten Sprachen orientiert und somit sowohl auf dem Client als auch auf dem Server genutzt wird. Professionelle Umgebungen entstanden sowohl auf kommerzieller Seite als auch in der Open-Source-Gemeinde, was die Standardisierung der Entwicklung Server-seitiger Applikationen vereinfachte. Die Entwicklungen auf der Server- wie auch auf der Clientseite, sprich dem Browser, haben aber auch zu einem Wechselspiel zwischen diesen beiden Seiten geführt, das vor allem bei vielen Web 2.0-Applikationen zu einer neuen Qualität der Applikationsentwicklung geführt hat.

9 Vom Dokument zur Applikation: Das Web 2.0

So schwammig der Web-2.0-Begriff auch ist: Es ist unstrittig, dass das heutige Web ein anderes ist als zur Zeit der Netscape-Ära. Interaktive Anwendungen, der Konsum von Ressourcen-hungrigen multimedialen Inhalten, die Veröffentlichung eigener Inhalte, Partizipation und Kollaboration wurden radikal vereinfacht, was aber nicht allein durch neue Technologien begründet ist, sondern auch durch die sinkenden Zugangspreise (inklusive anzuschaffender Hardware) und den zugleich schneller gewordenen Zugängen zum Internet (Alby 2008: 3-10).

Der Browser nimmt im Web 2.0 eine Stellung ein, die ihm schon zu Beginn des Webs zugedacht war: Er ist nicht mehr nur eine Software zum Anzeigen, sondern bietet auch die Möglichkeit des Editierens, wenngleich auf einer anderen Ebene als in Berners-Lees Vision. Denn es ist nicht der Browser selbst, der das Schreiben ermöglicht, sondern die im Browser dargestellte Web-Applikation. Dabei wird zum Beispiel Ajax (Asynchronous JavaScript and XML) genutzt, womit Teile einer Seite neu geladen werden können, ohne dass die ganze Seite neu geladen werden muss. Somit kann wie bei einer Desktop-Applikation ein Formular ausgefüllt und gespeichert werden, während der Rest der Seite konsistent bleibt. Rich User Interfaces, die die Benutzer von ihren auf dem Rechner installierten Anwendungen kennen, werden somit auf das World Wide Web übertragen.

Gleichzeitig erlauben es Web-Applikationen wie jede Form der Webmail, *Google Docs*, Wikis oder *Remember the Milk* dem Benutzer, nur noch den Browser für seine Arbeit zu nutzen. Dabei ist es nicht von Bedeutung, ob der Benutzer an einem ‚richtigen' Computer sitzt oder an einem mobilen Gerät. Mitunter merkt der Benutzer nicht einmal mehr, dass er einen Webdienst nutzt, sei es bei iTunes auf dem iPhone oder dem HandyTicket des öffentlichen Personennahverkehrs. Die in den 1990er Jahren gehypte Vision des NetPCs wird heute Realität (ebd.: 137-142).

Zusätzlich zu dem Dokument-basierten Web ist somit ein Applikation-basiertes Web entstanden, das die Funktionalitäten der Browser stärker ausnutzt als bisher oder für spezielle Clients optimiert ist. Das Web als Plattform, wie Tim O'Reilly es nannte, ist über die Metapher eines aus Dokumenten bestehenden Netzes hinausgewachsen und fügt eine weitere Ebene zu den eingangs erwähnten Ebenen hinzu: Das Web basiert auf der Infrastruktur des Internets, doch die Web-Applikationen basieren auf der Infrastruktur des Webs, vor allem den Browsern, Servern und dazugehörigen Protokollen. Das OSI-Modell (Open Systems Interconnection) reicht für die Beschreibung dieser zusätzlichen Ebene nicht aus.

Dass die Metapher eines Dokuments im WWW nicht mehr ausreicht, wird auch daran deutlich, dass bestimmte Funktionen des Browsers durch Web-Applikationen ausgehebelt werden. So ist der Back-Button in den meisten Web-Applikationen obsolet, da der zuvor dargestellte Inhalt nicht auf einer stabilen Seite zu sehen war, sondern auf einem Element einer Seite. Ebenso wird es für die Werbetreibenden schwierig, die Währung der ‚PageViews' zu nutzen, wenn das Grundgerüst einer Seite stets im Browser bleibt und lediglich Teile der Seite nachgeladen werden.

10 Das Semantic Web

Das von Berners-Lees Vision für die nächste Evolutionsstufe stark geprägte Semantic Web stellt teilweise eine Abkehr vom World Wide Web dar, wie wir es kennen. Denn im Semantic Web geht es darum, dass Programme Informationen aus Webseiten extrahieren können, so dass diese Informationen weiter verwendet und für andere Applikationen ausgewertet werden können. Nach Ansicht von Berners-Lee können Computer dadurch Aufgaben übernehmen, die heute noch langwierig von Menschen manuell durchgeführt werden müssen. Um ein möglichst günstiges Produkt zu kaufen, muss ein menschlicher Benutzer nicht mehr selbst in Suchmaschinen suchen, sondern verlässt sich auf seinen ‚Agenten', der aus den maschinenlesbaren Daten das günstigste Angebot heraussucht und nach weiteren Kriterien filtert (Berners-Lee 2000: 177-179).

Allerdings sind bisher nur wenige Anwendungen im Bereich des Semantic Webs realisiert worden, die sich zudem auf spezielle Themen beschränkt haben; ein allgemein verfügbares Semantic Web, das neben dem World Wide Web, wie wir es kennen, existiert, scheint noch in weiter Ferne zu liegen. Doch mit jeder neuen Applikation, die auf Basis eines Semantic Webs entsteht, wird eine weitere Ebene eingeführt: Semantic-Web-Applikationen nutzen das Web mit seinen Protokollen, doch die Präsentationsschicht muss nicht von einem Browser erstellt werden. Die Grenzen zwischen Client und Server verschwimmen.

11 Fazit

Die Entwicklung des Webs wurde auf der Client-Seite sowohl von den offiziellen Spezifikationen wie auch den proprietären Erweiterungen der Browserhersteller geprägt, die zum Teil nachträglich zu den W3C-Spezifikationen hinzugefügt wurden. Auf der Serverseite ist vor allem die Verfügbarkeit von einfach zu lernenden Skriptsprachen dafür verantwortlich, dass die Anforderung für die Erstellung von über den Browser hinausgehenden Applikationen gering wurde. Höhere Eingangshürden bei der Entwicklung hätten angesichts fehlender qualifizierter Entwickler die Verbreitung von Web-Applikationen verlangsamt. Beide Entwicklungen, sowohl die des Browsers als auch die der Server-Seite, haben dazu geführt, dass die Dokument-basierte Metapher des WWW um eine Applikationsebene erweitert wurde. Das Web ist Informations- und Applikationsplattform zugleich geworden.

Die Ausweitung des Webs auf andere Geräte wie auch die Verwendung von strukturierten Daten in einem Semantic Web werden die nächsten Evolutionsschritte des Webs bestimmen. Anders als noch in den 1990er Jahren hat die Open-Source-Gemeinde nun eine Grundlage, die als Basis für neue Innovationen genutzt werden kann. Theoretisch ist jeder Entwickler in der Lage, aus dem Vorhandenen eine eigene Version eines Browsers für spezielle Anforderungen zu erstellen. Eine besondere Entwicklung stellen dabei die Web-Applikationen dar, mit denen auch Programmier-Unerfahrene eigene Anwendungen ‚zusammenklicken' können, zum Beispiel mit Hilfe des Yahoo-Pipes-Baukastens. Und so ist zu hoffen, dass zukünftige Innovationen aus verschiedenen Technologiebausteinen wie aus Legosteinen zusammengebaut werden können.

Literatur

Alby, Tom 2008: *Web 2.0. Anwendungen, Konzepte und Technologien*. München: Hanser.

Berners-Lee, Tim/Fischetti, Mark 2000: *Weaving The Web. The Original Design and Ultimate Destiny of the World Wide Web*. New York: HarperCollins.

Borchers, Detlef 2008: „Vor 10 Jahren: Mozilla.org nimmt die Arbeit auf."
http://www.heise.de/netze/Vor-10-Jahren-Mozilla-org-nimmt-die-Arbeit-auf--/news/meldung/103940
(Abruf: 13.07.2008)

Braun, Herbert 2008: „Netscape: Ein Nachruf. AOL stellt Netscape-Browser ein." In: *c't* 3, S. 54.

Bresnahan, Timothy F./Yin, Pai-Ling 2006: "Economic and Technical Drivers of Technology Choice: Browsers." http://people.hbs.edu/pyin/papers/ETB0605.pdf (Abruf: 13.07.2008)

Bush, Vannevar 1945: „As we may think." http://www.theatlantic.com/doc/194507/bush (Abruf: 13.07.2008)

Christiansen, Tom/Torkington, Nathan 1999: *Perl Kochbuch*. Köln: O'Reilly.

Hüskes, Ralf 1997: „Schnittmuster für Web-Schneider. Was Style Sheets vermögen und wo die Browser versagen." In: *c't* 12, S. 240.

Krol, Ed 1992: *The Whole Internet User's Guide and Catalog*. Sebastopol: O'Reilly.

Leiner, Barry M./Cerf, Vinton G. /Clark, David D./Kahn, Robert E./Kleinrock, Leonard/Lynch, Daniel C./Postel, Jon/Roberts, Larry G./Wolff, Stephen 2003: „A Brief History of the Internet. Version 3.32." http://www.isoc.org/internet/history/brief.shtml (Abruf: 13.07. 2008)

Meissner, René 1996: „Faules Backwerk. Auf dem Weg zum gläsernen Web-Surfer." In: *c't* 6, S. 25.

Nielsen, Jakob 1995: *Multimedia and Hypertext. The Internet and Beyond*. San Francisco: AP Professional.

Witten, Ian H./Moffat, Alistair/Bell, Timothy C. 1999: *Managing Gigabytes. Compressing and Indexing Documents and Images*. San Francisco: Academic Press.

II

Visuelles Denken im Interaktions- und Webdesign

Cyrus Khazaeli

1 Einleitung: Wie kann man sich dieser Thematik annähern?

1.1 Visuelles Denken ist eine veränderliche Größe

Wenn man einen Typografen oder Werbedesigner mit der Aufgabe betraut, eine Webanwendung zu konzipieren, so wird ihm das nur schwer gelingen. Sicher ist es auch im Web wichtig, dass der Text typografisch korrekt und gut lesbar erscheint und dass die Darstellung der Inhalte suggestiv wirkt und zur Bedienung motiviert – damit kennen sich Typografen und Werbedesigner aus. Aber es ist etwas Neues hinzugekommen: Ein Webdesigner muss sich auf dynamische und manipulierbare Daten einlassen. Dies gelingt nur, wenn es ein klares Systemverständnis gibt. Fragen, die sich in diesem Zusammenhang stellen, sind: Welche Handlungsabläufe müssen abgebildet werden und welche Systemfunktionen korrespondieren damit? Wie macht man diesen System- und Funktionszusammenhang für den Anwender sichtbar und begreifbar? Was kann innerhalb einer Website von dem Anwender verändert werden, ohne dass das gesamte Systemkonzept dadurch verloren geht?

Um vor dem Hintergrund dieser Fragestellungen eine intuitive und ergonomische Visualisierung zu entwerfen, reicht es nicht aus, dass ein Designer die softwareergonomischen Regeln und die Nutzungspräferenzen der Anwender ‚explizit rekapituliert'. Es kann nur gelingen, wenn er den dafür notwendigen Kontext ‚verinnerlicht' hat, denn er kann nicht alle Informationen, die bei diesen neuen Herausforderungen eine Rolle spielen, immer verfügbar im Gedächtnis halten.

Visuelles Denken wird deshalb von mir als etwas Veränderliches angesehen, das sich als Ganzes wandeln und erweitern kann. Es besteht aus den beiden Komponenten Wahrnehmung und Imagination. Ein Designer, der sich auf den Entwurf von Webanwendungen spezialisiert hat, muss sowohl seine Wahrnehmung als auch seine Imagination verändern, um die zugrunde liegende Problematik eben anders *wahrnehmen* und in seiner Entwurfsarbeit anders als z. B. ein Designer, der eine Zeitschrift gestaltet, *imaginieren* zu können.

Betrachten wir exemplarisch den ersten grundlegenden Aspekt visuellen Denkens, die Wahrnehmung: Es ist fast jedem möglich, Gedanken, die einmal gedacht wurden, aussagelogisch nachzuvollziehen. Aber diese Gedanken sind nur wirklich von Relevanz, wenn der dahinter liegende ‚Sinn' sowie das Bewusstsein des Denkenden ‚mit wahrgenommen' wird. Dieses Wahrnehmen ist ein Gewahrwerden dessen, worum die Gedanken kreisen. So sollte man bei der Lektüre von Ausführungen etwa zu ästhetischen Fragestellungen mit erfassen oder wahrnehmen, worin das spezifische ästhetische Erlebnis des Autoren bestand. Denn man kann über Ästhetik nachdenken, aber das ästhetische Erlebnis ereignet sich eher ‚zwischen den Gedanken'. Der Begriff Ästhetik beschreibt in seiner etymologischen Bedeutung (Aisthesis = Wahrnehmen) diese Fähigkeit zu sensibilisierter und gebildeter Wahrnehmung, die ästhetische Erkenntnis erst möglich macht.

Dieses Beispiel lässt sich auf den Bereich des Interaktionsdesigns übertragen. So bilden beispielsweise ergonomische und psychologische Einsichten, die bei Visualisierungskonzepten im Interaktions- und Interfacedesign[1] eine eminent wichtige Rolle spielen, keinen theoretischen Hintergrund, der bei Bedarf ‚herangezogen' werden kann, sondern sie weisen auf Wahrzunehmendes hin und ändern das Wahrnehmen selbst.

Ein Interaktionsdesigner hat ein ‚geschultes' Auge, wenn er erkennt, dass ein Entwurf die mentale Modellbildung unterstützt oder nicht unterstützt. Er *nimmt wahr*, wie ein potentieller Rezipient die dargestellten Informationen und Funktionen mit großer Wahrscheinlichkeit aufnehmen und verarbeiten wird. Er hat seine Wahrnehmung dahingehend erweitert. Ihm ist ‚bewusst', dass es sich bei von ihm zu beachtenden Faktoren wie Gestaltwahrnehmung und Aufmerksamkeitsverläufen

---

1 In diesem Beitrag wird vornehmlich der Begriff Interaktionsdesign verwendet, da er umfassender verstanden werden kann. Interaktionsdesign beschreibt die Konzeption und Inszenierung von Interaktionsszenarien, aber auch deren funktionale und gestalterische Umsetzung in Form von Benutzerschnittstellen (Interfaces.) Wenn es ausschließlich um die Konzeption der Benutzerschnittstellen geht, wird der Begriff Interfacedesign verwendet. Man kann beide Begriffe aber auch so auffassen, dass es gar keine Überschneidungen gibt, so bei Horst Stapelkamp: „Das Interfacedesign kommuniziert bei einer Funktionalität das >Was< (was ist es, wie funktioniert etwas, wie ist es zu bedienen) und das Interactiondesign kommuniziert das >Auf welchem Weg<." (Stapelkamp 2007: 329) Nach der Intention seiner Erfinder Bill Moggridge und Bill Verplank sollte der Begriff Interaktionsdesign eine Brücke zwischen Softwareentwicklung und Interfacedesign schlagen: „I gave my first conference presentation on the subject in 1984, and at that time I described it as „Soft-face", thinking of a combination between software and user -interface- design. At that time a fashionable toy was called the Cabbage Patch Doll, a soft stuffed doll with chubby cheeks. A friend pointed out to me that „Soft-face" sounded like the description of one of these dolls, but not so much like a design discipline, so I went on thinking of possible names until I eventually settled on „interaction design" with the help of Bill Verplank." (Moggridge 2007: 14)

um komplexe kognitive Informationsverarbeitungs-prozesse handelt. Während wir ‚wahrnehmen', laufen Subroutinen ab, wie Hypothesentesten, Schemaerkennung, die Bildung kognitiver Landkarten und mentaler Modelle etc. Diese Subroutinen des Rezipienten bei der Systembenutzung werden vom Designer interaktiver Systeme beim Entwurfsprozess schnell, unterschwellig und intuitiv ‚vergegenwärtigt'; sie können aber auch – wenn nötig – zum Gegenstand bewusster Reflektion erhoben werden.

Aus diesem Grund ist es auch für Gestalter wenig hilfreich, softwareergonomische Regeln auswendig zu lernen, um darauf gegebenenfalls zurückzugreifen, sondern wichtiger ist die introspektive Vergegenwärtigung der kognitiven Aspekte in der Wahrnehmung des Rezipienten. Deshalb widerstrebt es auch vielen Gestaltern, Regeln – seien es softwareergonomische oder typografische – nach bestimmten Auswahlkriterien anzuwenden. Es geht ihnen viel mehr darum, diese zu verinnerlichen. Dasselbe gilt für die Imagination. Ein Interaktionsdesigner imaginiert die Formen, aus denen sich sein Entwurf zusammensetzt, von vornherein so, dass sie sich modular und variabel an die verschiedenen Systemzustände anpassen.

1.2 Entwicklungsschübe im visuellen Denken und das zugrunde liegende Prinzip

Wenn das visuelle Denken eine veränderliche Größe ist und es sich zudem hinsichtlich der diversen Gestaltungsfächer grundsätzlich unterschiedlich darstellt, so stellt sich die Frage, wie es sich überhaupt genauer beschreiben lassen soll? Ein hier zur Diskussion gestellter Ansatz ist, das Gestaltungsdenken entwicklungsgeschichtlich zu untersuchen, um zu sehen, ob es markante Zäsuren gegeben hat, die zu einer deutlichen Erweiterung des gestalterischen Instrumentariums und des visuellen Denkens geführt haben. Gleichzeitig ermöglicht diese entwicklungsgeschichtliche Perspektive einen besseren Vergleich. Dabei muss allerdings berücksichtigt werden, dass das visuelle Denken, das wir hier begrifflich fassen wollen, ein überaus komplexes Phänomen ist. Es sind somit einige radikale Vereinfachungen vonnöten, die dazu dienen sollen, einen grundsätzlichen Zugang und Überblick zu bekommen.

Unter entwicklungsgeschichtlicher Perspektive zeigt sich beispielsweise, dass sich der Begriff Grafikdesign erst in den zwanziger Jahren des letzten Jahrhunderts etabliert hat und dass es auch zuvor ein solches Tätigkeitsfeld und eine solche Form des visuellen Denkens noch kaum gegeben hat. Die Bezeichnung Grafikdesign (William Addison Dwiggins, 1922) beschrieb das erweiterte Tätigkeitsfeld von

Typografen und Grafikern, das nunmehr die Aufgabe umfasste, gebrauchsfähige Gestaltungen für den entstehenden Massendruck zu entwickeln.

Den Entwicklungsschritten im visuellen Denken gehen häufig solche neuen Anforderungen und, damit verbunden, die Notwendigkeit der Berücksichtigung neuer Kontexte voraus. Das Prinzip, das in den folgenden Kapiteln kurz vorgestellt wird, nenne ich daher „Kontexterweiterung". Bei diesem Prinzip geht es darum, neue Aspekte im Visuellen Denken mit einzubeziehen und zu verinnerlichen, die zuvor eher unberücksichtigt blieben. So waren es im Hinblick auf die Anforderungen im Massendruck vor allem kompositorische und künstlerische Techniken, die es innerhalb der angewandten Gestaltung ermöglichten, sich vom achsensymmetrischen Aufbau des Buchsatzes zu befreien, um dadurch zu einem freieren und spielerischen Umgang mit Typografie, Bild und Fläche zu kommen.

Eine vergleichbare Situation gab es mit dem Aufkommen interaktiver Anwendungen sowie, in der Folge, mit dem Entstehen des Internets. Diese neuen Herausforderungen machten es nötig, dass sich ein Designer mit neuen Themen wie beispielsweise Informationsarchitektur[2] und Softwareergonomie[3], aber auch mit den dahinter liegenden Forschungsgebieten wie beispielsweise Kognitions- und Handlungspsychologie, beschäftigt. Wie bereits erwähnt, ist es jedoch nicht die Aufgabe eines Designers, darin ein Fachmann zu werden und die Inhalte dieser Disziplinen en detail zu memorieren.

Visuelles Denken ist ein Phänomen, das geradezu alchemistische Züge in sich trägt. Es verwandelt sich mit der aufgenommenen Information und bekommt durch

---

2 Der Begriff Informationsarchitektur stammt aus den siebziger Jahren und wurde erstmalig von dem Informationsdesigner Richard Saul Wurman verwendet. Größere Bekanntheit erlangte der Begriff durch Lou Rosenfeld und Peter Morville mit ihrem gleichnamigem Buch, in dem es heißt: „ The information architect of a large, complex web site should be two things: someone who can think as an outsider and be sensitive to the needs of the site's user, and at the same time is enough of an insider to unterstand the site's sponsoring organisation, its mission, goals, content, audiences, and inner workings. In terms of disciplinary background, the information architect should combine the generalist's ability to understand the perspectives of other disciplines with specialized skills in visualizing, organizing, and labeling information" (Rosenfeld und Morville 1998: 15).

3 Während die Informationsarchitektur mit ihren Techniken der Visualisierung, Strukturierung und des Labelings auf eine bessere Zugänglichkeit (accessibility) der Information abzielt, hat die Softwareergonomie mehr arbeitspsychologische Aspekte bzw., verallgemeinernd: die Gebrauchstauglichkeit oder Nutzbarkeit (Usability) im Sinn. „Software-Ergonomie ist auf allgemeinere arbeitswissenschaftliche Vorleistungen angewiesen, um ihre Wirksamkeit entfalten zu können" (Eberleh, Oberquelle und Oppermann 1994: 63).

sie eine neue Qualität, ohne dass dies wertend gemeint ist. Durch einen entwicklungsgeschichtlichen Ansatz wird es möglich, begrifflich einen Überblick und eine Vergleichbarkeit herzustellen. Es gibt andere Möglichkeiten, etwa den konkreten und direkten Vergleich von Arbeiten aus den verschiedenen Gestaltungsbereichen. Wenn man nun aber einen solchen allgemeinen und geschichtlich vergleichenden Ansatz wählt, so muss man sich dennoch auf bestimmte Aspekte beschränken, um nicht den Überblick zu verlieren.

1.3 Zwei Perspektiven: Designer & Betrachter

Wenn sich die Herausforderungen ändern und somit neue Kontexte in das visuelle Denken integriert werden, dann ändern sich auch die Kriterien bzw. Maximen, nach denen Gestaltung beurteilt werden kann und welche die gestalterische Arbeit leiten. Wenn man sich vorrangig auf die Hauptmaximen konzentriert, die in besonderem Maße hervorstechen, bedient man sich auf der begrifflichen Ebene einer Methode, die ggf. verallgemeinert, aber auch stilisiert und pointiert bei der Beschreibung der neuen Gestaltungsmaximen den wesentlichen Unterschied zu benennen hilft. Dies ist die Perspektive, die den Designer im Fokus hat: Diese Methode versucht zu beschreiben, welche unterschiedlichen gestalterischen Parameter sein visuelles Denken bestimmen. Neue Gestaltungsmaximen lassen sich vor dem Hintergrund ihrer spezifischen Herausforderungen und entsprechenden Kontexterweiterungen in unterschiedlicher Ausführlichkeit ableiten, d. h. man kann ihr Zustandekommen sehr differenziert oder aber – was in diesem Fall geboten ist – so knapp und pointiert wie möglich skizzieren.

Wenn sich das visuelle Denken ändert, so muss dies auch eine Auswirkung auf die Rezeption der Gestaltung haben. Sie wird entsprechend der Intention des Designers vom Rezipienten oder Betrachter anders wahrgenommen und verarbeitet. Man kann zwar auch durch Websites blättern und alle Informationen wie in einem Buch durchlesen, aber hinzu kommen nun Formen der Rezeption wie Interaktion und Manipulation. Die Bedienung des Systems Buch ist weitgehend selbstverständlich, während die Bedienung hochfunktionaler Interaktionssysteme – wie sie im Web zunehmend anzutreffen sind – einen zusätzlichen kognitiven Aufwand erfordert. Dabei geht es nicht nur um das Verständnis des Systems selbst. Dieses Systemverständnis stellt nur die notwendige Voraussetzung dar, um mit dem eigentlichen Inhalt, den zugrunde liegenden Informationszusammenhängen und

-modellen, besser interagieren zu können. Insofern sind viele und vor allem anspruchsvolle Webanwendungen auch „kognitive Tools“.[4] Es sind Werkzeuge, mit denen man sich eine individuelle Sicht auf die präsentierten Inhalte erarbeiten kann.

Es gibt also eine Korrelation der Rezeptionsweisen mit den vom Designer intendierten Gestaltungszielen, wie etwa ein System nicht nur durchzulesen, sondern es auch mit seinem dahinter liegenden Inhaltsmodell zu verstehen. Das folgende Kapitel gliedert sich deshalb in zwei Abschnitte. Der erste Abschnitt beschreibt die Perspektive des Designers mit seinen Gestaltungsmaximen und der zweite Abschnitt beschreibt die damit korrelierende Rezeptionsform des Rezipienten. Beides ergänzt und bestätigt sich aus jeweils unterschiedlicher Perspektive.

Bleibt noch die methodische Frage, wo die Zäsuren in der Entwicklungsgeschichte anzusetzen sind, um dort die entsprechenden Unterschiede herauszuarbeiten. Auch an dieser Stelle kann unterschiedlich gegliedert und granuliert werden. Es liegt in der Natur der Sache, dass dort, wo sich markantere Veränderungen im visuellen Denken ergeben, auch neue Gattungsbegriffe oder Arbeitsfelder entstanden sind. Den Ausgangspunkt in dieser kurzen Abhandlung nimmt die Buchgestaltung ein, die vor allem Schrift- und Satzgestaltung ist und weitgehend das klassische Arbeitsfeld der *Typografie* beschreibt. In den 1920er Jahren etablierte sich der Begriff *Grafikdesign*, um ein neu entstandenes grafisches Arbeitsfeld mit neuen gestalterischen Arbeitsweisen zu beschreiben. Nach dem zweiten Weltkrieg führte die Integration neuer Kontexte wie Werbepsychologie oder Marketing zu dem Anliegen, die Aufmerksamkeit, Unterscheidbarkeit und Erinnerungsfähigkeit auf Rezipientenseite zu erhöhen. Dies ermöglichte neue Arbeits- und Denkweisen in der Gestaltung, die als *Werbedesign* bezeichnet werden. Im Englischen stehen sich Grafikdesign und Werbedesign entsprechend in dem Begriffspaar Editorial vs. Advertising Design gegenüber. Der Begriff *Interaktionsdesign* entstand in den 1980er Jahren und beschreibt die Gestaltung interaktiver Oberflächen und mithin auch ein ganz neues Arbeitsfeld.

---

4 Der Begriff wurde von D. H. Jonassen Anfang der 1990er Jahre hinsichtlich der didaktischen Möglichkeiten von modernen, digitalen Lerntechnologien geprägt. Sie werden von Rolf Schulmeister als ideale Hilfsmittel für konstruktivistische Lernformen angesehen: „Kognitive Werkzeuge integrieren heuristische Komponenten in den Lernprozess, sie erlauben einen ganzheitlichen Zugang zum Lernen, d.h. sie gestatten es, sich den größeren kognitiven Konzepten allmählich durch entdeckendes Lernen zu nähern“ (Schulmeister 1996: 321). Aber auch unabhängig von didaktischen Überlegungen kann jede Anwendung, die ein tieferes Verständnis von inhaltlichen oder technischen Zusammenhängen fördert, als kognitives Werkzeug bezeichnet werden.

Es wurde bereits erwähnt, dass man visuelles Denken als ein alchemistisches Phänomen begreifen kann. Bei genauerem Betrachten offenbart es in sich ein dialektisches Prinzip, d. h. die zuvor gelernten Fähigkeiten und Fertigkeiten werden übernommen bzw. ‚aufgehoben' in der neuen Form des visuellen Denkens. Ein Grafikdesigner denkt immer auch typografisch und ein Werbedesigner kennt sich mit Typografie und grafischer Gestaltung aus. Und zuletzt: Ein Interaktionsdesigner, sofern er sich ganz auf den hohen konzeptionellen Anteil seiner Tätigkeit zurückgezogen hat, muss immer auch die Lesbarkeit, die formale und grafisch-ästhetische Wirkung, so wie den Anreiz- und werblichen Aufforderungscharakter in seinem interaktivem Entwurf mitberücksichtigen.

2 Entwicklungsgeschichtlicher Abriss des visuellen Denkens bis zum Interaktionsdesign

2.1 Die Gestalterperspektive: Unterschiedliche Gestaltungskriterien

2.1.1 Gestaltungsmaximen in der Typografie: Harmonie und Lesbarkeit

Vor der typografischen Revolution, die zu Beginn des letzten Jahrhunderts einsetze, war für den Satzgestalter und Typografen das Zielmedium das Buch und die Zielsetzung bestand in der Schaffung ruhiger, geordneter und gut lesbarer Seiten. Die Mehrheit aller Regeln in der Typografie lässt sich auf die gestaltpsychologischen Ordnungsprinzipien der Nähe und Ähnlichkeit zurückführen. So bilden sich durch genau austaxierte Näheverhältnisse Buchstaben zu Worten und Worte zu Zeilen, Zeilen zu Absätzen etc. Der so entstehende Satzspiegel wird in eine harmonische Proportion zur Seite gesetzt, das Gesamtverhältnis der Satzelemente, Überschriften, Marginalien etc. spielt eine entscheidende Rolle. Die wesentlichen Maximen der Gestaltung sind Harmonie und Lesbarkeit.

2.1.2 Gestaltungsmaximen im Grafikdesign: Funktionalität und visuelle Attraktion

Zu Beginn des letzten Jahrhunderts entstanden, beginnend mit dem Futurismus, verschiedene künstlerische Bewegungen in ganz Europa, die alle einen wichtigen

Beitrag zur Erweiterung des gestalterischen Repertoires und des visuellen Denkens leisteten.

In Russland proklamierte Kasimir Malewitsch für sich und seine Bewegung, den Suprematismus, den letzten Schritt zur reinen Abstraktion vollzogen zu haben. Die Befreiung von der gegenstandsbezogenen Malerei und die Hinwendung zu rein abstrakt-geometrischen Formen hatten einen großen Einfluss auf viele in der typografischen Tradition stehende Gestalter und sensibilisierte sie im Hinblick auf die Wahrnehmung abstrakter und zweckfreier Farb- und Formzusammenhänge.

Die gleichzeitig in Russland von Tatlin initiierte Bewegung des Konstruktivismus zeigt, dass sich, in Analogie zur Architektur, auch Publikationen nach architektonischen und konstruktiven Prinzipien bauen und funktional gestalten lassen. Die Dadaisten etablierten kreative Entwurfstechniken wie die Collage, die das ‚zufällig' Vorgefundene zu einem zentralen Bestandteil des Entwurfsprozesses werden ließ. Die holländische Gruppe *De Stijl* demonstrierte, dass Reduktion und formaler Minimalismus auch ein Methode kontrollierter Formgebung sein können.

Diese sehr unterschiedlichen Strömungen prägten in den zwanziger Jahren das gestalterische Denken und vor allem die Lehre am Bauhaus. In den so genannten Bauhausbüchern, die von Moholy-Nagy als Buchreihe am Bauhaus geplant und realisiert wurden, wird deutlich, wie sehr sich mittlerweile der künstlerische Ausdruckswille dem Gebrauchswert und der Funktionalität untergeordnet hatte. Die konstruktivistischen, suprematistischen oder dadaistischen Gestaltungsprinzipien wurden für diesen Gebrauchszweck pragmatisch instrumentalisiert, um zu spannenden und zugleich funktionalen Lösungen zu gelangen. Dieser neue, künstlerische Kontext innerhalb der angewandten Gestaltung ermöglichte eine Erweiterung des gestalterischen Repertoires und des visuellen Denkens. Es zeigte sich, dass das so entstandene Instrumentarium in idealer Weise geeignet war, den neuen Anforderungen bei der Gestaltung von modernen Massendrucksachen zu begegnen. Die Zielsetzungen im visuellen Denken liefen dabei nicht mehr nur auf Harmonie und Lesbarkeit hinaus, sondern neue Gestaltungsmaximen wie Funktionalität, Spannung und visuelle Attraktivität[5] erweiterten sein Spektrum.

---

5 Diese neuen Prinzipien wurden von dem programmatisch einflussreichsten Typografen und Gestalter Jan Tschichold in seinen Schriften zusammengefasst: „1. Die neue Typografie ist zweckbetont. 2. Zweck jeder Typografie ist Mitteilung. [...] Die Mitteilung muß in kürzester, einfachster und eindringlichster Form erscheinen." Dieses Kriterium funktionaler Gestaltung wird von Tschichold jedoch kontrapunktisch durch die Forderung nach spannungsvoller und dynamischer Gestaltung ergänzt: „5. Äußere Organisation ist die Gestaltung stärkster Gegensätze

2.1.3 Gestaltungsmaximen im Werbedesign: Angemessenheit und Originalität

Nach dem zweiten Weltkrieg haben sich vor allem im amerikanischen Raum mehrere Forschungsgebiete (Kommunikationspsychologie, Imageforschung, Marketing etc.) etabliert, die für den Erfolg langfristig geplanter und imagebildender Kampagnen einen wichtigen Beitrag lieferten. Sie prägen den Charakter werbewirksamen Designs bis in die heutige Zeit. Die besondere und immer wichtiger werdende Herausforderung bestand darin, trotz der stetig zunehmenden Menge an Informationen und Produkten den Adressaten zu erreichen und nachhaltig bestimmte Botschaften und Images zu kommunizieren.

Heute planen Unternehmen sehr langfristig und differenziert ihr Erscheinungsbild und die Positionierung und das Markenprofil ihrer Produkte. Entsprechend detailliert sind die Vorgaben, die den Gestalter erwarten. Dies äußert sich zum einen in den Corporate Design Manuals eines Unternehmens, zum anderen in den strategisch geplanten Kampagnenzielen, die an Unternehmens- und Markenstrategien ausgerichtet werden. Kampagnen haben während jeder Planungsstufe feste, nachprüfbare Zielvorgaben, an denen sich die jeweilige visuelle Ideenfindung messen lassen muss.

All diese Aspekte führen zu einem erweiterten Verständnis von angewandter Gestaltung, welches üblicherweise in den Lehrgebieten des Advertising Design vermittelt wird. Visuelles Denken auf diesem Gebiet ist in eine Vielzahl von Vorgaben eingebunden. Es muss angemessen im Hinblick auf die strategischen Ziele und die Designvorgaben des Auftraggebers bleiben. Andererseits muss Gestaltung mehr denn je auffallen und merkfähig sein, um dadurch Wettbewerbsvorteile zu erzielen. Dies gelingt vor allem durch originelle Bildfindungen, die oft in einer Aufmerksamkeit erzeugenden Dissonanz zur Werbebotschaft oder zur Headline stehen, welche erst bei genauerem ‚Hineinlesen' aufgelöst werden kann. Primäre Gestaltungsmaximen werblichen Denkens sind daher Angemessenheit und Originalität, wobei die besondere Schwierigkeit darin besteht, beides miteinander zu vereinen.

---

durch Anwendung gegensätzlicher Formen, Grade und Stärken ..." (Tschichold 1986 [1925]:198).

2.1.4 Gestaltungsmaximen im Interaktionsdesign: Konsistenz und Variabilität

Im Bereich des Interaktionsdesigns ist Information zu einem intelligent vernetzten Daten-Kontinuum geworden, aus dem auf Anfragen Antworten generiert werden. Die präsentierten Informationen können oftmals erweitert, neu verbunden und organisiert werden. Dies ist eine ganz andere Situation als im Grafik- oder Werbedesign, wo man es mit statischen Informationen zu tun hat. Diese sind in ihrem Umfang und in ihrer Anordnung klar definiert und es ist die Aufgabe des Gestalters, dafür eine brauchbare Form zu finden, die auch noch in vielen Jahren genauso aussieht, wie sie einmal entworfen wurde.

In den neuen Medien ist die Informationspräsentation also dynamisch. Sie ändert sich aufgrund sehr vieler Parameter, beispielsweise kann sie von der Anfrage, dem Medium oder den aktivierten Darstellungseigenschaften des Mediums abhängen. Wie soll man heute design-strategisch vorgehen, wenn man bei aller Veränderbarkeit und Flüchtigkeit der Information dennoch zu einem überschaubaren und konsistenten visuellen Ergebnis gelangen möchte? Es müssen viele Faktoren beachtet und komplexe Zusammenhänge miteinander in Relation gesetzt werden: Auf der Systemseite sind die Möglichkeiten der Aufbereitung und Darstellung der Information, auf der Anwenderseite die Möglichkeiten, mit dieser Information zu interagieren, komplexer geworden. Durch diese Herausforderungen werden neue Thematiken – oder, um bei der hier eingeführten Terminologie zu bleiben – neue Kontexte für das visuelle Denken relevant.

Für die Systemseite hat sich vor allem in den Vereinigten Staaten als neues Studienfach die Informationsarchitektur etabliert, die sich mit den besonderen Erfordernissen in der inhaltlichen Strukturierung von interaktiven Systemen befasst. Mit den Anwendern und deren Handlungsabläufen sowie Nutzungsszenarien des Gebrauchs von komplexen und interaktiven Systemen beschäftigt sich seit den sechziger Jahren die Softwareergonomie.

Wichtiger aber als die direkte Aneignung und Anwendung softwareergonomischer Regeln ist es, ein grundlegendes Verständnis für die dahinter liegenden Einsichten und Forschungsmethoden der Psychologie zu entwickeln. Denn Softwareergonomie gründet sich auf Erkenntnissen darüber, wie wir wahrnehmen, denken und handeln. Diese psychologischen Einsichten können von einem Interaktionsdesigner unmittelbarer und schöpferischer in sein visuelles Denken mit einbezogen werden als von einem Gestalter, der sich nur nach softwareergonomischen Standardisierungen richtet. Genau dies ist bei innovativen und visuell attraktiven Interaktionskonzepten auch der Fall. Die Kontexterweiterung ändert das visuelle Denken selbst: Ein Designer in diesem Bereich denkt in Systemkonzepten, in denen modulare und variable Elemente zu konsistenten aber zugleich dynamischen Lösungen verbunden werden. Damit ihm dies gelingt, muss er diese Systeme kognitiv nachvollziehbar gestalten.

Zu den Aufgaben eines Interaktionsdesigners gehört es also, seine Entwürfe modular aufzubauen, so dass das Design für Konfiguration und Bedienung variabel bleibt.[6] Variabilität ist ein wichtiges Entwurfskriterium im Interfacedesign. Denn umso variabler oder variantenreicher ein Design ist, d. h. umso mehr visuell interessante Veränderungen und Anordnungen sich aus einem definierten Set von modularen Elementen ergeben, desto interessanter erscheint es auch unter ästhetischen Gesichtspunkten.

Die modularen Elemente sind wichtige Bausteine, sie ähneln dem Vokabular einer Sprache. Die Regeln ihrer Anordnung und Veränderung bilden die Grammatik und die visuell interessanten Variationen innerhalb dieses modularen Systems könnte man zugleich als ‚visuelle Rhetorik' des Interfacedesigns bezeichnen. Die Einhaltung der ‚Grammatik', d. h. eines erkennbaren und logischen Regelwerks, das dem Gestaltungsspielraum zugrunde liegt, ist allerdings wichtig – nur dann sind Veränderungen auf der Systemoberfläche auch für den Systembenutzer nachvollziehbar. Der Variabilität steht also eine wichtige Gestaltungsmaxime gegenüber: die Anforderung nach Konsistenz.[7]

---

6 Der modulare Aufbau von interaktiven Systemen, wie dem Web, ist die Voraussetzung für Variabilität als Gestaltungsparameter. Der Medienkünstler und -philosoph Lev Manovich zählt Modularität und Variabilität neben „numerical presentation", „automation" und „transcoding" zu den fünf wichtigsten Merkmalen in den neuen Medien und bezeichnet z. B. das World Wide Web als „completely modular" (Manovich 2001: 31). Zur Variabilität schreibt Manovich: „Instead of identical copies, a new media object typically gives rise to many different versions. And rather than being created completely by a human author, these versions are often in part automatically assembled by a computer. [...] Thus the priniciple of variability is closely connected to automation." (ebd.: 36) Von diesen fünf Prinzipien beeinflussen aber vor allem die Möglichkeiten der modularen und variablen Gestaltung das visuelle Denken.

7 Konsistenz ist auch als zentraler Grundsatz der Dialoggestaltung in der ISO 9241 festgehalten: „Ein Dialog ist erwartungskonform, wenn er konsistent ist und den Merkmalen des Benutzers entspricht, z. B. seinen Kenntnissen aus dem Arbeitsgebiet, seiner Ausbildung und seiner Erfahrung sowie den allgemein anerkannten Konventionen." (ISO9241-110: 6)

2.2 Die Betrachterperspektive: Unterschiedliche Formen der Rezeption

Die unterschiedliche Ausrichtung visuellen Denkens in den verschiedenen Arbeitsfeldern der angewandten bzw. interaktiven Informationsgestaltung bedingt auf Seiten der Rezipienten eine unterschiedliche Weise der Wahrnehmung. Man könnte auch sagen, beim Rezipienten werden unterschiedliche Wahrnehmungsebenen angesprochen. So zielt Typografie vor allem auf das Gestaltsehen ab, werbliche Gestaltung hat die Erzeugung und Lenkung von Aufmerksamkeit im Sinn. Komplexe interaktive Systeme berücksichtigen zunehmend die dem aufmerksamen Erkennen nachgeordneten kognitiven Wahrnehmungs- und Verarbeitungsprozesse. Diese Unterschiede sind natürlich oft nur graduell.

2.2.1 Typografie und Gestaltrezeption

Die Rezeption von Gestaltung beginnt wahrnehmungspsychologisch auf der ersten Wahrnehmungsstufe mit der neurobiologischen Verarbeitung von visuellen Reizen. Ein Reiz wird aus dieser Perspektive als die ‚überschwellige Depolarisation' bzw. Änderung des Zellmembranpotentials beschrieben, die ihrerseits ein Aktionspotential auslöst. Wenn diese Aktionspotentiale in den Zellen als Signale weitergeleitet werden und Empfindungen auslösen, die bewusst werden, spricht man von Wahrnehmung. Eine besondere Rolle spielen in dieser ersten Phase des mehrstufigen Wahrnehmungsprozesses die Merkmalsdetektoren, die auf besondere Reizformen (Horizontale, Schrägen etc.) spezialisiert sind. Die Gestaltwahrnehmung, die noch vor dem bewussten und aufmerksamen Erkennen angesiedelt ist, formiert anschließend ähnliche und nah beieinander liegende Merkmale zu ‚Gestalten'. Der überwiegende Teil aller typografischen Regeln beruht auf diesen Gestaltgesetzen. So orientieren sich typografische Abstandsregeln, die einen wesentlichen Teil des typografischen Regelwerks ausmachen, an dem Gestaltgesetz der Nähe. Dieses besagt, ab welchem Abstand Elemente, z. B. Buchstaben, Worte oder Zeilen, als eine Gestalt wahrgenommen werden. Die Gestaltgesetze machen deutlich, dass mit einem Mindestaufwand an gestaltpsychologischer, formaler Organisation von Inhalten übersichtliche typografische Ordnungen geschaffen werden können, ohne auf zusätzliche Reize (Auszeichnungen, Unterstreichungen etc.) zurückgreifen zu müssen. Diese Reizarmut typografischer Ordnungen macht zugleich ihren Reiz aus.

2.2.2 Grafikdesign und die Rezeption visueller Reize

Auch die Gebrauchsgrafik (Grafikdesign) arbeitet auf der Gestaltebene. Sie führt aber zusätzliche grafische und künstlerische Mittel ein, um ästhetische Wirkungen zu schaffen und um die Rezeption von Inhalten interessanter und unterhaltsamer zu gestalten.

Die Einflüsse aus den künstlerischen Bewegungen zu Beginn des letzten Jahrhunderts haben die typografischen Gestaltungen mit vielfältigen grafischen und kompositorischen Techniken angereichert, um Inhalte dynamischer, spannungsreicher und reizvoller zu gestalten. Auf der formalen Ebene beeindrucken die Arbeiten der so genannten „Neuen Typografie" mit ihren Rhythmisierungen, Kontrastierungen und Flächenspannungen. Auf der materiellen Ebene findet man zunehmend Tendenzen, mit Drucktechniken und Materialien zu experimentieren, um die Gestaltung in ihrer haptischen und grafischen Wirkung sinnlicher und formal interessanter zu machen, obwohl sie weiterhin vor allem entlang der Gestaltwahrnehmung organisiert ist.

2.2.3 Werbedesign und die Steuerung der aufmerksamen Rezeption

Die aufmerksame Wahrnehmung schließt an die Gestaltwahrnehmung an, d. h. zuerst nimmt unser Wahrnehmungssystem Gestalten wahr, dann erkennen wir mittels der aufmerksamen und gerichteten Wahrnehmung in diesen Gestalten bestimmte Objekte und Worte oder lesen Botschaften.

Auf der Seite des Rezipienten sieht es so aus, dass er nur einen relativ kleinen Ausschnitt bewusst und aufmerksam wahrnehmen kann. Sein Aufmerksamkeitsstrahl erfasst nur ein geringes Umfeld von wenigen Zentimetern – auch scheint es biologisch nicht möglich, ihn wesentlich zu optimieren. Dies mag ein Grund dafür sein, dass Gestaltung, die ja vornehmlich Informationen und Botschaften zur Darstellung bringen soll, heute eine starke Tendenz hat, mit den Mitteln der Aufmerksamkeitserregung zu arbeiten.

In der Werbewirkungsforschung unterscheidet man in diesem Zusammenhang formale, emotionale und rationale Methoden der Erzeugung von Aufmerksamkeit.[8]

---

8 Werner Kroeber-Riel spricht von Aktivierung statt Aufmerksamkeit, meint damit aber annähernd dasselbe: „Systematisch gesehen gibt es drei Techniken der Aktivierung, durch die Aufmerksamkeit erzeugt werden kann. In Form von Regeln gebracht lauten diese: Aktiviere durch – physisch intensive Reize, – emotionale Reize, – überraschende Reize. Die durch diese drei Techniken er-

Besonders originelle Ergebnisse erzielt man mit dem rationalen Ansatz der Aufmerksamkeitserzeugung. Wir verstehen etwas nicht auf Anhieb und sehen deshalb zweimal hin. Dieter Urban versuchte dieses Prinzip der „kognitiven Dissonanz" als ein durchgehendes Prinzip, nämlich das der „Verschiebung unterschiedlicher Wahrnehmungsbereiche", zu erklären.

Bei all diesen werblichen Methoden der Aufmerksamkeitserzeugung wird der Rezipient als jemand betrachtet, den man konditionieren, steuern und manipulieren kann. Im Grunde beruhen diese Techniken auf einer pragmatischen Vereinfachung von Kommunikation, indem sie nämlich Kommunikation als eine behavioristische Mechanik von Reiz und Reaktion verstehen.

2.2.4 Interaktionsdesign im Web als Förderung kognitiver Rezeption

Im Unterschied zum werblichen Design sind im interaktiven Design – und besonders im Web und bei der Entwicklung von Softwareoberflächen – alle visuellen Elemente integrative Teile eines visuellen Systems, das sich häufig mentaler Modelle bedient und kognitive Verarbeitungsprozesse berücksichtigt. Stärker als die Manipulation des Rezipienten stehen hier, ähnlich wie in der Gebrauchsgrafik, Information und Orientierung als Rezeptionsziele im Vordergrund. Die Bedeutung und die Wirkung einzelner visueller Elemente hängt vor allem davon ab, welches Gewicht man ihnen im Kontext der anderen Zeichen gibt. Ein Gestaltungselement (sei es eine Farbe, eine Fläche, ein Wort, ein Verweis, ein Bildzeichen etc.) steht nicht für sich, sondern es erhält sein ‚Gewicht' bzw. seine Wirkung und Bedeutung aus dem Zusammenhang und dem Zusammenspiel mit anderen Zeichen.

Zwar ist auch im Corporate Design und in den meisten werblichen Visualisierungskonzepten jedes Element Teil eines Gesamtkonzeptes. Nur ist dieser Systemgedanke in der Entwicklung von Interaktionsoberflächen noch einmal viel wichtiger geworden, da man nur mit einem ‚feiner justierten' visuellen System inhaltliche (z. B. semantische Vernetzung) und technische Komplexität (z. B. Systemaufbau und -funktionalität) anschaulich, zugänglich und nutzbar machen kann. Ein solches System berücksichtigt, wie wir Informationen speichern und abrufen. Es orientiert sich daran, wie wir mit Propositionen, Analogien, Metaphern, Skripten, Schemata

---

zeugte Aktivierung wirkt in doppelter Weise: Sie sorgt für eine Hinwendung zum Bild und damit für einen mehr oder weniger intensiven Bildkontakt (Kontaktwirkung der Aktivierung). Darüber hinaus fördert die Aktivierung die Verarbeitung und Speicherung der aufgenommenen Reize (Verstärkerwirkungen)." (Kroeber-Riel 1996:101)

und mentalen Modellen arbeiten, um Zusammenhänge zu verstehen. Es versucht, noch enger mit unserer visuellen Intelligenz zu kooperieren.

In anspruchsvollen Anwendungen, etwa auf Internetseiten, die eine große Menge von Informationen und Interaktion in sich vereinen, ist der Interfacedesigner gefordert, in sich schlüssige Systemkonzepte zu visualisieren. Er entwirft logisch nachvollziehbare Anordnungen und Zusammenhänge, die vor allem unsere kognitive Rezeption berücksichtigen und unterstützen.[9]

3 Ausblick: Zukünftige Entwicklungen im Interaktionsdesign

Dieses Fortschreiten im visuellen Denken kann auch als ein Prozess der Offenlegung und Bewusstwerdung der Potentiale unserer visuellen Intelligenz verstanden werden. Denn diese trägt alle Möglichkeiten bereits in sich und kann sie mehr oder weniger zum Ausdruck bringen. In herausragenden frühen Arbeiten wie dem 42-zeiligen Bibeldruck von Gutenberg sind alle diese soeben beschriebenen Gestaltungsmaximen bereits angelegt, wenn sie auch weniger bewusst, weniger explizit und methodisch vollzogen wurden. Hier kommt noch etwas hinzu, das auch in den kommenden Jahren wieder zu einem wichtigen Kriterium werden könnte: Die Gutenberg-Bibel ist ein sakrales Gebrauchswerk, sie dient auch der Kontemplation.

Eine weitere Besonderheit dieser skizzierten Entwicklung des visuellen Denkens ist, dass sich ihre Phasen zueinander antagonistisch verhalten. Die typografische Revolution zu Beginn des letzten Jahrhunderts war eine Gegenreaktion auf den harmonischen Gestaltungskanon der Typografie. Die kompositorische und grafische Vielfalt der Arbeiten, die in der Folge entstanden, provozierte die Frage nach ihrer kommunikativen Effizienz. So ist Werbedesign in seiner Grundtendenz eine Gestaltungsform, welche die formale und visuelle Reduktion auf zentrale Botschaften bevorzugt. Der gezielt und strategisch ausgesuchten, suggestiven Bilderwelt der Werbung steht die Versachlichung und stärkere Strukturierung der Gestaltung im Interaktionsdesign entgegen. In den letzten Jahren wird zunehmend deutlich, dass, aufgrund der erweiterten technischen Möglichkeiten und der neuen

---

9 „Ein erfolgreicher Interface-Designer lässt sich auch mit einem pragmatischen und empirischen Blick auf die Leistungsfähigkeit des menschlichen Geistes erzielen. Interessant sind zum Beispiel die Fragen, wie lange Geist und Körper eines Menschen bestimmte Aufgaben ausführen können und welche Umstände die Wahrscheinlichkeit erhöhen, dass ihm dabei Fehler unterlaufen." (Raskin 2001: 29)

Bedürfnislage der Rezipienten, das mittlerweile professionalisierte interaktive Systemdesign in diesem Sinne eine ideale Grundlage bietet, um emotionaler zu inszenieren und dabei gleichzeitig die Rezipienten stärker mit einzubeziehen.

Dies drückt sich in dreifacher Weise aus: Die Gestaltung im Interaktions- und Webdesign dynamisiert sich und wird dabei zunehmend filmisch, sie wird zunehmend dreidimensional und sie verlässt schließlich ihre etablierten Displayoberflächen und wird zu einem integralen und zugleich – zumindest teilweise – eher peripheren Bestandteil unserer Lebenswelt.

3.1 Drei neue Aspekte: Bewegung, Dreidimensionalität, und realer Raum

Webinterfaces werden zunehmend dynamischer und die Dreidimensionalität spielt eine immer größere Rolle. Die dynamische Gestaltung von Inhalten kommt den Anforderungen einer interessanteren und erlebnishafteren Inszenierung von Information entgegen. Zugleich ist sie durch die Möglichkeiten digitaler Produktions- und Präsentationssysteme selbst angelegt: In einem Computer ist Information nicht mehr statisch und auf eine bestimmte formale Auslegung fixiert, sondern sie wird zunehmend erst auf Anfragen hin dynamisch generiert.

Dynamische und animierte Gestaltungsformen ermöglichen es, Information erzählerisch zu vermitteln. Dafür hat sich in den letzten Jahren der Begriff Storytelling etabliert. Neben der Faszination der Bewegung ermöglicht die dramaturgisch spannende, narrative Präsentation von Inhalten eine stärkere Beteiligung (Involvement) des Rezipienten. Nebenbei bemerkt, ist dieses ‚Motion-Design' oder ‚Motion Graphic Design' auch ein ganz eigenes und neues gestalterisches Arbeitsfeld, das beispielsweise im VJing[10] ganz unabhängig von bestimmten Inhalten funktioniert.

Die spezifischen Anforderungen dieser relativ neuen Disziplin haben ebenfalls zu einer Erweiterung des Kontextes im visuellen Denken geführt. Ein Motiondesigner muss stärker als Gestalter in den anderen Arbeitsfeldern auch dramaturgische Mittel in sein Gestaltungsdenken mit einbeziehen. Dazu gehören die Festlegung von Schnittfolgen, Kamerafahrten oder der Einsatz von Zoomtechniken innerhalb des bewegten visuellen Materials.

Für den Interaktionsdesigner bedeutet dies, dass er noch stärker als bisher seine Interaktionskonzepte auf dynamischen Systemen aufsetzen muss; noch stär-

---

10 Im VJing werden grafische Fragmente und Videoloops zu Musik in Echtzeit gesampelt. Als so genannte Club Visuals sind sie zu einem wichtigen Bestandteil urbaner Club-Kultur geworden.

ker als bisher verschiebt sich die konzeptionelle, gestalterische Arbeit hin zu einem Entwurf von dynamischen, visuellen Bandbreiten. Ein solches visuelles System zeigt seine Qualität vor allem in der in ihm angelegten Potentialität – in seiner ‚Performanz', die sich erst während der Benutzung offenbart. Diese Entwicklung macht deutlich, wie wenig es noch gelingen kann, Gestaltung auf der Basis eines verbalisierten Regelkanons zu vollziehen. Ein kreativer Gestalter muss sich ganz auf die Möglichkeiten seiner nonverbal operierenden, visuellen Intelligenz einlassen.

Als wäre es damit noch nicht genug, ist als ein weiterer Aspekt die Dreidimensionalität hinzugekommen. Die lebensnahe und dreidimensionale Gestaltung von Objekten ist dabei auch aus softwareergonomischen Gesichtspunkten interessant. Nach dem so genannten OAI-Modell[11] eines der einflussreichsten Softwareergonomen, Ben Shneiderman, ermöglicht die realitätsnahe Gestaltung von Interfaceobjekten eine größere semantische Nähe zu realen Objekten. So können die an Realobjekten eingeübten Handlungsmodelle vom Nutzer besser auf das Interface transferiert werden. Das Konzept der direkten Manipulation baut auf diesem Ansatz auf: Jeder Anwender weiß aus eigener Erfahrung, dass einfache Drag-und-Drop-Aktionen mit anfassbar anmutenden Systemobjekten eine intuitivere und schnellere Interaktion ermöglichen als etwa das Eingeben von Befehlsketten.

Auf die weiteren vielfältigen Möglichkeiten der Kommunikation, Navigation und Interaktion mit Hilfe dreidimensionaler Darstellung kann im Zusammenhang dieser kurzen Abhandlung nicht eingegangen werden, aber ein weiterer folgerichtiger Entwicklungsschritt, der in Zukunft sicherlich noch an Relevanz gewinnen wird, soll noch kurz skizziert werden:

Seit den Anfängen der Softwareergonomie und des Interaktionsdesigns in den 1960er Jahren waren Interaktionskonzepte auf die standardisierten Ein- und Ausgabeinstrumente Maus, Tastatur und Bildschirm beschränkt. Dies ändert sich nun radikal mit dem Aufkommen neuer Eingabe-, Detektions-, Display- und Präsentationstechnologien. Interaktion kann körperlich, gestisch oder akustisch erfolgen, die Information kann auf mobilen Displays erscheinen oder auf dafür geeignete „Orte"

---

[11] Die Aufgaben, die wir im realen Umfeld handelnd zu erledigen haben, werden von Ben Shneiderman in seinem OAI-Modell (Object-Action-Interface) als Aufgabenobjekte betrachtet (vgl. Shneiderman 2005). Diese stellen sich als eine zusammengesetzte Einheit von subsumierten Objekten sowie deren Operationen dar. So könnten etwa Börsenkurse als ein Objekt angesehen werden, welches sich allerdings in weitere, subsumierte Objekte, wie die Aktien und den Umgang mit Aktien, zerlegen lässt. Will man dieses Aufgabenobjekt in das Interface übertragen, so muss man es zuvor in seiner ganzen Komplexität und hierarchischen Struktur erfassen. Dabei ist bei dem Entwurf des Interfaces die semantische Nähe zu den realen Objekten wichtig.

projiziert werden. Ein treibendes Motiv hinter dieser Entwicklung ist die Verbesserung der Systemnutzung gemäß den Postulaten der Softwareergonomie. Diese verlangen beispielsweise, dass interaktive Systeme durch ihre Erwartungskonformität und Selbstbeschreibungsfähigkeit[12] intuitiv bedienbar sein sollen. Weiterhin soll Information nur dort eingeblendet werden, wo sie unmittelbar benötigt wird. In diesem Sinne werden in einigen ubiquitären Interaktionskonzepten die virtuellen Repräsentanten auf dem Bildschirm durch echte Objekte ersetzt. Informationen werden nicht nur auf dem Bildschirm angezeigt, sondern über Projektionstechnologien genau an den Orten im Realraum eingeblendet, wo sie wirklich benötigt werden.

Auch Inhalte im Web können dadurch zugleich zu einem integrativen Bestandteil unserer Lebenswelt werden, wie es zurzeit bereits durch den Transfer von Webinhalten auf mobile Displays stattfindet. Information und Interaktion werden allgegenwärtig. Im Englischen hat sich dafür die etwas kryptische Bezeichnung Ubiquitous Computing etabliert.[13] Korrespondierende Begriffe mit jeweils unterschiedlicher spezifischerer Konnotation sind Calm Computing, Interactive Environments, Wearable Computing, Pervasive Computing und Ambient Intelligence.

3.2 Experience Design und Resonanz als neue Rezeptionsform?

Die Überlegung liegt nahe, dass mit den neuen dynamischen und raumgreifenden Formen in der digitalen Gestaltung Rezeption mehr als bisher auch als Erlebnis gestalten werden kann und Kommunikation neue ‚Erfahrungen' ermöglichen soll. Dabei geraten zunehmend ubiquitäre Design-Konzepte in das Blickfeld.

‚Experience Design' steht dabei keineswegs im Widerspruch zu werblichen Strategien. Im Gegenteil scheint es eher so zu sein, dass Werbung von diesen

---

12 „Ein Dialog ist in dem Maße selbstbeschreibungsfähig, in dem für den Benutzer zu jeder Zeit offensichtlich ist, in welchem Dialog, an welcher Stelle im Dialog sie sich befinden, welche Handlungen unternommen werden können und wie diese ausgeführt werden können." (ISO9241-110: 5).

13 Das Konzept des „Ubiquitous Computing" beschreibt eben jenes Szenario, dass Computer in Zukunft immer mehr „allgegenwärtig" in unserer Lebenswelt werden und nicht mehr nur am Arbeitsplatz zum Einsatz kommen. Der Begriff wurde erstmals 1991 von Mark Weiser in seinem Aufsatz „The Computer of the 21st Century" verwendet: „ Die alltägliche, unmittelbare Umwelt soll dabei wieder die Interaktionen bestimmen und als Referenz und Reflektionsbasis ins Zentrum der Aufmerksamkeit rücken." (Lipp 2004: 13)

neuen Möglichkeiten zukünftig starken Gebrauch machen wird. Allerdings verbinden sich mit dem suggestiven Begriff Experience Design sehr unterschiedliche Vorstellungen davon, was konkret mit Erfahrung gemeint ist. Einige Auslegungen gehen von einem reinen Utilitarismus aus, dem zu Folge die reibungslose Nutzung einer interaktiven Website oder selbst eines (ergonomisch richtig gestalteten) Toasters bereits eine befriedigende Erfahrung darstellt. Andere betonen die verbesserten Möglichkeiten der interaktiven Partizipation als Bedingung von Experience Design, wieder andere stellen Erlebnisintensitäten in den Vordergrund.[14]

Wichtig für die Vermittlung von Design in Verbindung mit ubiquitären Konzepten ist es, gerade nicht festzulegen, was in dem einen oder anderen Fall mit Erfahrung gemeint sein kann. Entscheidender ist nämlich, dass diesen Konzepten in vielen Fällen ein anderes Kommunikationsmodell zugrunde liegt: Es geht nicht mehr in erster Linie um die Vermittlung von bestimmten Botschaften, sondern das Arrangement selbst steht im Mittelpunkt – allerdings nicht im Sinne einer künstlerischen Selbstdarstellung, sondern als ein Medium, in dem, indirekt und ggf. gänzlich unabhängig von merkantilen Absichten, Erfahrung möglich ist.

Der Empfänger soll weniger mit einem konkreten Marken- und Produktversprechen oder einem klar umrissenen Kommunikationsinhalt konfrontiert werden, sondern es geht auch um seine eigene Selbstwahrnehmung, sein bereits vorhandenes implizites Wissen und um Authentizität. Wenn er in diesem Kontext eine Form der Gestaltung erlebt, die ihm neue Möglichkeiten der Wahrnehmung und des Selbstgewahrseins eröffnet und die seine Souveränität nicht in Frage stellt, besteht die Möglichkeit, dass er mit dieser Gestaltung innerlich in *Resonanz* geht. Das dafür zu entwickelnde Design mit seinen interaktiven Möglichkeiten sollte uns unmittelbar und intuitiv zur Verfügung stehen und es sollte dabei nicht nur unsere alltägliche Umwelt, sondern auch uns selbst in unserem körperhaften Dasein berücksichtigen. Denn wir bewohnen vor allem unseren Körper und mit ihm die reale Welt.[15] Wir machen echte Erfahrungen mit physischen Gegenständen und nicht nur

---

[14] Vgl. Davis 2001: „To put it crudely, our cultural technologies are becoming less like books and songs, and more like rollercoasters or drugs."

[15] Viele der neueren ubiquitären Interaktionskonzepte und –theorien sind von der Phänomenologie inspiriert, welche kognitive Prozesse als untrennbar und unmittelbar bezogen auf Welt-, Selbst-, und Körpererfahrung betrachtet. Paul Dourish nennt solche, die eigene Selbst- und Körpererfahrungen mit einbeziehenden Interaktionsformen „Embodied Interaction“: „There is no homunculus sitting inside our heads, staring out at the world through our eyes, enacting some plan of action by manipulating our hands, and checking carefully to make sure we don´t overshoot when

durch abstraktes Nachdenken oder bloßes Reflektieren, auch nicht unbedingt in simulierten oder virtuellen Welten, in denen zumeist digitale Ästhetiken dominieren.

Es könnte also sein, dass die von der Kognitionspsychologie motivierten Interaktionsmodelle, die vor allem unsere kognitiven Verarbeitungsprozesse im Blick hatten, zunehmend durch eine umfassendere Betrachtungsweise von Interaktion erweitert werden. Die starre Mechanik von Ja und Nein wird aufgelöst durch ein größeres Spektrum von mit uns korrespondierenden Reaktionsmöglichkeiten des Systems. Interaktive Systeme entwickeln quasi natürliche Verhaltensweisen. Sie sind nicht immer eindeutig und bleiben doch nachvollziehbar. Auch reagieren sie zunehmend auf einen komplexeren Input, der sich nicht nur aus Mausbewegungen generiert. Interaktion nähert sich damit dem uns vertrauten Verständnis menschlicher kommunikativer Abläufe und befreit sich zugleich, zumindest simulativ, von programmiertechnischen Mechanismen. Komplexe und nicht mehr nur an einem bestimmten Gebrauchszweck orientierte, ‚ambiente' Inszenierungen mit interaktiven Elementen wollen dabei auch Erfahrung und Selbsterfahrung ermöglichen. Sie orientieren sich mitunter sogar an einer kontemplativeren Form der Wahrnehmung.[16]

Ein gegenseitiges, explizites, rationales Systemverständnis von „Mensch und Maschine" bleibt dafür aber immer die Vorrausetzung. Ob im Web oder in ubiquitären Anwendungen, die auch als eine Erweiterung des Webs in unseren Lebensraum hinein verstanden werden können – Interaktionsdesign ist nach wie vor und vor allem kognitives Design.

---

reaching for the coffee cup. We inhabit our bodies and they in turn inhabit the world, with seamless connections back and forth." (Dourish 2001: 102)

16 Nachdem angewandte Gestaltung sich bereits das Terrain der kognitiven Verarbeitungsprozesse erobert hat, könnte es sich nicht auch Formen ganzheitlicherer und kontemplativer Wahrnehmung zum Ziel nehmen? Noch geht man im Interaktionsdesign von Vorstellungen geradliniger Handlungs- und Arbeitsroutinen aus. Selbst wenn auf einer Website oder an einem Computerarbeitsplatz alles ergonomisch richtig gestaltet ist, so bleiben doch grundsätzliche Fragen zur Situation der Rechnerarbeit ungestellt. Könnte nicht auch eine Schnittstelle für Information oder Interaktion dahingehend ausgelegt sein, zu mehr Besinnung und Reflexion zu motivieren? Die neuen Technologien eröffnen dafür interessante Möglichkeiten.

Literatur

Davis, Eric 2001: „Experience Design. And the Design of Experience." http://www.techgnosis.com/experience.html (Abruf: 26.04.08)

DIN EN ISO 9241-110: 2006

Dourish, Paul 2001: *Where the Action is. The Foundations of Embodied Interaction*. Cambridge (MA) u.a.: MIT Press.

Eberleh, Edmund/Oberquelle, Horst/Oppermann, Reinhard 1994: *Einführung in die Softwareergonomie*. Berlin u.a: De Gruyter.

Khazaeli, Cyrus 2005: *Systemisches Design. Intelligente Oberflächen für Information und Interaktion*. Reinbek: Rowohlt.

Kroeber-Riel, Werner 1996: *Bildkommunikation*. München: Vahlen.

Lipp, Lauritz 2004: *Interaktion zwischen Mensch und Computer im Ubiquitous Computing*. Münster: LIT.

Manovich, Lev 2001: *The Language of New Media*. Cambridge (MA) u. a.: MIT-Press.

Moggridge, Bill 2007: *Designing Interactions*. Cambridge (MA) u. a.: MIT Press.

Mullet, Kevin/Sano, Darrell 1995: *Designing Visual Interfaces*. Communication Oriented Techniques. Englewood Cliffs (NJ): Prentice Hall.

Preim, Bernhard 1999: *Entwicklung interaktiver Systeme: Grundlagen, Fallbeispiele und innovative Anwendungsfelder*. Berlin u.a.: Springer.

Raskin, Jef 2001: *Das intelligente Interface, Neue Ansätze für die Entwicklung interaktiver Benutzerschnittstellen*. München: Addison-Wesley.

Rosenfeld, Louis/Morville Peter 1998: *Information Architecture for the World Wide Web*. Cambridge u.a.: O´Reilly.

Schulmeister, Rolf 2002: *Grundlagen hypermedialer Lernsysteme. Theorie – Didaktik – Design*. München u.a.: Oldenbourg.

Shneiderman, Ben 2005:. *Designing the user interface: strategies for effective human-computer interaction*. Boston: Addison-Wesley.

Stapelkamp Horst 2007: *Screen- und Interfacedesign. Gestaltung und Usability für Hard- und Software*. Berlin u. a.: Springer.

Tschichold, Jan 1986 [1925]: *Elementare Typografie*. Mainz: Schmidt.

Das fotografische Bild im Web

Anja Bohnhof / Kolja Kracht

1 Einleitung

Der „Natur zu erlauben, sich selbst abzubilden"[1] ist die Prämisse, mit der die analoge Fotografie in ihrer frühen Phase vorrangig sowohl produziert als auch rezipiert wurde. Durch „die Abwesenheit des Menschen"[2] in dem technischen photochemischen Prozess ihrer Entstehung wurde sie als dokumentarisch und authentisch bewertet. Dem Fotografen wird hierbei lediglich die Rolle zugesprochen, den Apparat zur rechten Zeit am richtigen Ort auszulösen, um so einen Prozess in Gang zu setzen, an dem er ansonsten nicht wesentlich partizipiert. Die so entstandenen Abbildungen der Welt galten als Beweis – als ausdrücklicher Beleg für Gewesenes, dem der Fotograf beigewohnt hat und an dem der Betrachter im Nachhinein, zeitlich und räumlich versetzt, teilhaben kann. Kurt Tucholsky beschrieb diesen Abstand zum Abgebildeten mit den Worten: „Alte Fotografien! Alle sind schon tot, die auf euch zu sehen sind; die Wagen sind zerhackt, die Gartenstühle vermodert, die Seidengarnitur zu Staub zerfallen; von den Menschen sind vielleicht einige Grabsteine übrig geblieben, und die Strassen gibt es gar nicht mehr [...] Es hat aber doch alles einmal gelebt, was da zu sehen ist, gelebt wie wir – es war doch da." (Tucholsky 1927: o. S.). Diese von Tucholsky geäußerte und allgemein weit verbreitete Überzeugung hinsichtlich der Authentizität fotografischer Aufnahmen wurde zwar von Anbeginn diskutiert und die Frage, ob fotografische Ergebnisse die Realität tendenziell eher abbilden oder verfälschen, kann bis in die frühen Anfänge ihrer Anwendung zurückverfolgt werden. Doch mit dem Einzug der Digitalisierung und den damit verbundenen Möglichkeiten zur Nachbearbeitung und Gestaltung von Bildern wurde für jedermann ersichtlich, dass Fotografie nicht länger als

---

1 Louis Jacques Mandé Daguerre beschrieb 1839 noch vor der Veröffentlichung seines Verfahrens auf einem gedruckten Handzettel: „So ist das Daguerreotyp kein Gerät, das dem Abzeichnen der Natur dient, sondern ein chemischer und physikalischer Prozeß, welcher der Natur dabei hilft, sich selbst abzubilden." (Wiegand 1981: 18).

2 „Alle Künste beruhen auf der Gegenwart des Menschen, nur die Fotografie zieht Nutzen aus seiner Abwesenheit." (Bazin 1945: 62)

glaubwürdig betrachtet werden kann und darf: sie ist nicht real, sie zitiert allenfalls aus der Realität (vgl. Sussebach 2008).

2 Einzug des fotografischen Bildes in die Medienwelt

Die ersten fotografischen Aufnahmen stellten allesamt Originale dar. Die gefertigten Lichtbilder wurden zumeist auf silberbeschichteten Metallplatten festgehalten und waren nicht reproduzierbar. Dieses frühe fotografische Verfahren (Daguerreotypie) diente vorrangig der Erstellung von auftragsbezogenen Portraits, wie sie bislang mit Mitteln der Malerei und zeichnerischen Abbildungen gefertigt wurden.[3]

Im Jahre 1844 veröffentlichte William Henry Fox Talbot ein erstes Buch, *The Pencil of Nature*, das fotografische Bilder in Form von handgefertigten Kalotypien enthielt, die manuell in die einzelnen Buchseiten eingefügt wurden.[4] Die hierfür notwendige Vervielfältigung der erstellten Bilder wurde erst über das Negativ/Positiv-Verfahren möglich, welches Talbot bereits 1841 zum Patent angemeldet hatte.

Mit der Entwicklung der Halbtontechnik wurde die Basis für die Reproduktion von Fotografien mittels maschineller Druckverfahren gelegt. Zur ersten Veröffentlichung einer gedruckten fotografischen Abbildung kam es in Deutschland im Jahr 1883.[5] Bald darauf entstand das Format der umfangreich mit fotografischen Aufnahmen bebilderten und wöchentlich erscheinenden Illustrierten, die sich bis heute großer Beliebtheit erfreut. Die Fotografie war zum festen Bestandteil der Medien- und Kulturlandschaft geworden.

Mit der Erfindung des „Digiset“-Systems im Jahre 1965 wurden die Publikationsverfahren revolutioniert.[6] Im Gegensatz zu den herkömmlichen Satztechniken

---

3 Eine ausführliche Beschreibung des Verfahrens zur Erstellung von Daguerreotypien ist zu finden unter: http://muenzberg.symmedia.net/dagotyp.htm (Abruf: 17.01.2008).

4 Das Buch enthielt insgesamt 24 Kalotypien, allesamt zu sehen als PDF-Datei unter http://www.gestaltung.hs-mannheim.de/designwiki/files/4891/talbot_pencilofnature_1844.pdf (Abruf: 17.01.2008).

5 Die erste Fotografie (eines Gralsbechers) in einem deutschen Presseorgan druckte die „Leipziger Illustrirte Zeitung“ nach dem von Georg Meisenbach 1881 entwickelten Autotypieverfahren ab.

6 Photosetz- und Lichtsetzmaschinen bieten erweiterte Einsatzmöglichkeiten und deutlich höhere Arbeitsgeschwindigkeiten: Die Setzleistung beim Lichtsatz liegt bei über 1 Mio. belichteter Buchstaben je Stunde. Bleisetzmaschinen haben eine Setzleistung von ca. 5.000-7.000 Buchsta-

(Bleisatz) werden beim computergesteuerten Lichtsatz keine materiellen Vorlagen mehr verwendet, sondern digital gespeicherte Schriftzeichen und Bilder auf lichtempfindliche Vorlagen übertragen, die als Druckvorlage dienen. Auf dieser Grundlage entstand im weiteren Verlauf das komplett digital operierende „Desktop-Publishing".

Im Bereich der professionellen Publikationsverfahren war das Foto somit nicht länger an seinen materiellen Träger gebunden und konnte über Datenleitungen verbreitet und in den digitalen Erstellungsprozess von Printmedien beliebig eingebunden werden. Über diese neuartigen Verfahrenstechniken ergab sich eine Verlagerung vom text- zum bildorientierten Layout. In den folgenden Jahrzehnten und mit der zunehmenden Verbreitung von Personal-Computern und Digitalkameras hielten diese Technologien Einzug in private Nutzungsbereiche. Mittlerweile sind sie in Form ausgereifter Bildbearbeitungs- und Textverarbeitungsprogramme allgegenwärtig und aus dem Alltag nicht mehr wegzudenken. Digitale Fotografien sind leicht zu erstellen, können unmittelbar weiterverarbeitet, über das Internet verbreitet oder im Web veröffentlicht werden.

3 Technische Merkmale des fotografischen Bildes im World Wide Web

Da im allgemeinen Sprachgebrauch meist nicht zwischen dem Internet und dem Web unterschieden wird, werden Aspekte der Funktionalität mit der technischen Infrastruktur gleichgesetzt. Jedoch würde man, auch mit Blick auf das fotografische Bild, dem Medium kaum gerecht, wenn man es lediglich auf die heute vorrangig bekannten Online-Dienste reduzieren würde.

Das Internet stellt die technische Grundlage dar, einen Zusammenschluss von Datennetzwerken, in welchem jeder Rechner weltweit mit jedem anderen Rechner verbunden werden kann. Es ist das Ergebnis eines Paradigmenwechsels in der Computernutzung, vom Einzelplatz-Computer als reine Rechenmaschine hin zu Multi-User-Systemen, innerhalb derer der Computer zur Kommunikation und Informationsgewinnung dient (vgl. Licklider 1960).[7] Der Datenaustausch zwischen

---

ben pro Stunde (Zeilenguss-Setzmaschinen) bzw. über 8.000 Buchstaben pro Stunde (Typenguss-Setzmaschinen).

7 Zu diesem Zweck werden zunächst die Netzwerke einzelner akademischer Institute und Forschungseinrichtungen miteinander verbunden. Obgleich theoretisch möglich, scheidet in dieser

den einzelnen Internet-Rechnern (Servern) erfolgt über technisch normierte Internetprotokolle (Cerf, Dalal und Sunshine 1974). Erst über diese Standardisierung wurde es möglich, die verschiedenen Netzwerke miteinander zu verbinden und gemeinsam nutzbare Dienste zu entwickeln (Chapin 1992).

Die Fotografie zog ihren Nutzen aus dem weltumspannenden Internet bereits lange vor der Einführung des Webs. Bildagenturen belieferten ihre Kunden mittels Datenfernübertragung über das Netzwerk mit digitalen Bilddaten und während des Ersten Golfkriegs (zwischen 1980 und 1988) wurde das Internet zum Beispiel zur Übertragung von tagesaktuellen Pressebildern für die Nachrichtenerstattung genutzt (Corbis 2007).

Das Web ist ein über das Internet abrufbares hypertextuell strukturiertes Datensystem, dessen dezentral gespeicherte Inhalte – vorwiegend Texte, Bilder und Ton – über einen Webbrowser angefordert und zum Beispiel auf einem Monitor ausgegeben werden können. Das erstmals im Jahre 1989 von Tim Berners-Lee beschriebene Konzept (Berners-Lee 1989) findet seit 1993 Anwendung im Internet (CERN 1993). Noch im gleichen Jahr wurde der erste grafikfähige Browser MOSAIC von NCSA veröffentlicht (NCSA 2008). Ältere Browser, z. B. ViolaWWW, konnten zwar auch Grafiken anzeigen, aber nicht als in die Seite eingebettete Elemente. Um diese angezeigt zu bekommen, musste erst auf eine entsprechende Verknüpfung im Text geklickt werden.

Das auf dem HTML-Protokoll aufgebaute Web verfügte zwar über eine feste Syntax, insgesamt war es anfänglich aber von einer allgemeinen Schlichtheit und Formlosigkeit geprägt. Betrachtet man die ersten vom entwickelnden Institut CERN selbst veröffentlichten HTML-Dokumente,[8] so handelt es sich fast ausschließlich um textbasierte Informationen, die um einige einfache Suchfunktionen und Navigationsmöglichkeiten in Form von Hyperlinks bereichert waren. Erst im Laufe der Zeit entwickelten sich umfassendere Formate bezüglich der eingesetzten Seiten-Layouts, wie zum Beispiel die heute nahezu als Standard geltende Spalten-Aufteilung der Seiten in Menü- und Content-Bereiche. Die Einbindung von Bildern

---

frühen Phase eine private Nutzung des Internets aufgrund des dafür benötigten technischen Aufwands und Know-hows nahezu gänzlich aus.

8 Laut Tim Berners-Lee, dem Entwickler des World Wide Web, wurde die erste öffentliche Seite Ende 1990 unter der Adresse http://nxoc01.cern.ch/hypertext/WWW/TheProject.html angelegt und ist als Kopie derselben Datei aus dem Jahr 1992 heute unter http://www.w3.org/History/19921103-hypertext/hypertext/WWW/TheProject.html zu erreichen (Berners-Lee 1997).

wurde erst attraktiv, als mit der Entwicklung neuer Dateiformate für die Speicherung der Bilddateien, wie GIF, JPEG oder PNG, die Dateigröße digitaler Bilder durch Kompressionsverfahren erheblich reduziert werden konnte. Hinzu kamen verbesserte Übertragungsmöglichkeiten und der Beginn der kommerziellen Nutzung des Webs. Immer mehr Inhalte wurden verfügbar gemacht und viele bereits im Internet bestehende Dienste von den Anbietern integriert. So führte AOL die Möglichkeit ein, eMail über das Web zu lesen und zu verschicken (Webmail). Andere Anbieter stellten die Beiträge aus NewsGroups, einer Form auf eMail basierender Diskussionsforen, über Software-Schnittstellen als HTML-Dokumente online und in einige Webbrowser wurde die Unterstützung des File Transfer Protocol (FTP) integriert, wodurch neben dem Empfangen von Dateien auch deren Versenden (Hochladen auf einen Server) vereinfacht wurde. Eigentlich sind aber sowohl eMail, NewsGroups, als auch FTP eigenständige Dienste des Internet, welche auf gänzlich unterschiedlichen Protokollen basieren und lange vor dem Web realisiert worden waren. Heute kann das Web als Schnittstelle zu vielen der im Internet angebotenen Dienste betrachtet werden, wodurch einige grundlegende Angebote und Protokolle, wie zum Beispiel das Telnet-Protokoll, nahezu in Vergessenheit geraten sind.

Als besondere Merkmale des Einsatzes von Bildern im Web lassen sich zwei Kriterien bestimmen: das Prozesshafte und die Verknüpfbarkeit. Beide Merkmale sind auf bisherige Formate der massenmedialen Informationstechniken nicht übertragbar und somit für die Verwendung in hypertextuellen Strukturen spezifisch (Scheibel 2003). Hinzu kommt die Eigenschaft des Digitalen, beliebig (weiter-)verwertbar und manipulierbar zu sein.

Das erste Merkmal des Prozesshaften ergibt sich aus dem dezentralen Aufbau hypertextueller Datensysteme. Vergegenwärtigt man sich die Tatsache, dass HTML-Dokumente Anweisungen zur Darstellung und Einbindung der verschiedenen Inhalte (Objekte) enthalten, die mittels eines Browsers interpretiert und somit umgesetzt werden, veranschaulicht sich die Aussage: „Das Internet [gemeint ist das Web] entwickelt keine Produkte, sondern Prozesse. Das Bild im Internet ist kein einmalig fixiertes Objekt, sondern ist inhaltlich und materiell einem ständigen Prozess unterworfen. Bilder können jederzeit aus ihrem Kontext gelöst, verarbeitet und in neue Umgebungen integriert werden. Bilder können zudem beliebig oft und mit beliebig vielen Adressaten kommuniziert werden." (Scheibel 2003: 134)

Das zweite spezifische Merkmal der Verwendung von Bildern im Web ist die Verknüpfbarkeit. Diese ist bidirektional zu verstehen, d. h. ein Bild kann sowohl Ausgangspunkt als auch Ziel einer Verknüpfung mit anderen Elementen darstellen. Bei Verwendung eines Bildes als Ausgangspunkt einer Verknüpfung spricht man von Hyperimages, bei entsprechend eingesetzten Grafiken, z. B. Icons oder Diagrammen, von Hypergrafiken.[9] Sehr häufig werden Bilder auch in der Form so genannter „Thumbnails" eingebunden. Dies sind rechnerisch verkleinerte Kopien eines Originalbildes, die als Verknüpfung dienen. Das Originalbild kann dann durch Anklicken der verkleinerten Kopie in seiner gesamten Größe betrachtet werden. Diese Mini-Bilder eignen sich zum Beispiel, um innerhalb eines virtuellen Fotoalbums eine Gesamtübersicht über die eingestellten Bilder zu ermöglichen. Oftmals werden sie aber auch als Referenzbild in Abstracts von Artikeln oder Beiträgen eingebunden.

Darüber hinaus ist die Möglichkeit der digitalen Bearbeitung der Bilddaten bei ihrer Nutzung im Web zu berücksichtigen. Auf dieser Grundlage funktionieren zum Beispiel Bilderkennungsdienste, wie das von der Firma Cobion (www.cobion.de) angebotene Verfahren zum Aufspüren bestimmter Bildinhalte im Netz, beispielsweise von vermissten Personen oder unrechtmäßig verwendeten Logos und Markenzeichen (CIO 2001). Die in einem hexadezimalen Format vorliegenden digitalen Bilddaten werden hierbei, vereinfacht gesagt, mittels algorithmischer Operationen mit den ebenfalls als Zahlen vorliegenden Daten des zu suchenden Bildes oder Zeichens verglichen. Bei dieser Ähnlichkeitssuche werden demnach keine visuellen Inhalte abgeglichen, sondern Datenstrukturen. Ähnlich funktioniert auch eine Software zum Schutz vor unerwünschten Bildinhalten (Visual Content Filtering). Bei diesem Verfahren werden Bilder aus dem Netz vor der Ausgabe auf dem Monitor inhaltlich überprüft und falls unerwünscht, zum Beispiel bei pornografischen oder jugendgefährdenden Abbildungen, wird die Darstellung unterbunden (Hammami, Chahir und Chen 2006).

Auch vollautomatisch durchgeführte Veränderungen an den Bilddateien, die nahezu ohne Zeitverzögerung während des Abrufens der Bilder an diesen vorgenommen werden, finden zunehmend Anwendung. Hierzu gehören Anpassungen hinsichtlich der Bildgröße, das Hinzufügen von Wasserzeichen oder Logos, das Einbinden nicht sichtbarer Informationen in die Bilddaten und viele weitere Veränderungsmöglichkeiten. Bilddateien können zudem ungewollten ausführbaren Code enthalten, der dann mittels anderer Funktionen aufgerufen werden kann. Der

---

9 Der Vollständigkeit halber und um Verwechselungen zu vermeiden, sei ebenfalls der Begriff des HyperPicture erwähnt. Dieser beschreibt allerdings ein bereits Anfang der 1990er Jahre am Fraunhofer-Institut für Graphische Datenverarbeitung entwickeltes Verfahren zur Verwaltung und Bearbeitung von heterogenen Daten auf optischen Speichermedien, welches zwar ähnlich dem für Hypertext-Systeme entwickelten Link-Konzept funktioniert, aber nicht Bestandteil des World Wide Web ist. Vgl. Hübner und Kirste 1990.

HTML-Befehl zur Einbindung eines Bildes in Websites kann ebenfalls zu möglicherweise schädlichen Anwendungen benutzt werden, denn der Browser unterscheidet beim Abruf der eingebundenen Datei nicht, ob die angegebene Adresse tatsächlich ein Bild enthält oder zum Beispiel einen Skript aufruft. Auf dieser Grundlage funktionieren auch oftmals Besucherzähler oder die statistische Erfassung der Aufrufe eines Online-Angebots. Größere Bilder können zudem zu DoS-Angriffen[10] benutzt werden, da die zu übertragenden Datenmengen den betroffenen Server erheblich stärker auslasten als zum Beispiel der Abruf einer einfachen Textdatei. Dies sind nur einige stellvertretende Beispiele für technische Einsatzmöglichkeiten von Bildern im Web, die über das Visuelle hinausgehen.

4 Das Angebot fotografischer Bilder im World Wide Web

Es entspricht der Philosophie des Internets (Berners-Lee 2008), eine allgemeine, möglichst uneingeschränkte (Jacobs, Vanderheiden und Chrisholm 1999) und bidirektionale Interaktion zu gewährleisten. Mit der Etablierung des Webs als freie Veröffentlichungsplattform scheint die in den konventionellen Medien noch fest verwurzelte hierarchische Rollenaufteilung in Produzenten und Rezipienten überwunden.

Durch die mittlerweile gegebenen Möglichkeiten zur digitalen Bilderstellung und -veröffentlichung ist es durchaus üblich geworden, an der Vielfalt und Verbreitung der verfügbaren Bilder nicht nur als Betrachter zu partizipieren, sondern ebenfalls selbst zu produzieren und zu veröffentlichen. In Zeiten einer nahezu allgegenwärtigen Präsenz digitaler Aufnahmetechnik, zum Beispiel in Form von Handy-Kameras, werden immer mehr Bilder immer leichtfertiger aufgenommen. Mit der Publikation im Web vermischen sich privat erstellte Fotografien und für die Öffentlichkeit produzierte Bilder – zwei ehemals klar differenzierbare Realitäten innerhalb ein und desselben Formats. Bildinhalte werden nicht länger im Vorfeld einer Veröffentlichung selektiert, sondern erhalten ihre Bedeutung über die nachträglich stattfindende Aufmerksamkeitsvergabe seitens der Betrachter. Umso entscheidender ist ein kritischer und reflektierter Umgang mit dem fotografischen Bild

[10] Als Denial-of-Service (kurz: DoS, zu deutsch etwa: Dienstverweigerung) bezeichnet man einen Angriff auf einen Server in einem Datennetzwerk, bei dem mittels einer größeren Anzahl von Dateianfragen gezielt eine Überlastung herbeigeführt wird, so dass die vom Server bereitgestellten Dienste nicht mehr oder nur noch eingeschränkt funktionieren.

hinsichtlich seiner Veröffentlichung und Nutzung im Netz. Dies setzt wesentliche Fähigkeiten voraus, zu denen es eines fundierten Verständnisses der Bildmedien sowie der technischen Grundlagen der Bildkommunikation bedarf.

„Zeigen Sie Ihre Fotos. Sehen Sie der Welt zu.", prangt es auf der Startseite der mittlerweile größten Foto-Community der Welt, *Flickr.com*. Ursprünglich lediglich als Zusatzangebot eines Multiplayer-Onlinespiels der kanadischen Firma Ludicorp gedacht, war die Resonanz auf diese Tauschbörse für fotografische Bilder derart gewaltig, dass sie schnell zum Hauptfeature avancierte. Erfolgsbringer war, neben der Einfachheit in der Bedienung, das soziale Netzwerk und die Möglichkeit, die hochgeladenen Bilder mit Tags, also mittels beschreibender Schlagwörter, zu kategorisieren (Schink 2006). So erhält man beispielsweise bei der Eingabe des englischen Begriffs „tree" mehr als 4,4 Millionen Fotos[11], die unter diesem Begriff abgelegt sind. Alleine während des Niederschreibens des letzten Satzes kamen weitere 4.047 Bilder hinzu. Im Jahre 2002 gegründet, wurde das Portal nur drei Jahre später für über 30 Millionen Dollar von *Yahoo!* aufgekauft (Friebe und Lobo 2006: 106). Ein für die Firma tätiger Software-Entwickler erinnert sich, dass zeitweise im Rahmen der Produkt-Verbesserung und -vereinfachung alle dreißig Minuten neue Software-Versionen bei laufendem Betrieb implementiert wurden – und dies bei bereits siebenstelligen User-Zahlen (Friebe und Lobo 2006: 178). Die Digitalisierung des Bildes und das Angebot technischer Apparaturen, mit denen sich ohne erforderliche fotografische Fachkenntnisse Ergebnisse produzieren lassen, die den geringen technischen Anforderungen an das fotografische Bild im Web genügen, sowie einhergehende Entwicklungen bei den Übertragungstechnologien ermöglichen eine massenhafte Beteiligung an derartigen Angeboten.

Ursprünglich unterlag die Publikation von Fotografien hierarchisch strukturierten Selektionsprozessen. Veröffentlichungen fanden vor allem in redaktionellen und werblichen Kontexten statt. Das Bild des Amateurs blieb zunächst ohne nennenswerte Berücksichtigung. Nicht zuletzt marktwirtschaftliche Interessen erforderten den Einsatz von professionellem Bildmaterial und daher waren Unternehmen, Verlage und Agenturen auf eine Zusammenarbeit mit Fotografen angewiesen, die auf der Grundlage von Kenntnissen um technische, gestalterische und rechtliche Parameter qualitätsbegründet und auftragsbezogen arbeiten konnten.

Unzählige Formate im Internet, wie Communities, Tauschbörsen und Weblogs bieten sich als Publikationsforen für Bilder auch von Amateuren an. Das einst private Bild des Amateurs wird öffentlich rezipierbar.

---

11 Such-Anfrage auf http://flickr.com/ am 27.03.2008 um ca. 15:30 Uhr.

> Dies begründet ein gigantisches Bildaufkommen teils zweifelhafter Qualität. [...] Es herrscht eine Diktatur des kleinsten gemeinsamen Nenners. Die Trennung von Sender und Empfänger ist durch den Web 2.0-Hype endgültig aufgehoben. Fast jeder ist gleichzeitig Bildkonsument und Bildproduzent in einer Person. Alle sind auf Sendung und keiner weiß, wie man damit umgehen soll. (Born 2007)

Angesichts der massenhaften Verfügbarkeit von Fotografien erkennen auch Redaktionen und Agenturen in dem Amateurbild eine verwertbare (Handels-)Ware. Im redaktionell definierten ‚Editorial'-Bereich werden Fotografien, welche inhaltlich von öffentlichem Interesse sein könnten, im Sinne einer „journalistischen Zuarbeit" verstanden und veröffentlicht. Im ‚Creative'-Bereich, welcher eine kommerzielle Anwendung in meist werblicher Form bedient, kann das Material über einen kreativen Wert von marktwirtschaftlichem Interesse sein.

Für eine Vermarktung dieser Bilder bieten sich so genannte Microstockagenturen an. Diese binden ihren wirtschaftlichen Erfolg an den sehr preisgünstigen Verkauf einer Vielzahl an Bildern von einer Vielzahl an Urhebern, welche sie mit geringem Verwaltungsaufwand einer Vielzahl an Käufern anbieten, die die Bilder dann in eine vielfache Nutzung überführen können.

Da diese Agenturen über das Prinzip der Masse arbeiten und das Internet als nahezu ausschließlichen Distributionsweg nutzen, bietet sich neben dem Handel mit professionell erstelltem Material auch eine Verwertung von Amateurbildern an, die, in digitaler Form hier massenhaft verfügbar, sich mit geringem Aufwand in die Vertriebsstrukturen einbinden lassen.[12] Aber auch als Absatzmarkt kommt dem Web hier eine große Bedeutung zu. Führt man sich vor Augen, dass es bereits heute mehr Websites als Erdbewohner gibt (Berners-Lee 2007), deren Betreiber aus diesem Marktangebot auf eine große Anzahl von sehr kostengünstigen fotografischen Bebilderungsmöglichkeiten für Internetauftritte jeder Art zurückgreifen können, lässt sich die wirtschaftliche Bedeutung solcher Angebote leicht erahnen.

Das Lizenzierungsmodell, dem die angebotenen Bilder der Agenturen unterliegen, ist wesentlich für den Einsatz zu berücksichtigen. Hinsichtlich der Nutzungsrechte von Bildern gilt es, das Prinzip des Rights-Managed- (RM) vom Royality-Free-Angebot (RF) zu unterscheiden. Anders als bei RM-Lizenzierungen, bei denen

---

12 Einige Microstockagenturen stellen den Amateurfotografen Handbücher und Anleitungen für die Erstellung von Stockfotos zur Verfügung, um auch hier das verwertbare Angebot im Sinne des Bedarfs zu optimieren. Vgl. z. B. http://www.panthermedia.net/index.php?page=cms/pages/display2.php&cms_id=355&blanc=on (Abruf: 03.02.2008).

sich die Nutzung auf spezielle und vorab genau definierte Verwendungszwecke beschränkt, unterliegen RF-Bilder nicht diesen Nutzungsbeschränkungen. Sie sind grundsätzlich uneingeschränkt für kommerzielle Zwecke einsetzbar. Genaueres klären aber auch hier die jeweiligen AGBs der Anbieter – völlig frei von Einschränkungen ist auch die Verwendung dieser Bilder selten. Der Einsatz von RF-Bildern ist in der Regel kostengünstiger für den Bildkunden und behauptet sich als Angebotsform zunehmend. Vor allem Microstockagenturen bieten fast ausschließlich lizenzfreie Bilder an.

Generell hat das Agenturwesen sich als Vermarktungsform für fotografische Bilder bereits Ende des vorletzten Jahrhunderts etabliert, aufgrund der stetig zunehmenden Verbreitung und Anwendung der Fotografie. So entstanden sowohl einige bis heute etablierte Nachrichtenagenturen als auch kurz darauf die erste Generation von Bildagenturen. Diese handeln mit Vermarktungsrechten des angebotenen Bildmaterials, das sie vertreiben und auch herstellen lassen, und beteiligen den Fotografen finanziell. Zudem gibt es Fotografenagenturen, die im Verbund ausschließlich eigenes Material vermarkten, und Archive, die mit ihrem Bestand an Aufnahmen handeln. Über die damit verbundenen Urheber- und Eigentumsrechte entfallen Abgaben von Erlösen an weitere Distributoren (Glückler 2005).

Der Weg der Bildbeschaffung mittels Agenturen, die Bilder vermarkten, ist gängige, medienübergreifende Praxis. Die Spannweite des von Bildagenturen angebotenen Bildmaterials ist grenzenlos. Spezifische Themen werden von einzelnen Agenturen abgedeckt, die sich auf diese Bereiche spezialisiert haben; andere, so genannte Universalagenturen bieten themenübergreifendes Material an. Alle bedienen sich des Internets für den Handel mit digitalen Bilddaten. Auch das analoge Bildmaterial aus den Archiven ist mittlerweile nach Verwertungskriterien selektiert und größtenteils digitalisiert worden und fließt so in das Angebot mit ein.

Dass die von konventionellen Bildagenturen im Internet gehandelten Fotografien jedoch vom Bildkunden für einen primären Verwendungszweck im Internet erworben werden, ist selten der Fall, wenn es sich um illustrativ einzusetzendes Stockfotomaterial handelt. Das Konkurrenzangebot der Microstockagenturen ist hier nicht nur sehr umfangreich, sondern vor allem in der Regel sehr viel preisgünstiger. Konventionelle Bildagenturen berücksichtigen im Allgemeinen die für den Druck notwendige höhere Abbildungsqualität, für den Einsatz im Web ist diese jedoch aufgrund der geringen technischen Anforderungen nicht relevant. Einen Wettbewerbsvorteil erfahren konventionelle Agenturen eher im Bereich der Bedarfsdeckung von speziellen Bildinhalten und Angeboten mit ausreichend geklärten

Bildrechten sowie bei spezifischer Beratung und der Vermarktung einer individuellen Bildsprache.[13]

Das Angebot der Nachrichtenagenturen, die Bildrechte von freien und unter Vertrag stehenden Fotografen vermarkten, findet, wie in anderen Publikationsmedien ebenfalls, im Internet redaktionelle Anwendung. Aber auch für das Pressebild gibt es kostensparende alternative Quellen. Viele Wirtschaftsunternehmen bieten in ihren Datenbanken aktuelles Bildmaterial an. Hierbei handelt es sich um kostenlos zur Verfügung gestellte PR-Bilder, die gezielt im Sinne der Unternehmenskommunikation und Imagepflege unter professionellen Bedingungen produziert werden. Diese Bilder sind bewusst so beschaffen, dass sie sich für die Vermittlung von Informationen im Sinne eines Pressebildes eignen. Sie ergänzen sozusagen die subtil visualisierte und wohldosierte Werbebotschaft mit einem davon unabhängigen, verwertbaren Informationsgehalt. Der darüber ‚mitverschenkte' Mehrwert erhöht das Distributionspotential dieser Bilder. Dazu Bernd von Jutrczenka, Mitglied der dpa-Chefredaktion: „Ein gutes PR-Bild zeichnet sich vor allem dadurch aus, dass es als solches nicht erkennbar ist. Ein Bild, auf dem ein Logo oder ein Produktname zu sehr im Vordergrund stehen, setzen wir nur sehr ungern ein. Kurz gesagt: Branding schützt vor Abdruck." (Jutrczenka 2007: o. S.)

Sowohl bei der Erstellung von fotografischen Bildern als auch bei deren Verwertung gilt es verschiedene rechtliche Interessen zu berücksichtigen, die sich wesentlich aus dem Bildrecht (welches das Recht am eigenen Bild sowie das Eigentumsrecht beinhaltet) und dem Urheberrecht ergeben – auch in Hinsicht auf die Rechte Dritter. Diese müssen grundsätzlich geklärt sein, wenn ein Bild in eine redaktionelle oder kommerzielle Nutzung überführt wird. Ein Übergehen oder Missachten dieser Rechtsansprüche kann für den Bildschaffenden, den Bildvertreiber oder den Bildnutzer, je nach vertraglichen Vereinbarungen, hohe Folgekosten nach sich ziehen.

---

13 Für die Beschaffung von Bildmaterial besteht zudem immer auch die Möglichkeit, direkt einen Fotografen zu beauftragen. Dies ist hinsichtlich des Überangebotes an bereits vorhandenem und verfügbarem Bildmaterial leicht zu übersehen. Hierüber kann den Ansprüchen an Aussagewert und Inhaltlichkeit, aber auch an Individualität, Originalität und Exklusivität maximal Rechnung getragen werden. Dies hat in der Regel einen finanziellen und zeitlichen Mehraufwand zur Folge, dennoch gilt es im Sinne der beabsichtigten Aussage abzuwägen, ob diese Investitionen auch bei Auftritten im Internet nicht lohnend sind – zumal wenn es gilt, über individuelle, visuelle Strategien Identitäten zu schaffen und zu wahren. Jedem Agenturbild ist eine gewisse Beliebigkeit immanent, da der Verwendungszweck schon im Prozess des Entstehens vielseitiger motiviert ist, als dies bei einer Auftragsarbeit der Fall sein dürfte.

Im fotografischen Bereich werden durchaus Unterscheidungen, beispielsweise eine redaktionelle oder kommerzielle Verwertung betreffend, vorgenommen. Steht das Informationsinteresse der Öffentlichkeit im Vordergrund, werden die Ansprüche, die sich über das Recht am eigenen Bild ergeben, anders bewertet, als wenn Bilder einer kommerziellen Nutzung überführt werden. Hier ist das abgebildete Individuum berechtigt, die Verbreitung zu kontrollieren und auch in wirtschaftlicher Hinsicht davon zu profitieren. Ähnlich verhält es sich zum Beispiel mit Eigentums- oder Markenrechten.

Microstockagenturen, Tauschbörsen und Communities als Bilderquellen verlagern die Haftung für Rechtsverletzungen nicht selten auf die Urheber der Bilder, die wiederum die Wahrung von Rechten, sei es aus Unkenntnis oder wider besseren Wissens, oftmals unberücksichtigt lassen.

5 Anwendung des fotografischen Bildes im World Wide Web

> Die Fotografie kann von großem Nutzen oder großem Schaden sein, je nachdem ob sie mit oder ohne Urteilskraft und Intelligenz gebraucht wird. (Gleeson White, 1893)

Bei der fotografischen Bebilderung von werblichen und redaktionellen Inhalten im Web sind konzeptionelle Vorüberlegungen hinsichtlich der beabsichtigten Aussage unabdingbar. Der Einsatz von Bildern erhöht die Aufmerksamkeit des Rezipienten,[14] aber erst eine Einsatzgebiet, Thema und Zielgruppe adäquat berücksichtigende Bebilderung kann eine Aussage sinnvoll unterstützen und erweitern. Beab-

---

[14] Im Rahmen der Studie „Imagery Effects on the Selective Reading of Internet Newsmagazines“ zur Auswirkung der Bebilderung von Textbeiträgen im Internet wurde ein Online-Nachrichten-Magazin erstellt, das alle gängigen Möglichkeiten der Interaktion beinhaltet. In verschiedenen Versionen wurde der Text jeweils gleich belassen, aber die einzelnen Artikel wurden entweder ganz ohne Bilder, mit beliebiger Bebilderung oder mit inhaltsbezogener Bebilderung – sowohl in der Überschrift, als auch im eigentlichen Text – erstellt. Die Testpersonen konnten frei aus dem Angebot wählen und beliebig lange und ausführlich lesen, ohne zu wissen, dass ihr Verhalten automatisch erfasst wurde. Es ließ sich beobachten, dass inhaltsbezogen bebilderte Artikel sowohl häufiger ausgewählt als auch wesentlich länger und intensiver gelesen wurden. Die Einbettung beliebiger Abbildungen hatte ähnliche Auswirkungen in abgeschwächter Form. Bei einer anschließenden Auswertung der von den Lesern wahrgenommenen Inhalte wurde festgestellt, dass diese den beim Leseverhalten gemachten Beobachtungen entsprachen. Vgl. Knobloch, Hastall und Zillmann 2003.

sichtigte Aussagen können im Sinne der Information, der Erklärung, der Dokumentation, der Unterhaltung und der Manipulation getroffen werden.

Darüber hinaus gibt es verschiedene Bebilderungsarten, die sich in drei Kategorien aufteilen lassen: assoziative Bebilderung, illustrative Bebilderung und dokumentarische Bebilderung (vgl. Bergmann 2006). Bei einer assoziativen Bebilderung lässt sich ein Zusammenhang zwischen dem Inhalt und der Bebilderung nur über eine assoziative Verknüpfung herstellen. Im Gegensatz hierzu hat die illustrative Bebilderung immer einen direkten Bezug zum Thema, das durch die Auswahl der Bilder aber lediglich *stellvertretend* dargestellt wird. Diese Abbildungsart ist frei von dem Anspruch des Dokumentarischen, sie funktioniert beispielhaft.[15] Dokumentarische Bilder stehen in unmittelbarem Zusammenhang zum Thema, das sie bebildern. Sie dokumentieren den Inhalt in visueller Form und unterliegen dem Anspruch der Glaubwürdigkeit.

Führt man sich diese drei Möglichkeiten vor Augen, lässt sich schnell erkennen, warum Themen jeder Art zunehmend illustrativ bebildert werden. Es ist der bequemste und einfachste Weg. Für eine Bebilderung von abstrakten Themen scheidet die dokumentarische Art aus – hier bietet sich ein assoziatives Bebilderungskonzept an. Inhalte assoziativ zu bebildern, ist jedoch sehr anspruchsvoll; es bedarf intelligenter Strategien, wenn die Assoziationen weder zu banal noch zu uneindeutig funktionieren sollen. Grundsätzlich erfordert aber auch die dokumentarische Art der Bebilderung eine höhere Aufmerksamkeit bei der Bildbeschaffung, denn die eingesetzten Bilder müssen sich konkret auf den Inhalt beziehen und auf ihren Wahrheitsgehalt hin überprüft werden. Die illustrative Bebilderung hingegen verlangt nur exemplarische Bilder, die, um allgemeinverständlich zu sein, über Klischeedarstellungen funktionieren. Hierzu bietet sich unter anderem das Bildmaterial der Agenturen an, welches, entsprechend vorselektiert und verschlagwortet, eine unkomplizierte Auswahl ermöglicht.

Der Preis für ein solches Vorgehen ist jedoch immer eine gewisse Beliebigkeit, die hier zum Ausdruck kommt. Ein bewusst definierter Anspruch an die Art

---

15 Diese stellvertretende Form der Darstellung ist nicht immer eindeutig. So besteht die Gefahr, dass der illustrativen Art der Bebilderung, auf der auch die Verwendung von Symbolfotos basiert, ein Wahrhaltsgehalt zugeordnet wird, der ihr nicht immanent ist. Aus diesem Grund fordert der Pressekodex des Deutschen Presserats eine Kennzeichnungspflicht dieser Bilder: „Symbolfotos müssen als solche kenntlich sein oder erkennbar gemacht werden. [...] Kann eine Illustration, insbesondere eine Fotografie, beim flüchtigen Lesen als dokumentarische Abbildung aufgefasst werden, obwohl es sich um ein Symbolfoto handelt, so ist eine entsprechende Klarstellung geboten.“ (http://www.presserat.de/Pressekodex.pressekodex.0.html) (Abruf: 09.02.2008)

der Bebilderung, hinsichtlich des Einsatzgebietes, des Themas und der Zielgruppe, kann auch eine illustrative Bebilderung zu einer guten Wahl machen. Dies gilt jedoch für alle Bebilderungsarten gleichermaßen.

6 Chancen des fotografischen Bildes im World Wide Web

Die bereits dargelegten Veränderungen der Produktions- und Vertriebswege im digitalen Zeitalter sind im Bezug auf die Qualität und Aussagekraft des fotografischen Bildes als durchaus problematisch zu bewerten. Die massenhafte Verfügbarkeit von sehr preiswerten Bildern aus aller Welt, die Integration von Amateurmaterial in Agenturangebote, der Einsatz von PR-Bildern in redaktionellen Bereichen und die im Vergleich zu individuellen Auftragsproduktionen deutlich kostengünstigere und daher zunehmend zu beobachtende Art der illustrativen Bebilderung sind wesentliche Gründe für eine Verflachung von inhaltlichen und formalen Aspekten.

Im Bereich der journalistischen Fotografie bietet die Multimedialität des Internet jedoch auch Möglichkeiten im Sinne einer bereichernden Ergänzung. Dies kann über die Einbettung von umfassenden Hintergrundinformationen als Text- und Videoangebot, beispielsweise zur Entstehungsgeschichte der fotografischen Aufnahmen, begleitenden O-Ton-Angeboten von Hintergrundgeräuschen oder von mit Fotografen vor Ort geführten Interviews erreicht werden (Martin 2007). Ein eigenständiges Format aus Fotografie und Tonaufnahmen, das sich klar abgrenzt von Wesen und Erzählstruktur des Filmes, hat sich bisher jedoch noch nicht herausbilden können.

Ein Blick auf die Chancen des fotografischen Bildes beinhaltet nicht nur den angewandten, sondern auch den künstlerischen Bereich der Fotografie. Als anerkannte Kunstform definiert sich die Fotografie innerhalb der zeitgenössischen Kunst über Bildschaffung nach eigenen Gesetzmäßigkeiten (Baatz 1997: 169-171).

> Besonders seit den sechziger Jahren haben zahlreiche Autoren[16] in Europa und Amerika die Fotografie als Instrument der Befragung von bestehenden Wahrnehmungsmustern, des Entwirrens von optischen Täuschungen und aber auch als Mittel zur Herstellung von inszenierten, virtuellen Bildern benutzt. (Felix 1998: 14).

---

16 Autorschaft in der Fotografie bedeutet, dass der Fotograf im Sinne der Urheberschaft die Rolle des Autors für ein persönliches Werk übernimmt.

Hierüber grenzt die Fotografie als Kunst sich klar ab von dem rein dokumentarischen Wert ihrer Anfänge – aber auch von Bildern, die ihren künstlerischen Anspruch lediglich über die Anwendung von immanenten Eigengesetzlichkeiten und technischen Möglichkeiten der fotografischen Apparatur formulieren.

Damit lässt sich eine Definition von Fotografie als Kunst vor allem innerhalb des Mediums selbst ausmachen. Eine Abgrenzung, beispielsweise zur Werbung, welche nicht selten mit intelligent durchdachten Bildstrategien überzeugt, erfährt die zeitgenössische Kunst, nach Hanno Rautenberg, jedoch erst über die Freiheit von jeglichem Erfüllungsanspruch. Gute Kunst könne die Welt in Zweifel ziehen, misstrauisch, misanthropisch und wütend sein; die Werbung hingegen sei bezüglich ihrer implementierten Fragestellungen zwangsläufig lösungsverpflichtet. „Werbung darf nie ihr eigener Zweck sein, sie verweist, sie verkauft, sonst gäbe es sie nicht. Kunst hingegen ist ihr eigenes Produkt, und wenn sie wirbt, dann für sich allein.“ (Rautenberg 2007: 37)

Hierin besteht eine Chance für die Fotografie, der Massenmedialität des Webs nicht gänzlich zu erliegen. Wenn es der Fotografie gelänge, über eine klare Abgrenzung – eben darüber, dass sie Kunst ist – innerhalb der massenmedialen Landschaft allein durch ihre Anwesenheit diese als solche zu hinterfragen, zu kritisieren oder ad absurdum zu führen, dann hätte sie eine eigenständige und berechtigte Position innerhalb des Webs erlangt. „Vor dem Hintergrund einer übermächtigen, lärmenden Medienlandschaft, [...] muss sie ihr Projekt formulieren, Raum finden für die eigene, differente Aussage.“ (Winkler 1997: o. S.)

Hartmut Winkler erläutert in seinem Vortrag „Zeigen. Ein Problem zwischen Kunst und Medien“, dass sich die Massenkultur der Medien aus dem „Reservoir der künstlerischen Innovationen“ bediene und die Kunst wiederum ihre gesellschaftliche Bedeutsamkeit über ihre Berücksichtigung in der medialen Wirklichkeit erfahre. Dabei konkurrieren Kunst und Massenmedialität „allen inhaltlichen Unterschieden zum Trotz, um die Aufmerksamkeit letztlich desselben Publikums.“ (ebd.). Hier findet Winkler ein ihnen gemeinsames Interesse, über das es, unabhängig von ihren gegenläufigen Entstehungs- und Vermarktungsprozessen, zu einer Zusammenführung kommen könnte. Zwar müsse die Kunst ihre eigenständige Position „diesseits der Medien“ bewahren, um nicht selbst in die Sphäre der Medien überzugehen, doch eröffne dies „die Chance, mit all denjenigen Strukturen und Bedürfnissen zu arbeiten, die die Medien aus systematischen Gründen aussparen müssen“ (ebd.).

Literatur

Baatz, Wilfried 1997: *Geschichte der Fotografie. Schnellkurs*. Köln: DuMont.

Bazin, André 1945: „Ontologie des fotografischen Blicks." In: *Theorie der Fotografie*. Bd. 3. Hg. v. Wolfgang Kemp. München: Schirmer/Mosel, 1983, S. 58-64.

Bergmann, Monika 2006: *Die Bilderjagd. Beruf des Bildredakteurs*. Sinzheim: Piag.

Berners-Lee, Tim 1989: *Information Management: A Proposal.* http://www.w3.org/History/1989/proposal.html (Abruf: 17.01.2008)

Berners-Lee, Tim 2007: *The Web: Looking Back, Looking Forward*. Vorlesung („Lovelace Lecture") am 13.03.2007 in London. http://www.bcs.org/server.php?show=nav.9996 [Video-Datei] (Abruf: 17.01.2008)

Berners-Lee, Tim 2008: *Design Issues. Architectural and Philosophical Points.* http://www.w3.org/DesignIssues/ (Abruf: 17.02.2008)

Born, Thomas 2007: „Die bildformatierte Gesellschaft. Bildproduktion, Bilddistribution, Bildvernetzung, Bildrezeption." In: *Design Management. Band 3: Einblicke und Ausblicke.* Hg. v. Silke Claus, Holger Hase, Katrin Hinz und Hanna Schnackenberg. Berlin: fhtw-transfer, S. 124-141.

Cerf, Vinton/Dalal, Yogen/Sunshine, Carl 1974: *Specification of Internet Transmission Control Program (TCP), December 1974 Version*. http://tools.ietf.org/html/rfc675 (Abruf: 15.01.2008)

CERN 1993: *Statement Concerning CERN W3 Software Release Into Public Domain.* http://www.w3.org/History/1993/CERN/ (Abruf: 17.01.2008)

Chapin, Lyman 1992: *The Internet Standards Process*. Memo der Network Working Group. http://www.ietf.org/rfc/rfc1310.txt (Abruf: 15.01.2008)

CIO 2001: *Logo-Suchtechnik. Gegen Markenpiraterie*. http://www.cio.de/strategien/806478/ (Abruf: 18.01.2008)

Corbis 2007: *Pressedossier: Initiative Sygma.* http://www.corbis.com/corporate/PressRoom/PDF/mp_A4_DP_sygma_DE.pdf [PDF-Datei] (Abruf: 15.01.2008)

Felix, Zdenek 1998: „Vorwort." In: *Die Rache der Veronika. Aktuelle Perspektiven der zeitgenössischen Fotografie. Die Sammlung Lambert.* Hg. v. Elisabeth Janus. Zürich: Scalo, S. 14.

Friebe, Holm/Lobo, Sascha 2006: *Wir nennen es Arbeit. Die digitale Bohème oder Intelligentes Leben jenseits der Festanstellung.* München: Heyne.

Glückler, Johannes 2005: „Digitalisierung und das Paradox informatorischer Reichweite in der Agenturfotografie." In: *Geographische Zeitschrift* 93, S.100-120.

Hammami, Mohamed/Chahir, Youssef/Chen, Liming 2006: „WebGuard: A Web Filtering Engine Combining Textual, Structural, and Visual Content-Based Analysis." In: *IEEE Transactions on Knowledge and Data Engineering* 18, 2, S. 272-284. http://doi.ieeecomputersociety.org/10.1109/TKDE.2006.34 (Abruf: 18.01.2008)

Hübner, Wolfgang/Kirste, Thomas 1990: „Hyperpicture – Ein Archivierungs- und Retrievalsystem auf optischen Speichermedien." In: *Hypertext und Hypermedia. Von theoretischen Konzepten zur praktischen Anwendung* (= Informatik-Fachberichte 249). Hg. v. Peter A. Gloor und Norbert A. Streitz. Berlin: Springer, S. 144-148.

Jacobs, Jan/Vanderheiden, Gregg/Chrisholm, Wendy 1999: *Zugänglichkeitsrichtlinien für Web-Inhalte 1.0 / W3C-Empfehlung, 5. Mai 1999.* Übersetzt von René Hartmann.
http://www.w3c.de/Trans/WAI/webinhalt.html (Abruf: 17.02.2008)

Jutrczenka, Bernd von 2007: *Ein gutes PR-Bild enthält keine werblichen Aussagen*. Bericht vom „media coffee" am 15.11.2007 in Hamburg. http://www.presseportal.de/pm/6344/1085849/news_aktuell (Abruf: 25.02.2008)

Knobloch, Silvia/Hastall, Matthias/Zillmann, Dolf 2003: „Imagery Effects on the Selective Reading of Internet Newsmagazines." In: *Coy Callison Communication Research*, 30, 1, S. 3-29.

Licklider, Josef Carl Robnett 1960: „Man-Computer Symbiosis." In: *IRE Transactions on Human Factors in Electronics* HFE-1, 1, S. 4-11. http://groups.csail.mit.edu/medg/people/psz/Licklider.html (Abruf: 15.01.2008)

Martin, Uwe 2007: „Entwicklung der Fotografie im Internet."
Vortrag. http://www.verdi.de/dju/fotografen/fotografentag/data/ft_07_doku_referate.pdf [PDF-Datei] (Abruf: 05.02.2008)

NCSA 2008: „About NCSA Mosaic." http://www.ncsa.uiuc.edu/Projects/mosaic.html
(Abruf: 07.02.2008)

Rautenberg, Hanno 2007: „Einsamkeit, Freiheit, tiefes Glück. Wanderungen im Nebelmeer. Was die zeitgenössische Kunst von Werbung, Mode und Design unterscheidet." In: *Die Zeit*, 34, S. 37.

Scheibel, Michael 2003: „Hyperimage – Bild und Bildkompetenz im Internet." In: *Was ist Bildkompetenz? Studien zur Bildwissenschaft.* Hg. v. Klaus Sachs-Hombach. Wiesbaden: DUV, S. 131-141.

Schink, Peter 2006: „Flickr": Wachstum durch Mundpropaganda."
http://www.netzeitung.de/internet/386159.html (Abruf: 17.01.2008)

Sussebach, Henning 2008: „Die Last der Wahrheit." In: *Zeit Magazin Leben*, 24, S. 12-20.

Tucholsky, Kurt 1927: „Altes Licht." In: *Vossische Zeitung* vom 16.10.1927 (unter dem Pseudonym Peter Panter). http://www.textlog.de/tucholsky-licht-fotografie.html (Abruf: 17.01.2008)

Wiegand, Wilfried 1981: *Die Wahrheit der Photographie. Klassische Bekenntnisse zu einer neuen Kunst.* Frankfurt/M.: Fischer.

Winkler, Hartmut 1997: „Zeigen. Ein Problem zwischen Kunst und Medien." Vortrag. http://wwwcs.uni-paderborn.de/~winkler/zeigen. html

Qualität im Web – Interdisziplinäre Website-Bewertung

David Kratz

1 Einleitung

Die Entwicklung einer Webwissenschaft erfordert in besonderem Maße eine enge Zusammenarbeit von Wissenschaftlern und Praktikern aus den verschiedenen Forschungs- und Arbeitsbereichen des Webs, so eine Kernaussage von Tim Berners-Lee in dem Artikel „Creating a Science of the Web“ (vgl. Berners-Lee et al. 2006). In der Praxis findet diese Zusammenarbeit häufig schon in intensiver Form statt. Online-Redakteure, Grafiker, Programmierer, Konzepter, Usability-Engineers sowie viele andere Spezialisten arbeiten gemeinsam daran, das Web weiter zu entwickeln und hochwertige Informationen auf Websites bereitzustellen (vgl. Shneiderman 2007: 4). Die Nutzer tragen durch ihr Nutzungsverhalten einen wesentlichen Teil zum Erfolg und Misserfolg von Websites bei und werden nicht erst seit der Web-2.0-Diskussion als aktive Konsumenten und als Inhalts-Produzenten wahrgenommen. Um sich einer angewandten Webwissenschaft zu nähern, lohnt es, eine Bestandsaufnahme zu machen und zu betrachten, aus welchen Perspektiven und auf welchen Ebenen Wissenschaft und Praxis derzeit eine Diskussion über die Qualität von Websites betreiben. Was macht eine gute, zweckmäßige oder erfolgreiche Website aus? Wie kann man ihre Qualität bestimmen oder optimieren? Medienwissenschaftler, Kulturwissenschaftler, Informatiker, Praktiker und andere analysieren auf Basis ihrer eigenen Heuristiken das Web und versuchen dabei, Qualitätsmerkmale von Websites zu beschreiben oder praktische Tipps und Richtlinien für die Erstellung und Optimierung der Web-Angebote zu entwickeln. In diesem Text wird ein Schwerpunkt auf diejenigen Qualitätsaspekte gelegt, die für frei zugängliche Informationswebsites kommerzieller Anbieter und öffentlicher Einrichtungen relevant sein können.

2 Der Qualitätsbegriff

Qualität ist laut dem Brockhaus (2008) „die wesentliche Eigenschaft eines Dings, die es zu dem macht, was es ist“. Bei vielen wissenschaftlichen Annäherungsversuchen an den Qualitätsbegriff taucht die Frage auf, inwieweit Qualität messbar ist und was Qualität in Bezug auf die im jeweiligen Fokus stehenden Gegenstände bzw. Gegenstandbereiche bedeuten kann. Jede Disziplin versucht, eigene Qualitätsdefinitionen zu formulieren, ja zu erfinden. Bei den Betrachtungen stellt sich die Frage der Dimension der Qualität und wird versucht, den Begriff in Relation zu aktuellem Denken und zur Gesellschaft zu stellen. Qualität wird häufig als der Idealzustand eines Gegenstands, der angestrebt aber praktisch nicht vollständig erreicht werden kann, definiert. Durch Normierungen, wie beispielsweise die ISO-Normen, wird versucht, die Qualität von Technik, Produkten und Dienstleistungen zu beschreiben, zu sichern und vergleichbar zu machen. Seit Ende der 1990er Jahre werden auch Websites verstärkt aus verschiedenen, nicht nur technisch orientierten Perspektiven unter qualitativen Gesichtspunkten untersucht und es wird versucht, Qualitätsaspekte für Websites zu definieren. In der Diskussion lassen sich ähnliche Aspekte erkennen wie bei den klassischen Medien: Der angestrebte qualitative Idealzustand eines Medienprodukts ist in erheblichem Maße durch normative Festlegungen der Gesellschaft definiert, „die sich nicht in letzter Instanz begründen lassen“ (Vlasic 2004: 16). Entsprechend stellt zum Beispiel Hans-Dieter Kübler bezüglich der deutschen Massenmedien fest, dass die Qualitätsdiskussion unter Wissenschaftlern, Produzenten und dem Publikum häufig divergent verlaufe. Das Grundproblem sei, allgemeingültige, für ein oder gar mehrere Medien pauschal anwendbare Qualitätskriterien zu definieren: „Schon funktionalistische Ansätze streiten sich weithin mit der Suche nach Qualität, wenn sie ontologisch und universal gelten will.“ (Kübler 1996: 197 f.) Ähnliche Probleme werden etwa der Programmqualität im Fernsehen attestiert: Es blieben häufig „wesentliche wertungstheoretische Fragen, Fragen der Wertdefinition, -zuschreibung und -gewichtung, unbeantwortet“ (Bolik 2001: 25). Wie im Folgenden deutlich wird, tauchen viele dieser Probleme auch bei der Wertung von Websites auf.

Die grundlegende Frage bei der Betrachtung der Qualität von Websites ist, was der Idealzustand sein könnte – wie also die Bereiche Inhalt, Struktur, Gestaltung und Technik beschaffen sein sollten, damit von einer „Qualitätswebsite“ gesprochen werden kann. Zur Beantwortung der Frage sollten diese vier Bereiche zusätzlich in einen Zusammenhang mit intentionalen Qualitätskriterien gesetzt werden: Welche Ziele werden mit einer Website verfolgt? Welche Wünsche hat der User? Und: Ist die Website im gesellschaftlichen Kontext als qualitativ hochwertig anzusehen?

3 Ansätze zur Qualitätsbewertung von Websites

Derzeit lässt sich in der aktuellen Literatur sowie in entsprechenden Online-Quellen eine Vielzahl von Ansätzen zum Thema Qualität von Websites feststellen. Bezogen auf die vier genannten Bereiche Inhalt, Gestaltung, Struktur und Technik sind folgende Perspektiven erkennbar, aus denen die Qualität von Websites derzeit analysiert wird und Optimierungs-Methoden und praktische Hinweise bereitgestellt werden:

- die inhaltsorientierte Qualitätsbetrachtung
- die gestaltungsorientierte Qualitätsbetrachtung
- die Usability-orientierte Qualitätsbetrachtung

Dabei sind die Übergänge zwischen den Bereichen fließend. So finden sich insbesondere die Ideen der Usability-Forschung auch in den anderen Betrachtungsweisen wieder. Dennoch ist es sinnvoll, die verschiedenen Perspektiven getrennt zu beschreiben, um die verschiedenen Denk- und Arbeitsansätze zu verdeutlichen. Alle Betrachtungsansätze stehen vor dem Problem, dass es zwar Qualitätsrichtlinien des W3C (z. B. zu XHTML und CSS) und der ISO (z. B. ISO 9241-11 zur Usability) sowie Spezialverordnungen wie die BITV gibt, diese Richtlinien und Regelwerke aber je nach Anwendungsfall sehr unterschiedlich ausgelegt werden müssen und nicht selten große Interpretationsspielräume bieten. Auch sind sie häufig schon veraltet, bevor ihre Novellierung abgeschlossen wurde. Hinzu kommt das grundsätzliche Problem, dass es keine allgemeine und umfassende ökonomische oder kommunikationswissenschaftliche Theorie der Qualität gibt, aus der sich Qualitätsaspekte für das Web klar herleiten ließen (Beck, Schweiger und Wirth 2004: 7). Daher wird versucht, den Begriff der Qualität individuell zu operationalisieren (ebd.: 12).

Es handelt sich bei den im Folgenden genannten Quellen nicht nur um wissenschaftliche Publikationen, sondern auch um Praxishandbücher und Online-Ratgeber. Diese werden bewusst mit berücksichtigt, da die Wissenschaft bisher nur in geringem Umfang entsprechende Publikationen hervorgebracht hat (Mertens 2006: 11).

3.1 Inhaltsorientierte Qualitätsbetrachtung

Eine der grundlegenden Ideen des Webs ist es, Informationen auszutauschen und Wissen zu vernetzen. Die dezentrale Bereitstellung von Inhalten ist somit ein wesentlicher Grund dafür, dass das Web erdacht wurde, und dürfte wesentlich dazu beigetragen haben, dass es zum Erfolg wurde. Dabei meint Inhalt nicht nur Text, sondern auch Fotos, Audios und seit einigen Jahren auch verstärkt Video-Formate. Saim Alkan befand im Jahr 2002, basierend auf einer empirischen Untersuchung, dass die wichtigste Anforderung an eine Website „in hochwertigen Inhalten liegt" (Alkan 2002: 10) und konstatierte eine zunehmende Wandlung von der Technik- zur Contentorientierung im Web. Dass dieser Wandlungsprozess noch im Gange ist, legt der Text Marietta Bönings zum Qualitätsjournalismus im Web nahe. Sie bemängelt, dass Literatur, die sich mit journalistischer Qualität im Web beschäftige, häufig journalistische Prinzipien vernachlässige und primär die Kundenwahrnehmung in den Mittelpunkt stelle. Die betriebswirtschaftliche Perspektive überdecke die kulturökonomische, die einem journalistischen Qualitätsmedium bisher zugeschrieben wurde (Böning 2006: 22). Weiter stellt sie fest, dass die Grundfrage sein müsse, mittels welcher Kriterien Qualität zu definieren sei – ob und in welchem Maße die Inhalte „kulturell hochwertig" und wirtschaftliche erfolgreich sein müssen, damit sie als qualitativ hochwertig gelten können (ebd.: 23). Hinzu kommt ein weiterer, nicht zu unterschätzender Qualitätsfaktor für Inhalte: deren Innovativität (vgl. ebd.: 43). Diese kann sowohl thematisch als auch in der Aufbereitung der Inhalte zu finden sein.

Für den Inhalt wurden in den letzten Jahren eine Vielzahl empirischer und aus der Praxis gewonnene Qualitätsrichtlinien entwickelt. Viele Richtlinien verweisen primär auf die Nutzerorientierung – so definiert beispielsweise Alkan vier zentrale Qualitätsaspekte für Web-Texte (Alkan 2002: 29):

- Modularisierte, in Informationseinheiten aufgebrochene Texte
- Prägnant informierende Sprache
- Grafisches Schreiben (Text passend zu Layout und multimedialen Elementen)
- Hypertext-Verknüpfung der Informationseinheiten

Der Textberater Jens Jacobsen veröffentlichte im November 2005 eine ökonomisch orientierte Studie, in der, basierend auf Forschungsergebnissen aus der klassischen

Textforschung und der Usability-Forschung, versucht wurde, Qualitätsaspekte für Texte auf deutschsprachigen Websites zu entwickeln (Jacobsen 2005: 3). Als Ziel formuliert Jacobsen, durch verbesserte Texte die Kaufbereitschaft der Nutzer einer Website zu steigern. Er resümiert, dass sich „die Kaufbereitschaft von Besuchern einer Website durch gute Texte um bis zu 50 Prozent steigern lässt" (ebd.: 12). Die Güte werde aus seiner Sicht insbesondere durch Gliederung, Kürzung und professionelles Redigieren erreicht. Diese Erkenntnis deckt sich weitgehend mit Ergebnissen, die auch in der Usability-Forschung, zum Beispiel im Rahmen der so genannte Nebraska-Studie von Jakob Nielsen, erzielt wurden (Nielsen 1997). Für werblich orientierte Texte werden zudem häufig Qualitätskriterien formuliert, die sich an der klassischen AIDA-Formel von E. St. Elmo Lewis aus dem Jahr 1889 orientieren: Attention, Interest, Desire, Action (Geml, Geisbüsch und Lauer 1999: 21).

Inhaltliche Qualitätsaspekte werden von einem technischen Aspekt mit wirtschaftlicher Bedeutung berührt – der Suchmaschinen-Optimierung (engl. SEO). Unter Stichworten wie „Keyword-Dichte" und „optimierte Textstrukturierung" gibt die Praxis-Literatur Hinweise darauf, wie Inhalte für die optimale Platzierung in den Suchmaschinen optimiert werden sollen, so dass sie nicht im ‚Deep Web' verschollen gehen. Hier bleibt zu fragen, bis zu welchem Grad Inhalte optimiert werden dürfen, ohne dass ihre Lesbarkeit beeinträchtigt wird und die SEO wichtiger wird als der eigentliche Inhalt (vgl. Schmid 2003).

Eine weitere Dimension in der Diskussion über die inhaltliche Qualität von Websites entsteht durch die Betrachtung des nutzergenerierten Inhalts. Während bis vor einigen Jahren die Kommunikation durch die Nutzer mittels eigener Homepage, Foren, Chatrooms etc. weitgehend isoliert betrachtet wurde, werden seit der Fokussierung auf nutzergenerierte Inhalte im ‚Web 2.0' eben diese als mögliche Qualitätsmerkmale relevant (Naldini 2006). Die Qualität dieses User-generated Contents wird bisher erst in Ansätzen analysiert. Über Blogs und deren inhaltliche Qualität wird bereits unter Stichworten wie „Digitaler Nihilismus" aktiv diskutiert (vgl. Lovink 2007: 55; Taglinger 2007; Neuberger 2007: 110). Mischformen, also Websites, auf denen professionell generierter Content mit nutzergenerierten Inhalten kombiniert wird, wurden bisher jedoch nur ansatzweise analysiert. In dem beginnenden Diskurs wird aber bereits das Spannungsfeld zwischen redaktioneller Kontrolle und freier Meinungsäußerung durch die User deutlich. So schreibt zum Beispiel Stefan Niggemeier zur Freischaltung von User-Beiträgen: „Das beste Mischungsverhältnis aus Anarchie und Kontrolle wird gerade in schmerzhaften Operationen am lebenden Objekt probiert." (Niggemeier 2008) Entsprechende Erfahrungen führen dazu, dass ein Großteil der Unternehmer noch Angst vor dem möglichen Kontrollverlust durch Web-2.0-Angebote habe, so eine Studie von McKinsey aus dem Jahr 2007. „How do you basically regulate how to contribute?“, sei dabei die Kernfrage (Hempel 2007).

Die inhaltsorientierten Ansätze versuchen derzeit vor allem, aus dem Transfer klassischer Methoden auf das Web, aus Schlussfolgerungen aus empirischen Studien und Zugriffsstatistiken sowie mittels des Experimentierens mit neuen Darstellungsformen Qualitätsaspekte von Websites zu definieren. Dabei ist festzustellen, dass viele Autoren den Aspekt der Multimedialität, also die sinnvolle Kombination der textlichen Inhalte mit Bildern, Videos, Audioelementen etc., bisher nur am Rande erwähnen.[1] Die inhaltliche Qualität von Websites wird also noch vorrangig mit Textqualität in Verbindung gebracht. Erste Ansätze zum Einbezug anderer medialer Darstellungsformen existieren aber bereits. So empfiehlt Thomas Wirth im Rahmen seiner „dualen Kodierungstheorie“, Bild und Text sinnvoll zu kombinieren, um „die Inhalte einer Website [...] optimal auf[zu]bereiten.“ (Wirth 2004: 106)

3.2 Gestaltungsorientierte Qualitätsbetrachtung

Die Gestaltung von Websites hat nach einer langen Phase des Experimentierens und des Adaptierens von Computer-, Print- und TV-Gestaltungskonzepten inzwischen einige eigene Qualitäts-Standards herausgebildet: „Designbewusstsein [hat] sich auch im Web immer mehr durchgesetzt“, wurde bereits 2002 festgestellt (Neutzling 2002: 10). Dabei fordert nicht zuletzt die Dynamik des Mediums, besonders im Vergleich zu Printmedien, durchdachte Design-Lösungen (Khazaeli 2005: 11). Eine Studie der Universität Münster, in der ermittelt wurde, dass Ersteindruck, Seitenaufteilung und Farb- und Navigationsgestaltung von den Probanden als besonders wichtig hervorgehoben wurden, bestätigt, dass eine hochwertige Gestaltung von Nutzern als Qualitätsmerkmal registriert wird (Thielsch, Schrameyer und Ullmann 2008). Ähnliches beschreibt auch eine kommerzielle Studie der argonauten G2 GmbH: „Als erfolgsrelevantester Aspekt einer Markenwebsite erweist sich in den Augen der Nutzer die Anmutung ihrer grafischen Gestaltung.“ (argonauten G2 2005: 21) Somit scheint folgende Aussage des Designers Daniel Donelly aus dem Jahr 1997 bereits überholt: „It remains to be seen whether Web Design will become accepted as a critical form in its own right.“ (Donelly 1997: 7)

---

1 Bereits 2002 festgestellt von Claudia Mast (Mast, Popp und Theilmann 2002: 32).

Allerdings müssen Gestalter bis heute mit technischen Hürden und Einschränkungen wie begrenzten Einsatzmöglichkeiten von Schriften arbeiten (Beaird 2008: 112).

Um die unterschiedlichen Betrachtungsweisen zu gestalterischen Qualitätsaspekten von Websites zu differenzieren, wird im Folgenden eine Einteilung zwischen künstlerisch-kreativ geprägten Ansätzen und nutzerorientierten Perspektiven vorgenommen. Diese Perspektiven werden von Nielsen mithilfe des Gegensatzes „Art vs. Engineering" beschrieben. (vgl. Nielsen 2001: 11) Dieser Gegensatz wird nicht nur in gestaltungsspezifischen Diskussionen thematisiert, sondern er wird in den Kulturwissenschaften allgemein seit langer Zeit ausgefochten (vgl. Ruschmeyer 2007: 205). Die optisch hochwertige Gestaltung von Websites bewegt sich also im Spannungsfeld zwischen den kreativen Möglichkeiten, welche die Website-Entwicklung bietet, und der Anforderung, den Nutzerbedürfnissen in angemessener Weise gerecht zu werden. Dazu kommen häufig noch wirtschaftliche Interessen (Stoyan 2004: 283).

3.2.1 Künstlerisch-kreative Ansätze

Beispiele für künstlerisch-kreativ geprägte Gestaltungsansätze für Websites finden sich in einer Vielzahl von Online-Sammlungen sowie in gedruckten Sammlungen, wie dem jährlich neu erscheinenden *Web Design Index,* der einen Überblick über die aktuellsten Entwicklungen geben möchte (vgl. Beer und van Roojen 2007: 370). Im zweiten Buch der Serie werden die Auswahlkriterien genauer beschrieben: „Qualität des Designs, Innovation, Handhabbarkeit und Verständlichkeit der Navigation sowie die Gesamtwirkung einer Seite bestimmen die Auswahl für diesen Index." (Beer 2001: 7) Die Auswahl erfolgt dabei subjektiv durch die Autoren, die eingereichte Vorschläge und eigene „Entdeckungen" im Web zusammengestellt haben. Eine ähnliche Zusammenstellung ist die Serie *Web Design* des Taschen Verlags (vgl. z.B. Wiedemann 2007). Betrachtet man solche Publikationen, die über die letzten Jahre Momentaufnahmen der sich ständig wandelnden Design-Trends im Web festgehalten haben, kann die These aufgestellt werden, dass Innovation und gestalterische Kreativität bei bestimmten Website-Typen als zentrale Qualitätsaspekte wahrgenommen werden. Entsprechend fordert der Designer Jason Beaird, dass Web-Gestaltung durch die Persönlichkeit des Gestalters geprägt sein sollte, um der Uniformität vieler Websites entgegenzuwirken und das Internet zu einem „sehr viel interessantere[n] Ort" zu machen (Beaird 2008: 176). Für künstlerisch-kreative Websites gibt es neben den Printpublikationen eine Vielzahl von Sammlungen im Web (vgl. z. B. Lennartz 2006; Webdesign Awards 2008). Des Weiteren sind seit der Prägung des Web-2.0-Begriffs durch Tim O'Reilly mehrere Online-Angebote entstanden, die Websites sammeln, welche den Gestaltungstrends des Web 2.0 entsprechen. Zwar wurden von O'Reilly keinerlei Aussagen bezüglich der Gestaltung von Websites getroffen (vgl. O'Reilly 2005), dennoch hat sich inzwischen rund um das Thema Web 2.0 „ein grafischer Trend entwickelt", der nicht nur auf Usability-Ideen beruht (Beaird 2008: 98). Gerade die verstärkte Interaktion mit dem Nutzer in aktuellen Web-Angeboten stellt vermehrt die Herausforderung an die Designer, Webdesigns zu entwickeln, die „verspielt, geheimnisvoll und kollaborativ zugleich [sind]." (Hills 2007: 13)

3.2.2 Nutzerorientierte Perspektiven

Um Websites zu gestalten, die den Nutzern gefallen und bei denen die grafische Gestaltung positive Assoziationen weckt, greifen Grafiker auf etablierte Qualitätskriterien der Gestaltung zurück. Dazu gehören grundlegende Theorien, wie die des Hauptvertreters der Chicago School, Louis Sullivan: „form follows function". Dazu kommt eine Vielzahl von Erkenntnissen, die sich aus der Wahrnehmungspsychologie ableiten (vgl. Khazaeli 2005: 14). Des Weiteren werden Prinzipien angewendet, die aus anderen Gestaltungsdisziplinen wie der Print-Gestaltung oder auch dem Produktdesign auf das Web übertragen werden. Die korrekte Anwendung von Gestaltungsrastern, Farbwahl, Typografie etc. wird in den Praxishandbüchern zur professionellen Web-Gestaltung erläutert. Unter Stichworten wie beispielsweise „Contingency Design" (Linderman und Fried 2004: 5), also Konsistenz als Qualitätsmerkmal im Design, werden etablierte Erkenntnisse auf das Web angewendet. Die Qualität des daraus resultierenden Produkts misst sich dabei häufig an dessen Fähigkeit, Spannung aufzubauen und bei den Nutzern positive Stimmungen erzeugen. So befindet Jason Beaird, „[b]eim Design geh[e] es um Kommunikation" und nennt in diesem Zusammenhang Benutzerfreundlichkeit als entscheidendes Qualitätskriterium (Beaird 2008: 10).

Um diese Qualität zu erzeugen, werden in der Webgestaltungsliteratur, meist basierend auf Praxis-Erfahrungen und etablierten Methoden, Empfehlungen für die Design-Entwicklung bzw. -Optimierung gegeben. So schreibt der Designer Hillman Curtis, das Design sei an die individuellen Anforderungen der Nutzergruppe anzupassen (Curtis 2003: 76). Trotz der von ihm relativ konkret erläuterten Design-Konzepte stellt er fest, dass es „für großartige Designs keine Rezepte [gibt]." (ebd.: 81 f.) Ähnlich beschreibt dies auch Frank Thissen: „Ein qualitativ hochwertiges multimediales Produkt wird immer in der Spannung gestaltet sein, dass es einerseits interessant für den Nutzer sein muss und deshalb auch eine ansprechende Komposition der Elemente bietet, andererseits den Benutzer auch nicht überfordern darf.“ (Thissen 2003: 144). Dass dies ein komplexes Spannungsfeld ist, wird auch an dem Aspekt Konsistenz deutlich, welcher von mehreren Autoren gefordert wird (vgl. Linderman und Fried 2004: 5; Rada 2002: 79). Cyrus Khazaeli stellt fest, dass in einem “kreative[n] und visuelle[n] Konzept”, Standardisierung zu einem gewissen Grad dazugehört (Khazaeli 2005: 16). Um dies zu vermeiden, müsse kreatives Design in bestmöglicher Form mit der Nutzer-Orientierung kombiniert werden, schlägt Thomas Wirth vor (Wirth 2004: 179). Nutzerorientierte Gestaltungsansätze stehen in direkter Verbindung mit aktuellen Usability-Forschungsansätzen, die versuchen, neben dem Layout auch Struktur und Inhalt aus benutzerorientierter Sicht zu betrachten.

3.3 Usability-orientierte Qualitätsbetrachtung

Im Rahmen der Usability-Forschung wird Nutzbarkeit oder auch Nutzungsfreundlichkeit als zentrales Qualitätsmerkmal von Websites fokussiert (Schweibenz und Thissen 2003: 42). Grundlage dafür sind Normen wie die ISO 9241-11, die besagt, dass Usability gewährleisten soll, dass Nutzer bei der Handhabung eines Produkts ihre Ziele „effektiv, effizient und zufrieden stellend erreichen“ (ebd.: 35). In Bezug auf das Web entwickelte Benjamin Keevil 1998 eine entsprechende Definition, die vor allem die inhaltlich-strukturelle Qualität fokussiert: „Usability refers to how easy it is to find, understand and use the Information” (zitiert nach ebd.: 42). Diese Grundannahme wird in der aktuellen Usability-Forschung weiter ausdifferenziert. Ein Beispiel sind die folgenden fünf Erfolgsfaktoren (ebd.: 43):

1. inhaltlicher Nutzen
2. Schnelligkeit
3. Übersichtlichkeit
4. Verständlichkeit
5. Anmutung

In der aktuellen Literatur zur Usability-Forschung variieren die Qualitätskriterien und werden in ihrer Gewichtung und Definition der Kriterien (z. B. „Was umfasst genau ‚inhaltlicher Nutzen'?") unterschiedlich verwendet. Im Rahmen der medienpsychologischen Usability-Forschung werden Qualitätskriterien entwickelt, die sich vor allem auf verhaltenspsychologische Erkenntnisse stützen. Die Medienpsychologie beschäftigt sich dabei insbesondere mit den Formen der Interaktion und der Erforschung des Nutzerverhaltens sowie von Nutzertypologien. So empfiehlt zum Beispiel Ben Shneiderman in einer seiner acht „goldenen Regeln" des Interface Designs: „Unterstütze eine internale Kontrollüberzeugung" (Krämer 2004: 659). Er fordert somit, bei Websites auch unbewusste Interaktionsprozesse des Users zu berücksichtigen, um Usability zu erzeugen (ebd.: 671). Weiterhin gibt es eine Vielzahl von Untersuchungsansätzen, die die unterschiedliche Wahrnehmung von Websites in Abhängigkeit vom Hintergrundwissen der Nutzer zu ermitteln versuchen (Janoschka 2004: 73). Da Nutzerverhalten und Nutzertypologien für die Bewertung der Qualität von Websites als Kriterien relevant sein könnten, ist es laut der Medienpsychologin Nicole Krämer sinnvoll, dass die Bereiche Motivationsforschung, mentale Forschung und konzeptuelle Forschung stärker zum Einsatz kommen (Krämer 2004: 665).

3.3.1 Usability-Engineering für Websites

Die Idee des Usability-Engineerings ist es, „Verfahren und Methoden zur systematischen und praxisnahen Umsetzung von Usability bereitzustellen (Pflüger 1992: 65) und messbar zu machen. Obwohl sich die Verfahren des Usability-Engineerings für Websites eng an die der Software-Usability anlehnen, müssen im Vergleich zu klassischer Software andere Kriterien angelegt werden, da sich das Web in vielerlei Hinsicht von dieser unterscheidet (Krug 2002: 12). Als wichtigste Unterschiede werden häufig die höhere Heterogenität der Nutzer und deren höchst unterschiedliche Intentionen bei der Nutzung von Websites genannt (Schweibenz und Thissen 2003: 62). Zum Einsatz kommen in der Regel expertenorientierte Verfahren, kombiniert mit Nutzerbefragungen und -beobachtungen (Meiert 2005a; vgl. auch Usability.gov 2008).

Das Usability-Engineering zielt in erster Linie darauf ab, Schwächen konkreter analysierter Websites aufzudecken und im Rahmen eines, im Idealfall mehrstufigen, Prozesses unter Einbezug von experten- und nutzerorientierten Verfahren zu beheben (Schweibenz und Thissen 2003: 75). Auf Basis dieser Ergebnisse wurde von einigen Autoren versucht, allgemeingültige Usability-Qualitätsrichtlinien für Websites zu formulieren. So stellt zum Beispiel Nielsen in seinem Buch *Web Usability* Forschungsergebnisse vor und leitet daraus einige, aus seiner Sicht allgemeingültige Qualitätsanforderungen an Websites ab. Er formuliert Empfehlungen zu Layout, Struktur, Inhalt und Technik und betont die Bedeutung der Konsistenz der Seitengestaltung sowie von prägnanten Texten und schnellen Ladezeiten. Hinzu kommen eine Vielzahl von Detail-Empfehlungen, zum Beispiel zur Größe und zur Anordnung von Texten (Nielsen 2006: 219 ff.). In ähnlicher Weise formuliert auch Steve Krug, basierend auf seinen Usability-Evaluationsverfahren, eine Vielzahl von Tipps zur benutzerfreundlichen Gestaltung von Websites. Eine zentrale und inzwischen mehrfach bestätigte Aussage von Krug aus dem Jahr 2002 besagt zum Beispiel, dass Internetnutzer Websites nur überfliegen und dementsprechend sowohl Inhalt als auch Struktur zu optimieren seien (Krug 2002: 21). Sowohl bei Nielsen als auch bei Krug wird deutlich dass die allgemeinen Empfehlungen relativ vage und interpretierbar bleiben.[2] Gerade Nielsens Empfehlungen wird häufig vorgeworfen, dass sie nicht ausreichend empirisch belegt seien (vgl. Wirth 2005). Auch Shneiderman hat für das Usability-Engineering sehr ausführliche Richtlinien entwickelt – die so genannten „Research-Based Web Design & Usability Guidelines" (abrufbar über Usability.org 2008). Anhand von rund 200 Empfehlungen, die hinsichtlich ihrer Relevanz durch Experten eingestuft sind, werden Tipps zur Qualitätsoptimierung von Websites gegeben. Auch in dieser Publikation lässt sich feststellen, dass viele der Aussagen, ähnlich wie bei Nielsen und Krug, ziemlich vage sind: Die Richtlinie „Provide Assistance to Users" (21) ist beispielsweise breit auslegbar. Andere Aussagen hingegen sind sehr detailspezifisch. Derartige Usability-Guidelines bieten eine Vielzahl von Umsetzungs- und Optimierungskonzepten, die als allgemeingültige Qualitätsstandards aber nicht taugen, sondern nur bezogen auf den einzelnen Anwendungsfall brauchbar sind.

Usability-Engineering steht mit seinem eher technisch-funktionalen Ansatz in einem Spannungsverhältnis zu kreativ orientierten Ideen. So konstatiert zum Beispiel Jacobsen: „Den Benutzern gefällt mitunter die weniger gut bedienbare Lösung einfach besser." (Jacobsen 2007: 230) Die zu strenge Orientierung an Usability-Regeln kann zudem zu Langeweile beim User führen, so einige Autoren (vgl. Heinsen und Vogt 2003: 14). Um das zu vermeiden, fordert Henrik Arndt, dass Usability-Engineering als Bestandteil eines „hochwertigen Konzepts, das auf einer sorgfältigen Analyse sowohl der Nutzeranforderungen als auch der Businessanforderungen basiert", eingesetzt werden sollte (Arndt 2006: 92). Ein solches Konzept wird beispielsweise im Rahmen von Qualitätssicherungskonzepten eingesetzt. Hierbei

---

[2] Eine ähnliche Wertungsproblematik, wie sie Sibylle Bolik bezüglich der Fernseh-Programmwertung feststellt (vgl. Bolik 2001: 25).

werden über die Usability-Optimierung hinaus auch inhaltliche Konsistenz, Quelltext-Validität und weitere messbare Aspekte berücksichtigt (vgl. Meiert 2005b). Noch weiter geht der übergreifende Ansatz der „User Experience“. Hierbei werden, basierend auf Ideen der Bedürfnisbefriedigungstheorien, neben Usability auch Nutzen (Utility) und Nutzungsfreude (Joy of Use) berücksichtigt (Arndt 2006: 77).

4 Zusammenführung und Ausblick

Die Qualität von Websites wird, wie die Vielfalt der vorgestellten Ansätze demonstriert, aus sehr unterschiedlichen Perspektiven analysiert und bewertet. Ein Blick ins Web belegt, dass die genannten inhaltlichen, gestalterischen, strukturellen und technischen Qualitätsaspekte von vielen Website-Betreibern berücksichtigt werden. Gleichfalls werden aber die Spannungen, die insbesondere zwischen gestalterischer und strukturell-technischer Qualität bestehen, deutlich. ‚Schöne‘ Websites sind nicht immer gut zu bedienen, Usability-optimierte Websites und insbesondere barrierefreie Websites wirken zuweilen dröge und gestalterisch wenig anmutend.[3] *Die* Qualität kann es also nicht geben. Im Gegenteil: Eine Qualitätsbewertung ist, trotz aller sinnvollen Ansätze der Operationalisierung, immer einer Gradwanderung zwischen professionellen Idealen, Nutzerbedürfnissen und nicht zuletzt auch ökonomischen Anforderungen. So gilt es, bestehende Konflikte zwischen den genannten Ansätzen und Theorien im Rahmen einer engen Zusammenarbeit zwischen den beteiligten Professionen so weit wie möglich zu überwinden (vgl. Wirth 2004: 14 f.). Dabei sollten intentionale Qualitätsaspekte – die Wünsche und Ziele von Nutzern und Anbietern sowie gesellschaftliche Aspekte – stärker kombiniert und hinterfragt werden. Qualität von Websites ist ein Begriff im ständigen Wandel. In den letzten Jahren haben sich, wie beschrieben, einige Qualitätsstandards bezüglich der inhaltlichen Aufbereitung, der Gestaltung, der strukturellen (Hypertext-)Verknüpfung und der Programmierung etabliert. Diese Standards sind im Vergleich zu anderen Medien einem schnelleren Veränderungsprozess ausgesetzt, der aus visuellen und inhaltlichen Trends und neuen technischen Möglichkeiten resultiert.

Die Herausforderung an derzeitige und zukünftige Web-Spezialisten ist, etablierte Qualitätsaspekte zu berücksichtigen, ohne zwei wesentliche Faktoren zu

---

3 Anmerkung des Autors: Betrachtet man die Websites von Usability-Experten wie Nielsen und Krug, findet man diesen Eindruck bestätigt.

vernachlässigen: Innovation und Kreativität.[4] So gilt es beispielsweise, verbesserte Navigationskonzepte zu entwickeln. Ideen dazu gibt es bereits, wie beispielsweise die Bereitstellung kontextabhängiger Bedienelemente.[5] Auch werden die Trends der verstärkten Nutzerinteraktion und der Zielgruppen-Segmentierung neue Informations- und Kommunikationskanäle schaffen, die sich als feste Qualitätskriterien erfolgreicher Websites etablieren könnten. Web-2.0-Websites sind Versuchslabore neuer Interaktionsformen, die schon jetzt auf Inhalt, Gestaltung, Struktur und Technik ‚klassischer' Websites einwirken und neue Qualitätsstandards etablieren werden. Einige Ideen werden als Irrtümer verschwinden, ebenso viele dürften als qualitativer Mehrwert von Websites Bestand haben. Eine zentrale Idee von Berners-Lee ist, das Web als gesellschaftliches Produkt zu begreifen (Berners-Lee 1999). Dementsprechend muss Website-Qualität als dynamischer, interaktiver und interdisziplinärer Prozess verstanden werden.

Literatur

Alkan, Saim Rolf 2002: *Texten für das Internet. Ein Handbuch für Online-Redakteure und Webdesigner.* Bonn: Galileo Press.

argonauten G2 2005: „Erfolgsfaktoren von Markenwebsites." http://argonauten360.de/html/aktuelles/publikationen/index.php (Abruf: 27.06.2008)

Arndt, Henrik 2006: *Integrierte Informationsarchitektur. Die erfolgreiche Konzeption professioneller Websites.* Berlin: Springer.

Beaird, Jason 2008: *Gelungenes Webdesign. Eine praktische Einführung in die Prinzipien der Webseitengestaltung.* Heidelberg: dpunkt.

Beck, Klaus/Schweiger, Wolfgang/Wirth, Werner (Hg.) 2004: *Gute Seiten – Schlechte Seiten. Qualität in der Onlinekommunikation.* München: Fischer.

Beer, Günter 2001: *Web Design Index 2.* Amsterdam: Agile Rabbits Edition.

Beer, Günter/van Roojen, Pepin 2007: *Web Design Index 7.* Amsterdam: Agile Rabbits Edition.

Berners-Lee, Tim 1999: Der Web-Report. Der Schöpfer des World Wide Web über das grenzenlose Potential des Internets. München: Econ.

---

4 Qualität wird sowohl aus technisch-ökonomischer Perspektive als auch aus Sicht der Kulturwissenschaften immer auch mit Innovation in Verbindung gebracht werden (Groys 2004: 12).

5 Zum Beispiel die Idee der „ergebnisorientierten Benutzeroberfläche", die von Nielsen, bezugnehmend auf Office 2007, gefordert wird (Nielsen 2005).

Berners-Lee, Tim/Hall, Wendy/Hendler, James/Shadbolt, Nigel/Weitzner, Daniel J. 2006: „Creating a Science of the Web." In: *Science* 313, 5788, S. 769-771.

Bolik, Sibylle 2001. „Empirische Medienwertungsforschung." In: *Medienwertung*. Hg. v. Sibylle Bolik und Helmut Schanze. München: Fink, S. 61-134.

Böning, Marietta 2006: *Killer Content versus Kommerz. Das kulturökonomische Dilemma des Qualitätsjournalismus im World Wide Web*. Berlin: Avinus Academia.

Brockhaus 2008: *Der Brockhaus Multimedial 2008*. [DVD-ROM]

Curtis, Hillman 2003: *MTIV. Process, Inspiration and Practice for the New Media Designer*. München: Markt+Technik.

Donnelly, Daniel 1997: *World Wide Web Design. Web Pages from Around the World*. Zürich: Edition Olms ZG.

Geml, Richard/Geisbüsch, Hans-Georg/Lauer, Hermann 1999: *Das kleine Marketing-Lexikon*. Düsseldorf: Wirtschaft und Finanzen.

Groys, Boris 2004: *Über das Neue. Versuch einer Kulturökonomie*. Frankfurt/M.: S. Fischer

Heinsen,Sven/Vogt, Petra (Hg.) 2003: *Usability praktisch umsetzen. Handbuch für Software, Web, Mobile Devices und andere interaktive Produkte*. München: Hanser.

Hempel, Jessi 2007: „Executives remain wary of Web 2.0." In: *BusinessWeek*. http://www.businessweek.com/innovate/content/apr2007/id20070417_670567.htm?campaign_id=rss_innovate. (Abruf: 19.04.08)

Hills, Jonathan 2007: „Introduction." In: Julius Wiedemann, *Web Design: Studios 2*. Köln: Taschen.

Jacobsen, Jens 2005: „Text im Web. Einfluss auf Usability & Kaufbereitschaft." http://www.benutzerfreun.de/downloads/Text_im_Web.pdf [PDF-Dokument] (Abruf: 19.04.2008)

Jacobsen, Jens 2007: *Website-Konzeption. Erfolgreiche Websites planen und umsetzen*. München: Addison-Wesley.

Janoschka, Anja 2004: *Web Advertising*. Amsterdam: John Benjamins.

Khazaeli, Cyrus Dominik 2005: *Systemisches Design. Intelligente Oberflächen für Information und Interaktion*. Reinbek: Rowohlt Taschenbuch.

Krämer, Nicole 2004: „Mensch-Computer-Interaktion". In: *Lehrbuch der Medienpsychologie*. Hg. v. Roland Mangold, Peter Vorderer und Gary Bente. Göttingen: Hogrefe, S. 643-672.

Krug, Steve 2002: *Don't make me think! Web Usability. Das intuitive Web*. Bonn: mitp.

Kübler, Hans-Dieter 1996: „Medienqualität – was macht sie aus? Zur Qualität einer nicht beendeten, aber wohl verstummenden Debatte." In: *Wahrheit als Medienqualität. Beiträge zur Medienethik*. Band 3. Hg. v. Wolfgang Wunden. Frankfurt/M.: Gemeinschaftswerk der evangelischen Publizistik, S. 193-210.

Lennartz, Sven 2006: „Die besten Surftipps." http://www.drweb.de/surftipps/webdesign_eins.shtml (Abruf: 19.04.2008)

Linderman, Matthew/Fried, Jason 2004: *Defensive Design for the Web. How to Improve Error Messages, Help, Forms, and Other Crisis Points*. Berkeley: New Riders.

Lovink, Geert 2007: „Ich blogge also bin ich." In: *Die Zeit* 52.

Mast, Claudia/Popp, Manuela/Theilmann, Rüdiger 2002: *Journalisten auf der Datenautobahn. Qualifikationsprofile im Multimedia-Zeitalter*. Konstanz: UVK

Meiert, Jens 2005a: „Usability-Heuristiken." http://meiert.com/de/publications/articles/20051218 (Abruf: 19.04 2008)

Meiert, Jens 2005b: „Maßnahmen zur Qualitätssicherung von Websites." http://meiert.com/de/publications/articles/20071221/ (Abruf: 19.04 08)

Mertens, Mathias 2006: *Kaffeekochen für Millionen. Die spektakulärsten Ereignisse im World Wide Web*. Frankfurt/M.: Campus.

Naldini, Petra Vitolini 2006: „Aktuelle und zukünftige Medientrends." http://www.heise.de/tp/r4/artikel/24/24301/1.html (Abruf: 19.04 08)

Neuberger, Christoph/Nuernbergk, Christian/Rischke, Melanie 2007: „Weblogs und Journalismus: Konkurrenz, Ergänzung oder Integration?" In: *Media Perspektiven* 2007, 2. http://www.media-perspektiven.de/uploads/tx_mppublications/02-2007_Neuberger.pdf (Abruf 27.06.08)

Neutzling,Ulli 2002: *Typo und Layout im Web*. Hamburg: Rowohlt Taschenbuch.

Nielsen, Jakob 1997: „How Users Read on the Web." http://www.useit.com/alertbox/9710a.html (Abruf: 19.04.2008)

Nielsen, Jakob 2001: *Designing Web Usability*. München: Markt+Technik.

Nielsen, Jakob 2005: „WYSIWYG hat ausgedient." http://www.usability.ch/Alertbox/20051010.htm (Abruf: 19.04.08)

Nielsen, Jakob 2006: Web Usability. München: Addison-Wesley.

Niggemeier, Stefan 2008: „Wie sag ich's meinem Randalierer?" In: *FAZ.NET*. http://www.faz.net/s/Rub475F682E3FC24868A8A5276D4FB916D7/Doc~EDBAB90D353CE4F049D42F7B33AE19A65~ATpl~Ecommon~Scontent.html (Abruf: 19.04.08)

O'Reilly, Tim 2005: „What Is Web 2.0. Design Patterns and Business Models for the Next Generation of Software." http://www.oreillynet.com/pub/a/oreilly/tim/news/2005/09/30/what-is-web-20.html (Abruf: 19.04.08)

Pflüger, James 1992: *Usability Engineering: Organisation der Kreativität im EDV-Projektmanagement*. Winterthur: Projecta.

Rada, Holger 2002: *Design digitaler Medien*. Tübingen: Niemeyer

Ruschmeyer 2007: „The moving Web – verändern bewegte Bilder das Medium Internet?" In: *Mediendynamik*. Hg. v. Gebhard Rusch, Helmut Schanze und Gregor Schwering. (= *Navigationen: Zeitschrift für Medien- und Kulturwissenschaften* 7, 1). Marburg: Schüren, S. 203-218.

Schmid, Katja 2003: „Manipulierte Wegweiser.“ http://www.heise.de/tp/r4/artikel/16/16190/1.html (Abruf: 19.04.08)

Shneiderman, Ben 2007: „Web Science. A Provocative Invitation to Computer Science.“ In: *Communications of the ACM*, 50, 6, S. 25-27.

Stoyan, Robert (Hg.) 2004: *Management von Webprojekten. Führung, Projektplan, Vertrag*. Berlin: Springer.

Schweibenz, Werner/Thissen, Frank 2003: *Qualität im Web. Benutzerfreundliche Websites durch Usability-Evaluation*. Berlin: Springer.

Taglinger, Harald 2007: „Die 2.0-Überfütterung.“ http://www.heise.de/tp/r4/html/result.xhtml?url=/tp/r4/artikel/25/25125/1.html (Abruf: 19.04.08)

Thielsch, Meinald T./Schrameyer, Marcus/Ullmann, Anne: „Ästhetik von Webseiten. Zentrale Aspekte in der Wahrnehmung der Nutzer.“ http://www.thielsch.org/aesthetik/poster_aesthetik.pdf [PDF-Dokument; nicht mehr verfügbar] (Abruf: 19.04.2008)

Thissen, Frank 2003: *Screen Design Handbuch. Effektiv informieren und kommunizieren mit Multimedia*. Heidelberg: Springer.

Usability.gov 2008: „Usability Methods.“ http://usability.gov/methods/ (Abruf: 27.06.08)

Vlasic, Andreas 2004: „Über Geschmack lässt sich nicht streiten – Über Qualität schon? Zum Problem der Definition von Maßstäben für publizistische Qualität.“ In: *Gute Seiten – Schlechte Seiten. Qualität in der Onlinekommunikation*. Hg. v. Klaus Beck, Wolfgang Schweiger und Werner Wirth. München: Fischer, S. 14-31.

Webdesign Awards 2008: http://www.webdesign-awards.com/

Wiedemann, Julius 2007: *Web Design: Studios 2*. Köln: Taschen.

Wikipedia 2008: http://de.wikipedia.org/wiki/Website (Abruf: 19.04.2008)

Wirth, Thomas 2004: *Missing Links. Über gutes Webdesign*. München: Hanser.

Wirth, Thomas 2005: „Scrollen oder nicht scrollen ...“ http://www.kommdesign.de/texte/scrollen.htm (Abruf: 19.04.2008)

Für eine neue Poesie der Neugier. Das Web verändert den Journalismus – nicht nur online

Mercedes Bunz

1 Einleitung

Folgt man öffentlichen Äußerungen und Studien, dann sieht es für das journalistische Schreiben im Web nicht gut aus. Der Ruf des Online-Journalismus ist schlecht. Ein Desaster: Schlecht bezahlte und unerfahrene Jungjournalisten verwursten dort hauptsächlich Agenturmaterial und hängen wenig an ihrem Text, anstatt eigene Stücke zu recherchieren und zu schreiben. Eine Boulevardisierung des Journalismus verursacht durch „Klicks, Quoten und Reizwörter" (Range und Schweins 2007) stehe bevor, des Weiteren sei der Qualitätsjournalismus durch die hungrige Logik des Mediums nach schnellen, immer neuen Nachrichten bedroht (Schirrmacher 2007) und Blogger mit ihrem „loser generated content"[1] gäben dem Genre als „Idiotae" im „Web 0.0" (Graff 2007) den Rest. Nein, bei gestandenen Print-Journalisten hat das Web kein Renommee. Auf eine skeptische Einschätzung trifft man vom ehemaligen Chefredakteur des *Stern*, Hans-Ulrich Joerges, über den Herausgeber der *FAZ*, Frank Schirrmacher, bis hin zum stellvertretenden Chefredakteur der *Süddeutschen Online*, Bernd Graff. Doch es lohnt sich genauer hinzuschauen. Denn tatsächlich muss man sich fragen, ob das Web wirklich eine Gefahr für den Journalismus darstellt oder ob man hier nicht dem Online-Journalismus Probleme in die digitalen Schuhe schiebt, die der Journalismus ganz allgemein hat.

Sagen wir es so: Auch im Print-Journalismus haben sich Leserbriefschreiber selten durch ausgewogene Beiträge ausgezeichnet, auch im Print steht man unter Druck, wenn kurz vor Redaktionsschluss eine Eilmeldung über den Newsticker kommt, und ganz allgemein ist die Bezahlung von Journalisten nach der Krise vor einigen Jahren bedeutend geschrumpft. Darüber hinaus sind – Stichwort Boulevardisierung des Journalismus – bunte Themen nicht nur Online, sondern auch bei

---

1 Auf der Buchvorstellung von „Die Alphajournalisten" am 26. Juni 2007 in Berlin erntete Hans-Ulrich Joerges, ehemaliger Chefredakteur des *Stern*, nach Berichten von Matthias Kiesselbach mit der Bemerkung des „loser generated content" Szenenapplaus im „Jungjournalistenpublikum" (vgl. Kiesselbach 2007).

der gedruckten Zeitung wichtiger geworden; „das Ghetto Boulevard ist längst aufgebrochen“,[2] wobei das Auftauchen dieser Themen in Print und Online nicht unbedingt etwas mit einer Verflachung des Niveaus zu tun haben muss. Dass man Boulevard und Skurriles mit Humor intelligent aufschreiben kann, zeigt die *Süddeutsche Zeitung* täglich auf zwei Panoramaseiten in ihrem ersten Buch. Die neuen Bedingungen des Journalismus treffen also nicht nur auf das Schreiben im Web zu, sondern auf den Journalismus im Allgemeinen.

Dennoch verändert sich etwas. Und nachdem die gängigen Vorurteile gegenüber dem Online-Journalismus erstmal vorübergehend an den Wegesrand geräumt sind – wenn sie den Journalismus im Allgemeinen betreffen, wird man sich auch im Online-Journalismus mit ihnen auseinandersetzen müssen – gilt es im Folgenden einen Blick auf die Geschichte des Online-Journalismus zu werfen, um feststellen zu können, wie das Web den Journalismus verändert. Und warum.

2 Eine kurze Geschichte des Online-Journalismus

Wie jede Beziehung besteht auch das Aufeinandertreffen von Internet und Journalismus aus verschiedenen Phasen: von der ersten zögerlichen Beschnupperung hin zur pathetischen Erklärung der großen Liebe, gefolgt von der Ankunft ernsthafter Zweifel, die dann doch überwunden werden und in eine mehr oder weniger stabilen Beziehung münden, in der beide Partner sich aufeinander zu bewegen und sich dabei verändern. Es begann mit dem heutigen Marktführer: Als *Der Spiegel* am 25. Oktober 1994 als eines der ersten Magazine ein Onlineangebot launchte – und zwar paradoxerweise auf der Frankfurter Buchmesse –, bestückten zwei Print-Redakteure die Seite nebenberuflich (Patalong 2004). Das Internet steckte noch in den Kinderschuhen; *Spiegel*-Verlagsleiter Fried von Bismarck ermutigte Uly Foerster und Gerd Meißner, die Website in Teilzeitarbeit mit Printstücken zu füllen. Der Online-Journalismus bog in seine erste Phase (vgl. Range und Schweins 2007: 31ff.), das alte Medium kam zaghaft im neuen an, d. h. Print wurde online in Auszügen abgebildet.

Die Logik der 24/7-Aktualität, die den Online-Journalismus heute beherrscht, war in dieser Phase noch kein Issue, wie Online-Redakteur Uly Foerster 1996 in

---

2 So der Chefredakteur des *Berliner Kuriers*, Peter Buschheuer, gegenüber den Journalisten Markus Brauck und Isabell Hülsen (vgl. Brauck und Hülsen 2008).

einem heute viel zitierten Memo festhielt: „Es muss immer aktuell sein. Ich bestehe auf wöchentlichen Updates. Mindestens!" (Patalong 2004).

Im Netz tummeln sich zu dieser Zeit noch die Early Adopters; weil die New Economy jedoch in den kommenden Jahren viel versprechend die Aktienkurse beflügelt, müssen sich nach und nach die Verlage mit dem neuen Medium auseinandersetzen. Phase 2 des Internetjournalismus beginnt in diesem Hype ab 1998 und ist sowohl durch die Weiterentwicklung der Hardware (Computer und Verbindungsleitungen) als auch der Software (den Webbrowser) getrieben. Die Massen kommen im Internet an. Schnell folgt die Werbung diesen Massen, seit 1997 gemessen durch monatliche Reichweitenmeldungen der IVW, später ergänzt durch die Nutzungsdaten der Arbeitsgemeinschaft Online-Forschung (AGOF) und von Alexa. Die Logik des Offline-Journalismus, die Auflage, wird kurzerhand in die Online-Welt übertragen. Klicks, nicht Aufenthaltsdauer oder kontextuelles Umfeld zählen – die Erfindung der Bildergalerien und der so genannten Klickertools sind eindeutig ein Effekt dieser simplifizierenden Logik, der jedoch auch die Anzeigenkunden folgen. Klicks und Reichweite!

Wenn Print-Kollegen zur Stärkung ihrer Marke mit dem Zusammenstellen von Line-Extensions wie der *SZ-Bibliothek* beauftragt werden (Meyer-Lucht 2006: 4), dann gehört zum Jobprofil von Online-Redakteuren das Ausführen Seitenaufrufsteigernder Maßnahmen. Der IVW-Logik gezwungenermaßen folgend bauen sie Bildergalerien, erfinden klickreiche Wissenstests oder erstellen Gewinnspiele (Range und Schweins 2007: 51ff.) – und ernten damit den Ruf, Pseudo-Journalisten zu sein. Die ‚Kostenloskultur' des Internets trägt darüber hinaus auch nicht dazu bei, das Prestige des Online-Journalisten zu verbessern. Während der Leser bereit ist, für die gedruckte Zeitung zu bezahlen, gestaltet sich der Verkauf von Journalismus im Internet dem Sprichwort „Content is King" zum Trotz als schwierig, wenn nicht gar als unmöglich. Anstatt jedoch die Kostenlosigkeit von Inhalten als Chance einer größeren Verbreitung zu sehen, wird wieder und wieder versucht, die Regeln der Offline-Welt auf die Online-Welt zu übertragen. Ungern wird eingesehen, dass das Internet kein Kiosk ist.

Journalismus und Internet fremdeln folglich in dieser Phase deutlich miteinander; zugleich beginnt das Medium, seine ersten Qualitäten zu zeigen: Als die Anschläge des 11. Septembers 2001 ein großes Bedürfnis nach aktuellster Berichterstattung produzieren, erfüllt das Büromedium Internet dieses Bedürfnis bis zur Grenzbelastung der Server (Meyer-Lucht 2007).

Doch zu dieser Zeit hat die Krise bereits begonnen: Die dritte Phase des Online-Journalismus zwischen 2001 und 2005 ist von dunklen Wolken gezeichnet. Nicht nur die New Economy bricht zusammen; mit der allgemeinen Wirtschaftskrise, die einsetzt, werden die Zeitungsverlage von bitteren Anzeigenverlusten heimgesucht. Der Anzeigenumsatz des Medienträgers Zeitung sinkt um ein Drittel, von 6,6 Milliarden Euro im Jahr 2000 auf 4,5 Milliarden im Jahr 2003 (Meyer-Lucht 2006: 3). Online-Redaktionen werden abgebaut. Verzweifelt versuchen die Verlage, online Geld zu machen. Neben Werbung baut man auf den Verkauf von Artikeln und bezahlten Dossiers, das Abonnieren von E-Papers sowie auf Provisionsmodelle – der Verlag wird beteiligt, wenn der Leser auf der Website eine Versicherung abschließt oder ein Bankdepot eröffnet. Doch dieser „Abschied von der Kostenlos-Kultur", wie sie im Hause Springer propagiert wird (vgl. Ranke und Schweins 2007: 31), geht gründlich schief. Im Internet sei für Verlage kein Geld zu machen, heißt es. Zugleich kann man am Netz jedoch nicht vorbei: Das Web wächst nicht nur, Blogs verändern die Rolle des Journalisten und bedrohen die Deutungshoheit der traditionellen Medien. Ihre Hegemonie gerät ins Wanken. War das Senden von Information bislang aufwändig und kostenintensiv und somit Medieninstitutionen vorbehalten, macht die Technologie des Internets jetzt das Veröffentlichen eines Artikels so einfach wie das Versenden einer E-Mail.

Vielleicht kann man auch deshalb seit 2006 eine neue Offensive, die vierte Phase des Online-Journalismus, beobachten. Stück für Stück beginnen die Verlage nun, die Print-Redaktion auf Umstrukturierungen vorzubereiten, die der Online-Logik folgen. Der Chefredakteur des britischen *Guardian*, Alan Rusbridger, formuliert als erster für eine große Tageszeitung die Parole „Online First": „Es bedeutet, unsere Nachrichten nach den Bedürfnissen des Webs zu veröffentlichen und nicht nach dem Rhythmus und der Erwartung einer gedruckten Zeitung."[3]

Ein halbes Jahr später forciert Axel Springer unter demselben Schlagwort die Online-Offensive seiner Zeitungsgruppe und gründet für *Die Welt* und *Die Berliner Morgenpost* einen integrierten Newsroom, in dem die Inhalte gebündelt für Print und Online produziert werden.

Das Netz beginnt den Redaktionsalltag zu verändern, was in den Printredaktionen nicht überall mit Freude aufgenommen wird. Definitiv jedoch wird in deutschen Verlagsspitzen das Internet in dieser Phase journalistisch ernst genommen, was man daran beobachten kann, dass viele Online-Chefredaktionen mit gestandenen Ressortleitern aus Print besetzt werden – 2007 sind das für *Die Zeit* Gero von Randow, für *Die Welt* Christoph Keese und für die *Süddeutsche Zeitung* Hans-Jürgen Jacobs. „Wir Online-Redakteure sind in wenigen Monaten von den Sorgen-

---

3 Die Rede vom Chefredakteur des *Guardian*, Alan Rusbridger, wurde von Juan Antonio Giner im Netz veröffentlicht (Giner 2007).

kindern zu Hoffnungsträgern geworden“, bemerkt Jochen Wegner dazu, der Chefredakteur von *Focus Online* (vgl. Range und Schweins 2007: 39).

Hoffnungsträger, die auf der anderen Seite jedoch mit Argus-Augen beobachtet werden, denn eine Online-Redaktion 7 Tage die Woche zwischen 6 und 23 Uhr zu unterhalten, ist kostenintensiv. Um die Kosten im Zaum zu halten, werden verschiedene Modelle erprobt. Während die Zeitungsgruppe von Springer auf den integrierten Newsroom baut, der Print und Online gleichermaßen bedient, setzt *FAZ.de* einen Teil ihrer Online-Redakteure in die Print-Ressorts, um die Zusammenarbeit zu intensivieren. Bei der Verlagsgruppe Holtzbrinck wählte man einen anderen Weg, um Synergien zu schaffen. Dort arbeiten seit Ende 2007 die Online-Journalisten von *Tagesspiegel.de* mit dem Newsportal für junge User, *zoomer.de*, zusammen und bespielen zwei Portale aus einer Redaktion. Das Web verändert also die Redaktionen. Aber verändert es auch den Journalismus?

Ja. Tatsächlich hat sich die Rolle des Journalisten und damit auch die des Journalismus durch das Internet immens gewandelt. Wenn die Beschaffung von Information eine der wichtigsten Aufgaben des Journalisten ist, dann ist heute im Web Information zu jeglichen Themen im Überfluss vorhanden: Die Verfügbarkeit von Expertenwissen hat sich vergrößert. Die Möglichkeit, sich international zu informieren, ist gestiegen. Und ein gewaltiges Rauschen aus subjektiven Stimmen – in Blogs, Videoportalen wie *YouTube* oder Bilderdiensten wie *Flickr* – hat das Spektrum außerdem erweitert. Was für den Journalisten zunächst einmal heißt, dass sein Wissensvorsprung gegenüber dem Leser durch das Internet geschmolzen ist.

Der Journalist ist immer weniger der Experte, der lehrend vor den Leser tritt; seine Rolle als Gatekeeper der Information bröckelt. Heutzutage spricht er mit dem Leser auf Augenhöhe. Dennoch ist der Journalist weder austauschbar noch überflüssig – eine etwas seltsame Argumentation, mit der gerne im Netz von Leuten herumgefuchtelt wird, denen ihre neue Öffentlichkeit dann doch etwas zu sehr zu Kopf gestiegen ist. Im Gegenteil: Gerade weil der Zugang zu Information bedeutend einfacher geworden ist, ist die Überprüfung ihrer Korrektheit umso wichtiger. „Double, triple, quadruple check“: Im plappernden Gewirr der medialen Quellen aus aller Welt gilt es mehr denn je, sich nie auf nur eine Quelle zu verlassen. Das Internet vernichtet also nicht, sondern es verändert den Journalismus. Seine wichtigste Aufgabe lautet nun: Die Überprüfung und Einschätzung von Information ist wichtiger als ihre Beschaffung.

Und noch eine weitere Entwicklung ist für den Journalismus zu beobachten: Die Verpackung von Information wird so wichtig wie die Nachricht selbst. Denn wenn Information überall im Überfluss vorhanden ist, wendet man sich als Leser dorthin, wo sie einem verständlich aufbereitet wird. Wachgerüttelt von einem anhaltenden Auflagenverlust hat sich der Journalismus offline und online neu orientiert. Er sendet nicht mehr diffus in Richtung einer abstrakten Öffentlichkeit, er wendet sich konkret an seine Leserschaft und stellt sich auf sie ein. Für guten Journalismus sind im Zeitalter eines informativen Überangebots die Einordnung der Nachricht, das Erklären eines komplexen Sachverhaltes oder das Nahebringen eines Konfliktes ebenso wichtig wie die Nachricht selbst. Nicht nur die wahrhaftige Unterrichtung der Öffentlichkeit ist damit heute journalistische Aufgabe, sondern auch ihr Erreichen.

3 Hoppla: Autor trifft auf Leser

Während man den Leser als konkreten Empfänger entdeckt hat und nicht mehr in einen diffus abstrakten Raum namens ‚Öffentlichkeit' sendet, tut man sich mit den Antworten dieses Empfängers allerdings noch schwer. Die meisten Journalisten bevorzugen den Leser besser wissend zu informieren und sind wenig erfreut darüber, wenn dieser Leser auf die Idee kommt, das ihm Zugesendete zu berichtigen, zu verbessern, den Journalisten auf einen Fehler hinzuweisen und ihn somit schlichtweg ebenso: zu informieren. Obwohl es diesen Rückkanal in Form von Leserbriefen oder Gegendarstellungen offline schon seit langem gibt, hat sich mit der Möglichkeit des Kommentierens von Artikeln im Internet eine unmittelbarere Nähe zwischen Sender und Empfänger ergeben – eine Nähe, die auffällig gerne ignoriert wird. Redakteure und Autoren sind zwar interessiert daran, wie häufig ihr Artikel gelesen wird; mit den Kommentaren unter ihren Artikeln setzen sie sich jedoch ungern auseinander. Fast könnte man meinen, die Trennung von Leserbeiträgen und redaktionellen Inhalten sei im Journalismus genauso wichtig wie die Trennung von redaktionellen Inhalten und Anzeigen, so schlecht ist der Ruf des partizipatorischen Journalismus bzw. des User-generated Contents. An ihm können sich die Ängste des Faches vor einem Journalismus ohne Journalisten hervorragend aufbauschen, auch wenn man ehrlich sagen muss: Nicht einmal mehr die Verleger träumen den Traum von unbezahlten Inhalten ihrer User. Mittlerweile hat man begriffen, dass eine gut funktionierende Community jemanden braucht, der diese Community pflegt (Niles 2008). Inhalte, die vom Leser kommen und veröffentlicht werden sollen, schaffen also Arbeit und damit Arbeitsplätze (Rusbridger 2007). Sie müssen gegengelesen, beantwortet und betreut werden.

Der Journalismus transformiert sich damit vom Produkt zum Prozess: Der Journalist initiiert im Netz eine Debatte, die er auch weiterhin beeinflusst, er produziert nicht mehr einfach nur ein Stück, das er abliefert. Das schafft ein neues Problem: Woher soll ein Autor oder Redakteur die Zeit für diese Betreuung nehmen (Niles 2008)? Eine Lösung wäre eventuell, Community-Manager journalistisch ernster zu nehmen, sie im Namen des Organs Beiträge und Antworten verfassen zu lassen und Artikel, die größere Debatten auslösen, in Zusammenarbeit mit dem Autor zu betreuen. An einer intensiveren Auseinandersetzung mit dem im Kommentarfeld einsam zurück gelassenen Leser wird man jedenfalls nicht vorbeikommen, auch wenn diese Zusammenarbeit zurzeit noch selten der Fall ist. Online, kritisiert der amerikanische Online-Journalismus-Experte Robert Niles sorgenvoll, ist eine „führungslose Debatte" zu beobachten (ebd., o. S.). Er befürchtet, dass der Leser diesen Eindruck auf das Nachrichtenportal überträgt und sich vom Journalismus abwendet. Und er mahnt an, den alleinigen Fokus der Journalisten auf die Zeitung zu überdenken: „Es ist Zeit, dass die Nachrichtenzeitung stirbt, damit die Nachrichtenindustrie überleben kann." (ebd.)

4 Crossmedial – ein Zauberwort?

Doch nicht nur die Rolle des Journalisten und sein Verhältnis zum Leser ändern sich durch das Web, sondern auch der journalistische Inhalt selbst. Während eine publizistische Marke bislang vor allem mit einem Medium verbunden wurde, wird in Zukunft gelten, dass eine Marke für einen bestimmten Inhalt steht, der über verschiedene Plattformen wie Zeitung, Internet, Mobiltelefon oder Internet-TV verteilt wird – „Crossmedialität" von Inhalten lautet derzeit das neue verlegerische Zauberwort, dessen Umsetzung gar nicht so einfach ist: Um den Leser im jeweiligen Medium anzusprechen, müssen die Inhalte der Logik des jeweiligen Mediums angepasst werden, denn man kann diese Inhalte nicht medienblind produzieren und verteilen. Ein Beispiel: Online-Beiträge funktionieren selten mit Überschriften, die für die gedruckte Zeitung getextet werden, denn das Zusammenspiel aus Überschrift und Bebilderung fällt weg, ebenso wie sichtbare Zwischenüberschriften oder Zitate, die Orientierung bieten. Im Netz muss Inhalt eigen und anders zugeschnitten werden.

Zugleich erwarten User online auch variierende mediale Formate. Das Mit-Bloggen eines Ereignisses, Bilderstrecken, Audio-Slide-Shows oder kurze Videobeiträge behandeln ein Thema mitunter angemessener als ein Artikel. Diese Logik setzt sich im Online-Journalismus erst langsam durch, denn das „Muttermedium" – und die meisten Nachrichtenportale sind Töchter von gedruckten Marken – prägt bislang noch stark die Online-Berichterstattung, auch wenn *welt.de* und *spiegel.de* ihre Textlastigkeit im ersten Quartal 2008 deutlich verringert haben und das Unternehmen Holtzbrinck mit *zoomer.de* den expliziten Versuch startet, ein Nachrichtenportal mit einem multimedialen Angebot aufzubauen, weil ein jüngeres Publikum in einem spielerisch medienkonvergenten Umfeld aufgewachsen ist und eine solche Aufarbeitung auch von ihrem Portal erwartet.

Multimedialität im Internet wird damit erwachsen. Waren online-spezifische Formate wie Live-Bloggen oder Live-Tickern, Bildergalerien oder Umfragen zunächst vor allem der Jagd nach Seitenaufrufen verdächtigt worden (Range und Schweins 2007: 51ff.), hat sich mittlerweile die Einsicht verbreitet, dass diese Formate auch mit Qualität gefüllt werden können. Zudem ist klar, dass die Reichweitenstärke online nicht nur durch Beiträge zu holen ist, die kurzfristig hohe Zugriffe haben, wie spektakuläre Boulevardmeldungen. Gerade im Netz ist das Prinzip wichtig, mit einer großen Anzahl an Nischenprodukten zu arbeiten, dem Long Tail, wie ihn *Wired*-Chefredakteur Chris Anderson beschrieb (Anderson 2007). Nicht umsonst haben publizistische Angebote ihre Archive mittlerweile für Suchmaschinen geöffnet und Search-Engine-Optimizer engagiert, um bei *Google News* zu landen. Das Aufrufen der Homepage ist heutzutage nur noch ein Zugang zu angebotenen Inhalten unter vielen. Newsaggregatoren, welche unter bestimmten Topoi verschiedene Medien scannen – *turi-2.blog.de* etwa für die Medienbranche – sorgen für weitere Zugriffe. Das führt dazu, dass journalistische Angebote ein Interesse haben, sich breit aufzustellen, indem sie Inhalte, die andere produziert haben, in ihr Angebot integrieren: Kuratieren, nicht selbst produzieren. Dieses Einpflegen qualitativ hochwertiger fremder Inhalte verbreitert das eigene Angebot und wertet es auf, da gute, interessante Information im Internet schnell im Überangebot untergeht. „Do what you can do best and link to the rest": Das Auffinden und Präsentieren interessanten Materials ist ein Mehrwert, mit dem man mitunter erstaunliche Ergebnisse erzielen kann – der amerikanische Unternehmer Samir Arora hat das für die Frauenplattform *glam.com* in den Staaten erfolgreich etabliert (vgl. Jarvis 2007). In Deutschland folgt man dieser Strategie eher zaghaft: *Spiegel Online* präsentiert beispielsweise Inhalte von *11 Freunde*, der *Frankfurter Allgemeinen Sonntagszeitung*, *Wikipedia*, dem *manager magazin*, *Last.fm* etc.

Fasst man diese Entwicklungen zusammen, dem dynamischen Medium entsprechend zwangsläufig nur in einem Zwischenstand, kann man sagen: Ja, das Web hat den Journalismus verändert. Folgende Verschiebungen stechen dabei vor allem ins Auge:

1. Marke statt Medium: Publizistische Marken sind in Zukunft weniger als bisher von einer spezifischen medialen Logik geprägt, sondern verteilen ihre spezifische inhaltliche Ausrichtung, ihr Markenprofil, auf verschiedene Medien.
2. Veröffentlichung heute heißt Kommunikation: Journalisten produzieren für Medien keine Beiträge, sie kommunizieren mit ihren Lesern – mitunter auch im direkten Dialog.
3. Plattform statt Sender: Eine Marke besticht in Zeiten des Überangebots an Information nicht nur durch selbst hergestellte Inhalte, sondern versteht sich als Plattform und wählt gemäß der ihr eigenen Logik die relevanten Beiträge für ihre Leser aus.

All dies wird den Journalismus herausfordern – und es kann ihn spannender, interessanter, unterhaltsamer und informativer machen. Eventuell. Denn man steht vor einem Problem:

5 Wer soll das bezahlen?

In der Tat steht man aktuell in Bezug auf Online-Journalismus vor einem Desaster, allerdings findet sich dieses Desaster nicht dort, wo es vermutet wird. Denn nicht die Qualität des Journalismus steht auf dem Prüfstand, sondern seine Finanzierung. Kurz gesagt: Zeitungen haben über die Jahre bedenklich an Auflagenstärke und Anzeigenumsatz verloren (Meyer-Lucht 2006: 4), der Journalismus im Web spielt jedoch bislang nur einen Bruchteil des Umsatzes ein. Der Spiegel-Verlag erwirtschaftete 2006 einen Umsatz von 332 Millionen Euro, *Spiegel Online* 15 Millionen Euro. Durchschnittlich erreichen die Online-Werbeeinnahmen nur 10 Prozent des Anzeigenumsatzes von Print – viel zu wenig, um die aufwendige Maschine Journalismus zu erhalten. Zwar kann der Online-Werbemarkt rasante Zuwächse vermelden – laut Nielsen legte er im ersten Quartal 2008 um 41 Prozent zu – aber der Abstand bleibt gewaltig. Auch wenn Printmarken sich in Zukunft crossmedial entwerfen müssen, sie sind auf den Umsatz des Printmediums angewiesen. Und das ist angeschlagen. Noch geht es den Zeitungen zwar gut, sie haben sich von der Anzeigenkrise 2001 erholt, doch die Nutzung einer Zeitung als aktuelles Informationsmedium steht auf dem Prüfstand (Kolo und Meyer-Lucht 2007). Die Auflagen von Tageszeitungen sinken kontinuierlich und beängstigend. Junge Leser wachsen nicht nach, sie holen sich ihre Nachrichten im Internet. Technische Entwicklungen werden außerdem dazu führen, die Funktion der Zeitung zu ersetzen: Während zunächst das Büromedium Web das Bedürfnis nach aktueller Information mehr als einmal am Tag erfüllte, bedroht als nächstes auch das Mobiltelefon die Zeitung. Die neue Generation an Smartphones wird das Lesen von aktuellen Nachrichten unterwegs und überall möglich machen und die mobile Informationsquelle Zeitung, die man auf dem Weg zur Arbeit oder nach Hause konsumierte, ablösen – eines Tages wird man sagen, die Zeitung war mal der Vorläufer des Mobiltelefons.

Es steht nicht gut um das Medium und all das heißt: Die Zeitung muss sich entweder neu erfinden oder der Online-Journalismus muss finanziell erwachsen werden – was bedeutet, seine Anzeigenpreise müssen steigen. Tatsächlich deutet sich an, dass ein Teil des Werbegeldes ins Netz wandert. So wird BMW – und die Autoindustrie gehört zu den werbestärksten Branchen – für die Einführung seiner neuen Serie 1 erstmalig die Hälfte des auf 15-25 Millionen Dollar geschätzten Budgets zielgruppengerecht in Onlinemedien investieren (Elliott 2008). Diese Investition fließt jedoch nicht nur in klassische Medien, sondern auch in soziale Netzwerke. Der Kuchen wird also nicht einfach von gedruckten Zeitungen zu ihren Online-Angeboten wandern.

Nur eventuell kann der Journalismus also bleiben, was er ist, denn mehr noch als das Web wird seine ökonomische Situation ihn verändern. Und er wird nur Journalismus bleiben können, wenn er die ihm eigenen Prinzipien ernst nehmen kann. Gleich ob er kuratiert oder selbst herstellt, gleich ob er online, offline oder auf dem Mobiltelefon landet. Journalismus ist nur Journalismus, wenn er verliebt in seine Ideale bleiben darf: Unabhängig, in kritischer Distanz zu seinem Gegenstand, in Konflikten beide Seiten schildernd und einer akkuraten Berichterstattung verpflichtet. Ja, tatsächlich, das Gejammere über einen möglichen Qualitätsverlust im Journalismus wird man ernst nehmen müssen. Und nein, es ist kein Problem, das auf den Online-Journalismus begrenzt ist. Deshalb: Das ängstliche Klammern an lieb gewonnene Strukturen, das den Journalismus derzeit prägt, kann angesichts der ernsten Probleme keine Antwort sein. Es braucht eine neue „Poesie der Neugier“ (Kisch 1980); Offenheit, Kreativität und Dynamik sind schleunigst gefragt. Das könnte klappen: Neugier hat den Journalismus schon immer ausgezeichnet.

Literatur

Anderson, Chris 2007: *The Long Tail – Der lange Schwanz: Nischenprodukte statt Massenmarkt – Das Geschäft der Zukunft.* München: Hanser.

Brauck, Markus/Hülsen, Isabell 2008: „Noch einmal mit Gefühl." In: *Der Spiegel* 2008, 6, S. 72.

Elliott, Stuart 2008: „BMW Turns to the Web for Its 1-Series." In: *NYTimes.com.* http://www.nytimes.com/2008/04/07/business/media/07adco.html (Abruf: 02.05.2008)

Giner, Guan Antonio 2007: „24/7 Newsroom Management Principles for the Guardian and the Observer."
http://www.innovationsinnewspapers.com/index.php/2007/03/07/247-newsroom-management-principles-for-the-guardiand-and-the-observer/ (Abruf: 02.05.2008)

Graff, Bernd 2007: „Web 0.0. Die neuen Idiotae." In: *sueddeutsche.de.* http://www.sueddeutsche.de/,tt4m1/computer/artikel/211/146869/ (Abruf: 02.05.2008)

Jarvis, Jeff 2007: „Glam: The success of the network." In: *BuzzMachine.* http://www.buzzmachine.com/2007/11/12/glam-the-success-of-the-network/ (Abruf: 02.05.2008)

Kiesselbach, Matthias 2007: „Alphajournalisten unter sich – ein kleiner Bericht von der Buchvorstellung ‚Die Alpha-Journalisten', mit einigen Alpha-Journalisten auf der Bühne und anderen im Publikum." In: Sprechblasenblog. http://www.sprechblase.org/?p=89 (Abruf: 02.05.2008)

Kisch, Egon Erwin 1980: „Poesie der Neugier." In: *Text+Kritik*, 67.

Kolo, Castulus/Meyer-Lucht, Robin 2007: „Erosion der Intensivleserschaft. Eine Zeitreihenanalyse zum Konkurrenzverhältnis von Tageszeitungen und Nachrichtensites." In: *Medien & Kommunikationswissenschaft* 4, S. 513-533.

Meyer-Lucht, Robin 2007: „Spiegel Verkehrt." In: *Süddeutsche Zeitung Magazin* 35, S. 8-10.

Meyer-Lucht, Robin 2006: Vom Zeitungshaus zum crossmedialen Informationsdienstleister. (= Zukunft der Zeitung 6). Berlin: Friedrich-Ebert-Stiftung.

Niles, Robert 2008: „It's time for the newspaper industry to die." In: *Online Journalism Review.* http://www.ojr.org/ojr/stories/080403niles/ (Abruf: 02.05.2008)

Patalong, Frank 2004: „Ich bestehe auf wöchentlichen Updates. Mindestens!" In: *Spiegel Online.* http://www.spiegel.de/netzwelt/web/0,1518,307260,00.html (Abruf: 02.05.2008)

Range, Steffen/Schweins, Roland 2007: *Klicks, Quoten, Reizwörter: Nachrichten-Sites im Internet. Wie das Web den Journalismus verändert.* Berlin: Friedrich Ebert Stiftung.

Rusbridger, Alan 2007: „Ombudsmen in the digital future." Vortrag auf der Konferenz der Organization of News Ombudsmen, Cambridge, MA. http://www.newsombudsmen.org/rusbridger.html (Abruf: 02.05.2008)

Schirrmacher, Frank 2007: „Zeitung und Internet – Wir brauchen eine Debatte." In: *sueddeutsche.de.* http://www.sueddeutsche.de/kultur/artikel/533/140237/ (Abruf: 02.05.2008)

Das Web braucht Spezialisten, keine Generalisten. Zur Notwendigkeit einer webspezifischen Professionalisierung in der Ausbildung

Petra Werner

1 Einleitung

Wer sich kurz nach der Jahrtausendwende für ein Studienfach wie Online-Journalismus oder Online-Redakteur entschied, war weit vorn – vielleicht ein bisschen zu weit vorn: Die Eigenständigkeit von Online-Journalismus wurde noch mit einem Fragezeichen versehen (vgl. Neuberger 2000a); was sich auf dem Markt der Online-Medien entwickelte, drohte vielmehr „Ende“ oder „Niedergang“ des Journalismus einzuläuten (vgl. Altmeppen 2000, Neuberger 2000b).

Wer dagegen heute per Studium den Weg in den Online-Journalismus sucht, scheint ein bisschen hinterherzuhinken: Die Zukunft des Journalismus schmückt sich nicht mehr mit dem Label ‚Online‘, sondern vielmehr mit *cross media* oder *convergent journalism*.

Kaum hat sich ‚Online‘ als ein mögliches Präfix für den Journalistenberuf durchgesetzt, scheint es also schon wieder überholt:

> Wir erleben, wie es immer selbstverständlicher wird, dass der Journalist erst einmal nur Journalist ist, ganz ohne einleitende Mediengattung am Wortanfang. Dass seine primäre Aufgabe es ist, sich zunächst mit Inhalten zu beschäftigen und dann erst mit der Plattform, die er zu bestücken hat. (Brenner 2008: 7-8).

Markiert dies nun Ende und Niedergang des Online-Journalismus? Sind Spezialisierung und Professionalisierung für Online-Medien damit obsolet? Das sind sie keinesfalls. Denn unabhängig davon, wie die nähere oder fernere Medien-Zukunft gezeichnet wird – ob als crossmedial unter Fortbestehen der klassischen medialen Plattformen oder als multimedial bzw. konvergent im Sinne einer tatsächlichen Verschmelzung unterschiedlicher Plattformen –, Spezialisten für die Plattform Online muss es auch zukünftig geben. Daher soll auf den folgenden Seiten eine Lanze für eine webspezifische Professionalisierung durch entsprechende Ausbildungsangebote gebrochen werden.

2 Begriffliche Unschärfen

Die Notwendigkeit einer solchen Professionalisierung wird teilweise durch begriffliche Unschärfen verdeckt.

> Digitaler Journalismus, Multimedia-Journalismus, Online-Journalismus, Netzwerk-Journalismus, konvergenter Journalismus, Do-it-yourself-Journalismus und seit neuestem Journalismus 2.0 – die Bezeichnungen für Ausdifferenzierungen des Journalismus, die durch das Internet ausgelöst wurden, sind so vielfältig wie die verschiedenen Seiten dieser neuartigen Kommunikationsplattform selbst. (Bucher und Schumacher 2008: 478)

Von diesem Phänomen zeugen schon die ersten Zeilen des vorliegenden Textes: Online-Redakteur oder Online-Journalist, Online oder Internet, Cross-Media oder Konvergenz, multimedial oder mehrmedial – in der Diskussion wird häufig ein wie auch immer gearteter Konsens unterstellt, präzise Definitionen sind nicht die Regel. Werden sie mitgeliefert, so scheinen sie teilweise schon im nächsten Satz oder Absatz wieder vergessen. Zwar hat auch die hier entwickelte Argumentation keinen definitorischen Charakter, zumindest soll aber erläutert werden, welche begrifflichen Unschärfen warum hingenommen und welche wie aufgelöst werden können.

Zunächst wäre zu unterscheiden zwischen den Termini „Online-Journalist" und „Online-Redakteur"[1] – diese bezeichnen zweifellos nicht denselben Beruf, jedoch Berufsfelder, in denen vergleichbare, nämlich journalistisch-redaktionelle, Tätigkeiten im Vordergrund stehen, die einer professionalisierten Ausbildung bedürfen. Für die hochschulgebundene Journalistenausbildung gilt allerdings generell, dass sie zahlreiche Absolventen nicht in den Journalismus, sondern in PR, Werbung oder angrenzende Felder entlässt: In Absolventenbefragungen von Journalistik-Studiengängen liegt der Anteil der in Werbung oder PR Tätigen bei im Schnitt rund 17 Prozent (eigene Berechnungen nach Wilke und Wurth 2004: 119), in einigen Journalistik-Studiengängen sogar bei über einem Viertel. In Studiengängen, die Online-Journalisten oder -Redakteure ausbilden, dürfte der Anteil auf lange Sicht deutlich darüber liegen (vgl. eine erste Absolventenbefragung der Hochschule Darmstadt von 2008).

---

1 Online, Web und Internet werden hier als Präfixe synonym benutzt, da dies in der hier verwendeten Fachliteratur durchgängig so gehandhabt wird (zur Abgrenzung der Begriffe vgl. exemplarisch Quandt 2005: 37-39 sowie den Beitrag von Tom Alby in diesem Band).

Da hier die Notwendigkeit einer webspezifischen Professionalisierung im Vordergrund steht, kann im Folgenden vernachlässigt werden, in welchem beruflichen Umfeld diese Qualifikationen letztlich zum Einsatz gelangen. Damit ist jedoch ausdrücklich nicht impliziert, dass eine sorgfältige Abgrenzung journalistischer von nicht-journalistischen Angeboten im Web obsolet wäre.

Wer sich mit der Zukunft der Journalistenausbildung befasst, wird darüber hinaus häufig mit den Begriffen Multimedialität und Mehrmedialität (und ihren unterschiedlichen Ausprägungen) konfrontiert – ohne dass diese Begriffe immer voneinander abgegrenzt würden.

Warben Institutionen der Journalistenausbildung früher mit einer bi- oder trimedialen Ausbildung, so implizierte das eine mögliche Kombination der Ausspielkanäle oder Plattformen Print, Hörfunk und Fernsehen. Unter Trimedialität werden heute hingegen völlig unterschiedliche Kombinationen gefasst: Die öffentlich-rechtlichen Rundfunkanstalten verstehen unter Trimedialität recht eindeutig (und zweifellos medienpolitisch motiviert) die Trias Hörfunk, Fernsehen, Internet (vgl. z. B. Degenhart 2001: 9). Wer jedoch auch den Printmedien ein Überleben einräumt, gruppiert Print, Hörfunk/Fernsehen und Online zur trimedialen Einheit.

Streng genommen müsste man angesichts der derzeitig verfügbaren Medien-Plattformen von einer Quadrimedialität sprechen – dieser Begriff scheint allerdings den meisten zu sperrig zu sein. In die Diskussion hat er jedenfalls keinen Eingang gefunden, mit gerade einmal vier Google-Treffern bewegt sich „quadrimedial“ – bei Berücksichtigung sämtlicher denkbarer Schreibweisen – nahe an der Nachweisgrenze.

Teilweise wird aber auch die Multi- als Steigerungsform der Trimedialität bemüht. Bi- und Trimedialität werden hier jedoch als Ausprägungen von Mehrmedialität verstanden, d. h. gemeint ist das Nebeneinander unterschiedlicher Ausspielkanäle (in den unterschiedlichen Anwendungskontexten). Mit Multimedialität dagegen wird hier – soweit nicht anders definiert – das Zusammenführen verschiedener medialer Präsentationsformen, beispielsweise Text, Audio und Video, bezeichnet. Dabei handelt es sich also eher um ein In- oder Miteinander statt um ein Nebeneinander medialer Plattformen.

Cross-Media hingegen wird meist dann verwendet, wenn es um die plattformübergreifende Aufbereitung von Inhalten geht. Wer crossmedial arbeiten will, arbeitet also mindestens bimedial: „Wirklich crossmedial wäre eine Tätigkeit also erst dann, wenn sie über mindestens zwei Plattformen hinweggeht.“ (Jakubetz 2008: 23). Klaus Meier fasst den Begriff noch einmal enger, er versteht unter Cross-Media ein „Kreuzen der traditionellen Plattformen mit neuen digitalen Plattformen wie dem Internet und der mobilen Kommunikation“ (Meier 2008: 3). Wer ein Thema als Print-Bericht sowie als gebauten Hörfunkbeitrag aufbereitet, schafft damit nach Meier also noch kein crossmediales, in keiner Lesart jedoch ein multimediales Angebot.

Wird schließlich ein Thema für ein Online-Angebot in Text, Bewegtbild und Audio präsentiert, kann diese Tätigkeit zwar als multimedial, aber noch nicht als crossmedial bezeichnet werden.

> Nicht selten drängt sich der Eindruck auf, dass insbesondere die Begriffe Crossmedia und Online-Journalismus ziemlich beliebig verwendet und durcheinander geworfen werden. [...] Multimedialer Journalismus im Internet wird zwar im Regelfall für den Journalisten bedeuten, dass er in mehreren Darstellungsformen (also bspw. Text und Video) firm sein sollte. Mit Crossmedia hat dies aber noch nichts zu tun. Schließlich bewegen wir uns immer noch auf einer Plattform, in dem Falle also dem Internet. (Jakubetz 2008: 23)[2]

3 Der Journalist als – studierter – Nichtskönner?

Ein Plädoyer für eine webspezifische Professionalisierung ist – da hier die Qualität der Ausbildung im Zentrum der Argumentation steht – gleichzeitig auch eines für die hochschulgebundene Journalistenausbildung als solche.

Zwar wird der Beruf des Journalisten ohnehin immer mehr zu einem Akademiker-Beruf (vgl. Weischenberg, Malik und Scholl 2006: 68). Angesichts der zahlreichen in den vergangenen Jahren eingerichteten Medienstudiengänge läge die Annahme nahe, dass sich damit auch die Zahl der fachlich einschlägigen Studienabschlüsse erhöht hat. Das Gegenteil ist jedoch der Fall. Insgesamt, so die ernüchternde Bilanz von Siegfried Weischenberg, Maja Malik und Armin Scholl, erscheine „die quantitative Bedeutung der Journalistik, auf die sich einst die Hoffnungen auf eine Reform der Journalistenausbildung konzentrierten, deutlich reduziert" (ebd.: 67). Stattdessen rekrutiert sich der journalistische Nachwuchs nach wie vor mehrheitlich aus dem klassischen Fächerkanon der Geisteswissenschaften (ebd. : 68).

Was in den USA längst Standard ist – eine Journalistenausbildung in einem „hoch professionalisierten System ohne direkte Abhängigkeiten von der Medienindustrie und deren Verwertungsinteressen" (ebd.: 65) – steht in Deutschland noch aus. Im Gegenteil: Nach Klaus-Dieter Altmeppen führen Strukturveränderungen generell zu einer Deprofessionalisierung des Journalismus (Altmeppen 2006: 93;

---

2 Hier wiederum ist die unpräzise Verwendung des Begriffs Darstellungsformen zu hinterfragen.

vgl. auch Weischenberg, Malik und Scholl 2006 sowie Renger, Fabris und Rauchenzauner 2006: 5).

Vor allem für das Arbeitsfeld Online-Journalismus hat Christoph Neuberger 2002 einen eher niedrigen Professionalisierungsgrad konstatiert (vgl. Neuberger 2002: 106). Dass sich das Ausbildungsniveau nicht wesentlich erhöht hat, können Weischenberg, Malik und Scholl mit ihren Befragungsergebnissen belegen: Gerade im Bereich Online-Medien sehen sie „die Generation Praktikum am Start“ (Weischenberg, Malik und Scholl 2006: 67).

Damit überlässt man freilich die Entwicklung professioneller Standards in diesem Ausspielkanal ebenso dem Zufall wie in den Gründerzeiten der Massenpresse. Glaubt man dem Medienkritiker Henry Louis Mencken, war diese Strategie schon vor 90 Jahren nur mäßig erfolgreich:

> Eine der Hauptschwierigkeiten liegt in der Tatsache, dass der Eintritt in den Journalismus fast so leicht ist wie der Eintritt ins Gefängnis. Man braucht kein Gepäck – nicht einmal eine gute Ausbildung. Neun von zehn Aspiranten, die eintreten, erweisen sich natürlich als inkompetent, aber es ist gerade der Druck dieser Inkompetenten, der die Besseren verunsichert. Vielleicht werden die Journalistenschulen, die jetzt so erstaunlich florieren, den Standard ein wenig heben, und sei es, dass sie die Fähigkeit, zu lesen und zu schreiben, verlangen. (zitiert nach Weischenberg, Malik und Scholl 2006: 65)

Zwar muss beileibe nicht jeder gute Journalist Journalistik studiert haben – ob aber Literatur- und Sprachwissenschaften, Sozial- oder Geschichtswissenschaften angemessen auf die Anforderungen des Journalismus von morgen vorbereiten können, darf aus drei Gründen angezweifelt werden. Erstens gewinnt in einer konvergenten Medienumgebung medienspezifische Kompetenz im Vergleich zum Sachwissen noch einmal an Bedeutung (s. u.). Zweitens verlieren in Umbruchphasen, wie wir sie derzeit erleben, genau die redaktionellen Routinen an Bedeutung, die Quereinsteigern bislang den Einstieg in den Beruf erleichtert haben. Schließlich dürften drittens neue, situationsadäquate Routinen eher von Redakteuren gestaltet werden können, die journalistische Rollen und Regeln schon im Studium reflektiert haben und entsprechend professionell implementieren können.

4 Der Journalist als Alleskönner?

Professionalisierung ist demnach wichtiger denn je. Und die Ansprüche, die die Redaktionen an ihr (neues) Personal stellen, wachsen annähernd proportional zu den Marktchancen, die manch einer im Web wittert. Crossmedial ‚fit' zu sein, bedeutet laut einschlägiger Praktikerliteratur: „In verschiedenen Medien denken zu können, ihre technischen und dramaturgischen „Gesetze" zu verstehen und Themen entsprechend aufzubereiten" (Jakubetz 2008: 8). Dies entspricht einem von Hans-Jürgen Bucher und Peter Schumacher als akteurszentriert charakterisierten Verständnis von Konvergenz, in dem ein Journalist verschiedene Tätigkeiten übernimmt, „die bislang von unterschiedlichen, spezialisierten Akteuren ausgeübt wurden" (Bucher und Schumacher 2008: 495).

Diesem Konvergenz-Begriff stellen die beiden Autoren eine prozesszentrierte Auffassung von konvergentem Handeln entgegen, in der „die Akteure weiter in ihren spezifischen Rollen und mit ihren spezifischen Kompetenzen eingesetzt [werden], allerdings wird die Zusammenarbeit anders koordiniert, z.B. in Teams." (Bucher und Schumacher 2008: 495) Aus dieser Perspektive sind es die Redaktionen als Organisationen, die Konvergenz bewältigen müssen – und damit ist das Problem auch auf der richtigen Ebene angesiedelt. Manch einer, der diese Herausforderung kurzerhand dem einzelnen Journalisten aufbürdet, scheint an den Erfolgschancen insgeheim selbst Zweifel zu hegen. Dafür spricht zumindest, dass mit der unvermeidlichen „Eier legenden Wollmilchsau" auffällig oft ein Fabeltier die entsprechenden Publikationen bevölkert.

Meier unterscheidet auf Basis seiner Beobachtungen in Redaktionen in mehreren europäischen Ländern drei „Grade" – oder auch drei Richtungen – der Entwicklung: Koordination, Kollaboration und Integration. Auf der Stufe der Koordination arbeiten an sich getrennte Abteilungen – offenbar fallweise – zusammen, von Kollaboration spricht Meier bei einer „Mehrfachverwertung digitalisierter Inhalte und Steuerung der Plattformen zum Beispiel am Newsdesk", die Stufe der Integration definiert er als „mehrmediales Arbeiten themenorientierter Teams [...] oder sogar einzelner Journalisten" (Meier 2008: 13). Wenn überhaupt, tritt der „Alleskönner" also im dritten Stadium, dem der Integration, zutage.

Zweifellos werden die Anforderungen an Journalisten in konvergenten Umgebungen bei gleichzeitiger Arbeitsverdichtung wachsen (vgl. Lilienthal 2007). Im Zuge dieser Entwicklung prägen sich neue Berufsbilder aus. Sonja Kretzschmar nennt in diesem Zusammenhang *newsflow editor*, *storybuilder* sowie *news resourcer*, die im Team ergänzt werden durch *multiskilled journalists* (Kretzschmar 2008: 10). Aber es widerspräche der Logik ausdifferenzierter, arbeitsteiliger Volkswirtschaften erheblich, wenn nicht auch diese Rollen von Spezialisten effizienter ausgeführt würden.

5 „Jack of all trades – master of none“

Die hier umrissene Zukunft des Journalisten als „Eier legende Wollmilchsau“ scheint mindestens schwierig, wobei der Eiern, Wolle oder Milch drohende Qualitätsverlust nicht expliziter Bestandteil der im Deutschen verbreiteten Metapher ist. In der englischen Variante des „jack of all trades – master of none“ hingegen scheint genau dieser auf.

Zahlreiche Autoren weisen denn auch auf diese Gefahr hin. Dabei sind zwei Argumentationslinien zu unterscheiden. Ein Teil der Autoren bzw. der von ihnen befragten Experten befürchtet Qualitätsverluste nur für den Fall, dass Cross-Media-Strategien im Zuge von Rationalisierungsstrategien eingesetzt werden (vgl. Meier 2006: 203 f.). Ähnlich argumentiert auch Brenner:

> Wenn Unternehmen Crossmedia, multimediales Arbeiten aus einer Hand nur als Mittel zum kostensparenden Zweck wahrnehmen, dann ist absehbar, dass dies nicht gut gehen wird. Vielmehr dürften wir dann einen ziemlich unverdaulichen Mix aus Inhalten erleben, die von Journalisten erstellt werden, die vieles ein bisschen, aber nichts richtig gut können.“ (Brenner 2008: 8)

Andere Autoren erwarten Qualitätseinbußen jedoch ganz generell bei einer Übernahme bislang spezialisierten Akteuren vorbehaltener Tätigkeiten durch einen Journalisten (vgl. Bucher und Schumacher 2008: 495). Kretzschmar nennt als Beispiele das Verpassen von Deadlines, „je mehr Medien zu bedienen sind“, und die „Wahrscheinlichkeit der Wiederholung auf verschiedenen Plattformen mit minimalen Abweichungen“ (Kretzschmar 2008: 8). Zudem könne der zum erwünschten genau entgegengesetzte Effekt eintreten – dass nämlich die Spezifika der einzelnen Ausspielkanäle letztlich nicht adäquat genutzt werden (ebd.).

Multiskilling ersetzt also keinesfalls *platform specific skills*, darauf weist Tim Weber insbesondere für das aktuelle Nachrichtengeschäft hin (Weber 2008: 9). Selbst im letzten, mit dem Stichwort „Integration“ bezeichneten Stadium der Cross-Media-Implementation werden nach Meiers Beobachtungen aber „weiterhin Spezialisten für Print, Online, Radio, TV“ gebraucht (Meier 2008: 14; vgl. auch Jakubetz 2008: 24).

Denn in Redaktionen – das kann durch die Kommunikatorforschung als hinreichend belegt gelten – arbeiten keine Einzelkämpfer. Insofern bedeutet auch eine zu erwartende Medienkonvergenz „noch lange nicht konvergentes Handeln in der Medienproduktion. Eine Gleichsetzung würde nämlich die schlichte Tatsache negieren, dass in Redaktionen für gewöhnlich arbeitsteilig gehandelt wird." (Quandt 2005: 402)

Nebenbei bemerkt zeigt sich hier, dass eine webspezifische Professionalisierung – unter anderem – die unbedingte Voraussetzung dafür ist, dass Cross-Media oder *convergent journalism* überhaupt professionell betrieben werden können.

6 Der Journalist als Spezialist

Wenn sich, wie dargelegt wurde, das Berufsfeld ausdifferenziert, sollte bzw. muss sich diese Entwicklung auch in der Ausbildungslandschaft widerspiegeln. Meier zufolge ist die Differenzierung und Spezialisierung im Journalismus ohnehin schon so weit fortgeschritten, dass man sich von der Vorstellung verabschieden müsse, „allen Studierenden alles tiefgehend beizubringen" (Meier 2007: 221-222).

Das Set an Kompetenzen, das in der hochschulgebundenen Journalistenausbildung vermittelt werden soll, folgt jedoch, im Wesentlichen unverändert, dem von Weischenberg entwickelten Kompetenzmodell (1990), wobei die Technik- und Gestaltungskompetenz zunächst als zusätzliche Dimension aufgenommen wurden und gerade in den vergangenen Jahren an Bedeutung hinzugewonnen haben (vgl. zuletzt Meier 2007: 220; siehe auch Werner 2003). Für die Dimension Sachkompetenz ist eine Einteilung in ein, im Idealfall breites, Orientierungswissen und ein Ressort- bzw. Spezialwissen bereits definiert. Angesichts der in den vorangegangenen Abschnitten beschriebenen Entwicklungen scheint es sinnvoll, diese Einteilung auch auf die Dimensionen Technik-, Gestaltungs- und Vermittlungskompetenz zu übertragen – nämlich medienunspezifisches oder medienübergreifendes Orientierungswissen bzw. entsprechende Arbeitstechniken von medienspezifischem Spezialwissen und speziellen Arbeitstechniken abzugrenzen.

Eine stärkere „Profilierung nach medientypischer Fach-, Vermittlungs-, Gestaltungs- und Technikkompetenz" (Meier 2007: 222) ist auch deswegen sinnvoll, weil die in den vergangenen Jahren geschaffenen hochschulpolitischen Rahmenbedingungen die Spielräume einengen, am Ausbildungsziel des Generalisten festzuhalten. Auch Altmeppen prognostiziert, dass die Zukunft der hochschulgebundenen Journalistenausbildung „stärker von diversifizierenden Angeboten bestimmt werden" wird (Altmeppen 2006: 96; vgl. auch Meier 2007: 221).

Eine solche Ausdifferenzierung in der Ausbildung ist insbesondere in Phasen oder Arbeitsmarktbereichen sinnvoll, in denen der Berufszugang offen und unreguliert ist, wo also im Sinne Menckens (s. o.) besonders viele „Inkompetente", gar nicht oder nicht adäquat Ausgebildete, in den Markt drücken. Auf den Bereich der Online-Medien trifft dies zu, Quandt zufolge sind Aussagen über das Berufsfeld Online-Journalismus und die dort zu erfüllenden Aufgaben widersprüchlich. Dabei seien aber diejenigen, die vertreten, dass die Arbeit in Online Redaktionen „immer noch von den Basis-Tätigkeiten und bekannten Programmen des traditionellen Journalismus bestimmt werde“ (Quandt 2004: 161-162; vgl. auch Quandt 2003: 268), ausdrücklich in der Minderheit.

7 Das Web als multioptionale Medien-Plattform

Eine Professionalisierung ist umso wichtiger, als sich die journalistische Nutzung der Plattform Web in den vergangenen Jahren als komplexe Materie erwiesen hat, die sich kaum en passant erarbeiten lässt:

> Im multioptionalen Internet konvergieren die Potenziale früherer Medien, die um weitere Möglichkeiten ergänzt werden. Seine relativen Stärken liegen in der Aktualität, Multimedialität, Partizipation, Interaktivität, Selektivität, Vernetzung, Speicherfähigkeit, Kopierfähigkeit, Additivität, Transparenz und globalen Distribution. Der Optionenreichtum des Internets schafft eine bislang nicht gekannte Formbarkeit eines Mediums. (Neuberger 2008: 50)

Neuberger zitiert in diesem Zusammenhang Denis McQuail mit dessen prägnanter Formel, das Internet sei „unterdeterminiert“ (ebd.).

Die Multioptionalität des Webs hat bereits, das hat Thorsten Quandts Beobachtungsstudie (2005) hinreichend, wenn auch in kleinem Rahmen belegt, zur Ausbildung spezifischer Muster redaktionellen Handelns geführt: „Das Handeln ist zeitlich in sehr kleinen Ketten organisiert; es lassen sich kaum Tagesphasen ausmachen, in denen ein einziger Handlungstyp im Vordergrund steht. Durch fehlende Produktionsdeadlines orientiert sich das Handeln an der zeitnahen Herstellung von Content“ (Quandt 2005: 401). Damit unterscheide sich der Online-Journalismus, so Quandt, auch von anderen, traditionell als „schnell“ betrachteten Journalismus-Bereichen wie der aktuellen Nachrichtenproduktion für Fernsehen und Hörfunk: „Denn die Inhalte werden dort zu einem bestimmten Termin produziert, während im Online-Journalismus der Rhythmus letztlich durch die Nachrichten selbst vorgegeben wird.“ (ebd.)

Auch Bucher und Schumacher weisen auf eine Sonderstellung des Online-Journalismus „hinsichtlich der materiellen Infrastruktur, der redaktionellen Praktiken und der Produktionsroutinen“ hin (Bucher und Schumacher 2008: 478).

8 Das Web als Möglichkeitsraum

Einerseits handelt es sich beim Online-Journalismus also „quasi um eine Modulation des Journalismus", der in der konkreten Ausgestaltung eigenständige Lösungen entwickle (Quandt 2005: 403), andererseits ist das Web in seinem aktuellen Zuschnitt vor allem auch als Möglichkeitsraum zu betrachten. Von einer Auslotung der publizistischen Grenzen des Webs kann noch keine Rede sein, auch wenn zahlreiche Autoren seine Weiten erkunden und erschließen (vgl. z. B. Meier 2002a). Das Medium ist also ebenso gestaltungsfähig wie gestaltungsbedürftig.

Vom „way new journalism", den Joshua Quittner 1995 ausrief (Quittner 1995), ist das Web noch immer weit entfernt:

> Multimedia-Journalisten sollten neue Formen des multimedialen Erzählens, der omnidirektionalen Visualisierung, der non-linearen und mehrkanaligen Informationsvermittlung praktizieren [...]. Entgegen diesen Erwartungen hat der Online-Journalismus die internetspezifischen Kommunikationspotenziale der Interaktivität, der Multimedialität, der Hypertextualität und der Globalität nicht bzw. noch nicht ausnutzen können. (Bucher und Schumacher 2008: 486)[3]

Bucher und Schumacher konstatieren gar, dass Informationspräsentation und Berichterstattungsformen im Web noch hinter die gedruckte Tageszeitung zurückgefallen seien, die „bereits seit Mitte der 80er Jahre eine hypertext-ähnliche und an den navigierenden Leser gerichtete Non-Linearität entwickelt hat" (ebd.).

Mit den durchaus bereits entwickelten Routinen werden also vorwiegend Angebote auf dem Entwicklungsniveau der Startphase produziert. Gerade auch aufgrund der genutzten Informationsressourcen bezeichnet Quandt den Online-Journalismus aktuellen Zuschnitts als „Secondhand-Journalismus", wofür auch eine hohe Überarbeitungsquote spreche (vgl. Quandt 2005: 401). Vermarktungsfähige publizistische Angebote im Web werden sich von anderen Angeboten, die nicht zwingend marktförmig sein müssen wie beispielsweise nutzergenerierte Angebote, qualitativ abheben müssen – und zwar sehr viel deutlicher, als das bisher der Fall ist.

Im Sinne einer webspezifischen Professionalisierung ist es daher eine zentrale Aufgabe, nicht für die aktuelle Praxis des Webs auszubilden, sondern vielmehr für ein „Web von morgen", das die webspezifischen Kommunikationspotenziale ausschöpft (vgl. auch Meier 2002b: 145). Hier können sich Hochschulen – sicherlich

---

[3] Vgl. auch Jakubetz 2008: 20.

insbesondere auch Fachhochschulen – profilieren, indem sie, ohne die Komponente „Forschung“ zu vernachlässigen, die Komponente „Entwicklung“ betonen (vgl. Meier 2007: 218).

9 Das Web als ‚Vorreiter‘ für die Medienentwicklung

Diese Komponente der Entwicklung ist auch deswegen von Bedeutung, weil das Web als ‚Vorreiter‘ einer weiteren Medienentwicklung betrachtet werden kann. Bucher und Schumacher bezeichnen Online-Journalismus in diesem Zusammenhang als „Kern und als Modell des konvergenten Journalismus [...]: Die Prinzipien der digitalen Produktion, der integrierten und plattformunabhängigen Produktionssysteme und der Vielfalt der Ausspielkanäle sind im Online-Journalismus zuerst umgesetzt und dann auf andere Medienformen ausgedehnt worden.“ (Bucher und Schumacher 2008: 494) Auch Quandt referiert die Auffassung zahlreicher Autoren, dass sich anhand des Beispiels Online-Journalismus „allgemeingültige Trends für den Journalismus insgesamt ableiten lassen, wie z. B. zunehmende Interaktion mit den Rezipienten im Rahmen eines „public journalism“, Personalisierung der Angebote und eine umfassende Medienkonvergenz.“ (Quandt 2005: 14)

Das Web ist also „nicht einfach ein zusätzliches Medium“ (Hachmeister 2008) – aber es ist *auch* ein zusätzliches Medium, dem zudem eine Schlüsselrolle in der zukünftigen Mediennutzung zukommt und das deshalb auch in der Ausbildung besonderer Aufmerksamkeit und eines Spezialistentums bedarf. Was Meier bereits 2002 forderte, nämlich das „neue Medium denken“ zu lernen (Meier 2002b: 146), hat bisher offensichtlich weder in qualitativer noch in quantitativer Hinsicht hinreichend stattgefunden.

Literatur

Altmeppen, Klaus-Dieter 2000: „Online-Medien: Das Ende des Journalismus? Formen und Folgen der Aus- und Entdifferenzierung des Journalismus.“ In: *Online-Journalismus. Perspektiven für Wissenschaft und Praxis.* Hg. v. Klaus-Dieter Altmeppen, Hans-Jürgen Bucher und Martin Löffelholz. Opladen u. a.: Westdeutscher Verlag, S. 123-138.

Altmeppen, Klaus-Dieter 2006: „Sechs Thesen zur Zukunft der Journalistik.“ In: *Generalisten oder Spezialisten? Wie viel Fach braucht der Journalismus? Beiträge zum 6. Salzburger Journalistik-Tag.* Hg. v.

Rudi Renger, Hans Heinz Fabris und Elisabeth Rauchenzauner. (= Journalistik 17). Salzburg: Kuratorium für Journalistenausbildung, S. 93-100.

Brenner, Ulrich 2008: „Vorwort." In: Christian Jakubetz, *Crossmedia*. (= Praktischer Journalismus 80). Konstanz: UVK, S. 7-9.

Bucher, Hans-Jürgen/Schumacher, Peter 2008: „Vom Online-Journalismus zum konvergenten Journalismus – wie neue Medien und alte Paradoxien die öffentliche Kommunikation verändern." In: *Paradoxien des Journalismus. Theorie – Empirie – Praxis*. Hg. v. Bernhard Pörksen, Wiebke Loosen und Armin Scholl. Wiesbaden: VS, S. 477-501.

Degenhart, Christoph 2001: „Der Funktionsauftrag des öffentlich-rechtlichen Rundfunks in der ‚Digitalen Welt'. Rechtsgutachten der Universität Leipzig."
http://www.spiegel.de/static/download/degenhart.pdf [PDF-Dokument] (Abruf: 10.07.2008)

Hachmeister, Lutz 2008: „Auslaufmodell. Das Internet kassiert den herkömmlichen Rundfunk: Thesen zu einer neuen Medienpolitik." In: *Süddeutsche Zeitung* vom 17. Juli, S. 15.

Hochschule Darmstadt 2008: „OJ-Absolventenstudie 2008: Schnell im Beruf und zufrieden mit ihrer Arbeit." http://www.oj.fh-darmstadt.de/index.php?id=absolventenstudie (Abruf: 10.07.2008).

Jakubetz, Christian 2008: *Crossmedia*. (= Praktischer Journalismus 80). Konstanz: UVK.

Kretzschmar, Sonja 2008: „Erfolg auf allen Kanälen – Crossmedialer Lokalteil: Von neuen Lesern und der Veränderung des Berufsbilds." http://www.scribd.com/doc/2214814/Crossmedialer-Journalismus-Veranderung-von-Berufsbild-und-Ausbildung (Abruf 14.07.2008).

Lilienthal, Volker 2007: „‚Der Sender ist tot'. Die ARD sucht nach Wegen in die Online-Zukunft." In: *epd medien* 46. http://www.epd.de/medien/medien_index_50344.html (Abruf 14.07.2008)

Meier, Klaus (Hg.) ^{3}2002a (1998): *Internet-Journalismus*. Konstanz: UVK.

Meier, Klaus 2002b: „Herausforderungen des Internet-Journalismus. Das neue Medium denken lernen." In: *Journalistenausbildung für eine veränderte Medienwelt. Diagnosen, Institutionen, Projekte*. Hg. v. Klaus-Dieter Altmeppen und Walter Hömberg. Wiesbaden: Westdeutscher Verlag, S. 145-155.

Meier, Klaus 2006: „Newsroom, Newsdesk, crossmediales Arbeiten. Neue Modelle der Redaktionsorganisation und ihre Auswirkungen auf die journalistische Qualität." In: *Medien-Qualitäten. Öffentliche Kommunikation zwischen ökonomischem Kalkül und Sozialverantwortung*. Hg. v. Siegfried Weischenberg, Wiebke Loosen und Michael Beuthner. (= Schriftenreihe der Deutschen Gesellschaft für Publizistik und Kommunikationswissenschaft 33). Konstanz: UVK, S. 203-222.

Meier, Klaus 2007: *Journalistik*. Konstanz: UVK.

Meier, Klaus 2008: „Das crossmediale Zeitalter hat schon begonnen – Nationale und internationale Perspektiven."
http://web.apb-tutzing.de/apb/cms/fileadmin/uploads/media/Meier_Tutzing_7-4-08_websiteFolien.pdf [PDF-Dokument] (Abruf: 24.07.2008)

Neuberger, Christoph 2000a: „Journalismus im Internet: Auf dem Weg zur Eigenständigkeit? Ergebnisse einer Redaktionsbefragung bei Presse, Rundfunk und Nur-Onlineanbietern." In: *Media Perspektiven* 7, S. 310-318.

Neuberger, Christoph 2000b: „Renaissance oder Niedergang des Journalismus? Ein Forschungsüberblick zum Online-Journalismus." In: *Online-Journalismus. Perspektiven für Wissenschaft und Praxis*. Hg. v. Klaus-Dieter Altmeppen, Hans-Jürgen Bucher und Martin Löffelholz. Opladen u. a.: Westdeutscher Verlag, S. 15-48.

Neuberger, Christoph 2002: „Online-Journalismus: Akteure, redaktionelle Strukturen und Berufskontext." In: *Medien & Kommunikationswissenschaft* 1, S. 102-114.

Neuberger, Christoph 2008: „Die Allgegenwart des Widerspruchs. Paradoxien der Kommunikation, Rezeption und Vermittlung im Medienwandel." In: *Paradoxien des Journalismus. Theorie – Empirie – Praxis*. Hg. v. Bernhard Pörksen, Wiebke Loosen und Armin Scholl. Wiesbaden: VS, S. 37-61.

Quandt, Thorsten 2003: „Vom Redakteur zum Content-Manager? Wandel des Journalismus im Zeichen des Netzes." In: *Die neue Kommunikationswissenschaft. Theorien, Themen und Berufsfelder im Internet-Zeitalter*. Hg. v. Martin Löffelholz und Thorsten Quandt. Wiesbaden: Westdeutscher Verlag, S. 257-279.

Quandt, Thorsten 2004: „Beruf Online-Journalist: Zwischen Nachrichten-Tuning und Content Management. Beobachtungen in Online-Redaktionen." In: *Die Zukunft der Kommunikationsberufe. Ausbildung, Berufsfelder, Arbeitsweisen*. Hg. v. Kurt Neubert und Helmut Scherer. (= Schriftenreihe der Deutschen Gesellschaft für Publizistik und Kommunikationswissenschaft 31). Konstanz: UVK, S. 161-186.

Quandt, Thorsten 2005: *Journalisten im Netz. Eine Untersuchung journalistischen Handelns in Online-Redaktionen*. Wiesbaden: VS.

Quittner, Joshua 1995: „The Birth of Way New Journalism." Ursprünglich veröffentlicht unter www.hotwired.com. Aktuell z. B. unter http://www.gyford.com/archive/1995/11/13/HotWiredDemo/i-agent/index.htm (Abruf: 10.07.2008)

Renger, Rudi/Fabris, Hans Heinz/Rauchenzauner, Elisabeth (Hg.) 2006: *Generalisten oder Spezialisten? Wie viel Fach braucht der Journalismus? Beiträge zum 6. Salzburger Journalistik-Tag*. (= Journalistik 17). Salzburg: Kuratorium für Journalistenausbildung.

Weber, Tim 2008: „Die BBC und die digitale Zukunft." http://web.apb-tutzing.de/apb/cms/fileadmin/uploads/pics/Tim_Weber_BBC_2008_presentation_tutzing.pdf [PDF-Dokument] (Abruf: 24.07.2008)

Weischenberg, Siegfried 1990: „Das Prinzip Echternach. Zur Einführung in das Thema Journalismus und Kompetenz." In: *Journalismus und Kompetenz*. Hg. v. Siegfried Weischenberg. Opladen: Westdeutscher Verlag, S. 11-41.

Weischenberg, Siegfried/Malik, Maja/Scholl, Armin 2006: *Die Souffleure der Mediengesellschaft. Report über die Journalisten in Deutschland*. Konstanz: UVK.

Werner, Petra 2003: „Schon im Studium an die Leser denken. Die Publikumsperspektive in der hochschulgebundenen Journalistenausbildung." In: *Journalismus mit Bodenhaftung. Annäherungen an das*

Publikum. Hg. v. Lars Rinsdorf, Bernd Weber, Falk Wellmann und Petra Werner. (= Medien: Forschung und Wissenschaft 5). Münster: LIT, S. 153-169.

Wilke, Jürgen/Wurth, Danièle 2004: „Journalismus und Public Relations – Ausbildung für zwei Berufsfelder im Urteil von Publizistik-Absolventen". In: *Die Zukunft der Kommunikationsberufe. Ausbildung, Berufsfelder, Arbeitsweisen*. Hg. v. Kurt Neubert und Helmut Scherer. (= Schriftenreihe der Deutschen Gesellschaft für Publizistik und Kommunikationswissenschaft 31). Konstanz: UVK, S. 115-140.

Online-Forschung im Web – Methodenschwerpunkte im Überblick

Simone Fühles-Ubach

1 Online-Forschung – eine Definition

Die Definition des Begriffs „Online-Forschung" ist eine Herausforderung, der sich immer wieder Autoren in verschiedener Ausführlichkeit gewidmet haben (Welker 2007; Welker, Werner und Scholz 2005; Wenzel und Hofmann 2005; Zerr 2003). Zuletzt hat Welker im Rückblick auf die vergangenen zehn Jahre, d. h. auf die Zeit seit der Entstehung des Begriffs Mitte der 1990er Jahre, herausgearbeitet, dass die Online-Forschung „kein Fach, sondern ein Forschungsfeld" darstellt (Welker 2007: 19). Dabei unterscheidet er eine engere und eine weitere Definition. Die engere Definition setzt einen starken Aspekt auf die „Entwicklung, Prüfung und Anwendung neuer empirischer Forschungsmethoden", während die weiter gefasste Definition aussagt, dass Online-Forschung empirische Markt- und Sozialforschung ist, deren Gegenstände das Web bzw. Online-Phänomene sind. Mit dieser Fokussierung bzw. Erweiterung des Begriffsumfeldes gelingt Welker eine Verknüpfung verschiedener Definitionsansätze, die die ganze Breite des Forschungsfeldes über Grenzen und Schnittstellen hinweg sichtbar macht.

Da im Bereich der Online-Forschung eine Vielzahl von Wissenschaften beteiligt ist (u. a. Psychologie, Soziologie, Wirtschaftswissenschaften, Informatik), ist sie als ein äußerst interdisziplinäres Forschungsfeld zu bezeichnen, das mehr Schnittstellen und Ansatzpunkte für gemeinsame Forschung als deutliche Grenzen aufweist und vor allem durch seinen Schwerpunkt im Methodenbereich für etliche neue Anregungen und Impulse sorgt. Wenzel und Hofmann (2005: 24) zeigen, dass es bereits 1995 praktische Anwendungsbeispiele für Erhebungen von Daten über das World Wide Web in Deutschland gab. Die Online-Forschung entwickelte sich in den nachfolgenden Jahren durch den Wissenstransfer zwischen den Erkenntnissen aus den theoretischen Ansätzen (Forschung an Hochschulen) und deren kommerzieller Umsetzung in betrieblichen Marktforschungsinstituten – beide Bereiche beeinflussen sich gegenseitig stark. Dies wird als auch als Transdisziplinarität der Online-Forschung bezeichnet.

Seit einiger Zeit wird die Online-Forschung verstärkt auch auf die mobile Kommunikation mit Handys bezogen, so dass nicht nur das Web im engeren Sinne, sondern zunehmend auch die mobile Kommunikation der Forschungsgegenstand bzw. die Methode der Forschung ist. Die Definitionsversuche zeigen, dass die Begriffe Online-Forschung und Online-Marktforschung nicht synonym gesetzt werden sollten. Vielmehr geht es um die differierende begriffliche Weite der Definitionen und deren unterschiedlichen Fokus sowie die verschiedenen Perspektiven, aus denen das Forschungsgebiet betrachtet wird. Eine Reduktion der Online-Forschung auf die Forschung an der Methodenbasis oder aber auf die betriebliche Anwendung würde zu kurz greifen. Nur beide Aspekte gemeinsam ergeben ein geschlossenes Bild.

2 Online-Marktforschung

Die betriebliche Online-Marktforschung als einer der Kernbereiche der Online-Forschung befindet sich seit Jahren in einem kontinuierlichen Wachstumsprozess, wie die folgenden Zahlen verdeutlichen: Im Jahr 2000 wurden nur bei 3 % aller Befragungen Online-Interviews eingesetzt, 2006 waren es laut Jahresbericht des Arbeitskreises Deutscher Markt- und Sozialforschungsinstitute e.V. (ADM) bereits 21 %. In einem Interview im Januar 2008 schätzte der Geschäftsführer eines Marktforschungsinstitutes den aktuellen Anteil bereits auf 24-25 % (Schutzmann 2008: 15). Diese Zahlen zeigen, dass sich die Online-Methoden im Laufe der vergangenen zehn Jahre einen wichtigen Platz neben den klassischen Marktforschungsverfahren erobert haben. Dabei war die Bewertung der Methoden lange umstritten. Es gab Phasen der Euphorie während des Internet-Booms und Phasen größerer Skepsis gegenüber spezifischen methodischen Fragestellungen (z. B. Repräsentativitätsproblematik). Mit dem zehnten Geburtstag der Online-Forschung, den Wenzel und Hofmann (2005) ins Jahr 2005 datieren, wird eine weitgehende Etablierung/Akzeptanz der Methoden für bestimmte Bereiche konstatiert. Dabei geht es nicht um eine Substitution, sondern darum, dass die Online-Erhebungen eine vielversprechende *Erweiterung* des Methodenkanons darstellen und sowohl zur Ergänzung und Validierung bisheriger Methoden als auch zur Erforschung von bisher kaum beantwortbaren Fragestellungen eingesetzt werden können (Reips 2003b: 25).

2.1 Einsatzgebiete und Vorteile der Online-Marktforschung

Die Methoden der Online-Marktforschung eignen sich nach Geißler (2008) u. a. besonders dann, wenn Befragungen in kurzer Zeit mit größeren Teilnehmerzahlen durchgeführt werden sollen. Weiterhin führt er die Erreichbarkeit von Zielgruppen an, die offline nur schwer zu rekrutieren sind oder aber im multinationalen, mehrsprachigen Kontext befragt werden sollen. Die Nutzung der Online-Methoden ermöglicht es, multimediale Elemente in die Befragungen einzubinden und den Benutzern ein Online-Feedback zu geben. Nach Bortz und Döring (2006: 260 f.) sind Online-Methoden besonders dort einschlägig, wo es um die Evaluation von Online-Angeboten (Website-Optimierung) geht. Auch der Aspekt der vergleichsweise geringen Kosten der Online-Marktforschung gegenüber den konventionellen Methoden wird herausgehoben.

2.2 Grenzen der Online-Methoden

Es gibt jedoch auch zahlreiche Gebiete, in denen die Online-Methoden im Vergleich mit den klassischen Methoden an ihre Grenzen stoßen. Früh wiesen Bandilla und Hauptmanns (1998: 40 ff.) darauf hin, dass über Online-Methoden nur solche Personen zu erreichen sind, die das Netz aktiv nutzen – und diese stellen auch im Jahre 2008 noch nicht die Bevölkerungsmehrheit. Gemäß der *internet facts 2007-IV* hat das Web in Deutschland eine Reichweite von ca. 64 %, d. h. 41,32 Mio. Menschen (ab 14 Jahren) sind im Netz (AGOF 2008) Diese Thematik wurde von Hauptmanns und Lander (2003: 28 ff.) noch weiter ausgeführt und auf Lösungen hinsichtlich einer Verbesserung der Online-Daten unter Hinzuziehung von Offline-Informationen hingewiesen. Repräsentativitätsprobleme ergeben sich jedoch hauptsächlich im Bereich der quantitativen Online-Forschung, die auf bevölkerungsrepräsentative Auswertungen abzielt.

2.3 Qualitative und quantitative Online-Forschung: Datenerhebung

Ebenso wie bei den klassischen Methoden der empirischen Forschung werden für den Online-Bereich qualitative und quantitative Verfahren unterschieden. Die qualitative Forschung versucht primär, Fragen nach dem „Warum“ eines Sachverhaltes zu beantworten oder aber neue Forschungshypothesen zu generieren (vgl. Zerr 2003: 9). Auf diese Weise können vielfältige Meinungen und Perspektiven von

Personen deutlich gemacht werden. Als Forschungsmethoden kommen im qualitativen Bereich unter anderen Online-Experimente (insb. in der Psychologie), explorative Studien oder auch die inhaltsanalytische Auswertung von Gästebüchern, Blogs oder Podcasts zum Einsatz. In diesem Zusammenhang spielt der Rückschluss (Induktionsschluss) auf die Grundgesamtheit der Bevölkerung eine nur geringe Rolle, so dass die Frage nach Repräsentativität in den Hintergrund tritt.

Anders verhält es sich bei quantitativen Verfahren, auf die nach Smaluhn (2007: 141) 83 % der weltweiten Gesamtausgaben für die Marktforschung entfallen. Auf den quantitativen Online-Sektor entfallen wiederum 15,7 % dieser Ausgaben. Ziel der quantitativen Forschung ist es, populationsbeschreibende Ergebnisse zu erhalten, die in repräsentativer Form die Fragen nach dem „Wie oft?" und „Wie viel?" beantworten. Außerdem sollen statistisch signifikante Zusammenhänge und Wirkungsfolgen erkannt werden. Diese setzen neben einer umfangreichen Stichprobe in der Regel stark strukturierte Erhebungsverfahren voraus, deren Daten mit Hilfe statistischer Analyseverfahren ausgewertet werden (ebd.). Als Forschungsmethoden können die verschiedenen Formen der Online-Befragung wie beispielsweise E-Mail-Befragung, On-Site-Befragung oder Online-Panels genannt werden.

2.4 Repräsentativitätsproblematik

An dieser Stelle kommt eines der am häufigsten diskutierten Probleme der quantitativen Online-Methoden auf: die Frage nach der Repräsentativität. Sie ist allerdings nur dann wirklich wichtig, wenn auf eine Grundgesamtheit rückgeschlossen werden soll, die nicht hinreichend genau beschrieben werden kann und aus der deshalb auch keine strukturgleiche Stichprobe gezogen werden kann. Repräsentativität kann nämlich nur bei einer genau definierbaren Grundgesamtheit erzielt werden.[1] Als potentiellen Ausweg aus dieser Problematik hat Janetzko schon 1999 auf die Befragungsmöglichkeiten mit Online-Panels hingewiesen (Janetzko 1999: 146). Diese Idee wird auch von Bortz und Döring (2006: 261) unterstützt (und im vorliegenden Aufsatz im Absatz „Online-Access-Panels" weiter ausgeführt). Für das Erreichen einer probabilistischen, d. h. auf einer Zufallsauswahl basierenden Stich-

---

1 Dennoch haben zahlreiche Untersuchungen im Netz keine Probleme mit Repräsentativität. So bleiben etwa die Erfassung der studentischen Bewertung der Verwendung von Studiengebühren (in Form einer Intranet-Vollerhebung) oder die Erfassung der Mitarbeiterzufriedenheit einer Firma von dieser Problematik unberührt, da hier die Grundgesamtheiten ja hinreichend bekannt sind.

probe darf der Fragebogen nicht der gesamten Netzöffentlichkeit angeboten werden, sondern er (oder die Webadresse) wird nur den gezielt in das Sample einbezogenen Personen oder Gruppen zugänglich gemacht. Aktuelle Ausführungen zum Thema Repräsentativität vermittelt auch Kutsch (2007: 8 ff.).

2.5 Reaktive und nicht-reaktive Formen der Datenerhebung

Die reaktiven und nicht-reaktiven Formen der Datenerhebung unterscheiden sich dadurch, dass es dem Probanden bewusst bzw. nicht bewusst ist, dass sein Verhalten Gegenstand der aktuellen Datenerhebung ist. Bei reaktiven Verfahren ist der Person in allen Phasen der Untersuchung klar, dass sie oder er als aktives Element an den verschiedenen Verfahren, z. B. Online-Befragungen oder –Experimenten, teilnimmt. In diesem Bewusstsein können ähnliche Befragungseffekte auftreten, wie sie unter dem Stichwort „Interviewereffekt" bei klassischen Befragungsverfahren bekannt sind. Zwar wird dieser Effekt bei Online-Verfahren durch die Abwesenheit eines menschlichen Interviewers als deutlich weniger signifikant eingeschätzt, jedoch ist ein „sozial erwünschtes" Antwortverhalten aufgrund des Wissens um die Beobachtungssituation auch hier nicht völlig auszuschließen. Im Gegensatz dazu sind die nicht-reaktiven Verfahren der Datenerhebung nach der Definition des eMafo-Almanachs völlig frei von Befragungseffekten, da dem Teilnehmer nicht bewusst ist, dass sein Verhalten registriert wird (psychonomics 2005: 41). Nachteilig daran ist, dass keine Aussagen darüber möglich sind, welche psychologischen Prozesse dem Nutzungsverhalten vorausgehen. Logfile-Analysen und Messverfahren zur Reichweitenmessung (v. a. das „Skalierbare Zentrale Messverfahren"/ SZM-Verfahren) sind Beispiele für nicht-reaktive Messverfahren.

2.5.1 Reaktive Formen der Datenerhebung

E-Mail-Befragungen

E-Mail-Befragungen sind die einfachste Weiterentwicklung der schriftlichen Befragung. In den ersten Jahren der Online-Forschung wurde der Fragebogen selbst dem Teilnehmer in verschiedenen Formaten per E-Mail zugesandt. Da die Gestaltungsoptionen für in E-Mails integrierte Fragebögen sehr reduziert sind (grafische Gestaltung und Filterung sind kaum möglich), werden E-Mail-Befragungen heute kaum noch eingesetzt. Vielmehr ist es üblich, nur noch den Link auf einen Webfragebogen zu verschicken. Die Probanden beantworten die Fragen selbständig und senden

den Fragebogen zurück. Auf diese Weise werden Befragungseffekte minimiert, jedoch können bei reinen E-Mail-Befragungen kaum Erklärungen oder Hilfeoptionen für die Benutzer gegeben werden.

Web-Befragungen (On-Site-Befragungen)

Für Web-Befragungen werden die Online-Fragebögen direkt ins Netz eingestellt. Damit können multimediale Elemente sowie Filterungen relativ einfach in die Fragebogenkonstruktion integriert werden. Darüber hinaus entfallen die zeit- und kostenintensive Produktion und der Versand von Papierfragebögen, so dass der Anteil dieser Form der Befragung, bei der in kurzer Zeit große Teilnehmerzahlen erreicht werden können, seit Jahren ansteigt, wie die eingangs erwähnten Zahlen zeigen.

Bei der Rekrutierung der Probanden für Web-Befragungen wird zwischen der Online- und der Offline-Rekrutierung unterschieden. Bei der Online-Rekrutierung kann der Fragebogen für alle zugänglich, d. h. als offene WWW-Umfrage ins Netz gestellt werden. Die Stichproben, die auf diese Weise erzeugt werden, heißen Adhoc- oder Gelegenheitsstichproben. Internetnutzer, die auf den Fragebogen aufmerksam werden und ihn ausfüllen wollen, kommen so „auf eigene Faust" in das Sample bzw. die Stichprobe. Dieses Phänomen wird als Selbstselektion (ohne Zugangsbeschränkung) oder passive Rekrutierung bezeichnet. Wie aus dem Begriff abgeleitet werden kann, beschließt der User selbst, Teil der Stichprobe zu werden. Nach Bortz und Döring (2006: 261) werden auf diese Weise solche Personen zur Befragung kommen, die thematisch besonders interessiert sind und sich häufig im Netz aufhalten. Die Ergebnisse sind also nicht allgemeingültig, was jedoch auch nicht für jede Befragung benötigt wird. Wird der Fragebogen auf einer stark frequentierten Site angeboten oder aber mittels Werbebannern, Popups oder Links auf verwandten Seiten auf seine Platzierung aufmerksam gemacht, können so in kurzer Zeit große Teilnehmerzahlen, ggf. sogar aus mehreren Ländern, für die Web-Befragung erreicht werden. Der Vorteil solcher On-Site-Befragungen liegt darin, dass „im Gegensatz zu einer Testung im Online-Access-Panel die tatsächlichen Website-Nutzer eines Unternehmens befragt werden können. Dies kann vor allem im Rahmen von Website-Tests von Vorteil sein, da die Befragungsteilnehmer beim Besuch des Internet-Auftritts einen authentischen Bedarf haben." (psychonomics 2005: 51)

Online-Access-Panels

Neben der Selbstselektion durch den Internetnutzer gibt es die Möglichkeit, Online-Access-Panels als Grundlage für Befragungen zu nutzen. Die Richtlinie 25-2005 der ESOMAR (weltweite Organisation der Marktforschungsverbände) definiert ein Online-Access-Panel als eine Datenbank mit potentiellen Teilnehmern für im Web durchzuführende Befragungen. Dabei haben sich die Kunden mit der Teilnahme an Umfragen einverstanden erklärt und geben neben den Kontaktdaten auch persönliche Daten bekannt, die eine Eingruppierung in Zielgruppen ermöglichen (ESOMAR 2005: 19). Für diese Panels werden die Teilnehmer häufig aktiv rekrutiert, d. h. schriftlich oder mündlich (i. d. R. offline) angesprochen, damit der Panel-Betreiber die Kontrolle über die Struktur und Zusammensetzung des Teilnehmerkreises behält und das Phänomen der Selbstselektion ausgeschlossen wird.

Hinter dem Aufbau von Online-Access-Panels steht die Intention, „Zielgruppen online erreichbar zu machen und deren strukturelle Zusammensetzung der Bevölkerungsstruktur so ähnlich wie möglich abzubilden." (Smaluhn 2007: 144) Da nicht jede Zielgruppe gleichmäßig online erreichbar ist, eignen sich trotz der Kenntnis der demografischen Angaben auch Online-Access-Panels nicht für bevölkerungsrepräsentative Umfragen. Für einzelne Zielgruppen, bei denen die Erreichbarkeit sehr hoch ist, wie z. B. bei den 14-19-Jährigen, kann jedoch unter Berücksichtigung der relevanten Parameter wie Alter, Geschlecht, Bildungsstand etc. durchaus eine Allgemeingültigkeit erzielt werden. Der eMafo-Almanach sieht bei einer parallelen Offline-Rekrutierung neben der Online-Rekrutierung und einer geeigneten Gewichtung das Kriterium der Repräsentativität von Online-Access-Panels zumindest für die Gesamtheit der Internet-Nutzer als erfüllt an (vgl. psychonomics 2005: 44). Dies bezeichnet man als Selbstselektion mit Zugangsbeschränkung oder als selbstselektiertes Panel.

Wie alle Panels bieten Online-Access-Panels grundsätzlich den Vorteil, dass von denselben Teilnehmern mehrere Male die gleichen Variablen erhoben werden und auf ihnen basierende Studien (z. B. Tracking-Studien) somit Entwicklungen im Zeitverlauf oder Korrelationen anzeigen können.

Web-Experimente

Ulf-Dietrich Reips (2003a: 98 ff.) definiert grundsätzliche Kennzeichen für Experimente: Zunächst wird eine Situation geschaffen, in der sich die zu untersuchenden Vorgänge/Objekte und die in Zusammenhang damit potentiell auftretenden Kausalzusammenhänge entfalten können. Charakteristika hierbei sind grundsätzliche Wiederholbarkeit und Variierbarkeit – wobei letztere es erlaubt, Variablen zu verändern oder neu einzuführen. Auf diese Weise können Wirkungen einzelner Faktoren bestimmt und quantifiziert werden. Weiteres Kennzeichen ist das Zuweisen bestimmter experimenteller Bedingungen zu den Teilnehmern, die so entweder alle oder aber nur einige der Versuchsbedingungen durchlaufen. Web-Experimente sind eine stringente Weiterentwicklung von Labor- und Feldexperimenten im WWW. Der „Laborcomputer" steht lediglich an einem beliebigen vernetzten Ort. Jegliches Verhalten der Teilnehmer, wie z. B. spezifisches Antwortverhalten, Reaktionszeiten oder Mausklicks, können vom Web-Server in speziellen Logdateien aufgezeichnet werden, die dann zur statistischen Auswertung zur Verfügung stehen. Die qualitativen Aufzeichnungen können durch die quantitativen Angaben aus der Logfile-Analyse ergänzt und verifiziert werden.

2.5.2 Nicht-reaktive Formen der Datenerhebung

Logfile-Analysen

Logfiles sind Protokolldateien, die auf Web-Servern aufgezeichnet werden, um die Zugriffe auf die bereit gestellten Daten nachvollziehbar zu machen. Dabei wird alle Kommunikation des Servers mit dem Internet aufgezeichnet, d. h. alle Zugriffsaktivitäten oder Anfragen nach Dateien, die durch das Hypertext Transfer Protocol (HTTP) übertragen werden. So entstehen Protokolle, die die Beanspruchung von Websites und Website-Teilbereichen quantitativ abbilden (Schwickert und Wendt 2001: 95). Die Aufzeichnung erfolgt im „Expanded Common Logfile Format" (ECL-Format). Logfiles helfen bei der Gewinnung von technischen und nutzerorientierten Informationen zur Web-Präsenz, wie z. B. dem Linkmanagement und der Erfassung von Clickstreams (d. h. Wegen, die Benutzer innerhalb einer Site zurücklegen).

Die in der Anfangszeit der Logfile-Analyse erfassten Hits wurden schnell durch die Messung von Page Impressions und Visits ersetzt. „Visits" bezeichnen zusammenhängende Nutzungsvorgange eines WWW-Angebotes und definieren den Werbeträgerkontakt. Als Nutzungsvorgang definiert die IVW einen technisch erfolgreichen Seitenzugriff eines externen Web-Browsers auf das aktuelle Angebot (IVW 2002). Logfiles können also Besuche, nicht jedoch Besucher zählen. Eine Rückverfolgung auf den einzelnen Internetnutzer, den sogenannten „Unique User", ist über Logfile-Analyse somit nicht möglich. Für die Marktforschung ist die Rückführung auf den einzelnen Kunden jedoch ein unverzichtbarer Bestandteil, weshalb die Auswertung von Logfiles zwar weiterhin durchgeführt wird, jedoch gegenüber dem SZM-Verfahren in der kommerziellen Marktforschung keine Rolle spielt.

Neben den bereits erwähnten Schwierigkeiten bei der Feststellung von User-Zahlen, gibt es weitere Problemstellungen, die die Zahlen in Logfiles nicht als absolute Werte, sondern lediglich als Richtwerte verstehen lassen. Problemstellungen sind die Verfälschung von Zahlen durch den Einsatz von Proxy-Servern und die Seitenspeicherung in den lokalen Caches der Benutzer-PCs, die Vergabe dynamischer IP-Adressen von großen Providern, der Einsatz von Firewall-Rechnern und die „Besuche“ von Suchmaschinen, Robots und Crawlern. Trotz aller Ungenauigkeiten geben Logfiles dennoch Antwort auf zahlreiche Fragen zum Benutzerverhalten in Bezug auf (vgl. Fühles-Ubach 2003: 87 ff.):

- Zeitpunkt und Häufigkeit der Seitennutzung
- meistbesuchte Websites und Verweildauer
- „Herkunft“ der Benutzer (Referrer-Eintrag)
- Einstiegs-/ Ausstiegsseiten
- Clickstreams (Pfade durch die Website)
- Technik bzw. Softwareausstattung des Clients
- Linkmanagement
- Ausmaß der „Besuche“ durch Suchmaschinen (Suchmaschinen-Referrer)

Reichweitenpanels (SZM-Pixel-Verfahren)

Das „Skalierbare Zentrale Messverfahren“ (SZM-Verfahren) ist ein standardisiertes Messverfahren, das von der Informationsgemeinschaft zur Feststellung der Vertreibung von Werbeträgern e.V. (IVW) und von der Arbeitsgemeinschaft Online-Forschung (AGOF) zur Reichweitenermittlung von Websites entwickelt wurde. Seit 2001 gibt es die INFOnline, die seit 2002 die gesamten technischen Messungen für die Nutzung von Websites vornimmt. Im Gegensatz zum dezentralen Messverfahren der Logfile-Analyse wird beim SZM-Verfahren ein so genanntes „Zählpixel“ auf der zu zählenden Website integriert. Das Zählpixel oder der „SZM-Tag“ besteht aus mehreren Zeilen HTML-Code und initiiert beim Abruf der Seite durch den Internet-Nutzer die Auslieferung des SZM-Pixels. Dabei handelt es sich um eine 1x1 Pixel große Grafikdatei. Der Abruf des SZM-Pixels führt zur Zählung einer Page Impression (PI) im SZM-System, d. h. es erfolgt eine zentrale Registrierung, die nach eigenen Angaben dahingehend „optimiert worden ist, zu möglichst geringen Kosten statistische Kenngrößen zur Vermarktung von Online-Angeboten zu liefern" (INFOnline 2008). Darüber hinaus werden deutlich kleinere Datenmengen erzeugt als bei der Logfile-Analyse. Mit Hilfe dieses Verfahrens und dem Setzen von Cookies („third party cookie") ist es möglich, den individuellen Nutzer („Unique User") auszuweisen, was mit einer Logfile-Analyse so nicht möglich ist. Da die Reichweiten von Web-Angeboten jedoch die wichtigste Währung bei der Online-Vermarktung sind, hat sich das SZM-Verfahren am Markt durchgesetzt. Laut Schutzmann (2007: 28) ergab eine Befragung von 131 Media-Entscheidern in Agenturen und Unternehmen, dass 95,71 % mit den AGOF Internet Facts arbeiten, die auf den Daten der technischen Messung durch SZM-Verfahren beruhen.

Im März 2007 wurde die Zahl der gemessenen Online-Angebote mit über 700 angegeben. Da das SZM-Verfahren auch in Österreich und in der Schweiz angewendet wird, ist es das Standardverfahren der Nutzungsmessung im deutschsprachigen Raum. Die Weiterentwicklung des Verfahrens wird von den Gesellschaftern der INFOnline GmbH gemeinsam betrieben. Dies sind der Bundesverband Deutscher Zeitungsverleger, der Verband Deutscher Zeitschriftenverleger, der Bundesverband Digitale Wirtschaft, der Markenverband, die Organisation der Media-Agenturen im GWA, der Verband Deutscher Auskunfts- und Verzeichnismedien sowie der Verband Privater Rundfunk und Telekommunikation (vgl. AGOF 2008).

3 Qualitätssicherung

Standards haben im Bereich der Online-Forschung schon früh eine Rolle gespielt. Bereits im Jahr 2001 haben der Arbeitskreis Deutscher Markt- und Sozialforschungsinstitute e.V. (ADM), die Arbeitsgemeinschaft Sozialwissenschaftlicher Institute e.V. (ASI), der Berufsverband Deutscher Markt- und Sozialforscher e.V. (BVM) und die Deutsche Gesellschaft für Online-Forschung e.V. (DGOF) gemeinsam die Standards zur Qualitätssicherung von Online-Befragungen und die Checkliste für Auftraggeber von Online-Befragungen herausgebracht (vgl. ADM 2001a/b). Hintergrund dieser Bemühungen waren insbesondere die Entwicklungen der New Economy im Bereich der Marktforschung, als Online-Forschung häufig von Nichtfachleuten betrieben wurde, die von der etablierten Marktforschungsszene mit äußerster Skepsis betrachtet wurden. Wenzel und Hofmann (2005: 26) erläutern dazu, dass erst nach dem Ende der Dot-Com-Ära endgültig klar wurde, „dass es sich nicht lohnt, ‚quick and cheap' Ansätze mit mangelnder Sampling-Qualität sowie unter der Vernachlässigung der Auswertungs- und Methodenkompetenz gut ausgebildeter Marktforscherinnen und Marktforscher anzubieten bzw. einzukaufen." Die Qualitätsstandards für die Durchführung von Online-Befragungen sind heute etabliert und akzeptiert (ebd.).

Da die wissenschaftlich-methodischen Anforderungen der Markt- und Sozialforschung auch bei der Online-Forschung zu beachten sind, gehört auch die DIN ISO 20252 für Dienstleistungen der Markt-, Meinungs- und Sozialforschung inzwischen zu den für die Online-Forschung relevanten Qualitätssicherungsmaßnahmen. Die Norm ISO 20252 (von 2006) behandelt die folgenden Punkte:

- Anforderungen an das Qualitätsmanagement
- Handhabung der konzeptionellen Forschungsaspekte
- Datenerhebung
- Datenmanagement und Datenverarbeitung
- Berichterstattung

Damit wird ein einheitlicher und validierbarer Qualitätsstandard definiert. Zunächst war 2003 in Deutschland die DIN 77500 „Markt- und Sozialforschungs-Dienstleistungen" entwickelt worden. Zeitlich parallel dazu lief die Entwicklung der europäischen Qualitätsstandards für die Marktforschung durch die European Federation of Associations of Market Research Organisations (EFAMRO). Von dort ging auch die Initiative zur Entwicklung der internationalen Norm ISO 20252 für Markt-, Meinungs- und Sozialforschung aus, in die nach Verhandlungen mit dem DIN auch die reflektierten Positionen der deutschen Marktforschung erfolgreich eingebracht wurden. Die DIN ISO 20252 ersetzt daher nun die DIN 77500 (vgl. DIN 2008).

Im August 2007 wurde die „Richtlinie für Online-Befragungen", die ursprünglich schon aus dem Jahr 2000 stammt, noch einmal überarbeitet und veröffentlicht (ADM 2007). Ebenso wie die „Standards zur Qualitätssicherung von Online-Befragungen" und die „Checkliste" für deren Auftraggeber wird diese Richtlinie vom ADM, der ASI, dem BVM und der DGOF herausgegeben. Neben den Qualitätsstandards geht es bei diesen aktualisierten Richtlinien auch um die Standesregeln der Markt- und Sozialforschung im Hinblick auf den spezifischen Forschungsbereich der Online-Befragungen.

Dringende Qualitätsfragen beim Angebot von Access-Panels und Online-Access-Panels führten zu einem weiteren Vorstoß von ADM, ASI, BVM und DGOF mit dem Ziel, eine internationale Access-Panel-Norm anzuregen. Diese Norm, die voraussichtlich im Herbst 2008 erscheinen wird, verdeutlicht, wie wichtig das Thema Access-Panels neben der erst 2006 erschienenen allgemeinen Marktforschungsnorm ISO 20252 geworden ist. Nach Olaf Hofmann, Erich Wiegand und Andrew Mairon (2007: 135 ff.) soll die Norm eine Ergänzung dieser Basisnorm darstellen und sich mit den Spezifika der Methode und insbesondere den potentiellen Problemen beschäftigen. Inhaltlich geht es um folgende Aspekte:

- Authentifizierung der Mitglieder
- Transparenz gegenüber dem Auftraggeber bzgl. der Rekrutierungsquellen und -methoden
- Incentivierung der Teilnehmer
- Stichprobenziehung
- Datenvalidierung
- (Feld-)Bericht an den Auftraggeber

Momentan liegt die Norm als „Draft International Standard“ (DIS) vor, d. h. sie wird den beteiligten Ländern nochmals zur Prüfung vorgelegt und nach einer weiteren Überarbeitung als „Final-Draft-International-Standard“ (FDIS) dem ISO unterbreitet.[2] Bisher gab es bereits eine europäische Richtlinie der European Society for Market Research (ESOMAR) mit dem Titel „Guideline on Conducting Market and Opinion Research Using the Internet“ (vgl. ESOMAR 2005), die mittels eines Fragenkatalogs den Vergleich des Qualitätsmanagements einzelner Panel-Anbieter ermöglichte. Nach Smaluhn (2007: 152) wird die neue ISO-Norm diese Richtlinie ablösen, da sie einen überprüfbaren Standard ermöglicht und zudem in vielen Punkten, wie z. B. dem Reporting und der Dokumentation, genauer und aktueller sein wird.

---

2 Der ISO/DIS 26362 kann in seiner jetzigen Form auf der Website der ISO erworben werden (vgl. ISO 2008).

4 Ausblick

Die Online-Forschung ist ein überaus dynamisches Forschungsfeld mit Akteuren aus zahlreichen Disziplinen, das im europäischen Raum stark methodisch-empirisch geprägt ist, wie der Ausschnitt der vorgestellten Methoden verdeutlicht hat. Die stetige Weiterentwicklung des Webs erfordert eine permanente Auseinandersetzung mit den Methoden und Werkzeugen der Online-Forschung sowie deren Anpassung an neue Gegebenheiten. Hier sind die Forschungseinrichtungen weiterhin stark gefragt.

Die Anstrengungen im Bereich der Qualitätssicherung geben dem Forschungsfeld wichtige Eckpfeiler für eine nachhaltige Entwicklung und zeigen, dass sich die Online-Forschung in Deutschland in den Berufsverbänden ADM, BVM, ASI und DGOF professionalisiert hat und in diesem Feld mittlerweile eine führende Position innehat.

Literatur

ADM 2001a: „Standards zur Qualitätssicherung von Online-Befragungen." Hg. vom Arbeitskreis Deutscher Markt- und Sozialforschungsinstitute e.V. (ADM), der Arbeitsgemeinschaft Sozialwissenschaftlicher Institute e.V. (ASI), dem Berufsverband Deutscher Markt- und Sozialforscher e.V. (BVM) und der Deutschen Gesellschaft für Online-Forschung e.V. (DGOF). http://www.adm-ev.de/pdf/Onlinestandards_D.PDF [PDF-Datei] (Abruf 24.03.2008)

ADM 2001b: „Checkliste für Auftraggeber von Online-Befragungen." Hg. vom Arbeitskreis Deutscher Markt- und Sozialforschungsinstitute e.V. (ADM), der Arbeitsgemeinschaft Sozialwissenschaftlicher Institute e.V. (ASI), dem Berufsverband Deutscher Markt- und Sozialforscher e.V. (BVM) und der Deutschen Gesellschaft für Online-Forschung e.V. (DGOF). http://www.adm-ev.de/pdf/Checkliste_D.pdf [PDF-Datei] (Abruf: 24.03.2008)

ADM 2007: „Richtlinie für Online-Befragungen." Hg. vom Arbeitskreis Deutscher Markt- und Sozialforschungsinstitute e.V. (ADM), der Arbeitsgemeinschaft Sozialwissenschaftlicher Institute e.V. (ASI), dem Berufsverband Deutscher Markt- und Sozialforscher e.V. (BVM) und der Deutschen Gesellschaft für Online-Forschung e.V. (DGOF). http://www.adm-ev.de/pdf/R08_D.PDF [PDF-Datei] (Abruf 24.03.08)

AGOF 2008a: „Die AGOF-Dienstleister. INFOnline GmbH." http://www.agof.de/dienstleister.176.html (Abruf: 24.03.08)

AGOF 2008b: „internet facts 2007-IV mit neuer Höchstzahl an ausgewiesenen Angeboten." AGOF-Pressemitteilung vom 27.03.08. http://www.agof.de/index.536.html (Abruf 31.03.08)

Bandilla, Wolfgang/Hauptmanns, Peter 1998: „Internetbasierte Umfragen als Datenerhebungstechnik für die empirische Sozialforschung?" In: *ZUMA-Nachrichten* 22, S. 36-53.

Bortz, Jürgen/Döring, Nicola 2006: *Forschungsmethoden und Evaluation für Human- und Sozialwissenschaftler*. 4. überarb. Aufl. Berlin: Springer.

DIN 2008: „Marktforschung."
http://www.din.de/cmd?level=tpl-artikel&languageid=de&cmstextid=marktforschung
(Abruf: 28.03.08)

ESOMAR 2005: „ESOMAR Guideline on Conducting Market and Opinion Research Using the Internet." http://www.esomar.org/uploads/pdf/ESOMAR_Codes&Guidelines_Internet_v6.pdf [PDF-Datei] (Abruf 09.06.2008)

Fühles-Ubach, Simone 2003: „Measuring website activity: about the difficulties of obtaining performance indicators." In: Bibliometric Analysis in Science and Research: Applications, Benefits and Limitations. Conference Proceedings of the 2nd Conference of the Central Library. Jülich: Forschungszentrum Jülich, S.87-96.

Geißler, Holger 2008: „Online-Befragungen". http://www.psychonomics.de/article/articleview/75/1/19/ (Abruf: 30.06.08)

Hauptmanns, Peter/Lander, Bettina 2003: „Zur Problematik von Internet-Stichproben." In: *Online-Marktforschung: theoretische Grundlagen und praktische Erfahrungen*. Hg. v. Axel Theobald, Marcus Dreyer und Thomas Starsetzki. 2. Aufl. Wiesbaden: Gabler, S. 27-40.

Hofmann, Olaf/Wiegand, Erich/Mairon, Andrew 2007: „Der lange (und steinige) Weg zur neuen ISO-Access-Panel-Norm." In: *Online-Forschung 2007. Grundlagen und Fallstudien*. Hg. v. Martin Welker und Olaf Wenzel. Köln: von Halem, S. 132-140.

INFOnline 2008: „Skalierbares Zentrales Messverfahren (SZM)." http://www2.infonline.de/de/szm-verfahren/ (Abruf: 23.03.2008)

ISO 2008: „ISO/DIS 26362. Access panels in market, opinion and social research: Vocabulary and service requirements."
http://www.iso.org/iso/iso_catalogue/catalogue_tc/catalogue_detail.htm?csnumber=43521
(Abruf 24.03.08)

IVW 2002: „Anlage 3 zu den IVW-Richtlinien für Kontrolle von Online-Medien." http://www.ivw-online.de/downloads/richtlinien/anlage3.pdf [PDF-Datei] (Abruf: 23.03.2008)

Kutsch, Horst B. 2007: *Repräsentativität in der Online-Marktforschung*. Lohmar: Eul.

Psychonomics/planung & analyse 2005 (Hg.): *eMafo-Almanach. Das Taschenlexikon der Online-Marktforschung*. 5. überarb. und erw. Aufl. Zürich: psychonomics AG.

Reips, Ulf-Dietrich 2003a: „Web-Experimente – Eckpfeiler der Online-Forschung." In: *Online-Marktforschung: theoretische Grundlagen und praktische Erfahrungen*. Hg. v. Axel Theobald, Marcus Dreyer und Thomas Starsetzki. 2. Aufl. Wiesbaden: Gabler, S. 97-112.

Reips, Ulf-Dietrich 2003b: „Online-Erhebungen in der wissenschaftlichen Sozialforschung." In: *Online-Erhebungen*. Hg. vom Informationszentrum Sozialwissenschaften. (= Sozialwissenschaftliche Tagungsberichte 7). Bonn: IZ, S. 21-29.

Schutzmann, Ingrid 2007: „Bessere Messung gewünscht." In: *Internet World Business* 10, S. 28.

Schutzmann, Ingrid 2008: „Qualitätscheck für Online-Panels." In: *Internet World Business* 2, S. 15.

Schwickert, Axel C./Wendt, Peter 2001: „Web-Logfile-Analyse." In: *HMD – Praxis der Wirtschaftsinformatik* 221, S. 95-103.

Smaluhn, Marc 2007: „Qualitätsmanagement für Online-Access-Panels." In: *Online-Forschung 2007. Grundlagen und Fallstudien*. Hg. v. Martin Welker und Olaf Wenzel. Köln: von Halem, S. 141-169.

Wenzel, Olaf/Hofmann, Olaf 2005: „10 Jahre Online-Forschung. Von Visionen, dem Boden der Tatsachen und letztlich doch erfüllten Erwartungen." In: *Planung & Analyse* 1, S. 24-28.

Welker, Martin 2007: „Was ist Online-Forschung? Eine Tour d'horizon zu einem erfolgreichen Forschungsfeld." In: *Online-Forschung 2007. Grundlagen und Fallstudien*. Hg. v. Martin Welker und Olaf Wenzel. Köln: von Halem, S. 19-51.

Welker, Martin/Werner, Andreas/Scholz, Joachim 2005: *Online Research. Markt- und Sozialforschung im Internet.* Heidelberg: d.punkt.

Zerr, Konrad 2003: „Online-Marktforschung – Erscheinungsformen und Nutzenpotenziale." In: *Online-Marktforschung: theoretische Grundlagen und praktische Erfahrungen*. Hg. v. Axel Theobald, Marcus Dreyer und Thomas Starsetzki. 2. Aufl. Wiesbaden: Gabler, S. 7-26.

III

Im Spiel der Moden? – Das Web in der Wirtschaft, die Wirtschaft im Web

Jörg Hoewner

1 Einleitung

Seit der Etablierung des Webs wurden ihm allerlei Wunderwirkungen auf das System Wirtschaft[1] zugesprochen: Während in den 1990er Jahren das Ende der „Brick-and-Mortar-Economy" beschworen wurde, ruhen heute alle Hoffnungen auf „Crowdsourcing" und „Customer Engagement". Entsprechend gibt es auch nicht die *eine* „Theorie der Web-Ökonomie",[2] sondern eine Reihe von unterschiedlichsten Ansätzen, die das Web als neuen Möglichkeitsraum für wirtschaftliche Aktivitäten begreifen. Dieser Beitrag geht darauf ein, welche ökonomischen Prozesse im Zusammenhang mit dem Web in der Vergangenheit antizipiert wurden und wo wir aktuell stehen; er endet mit einem vorsichtigen Blick in die Zukunft. Orientieren werde ich mich dabei an folgenden Fragen:

- Welche wirtschaftlichen Wirkungen wurden dem Web und seinen Vorläufern unterstellt?
- Welche Erwartungen waren damit verbunden?
- Welche Wirkungen wurden als Web-spezifisch definiert?
- Und: Gibt es Wirtschaftsmodelle, die durch das Web gefördert werden?

Im weiteren Verlauf des Beitrags folge ich grob dieser Gliederung und werde versuchen, diese Fragen zu beantworten.

---

1 Meyers Lexikon Online (2007a: o. S.) definiert „Wirtschaft" wie folgt: „Wirtschaft, Gesamtheit der Einrichtungen, wirtschaftlich nutzbaren Gegebenheiten (z. B. Produktionsfaktoren), Maßnahmen und Tätigkeiten, die geeignet sind, der Befriedigung menschlicher Bedürfnisse an Waren und Dienstleistungen zu dienen. Die Gesamtheit der Allokations-, Produktions-, Verteilungs- und Verwendungsvorgänge im Sinne von Konsum, Sparen und Investition wird als Wirtschaftsprozess bezeichnet."

2 Zu Versuchen, diese zu definieren, vgl. z. B. Klodt et al. 2003.

2 Erste Projektionen: Alter Wein in neuen Schläuchen

Das World Wide Web hat, technisch und wirtschaftlich gesehen, seine Vorläufer und folglich sind auch frühe wirtschaftliche Erwartungen an das Web nur im Rahmen der Wahrnehmung anderer und vorhergehender Onlinedienste zu verstehen, wie dem Bildschirmtext (Datex-J) der damaligen Bundespost oder CompuServe. Anfang der 1990er Jahre, als das Internet noch nicht „en vogue“ war, bestimmte das Schlagwort „Multimedia“ die Diskussion um die Zukunft der Medien. Wie der Begriff impliziert, waren damit eine „Vielzahl von Produkten und Dienstleistungen aus dem Computer-, Telekommunikations- und Medienbereich“ (Booz Allen Hamilton 1995: 17) gemeint, darunter „netzgebundene Multimediaanwendungen“.

Schaut man sich ein Gutachten an, das das Büro für Technikfolgenabschätzung beim Deutschen Bundestag in Zusammenarbeit mit der Unternehmensberatung Booz Allen Hamilton 1994 erstellt hat, muss man feststellen, dass das Wort „Internet“ nirgendwo auftaucht – geschweige denn „World Wide Web“ (ebd.). Wohl aber „Datenautobahn“ oder „Daten-Superhighway“, „ISDN“, „ADSL“ und „Datex-J“: Man hatte das Internet bzw. das Web als Medium ganz einfach noch nicht „auf dem Schirm“.

Des Weiteren ging man in diesem Report, aus dem immerhin Empfehlungen für die bundesdeutsche Technologie- und Medienpolitik abgeleitet werden sollten, von einer linearen Weiterentwicklung damals vorhandener Strukturen aus:

Die technologische Entwicklung wurde für die nächsten 15 Jahre treffend prognostiziert hin zu ADSL, SDSL, ATM und Mobiltechnologien.

Gleichzeitig war die Vorstellung geprägt von den zentralistischen Infrastrukturen großer Telekommunikationsanbieter (wie der damaligen Bundespost), die Inhalte von Filmstudios, der Musikindustrie, Verlagen usw. über Endgeräte großer Computer- und Unterhaltungselektronikhersteller an den Kunden bringen sollten. Grundsätzlich wurde davon ausgegangen, dass nur finanziell potente Anbieter in der Lage sein würden, die für einen Netz-/Multimedia-Markteintritt erforderlichen Investitionen zu tätigen (vgl. ebd.: 55 ff.).

Im Bereich der Anwendungen wurde erwartet, dass interaktives Pay-TV, Video-on-Demand, Games-on-Demand, interaktives Homeshopping, Bildtelefonie und „Multimedia-Informationsabfragen“ zu den dominierenden Multimedia-Anwendungen im privaten Nutzungsbereich avancieren würden (ebd.: 30).

Kurzum: Bekannte Anwendungen bzw. Formate wie Videoverkauf und -verleih, Verkauf von Musik-CDs und Computerspielen, Homeshopping à la QVC und kostenpflichtige Informationsangebote aus dem Datex-J sollten einen weiteren, netzgebundenen Distributionskanal erhalten.

Zusammenfassend zeigt dieser kurze Ausflug in die Multimedia-Steinzeit, dass die zukünftige Entwicklung des Wirtschaftsraums „Multimedia/Internet" sich nur schwer prognostizieren lässt, da dessen Möglichkeiten immer für unvorhersehbare Überraschungen gut sind. Denn: Eigentlich ist interessant, dass 1994 nicht prognostiziert wurde, dass schon 3-4 Jahre später ...

- sich mit dem TCP/IP-Protokoll eine Technologie etablieren würde, die dezentrale und globale Verteilungsstrukturen ermöglicht.
- sich mit dem grafischen Webbrowser Darstellungsmöglichkeiten im World Wide Web ergeben würden, mit denen im Prinzip jeder mit einfachen Mitteln in die Lage kam, sich global zu präsentieren.
- die Marktzutrittshürden in der Folge so niedrig wurden, dass völlig neue Marktteilnehmer auftauchten, die – gemessen an den Erwartungen – mit zum Teil z. T. lächerlich geringen Investitionen Inhalte, Dienstleistungen und Waren an den Nutzer bringen konnten.
- viele neue und unerwartete Geschäftsmodelle von den neuen Anbietern kreiert wurden. Und, dass die erwarteten Services wie Video-on-Demand oder Bildtelefonie erst jetzt, mit etwa zehn Jahren Verspätung, reif für die Onlinedistribution würden.
- viele Inhalte und Services kostenlos verteilt würden: Für Inhalte wird nicht bezahlt, Software gibt es umsonst und Musik wird illegal verbreitet.

Kurzum: Die Erwartungen wurden auf den Kopf gestellt.

3 Das Web als Marketingkanal

Die geringen Hürden führten dazu, dass im Web von Anfang an mit kommerziellen Anwendungen experimentiert wurde. So gilt der 1993 vom Verlag O'Reilly gelaunchte „Global Network Navigator" (GNN) als erste kommerzielle Website im

WWW.[3] Die Musikindustrie nutzte das neue Medium schon im gleichen Jahr: Mit Unterstützung der Agentur Kabel New Media und der Plattenfirma Phonogramm präsentierte sich die Schweizer Pop-Gruppe *Yello* als eine der ersten im WWW (Huly und Raake 1995: 101). Kabel New Media ist mit dem frühen Auftritt auch eines der ersten Unternehmen einer neuen Branche: Internet-Dienstleister.

Als erstes Nachrichtenmagazin weltweit, das im Web aktiv wurde, gilt der *Spiegel*, dessen Online-Auftritt am 25.10.1994 freigeschaltet wurde. Die Frage, wie Verlage im Internet Geld verdienen sollen, wurde nur zwei Tage später (zumindest teilweise) beantwortet, als das E-Zine *hotwired.com*, ein Ableger des *Wired*-Magazines, die ersten Online-Werbebanner einführte (Marlow 1997: 90 ff.). Als erstes Werbebanner gilt das von AT&T. Viele der Unternehmen wie Sprint, MCI und Volvo, die zu den frühesten Anzeigenkunden gehörten, hatten nicht einmal eine eigene Website und entwickelten die Anzeigenkampagne ausschließlich für *hotwired.com* (ebd.: 97). Aber spätestens 1995 trieb es die meisten großen Unternehmen mit eigenen Unternehmenswebsites in das WWW.

In der Anfangsphase der kommerziellen Nutzung des WWW stehen also Kommunikationsaufgaben im Vordergrund: Angetrieben von Marketing- und PR-Verantwortlichen, manchmal auch von der Unternehmens-IT, sammeln Unternehmen die ersten Erfahrungen mit der Interaktion mit dem Onlinenutzer. Sich im ersten Schritt auf rein kommunikative Aufgabenstellungen zu beschränken, war dabei insofern logisch, als dass die dafür notwendigen Investitionen, gemessen an anderen Marketingmaßnahmen, relativ gering waren.

Darüber hinaus führte die kostenlose Verfügbarkeit von Informationen aus Medien, Datenbanken, von Unternehmen und Universitäten zu einer Nutzung des Webs als Marktforschungsressource.

4 E-Commerce und E-Business

Parallel zur Entwicklung im WWW gab es zahlreiche Experimente und Bestrebungen, Multimedia und Onlinemedien als Verkaufskanal zu nutzen: Von hybriden Lösungen (CD-ROM mit Onlineverbindung) bis hin zu Onlinediensten wie CompuServe, die Unternehmen einen elektronischen Vertriebskanal eröffneten (Huly und Raake 1995: 202 f.).

---

[3] Diese Site ist hier archiviert: http://www.oreilly.com/gnn/gnnhome.html.

Mit der zunehmenden Akzeptanz durch die Nutzer und vor dem Hintergrund der wachsenden Erfahrungen mit dem Web war die Nutzung des WWW als weiterer Vertriebskanal nur logisch: E-Commerce, der„ Handel mit Waren und Dienstleistungen über elektronische Kommunikationsmittel“ (Meyers Lexikon Online 2007b). Die Vorteile des E-Commerce gegenüber dem traditionellen Handel lagen darin, dass …

- eine breitere geographische Verfügbarkeit des Angebots gewährleistet wurde; Unternehmen können sich an ein globales Publikum wenden.
- eine zeitunabhängige Verfügbarkeit hergestellt wurde (Stichwort: Ladenöffnungszeiten).
- Kosten minimiert wurden, weil keine physischen Filialen mit dem entsprechenden Verkaufspersonal vorgehalten werden mussten.
- auf Preisschwankungen und auf Angebotsveränderungen jederzeit reagiert werden konnte; ein Online-Katalog kann jederzeit geändert werden.
- sich über die Verfügbarkeit von E-Commerce-Anwendungen für den Kunden eine höhere Transparenz in Bezug auf Produkteigenschaften, Lieferantencharakteristika und Preise ergab.
- in einigen Fällen über das Netz für den Kunden die Möglichkeit bestand, Eigenschaften eines Produkts direkt zu verändern; der Computerhersteller Dell war einer der ersten Hersteller, bei dem die Nutzer online ein Produkt konfigurieren konnten.

Dadurch, dass Markteintrittshürden relativ niedrig waren und im Web gleichzeitig eine neue Öffentlichkeit entstand, die den Aufbau neuer Marken begünstigte, entstanden in kurzer Zeit neue Anbieter, die heute zu den größten in ihrer Branche gehören. Stellvertretend genannt seien hier *Amazon* oder *Ebay*, die beide 1995 gegründet wurden.

Die Prognosen für die Marktentwicklung im E-Commerce waren optimistisch – und tatsächlich entwickelte sich der Markt seit den E-Commerce Anfängen mit großen Schritten: Inzwischen (2006) liegt der jährliche Umsatz bei 438 Milliarden Euro allein in Deutschland. Die E-Commerce-Umsätze im Business-to-Business-Bereich (B2B), also im Geschäftsverkehr zwischen einzelnen Unternehmen, liegen nochmals um ein Zehnfaches über denen im Business-to-Consumer-, d. h. im Endkundengeschäft (B2C).[4] Namentlich werden von den 438 Milliarden Euro 392 Milliarden im B2B-Bereich umgesetzt, die restlichen 46 Milliarden im B2C. Während im Einzelhandel der Online-Anteil immer noch unter der 10 %-Marke liegt, werden inzwischen 20 % des Bruttoinlandprodukts online abgewickelt. Auch international unterscheidet sich die Lage nicht grundlegend: Von den „Fortune 1000"-Unternehmen erzielen nur 67 E-Commerce-Umsätze im B2C-Geschäft von mehr als 10 Millionen US$, bei den meisten macht der Anteil der E-Commerce-Umsätze weniger als 5 % aus (vgl. AListNet.com 2007).

In der Abwicklung des Geschäftsverkehrs zwischen Unternehmen, dem B2B-Bereich, zeigen sich die bedeutsameren Folgen der Ökonomie im Web, denn die Prozesse innerhalb und zwischen den Unternehmen haben sich im Rahmen der Vernetzung grundlegend gewandelt:

- Unternehmensinterne Prozesse laufen zum großen Teil vernetzt ab. So nutzen z. B. 40 % der deutschen Firmen mit über 100 Mitarbeitern SAP-Produkte (Illg 2008). Mit der Software von SAP werden betriebliche Prozesse auf PCs abgebildet. Zwar ist die Nutzung solcher Software nicht direkt Web-induziert, aber zunehmend verlagern sich die Schnittstellen solcher ERP-Software (Enterprise Resource Planning) in das Web bzw. laufen diese Software-Lösungen selber webbasiert.
- Das Beschaffungswesen von Großunternehmen wird heute zu einem großen Teil über Web-Anwendungen abgewickelt – in B2B-Marktplätzen wie z. B. GXS, die eine hohe Transparenz und dadurch große Einsparpotentiale ermöglichen.
- Die unternehmensinterne Kommunikation über das Intranet und via E-Mail hat die Kommunikationsprozesse insofern verändert, als dass alternative Medien aus der klassischen internen Kommunikation (z. B. Rundbriefe), Fax und Telefon teilweise an Bedeutung verloren haben. Gleichzeitig haben sich die Unternehmenskulturen durch elektronisch vermittelte Kommunikation zum Teil verändert, indem zum Beispiel formelle Hierarchien zugunsten von fachlicher Autorität an Bedeutung verloren haben (vgl. u. a. Hein 2006).

---

4 Laut Angaben von BITKOM/EITO lag der Business-to-Business-E-Commerce-Umsatz in Deutschland bei 392 Milliarden Euro (vgl. BITMOM 2007).

- Grundsätzlich eröffnet die webbasierte Arbeitsweise neue Möglichkeiten zur Integration externer Stakeholder (z. B. Dienstleister oder Zulieferer), zur flexibler organisierten Projektarbeit sowie zu neuen Beziehungsstrukturen zwischen Arbeitnehmern und Arbeitgebern (Stichwort: Teleworking), was schon früh erkannt wurde (vgl. Tapscott 1996b: 192 ff.).

Die neuen Möglichkeiten beflügelten Ende der 1990er Jahre die Phantasie von Journalisten, Wissenschaftlern, Managern und Anlegern gleichermaßen. Die Prognosen für das wirtschaftliche Wachstum im Online-Bereich waren enorm. Ökonomische Gesetzmäßigkeiten erschienen gleichsam ausgehebelt: So genannte Dotcom-Unternehmen wuchsen in atemberaubender Geschwindigkeit heran und wurden innerhalb kurzer Zeit, gemessen an der Börsenkapitalisierung, wertvoller als so manches etablierte ‚Old-Economy'-Unternehmen. Nur so konnte ein Unternehmen wie der Onlinedienst America Online Anfang 2001 das weltgrößte Medienunternehmen Time Warner schlucken. Nur so lässt sich auch erklären, warum sich Telekommunikationsunternehmen in Deutschland dazu hinreißen ließen, für UMTS-Lizenzen 50,8 Milliarden Euro auf den Tisch zu legen. Im März 2000 erreichte der Boom einen vorläufigen Höhepunkt, als der „NASDAQ Composite Index" der Technologiebörse NASDAQ die 5.000-Punkte-Schwelle übersprang. Einige prophezeiten gar das Ende der „Old Economy" bzw. der Art und Weise, wie diese traditionellen Unternehmen arbeiteten und funktionierten (vgl. Tapscott 1996a).

Das Problem war, dass viele ‚Dotcom-Unternehmen' die an sie gestellten Gewinnerwartungen nicht erfüllen konnten. Darüber hinaus waren einige Unternehmen schlecht geführt – Bilanzen wurden gelegentlich geschönt, was zu einem generellen Vertrauensverlust der Anleger und dadurch zu einem Verlust von Fremdkapital mit daraus folgenden Insolvenzen führte.

Was blieb nach der ‚Dotcom-Blase'? Unternehmen wie *Google*, *Amazon* oder *Ebay*, die mit mehr oder weniger innovativen Geschäftsmodellen irgendwann schwarze Zahlen zu schreiben begannen. Viele Unternehmen der so genannten „Old Economy" haben das Web in ihre Marketing- und Vertriebsaktivitäten im B2C- und B2B-Bereich integriert und nutzen selbstverständlich dessen Möglichkeiten. Gleichzeitig wuchsen auch, völlig unbeeindruckt vom Untergang der New Economy, die E-Commerce-Umsätze. Der Grund dafür war, dass auch die Nutzerzahlen ungebremst weiter wuchsen: Zurück zum Nutzer, dem eigentlichen Akteur der Ökonomie im Web.

5 Was ist anders: Ökonomie der Aufmerksamkeit

Wenn man eine Makro-Wirkung festmachen möchte, ist es wahrscheinlich die des Webs als Verstärker einer Aufmerksamkeitsökonomie (vgl. Goldhaber 1997): Nie war die Aufmerksamkeit eines potentiellen Kunden so ein knappes Gut und die Ausrichtung auf Kunden- und Nutzerbedürfnisse so essentiell für das wirtschaftliche Funktionieren.

Anbieter von Websites haben sehr schnell erkannt, dass einer der Hauptunterschiede des Webs zu den klassischen Massenmedien (‚Push'-Medien) ein erhöhtes Maß an Selektivität ist und dass es schwieriger ist zu kontrollieren, was ein Nutzer/Rezipient wann und wie lange abruft. Im Vergleich zu dem begrenzten Set an Rundfunkprogrammen und Printmedienangeboten, gibt es im Netz eine unübersehbare Vielfalt von Angeboten, die aktiv angesteuert werden müssen, zu denen der Nutzer also ‚ge-pullt' wird. Die nächste Website – so ein geflügeltes Wort in diesem Zusammenhang – ist immer nur einen Klick entfernt.

Die Folge der damit zusammenhängenden Nutzungsgewohnheiten ist, dass Anbieter noch viel mehr, als es vorher der Fall war, nutzerorientierte Angebote schaffen müssen – und zwar nicht nur im Hinblick auf das inhaltliche oder kommerzielle Angebot, sondern auch in der Vermarktung und bei der Nutzerführung einer Website (bis hin zur Personalisierung von Angeboten, bei der jedem seine persönliche Website generiert bekommt). Das Prinzip der Kundenorientierung und der Ausrichtung aller Unternehmensprozesse auf diese ist eigentlich einer der grundsätzlichen Marketingansätze (vgl. z. B. Kotler und Bliemel 2001), aber im Web ist die Umsetzung dieser Nutzerorientierung eine grundlegende Voraussetzung für den Erfolg und bedingt in Bezug auf Websites eine andere konzeptionelle Herangehensweise. Zum Beispiel, indem die Struktur einer Unternehmenswebsite nicht die Organisation des Unternehmens abbildet, sondern an Recherchegewohnheiten der User orientiert ist. Der einflussreiche Webdesign-Autor David Siegel spricht in diesem Zusammenhang von der „customer-led website", der kundendefinierten Website, und sogar von der „customer-led company" (vgl. Siegel 1999).

Doch was steckt eigentlich hinter dieser Nutzerorientierung? Dahinter steckt, dass nicht das Angebot an Informationen oder Waren im Web ein knappes Gut ist, sondern die Aufmerksamkeit der Nutzer. Und so entwickelte sich in der zweiten Hälfte der 1990er Jahre der Begriff der Aufmerksamkeitsökonomie („Attention Economy") zu einem zentralen Begriff, dessen Geburtshelfer Michael Goldhaber war. Goldhaber stellte schon in seinem wegweisenden Vortrag „The Attention

Economy and the Net“ (1997) eine bemerkenswerte Verbindung zwischen Geld und Aufmerksamkeit her.

> In other words, money now flows along with attention, or, to put this in more general terms, when there is a transition between economies, the old kind of wealth easily flows to the holders of the new. Thus, when the market-based, proto-industrial economy first began to replace the feudal system of Western Europe, in which the prime form of wealth was aristocratic lineage and inheritance of land, both the noble titles and the lands that went with them soon ended up disproportionately in the hands of those who were good at obtaining what was then the new kind of wealth, namely money. (Goldhaber 1997)

Ökonomischer Erfolg kann also mithilfe von Aufmerksamkeit erzielt werden. Offensichtlich ist, dass hohe Nutzerzahlen eher zu hohen Werbeerlösen und, im Bereich E-Commerce, zu höheren Umsätzen führen. Inzwischen gibt es sogar Ansätze, Konsumentenaufmerksamkeit gezielt weiterzuverkaufen, wie das Beispiel Root Markets zeigt.[5]

Goldhaber zieht des Weiteren einen Vergleich zwischen dem Machtverlust der Aristokratie während der Industrialisierung (zugunsten der neuen industriell-ökonomischen Elite) und der Situation der Jetztzeit. Er kommt zu dem Schluss, dass Aufmerksamkeit mit Geld nur bedingt gekauft werden kann:

> But now let me point out that the other way round doesn't work nearly as easily. Contrary to what you are sometimes urged to believe, money cannot reliably buy attention. Suppose it did work that way. Then you could have been paid to sit here and listen closely even if I were to read you something as boring as the phone book or an unabridged dictionary. Presumably it wouldn't even matter if I kept repeating the same few syllables over and over. If money could reliably buy attention, all I would have to do is pay you the required amount and you would keep listening carefully through all that, not falling asleep en masse, nor allowing your minds to wander. In truth, even if you had been paid a huge sum, this would be most difficult, and if you did it, it would be a testament more to your own deep sense of principle than to a general condition in which another roomful of similar people could be expected to do equally well. Someone who wants your attention just can't rely on paying you money to get it, but has to do more, has to be interesting, that is must offer you illusory attention, in just about the same amounts as they would if you had instead been paying money to listen to them -- which by the

---

5 Bei Root Markets können sich potentielle Kunden – in diesem Fall geht es um Immobilienkredite – melden, die sich für eine bestimmte Leistung interessieren, und ihre Anforderungen online eingeben. Potentielle Anbieter können sich daraufhin gegen eine Gebühr diese Leads anschauen und entscheiden, ob sie den Kundenkontakt einkaufen wollen (vgl. Root Markets 2008).

> way is closer to the case here. Money flows to attention, and much less well does attention flow to money. (Goldhaber 1997)

Das wiederum bedeutet eine größere Chancengleichheit zwischen kleinen und großen Marktteilnehmern, da es eher um Ideen und Inhalte geht, mit denen sich Aufmerksamkeit gewinnen lässt, und weniger um Geld und ökonomische Macht.

Inhaltlich eng verwandt und ähnlich einflussreich wie Goldhabers Ideen war das *Cluetrain-Manifest* aus dem Jahre 1999 (Levine et al. 1999). In diesem Manifest geht es um die vermeintlich neue Qualität der ökonomischen Beziehungen zwischen Unternehmen und Kunden. Die Grundthese hier lautet, dass Märkte Gespräche („conversations") sind – nicht nur zwischen Unternehmen und Kunden, sondern vor allem zwischen den Kunden bzw. Nutzern selbst. Entscheidend ist dabei die Emergenz (im systemtheoretischen Sinne), bei der aus der Vernetzung unterschiedlicher sozialer Einheiten Strukturen entstehen, die massenmedial vermittelt nicht realisierbar sind:

> Networked markets are beginning to self-organize faster than the companies that have traditionally served them. Thanks to the web, markets are becoming better informed, smarter, and more demanding of qualities missing from most business organizations. (ebd.. 1999)

Einige Kernthesen waren 1999 stark von der Dotcom-Euphorie getragen und müssen im Nachhinein fast als utopisch bewertet werden. Doch fast zehn Jahre später muss man feststellen, dass die Autoren des Manifests in anderen ihrer Kernpunkte bestätigt wurden. In der Tat hat zum Beispiel ein grundlegender Wandel hinsichtlich der Deutungshoheit über Produkte und Unternehmen stattgefunden, denn zunehmend orientieren sich Kunden (die auch Internetnutzer sind) vor Kaufentscheidungen an Gleichgesinnten im Netz, an persönlichen Empfehlungen oder von Kunden geschriebenen Produktrezensionen (vgl. Bruner, Heath und Singh 2007). Informationsasymmetrien werden somit zugunsten der Verbraucher ausbalanciert.

Gleichzeitig nimmt die Akzeptanz traditioneller Marketing-Kommunikationsmittel, wie der klassischen Werbung, dramatisch ab, sowohl in Bezug auf Rezeption und Wahrnehmung als auch bei der Glaubwürdigkeit (IBM 2006). Die eigentliche Marktkommunikation verlagert sich so zunehmend von einer massenmedial unterstützten Unternehmen-Kunden-Kommunikation hin zu einer Web-gestützten Kunden-Kunden-Kommunikation. Hinzu kommt, dass eine zunehmende Zielgruppenfragmentierung es für Unternehmen immer schwieriger und aufwendiger macht, die richtigen Kunden zu identifizieren und mit diesen in der richtigen Art und Weise zu kommunizieren. In der Folge haben Kommunikationsmaßnahmen aus dem Customer Relationship Management (CRM) an Relevanz gewonnen, bei dem stärker als mittels Werbung und PR auf individuelle Präferenzen eingegangen wird. Aktuell entstehen Agentur- und Unternehmensseitig Ansätze, über das Netz direkt mit den Nutzern zu kommunizieren, um eben als Dialogpartner in Communities akzeptiert zu werden: „The community of discourse is the market" (Levine et al. 1999). Die Unternehmen wollen hier wieder Aufmerksamkeit gewinnen.

Anhand der Diskussion rund um „Gespräche" und das sich wandelnde Verhältnis zwischen Kunden und Unternehmen lässt sich ein weiterer Aspekt festmachen, den Goldhaber in seiner „Attention economy" angesprochen hat, der aber in der eher auf Wirtschaftsbeziehungen fokussierten Diskussion fast untergegangen ist: Dass eben Aufmerksamkeit vor allem für Individuen von Wert ist. Wir als Menschen wollen Aufmerksamkeit – gehört, bewundert, beachtet werden. Aufmerksamkeit ist somit einer der entscheidenden Treiber für das so genannte „Web 2.0".[6]

6 Neue Formen wirtschaftlichen Handelns: Social Commerce, Crowdsourcing und Charity 2.0

Mit dem Terminus ‚Web 2.0' ist die Gesamtheit der Online-Angebote gemeint, die sich die Kreativität, den Austausch von Informationen und die Zusammenarbeit von Nutzern zunutze machen, um daraus einen Mehrwert zu generieren. Beim Einsatz dieser Nutzeraktivitäten im Rahmen von E-Commerce-Aktivitäten spricht man von „Social Commerce" oder von „E-Commerce 2.0".

Die beiden Begriffe beschreiben zwei Seiten derselben Medaille: Bei „E-Commerce 2.0" steht das Technologische im Vordergrund, nämlich der Einsatz von Web-2.0-Software-Elementen im Rahmen von E-Commerce-Anwendungen. Bei „Social Commerce" dagegen das Soziale bzw. das Engagement der Nutzer in der Informations- und Angebotserstellung, das auf der Vernetzung der Nutzer untereinander basiert.

Beiden Sichtweisen liegt zu Grunde, dass mit den durch Web-2.0-Software („Social Software") gegebenen Möglichkeiten Kunden Aufgaben übernehmen, die bisher ausschließlich von den Anbietern wahrgenommen wurden: Kataloge zusammenzustellen, Produkte zu beschreiben, zu kategorisieren und zu bewerten, selber

6 Vgl. hierzu die Diskussion zwischen Vinton Cerf und Esther Dyson (Cerf und Dyson 2006).

anzubieten und für die Marketingkommunikation zu sorgen. Kurzum: Die „kollektive Intelligenz" der Nutzer lässt sich ausnutzen, um daraus einen Mehrwert zu generieren. Insofern manifestiert sich im Web-2.0-/E-Commerce-2.0-/Social-Commerce-Trend das, was im *Cluetrain-Manifest* mit „networked markets" und „self-organization" bezeichnet wurde.

Eher im Bereich E-Commerce 2.0 anzusiedeln sind dabei Angebote, bei denen die eigentlichen Shops von einem zentralen Anbieter organisiert und von den Kunden lediglich Zusatzfunktionen wahrgenommen werden. Ein prominentes Beispiel ist der Online-Versandhändler *Amazon*, dessen Katalog mit Produktrezensionen, -bewertungen und –schlagwörtern („Tags") von Nutzern aufgewertet wird. Bei *a-better-tomorrow.com* können Nutzer darüber hinaus Fotos von sich selbst hochladen und den zu erwerbenden Produkten anbeistellen – um somit die ‚Street Credibility' der Waren zu fördern.

Eher im Bereich Social Commerce angesiedelt sind Anbieter wie ThisNext, bei denen die Nutzer auf der Plattform Produktempfehlungen zusammentragen, wobei die einzelnen Produkte in anderen Web-Angeboten erworben werden können, auf die die Nutzer verlinken. Der deutsche Anbieter Spreadshirt bietet Nutzern seine Plattform und technologische Infrastruktur an, damit diese einen eigenen Shop im Netz mit selbst gestalteten Produkten aufbauen können.

Dieses Selbergestalten von Produkten bzw. das Einflussnehmen auf Produkteigenschaften („Mass Customization") auch tangibler Produkte ist etwas, was über das Internet und die ihm zu Grunde liegenden Automatisierungsprozesse auch für ‚Otto-Normal-Verbraucher' wieder erschwinglich wird. War das Maßhemd oder der Maßanzug sowie das nach individuellen Spezifikationen erstellte Möbelstück nur für Wohlhabende erschwinglich, ermöglicht das Web nun einen ähnlichen Grad der Individualisierung unterschiedlichster Produkte zu einem erschwinglichen Preis. Prozesse, die sonst ein Dienstleister oder Verkäufer übernommen hat, werden nun „ausgelagert" und an den Kunden übergeben (z. B. Maße nehmen, Spezifikationen definieren, konfigurieren). Die Web-Schnittstelle sorgt für den Transfer der notwendigen Daten in die Unternehmensorganisation, so dass hier nur für Produktion, Logistik und Inkasso gesorgt werden muss. Voraussetzung dafür ist ein hohes Maß an Integration einzelner Prozessschritte in die IT-Kette.

Eine weitergehende Form des Auslagerns von Arbeitsschritten ist das „Crowdsourcing", bei dem Unternehmensprozesse nicht nur geographisch oder organisatorisch ausgelagert werden („Outsourcing"), sondern komplett von „Crowds", von Amateuren also, übernommen werden (vgl. Howe 2008). Die Plattform *Smava* ist ein Beispiel dafür: Hier übernehmen die Nutzer nicht nur Informations- und Sortierleistungen, sondern stellen auch das Produkt selber zur Verfügung – in diesem Falle Kredite, die von Nutzern für andere Nutzer zur Verfügung gestellt werden: Eine P2P-Bank.

Das Crowdsourcing macht selbst vor sensiblen Prozessen wie dem Innovationsmanagement nicht halt: Über Online-Portale wie *Fellowforce* oder *InnoCentive*.com können Hobbyforscher oder Profis, die sich etwas dazu verdienen wollen, an konkreten Aufgabenstellungen von Unternehmen arbeiten.

Die Gründe für den Erfolg von E-Commerce 2.0, Social Commerce und Crowdsourcing lassen sich an mehreren Punkten festmachen:

- Die technischen Möglichkeiten sind durch erhöhte Internet-Bandbreiten und neue Entwicklungstechnologien (z. B. Ajax) erweitert worden, so dass es jetzt wesentlich einfacher ist, komplexe Anwendungen zu bauen, die sich auch untereinander über Web-Services oder APIs[7] immer leichter vernetzen lassen (vgl. Simeonov 2006).
- Die Bereitschaft von Nutzern, sich als Makler oder Meinungsbilder einzubringen, ist extrem gestiegen. Dabei ist je nach Anwendungsbereich von unterschiedlichen Motivationen auszugehen: Während bei *Ebay* das Geldverdienen und das „Dinge-Abstoßen" im Vordergrund steht, sind es bei anderen Anwendungen eher Anerkennung und Status (Aufmerksamkeit), die Hoffnung auf einen wie auch immer gearteten Benefit oder einfach die intrinsische Motivation, die ein Engagement mit sich bringt (vgl. Result GmbH 2007).
- Unternehmensseitig steht die Erkenntnis im Vordergrund, dass man die Web-Nutzung nicht mehr im eigenen Sinne kontrollieren kann, sondern sich engagieren muss, um Kontakt zu den Nutzern zu halten. Im Falle von Innovations- oder Designprozessen im Rahmen des Crowdsourcings greift sicherlich auch die Tatsache, dass Kunden vermeintlich besser wissen, was Kunden wollen, – ein Know-how, das man ausschöpfen will.

Neben den Geschäftsmodellen, die vor allem auf Gewinnerzielung aus sind, entstehen auf Basis der Vernetzung von Nutzern über ‚Web-2.0'-Plattformen und des Crowdsourcings eine ganze Reihe alternativer Geschäftsmodelle, die soziale und ökologische Ziele verfolgen.

---

[7] Application programming interface: Schnittstelle für Anwendungsprogramme.

Eine der Vorzeigeplattformen ist hier *Kiva*, bei der Nutzer aus der Ersten in Geschäftsideen in der Dritten Welt investieren können. Dabei geht es um Investitionen für kleine Geschäfte oder Handwerksbetriebe, die im Schnitt unter 1.000 US $ liegen. Anleger können dabei kleinere (z. B. 25 US $) oder auch größere Summen für 6-12 Monate anlegen und bekommen dafür vom Vermittler *Kiva* regelmäßige Statusreports über das Vorhaben. Über die Websites von *GlobalGiving* oder *Justgiving* besteht zudem die Möglichkeit, direkt auch an nicht-kommerzielle Projekte zu spenden.

Über die Website *idealist.org* wiederum finden Menschen zueinander, die sich persönlich als Entwicklungshelfer bzw. Praktikant bei einer wohltätigen Organisation engagieren oder punktuell bei der Organisation einer Veranstaltung helfen wollen.

Die Non-Profit-Expertin Brigitte Reise sieht aus Richtung dieser neuen Akteure Herausforderungen auf Non-Profit-Organisationen (NPOs) zukommen, da Spendenwillige nun unter Umgehung der bekannten Organisationen direkt an Projekte vor Ort spenden können, wodurch die nicht projektgebundenen Mittel der NPOs zurückgehen. Gleichzeitig werde der ‚Markt' unübersichtlicher werden, da die Anzahl der Akteure stark zunehme. Und schließlich würden die NPOs, genau wie ihre profitorientierten Pendants, die Informationshoheit über ihren Markt verlieren, weil der Informationsaustausch immer mehr zwischen den interessierten Individuen selbst stattfinde (Reiser 2008).

Andererseits erhofft man sich von der Vernetzung der Menschen innerhalb der Dritten Welt so positive Effekte, dass die „Food and Agriculture Organization" der Vereinten Nationen 2007 einen Kongress veranstaltete, der sich mit den Möglichkeiten beschäftigte, die das Web 2.0 dem Wissensaustausch und der Zusammenarbeit in der Entwicklungshilfe bietet (vgl. Eugelink 2007). Als Beispiel wird das „BROSDI"- Projekt in Uganda genannt:

> ... where a group of farmers started experimenting with modern Information and Communication Technology (ICT) to improve farming. Using a wide variety of communication tools such as websites, SMS, blogs, RSS feeds, Google Maps, Flickr, Picasa and Skype has helped them to strengthen organisation, planning and information sharing within the community which improved their livelihoods considerably. (Eugelink 2007: o. S.))

Allen bisher beschriebenen Entwicklungen liegt der Austausch von Daten – von bits und bytes – zu Grunde. Selbst bei Angeboten, bei denen am Ende eine Transaktion in Form tangibler Güter herauskommt, liegt die eigentliche Leistung des Webs in der Bereitstellung von Daten (bzw. in deren Aufwertung) zwecks der

Information und der Kontaktherstellung zwischen Anbietern und Nachfragern: Das Web ist ein Distributionskanal für Daten, Informationen und viele nicht-tangible Güter.

7 Ökonomie der Daten

Dadurch, dass das Web geringe Markteintrittsbarrieren bereithält, eignet es sich einerseits als Experimentierfeld für neue Wirtschaftsmodelle, gleichzeitig dient es als Katalysator für neue Ansätze wie Open Source oder Crowdsourcing – insbesondere da, wo das Wirtschaftsgut in Form von Daten distribuiert werden kann.

Digitale Daten im Internet haben die Eigenschaft, dass ihre Vervielfältigung und Distribution nicht aufwendig ist. Ökonomisch betrachtet gehen die Grenzkosten für die Erstellung und Distribution einer Kopie eines Musikstücks, einer Software oder einer Inhaltsseite gegen Null. Kosten für den *Zugriff* auf diese Daten entstehen indirekt in Form von Zugangsgebühren an Provider, d. h. für die genutzte Bandbreite.

Sonstige Kosten für die Nutzung digitaler Inhalte entstehen in der Regel nur da, wo Inhaber von Rechten an diesen Inhalten mit den Nutzern eine Vertragsbeziehung über ein Nutzungsrecht an Musik, Software, Texten usw. eingehen, wie es zum Beispiel über Musik-Shops wie *iTunes* oder Software-Stores möglich ist.

In der Anfangsphase des Webs gab es weder Downloadshops noch ‚Paid Content', die Inhalte waren kostenlos verfügbar. Im privaten (Offline-)Bereich gab es schon lange die Gewohnheit, sich im Bekannten- oder Freundeskreis Schallplatten oder CDs auszuleihen, Zeitschriftenartikel oder Software zu kopieren. Das war mit einem gewissen zeitlichen und materiellen Aufwand verbunden, schließlich musste das Material gesichtet und auf einen neuen Datenträger übertragen werden. Die Reichweite des sozialen Netzwerks war beschränkt auf Personen, die man physisch erreichen konnte.

Im Web haben die Leute dann das gemacht, was sie immer getan haben: Musik für den persönlichen Gebrauch kopiert, Software heruntergeladen und Texte konsumiert – nur mit dem Unterschied, dass die Reichweite des Zugriffs (auf die Quellen) auf einmal global wurde und die Grenzkosten minimal waren. Mit Peer-to-Peer-Netzwerken (P2P) wie *Napster* oder *BitTorrent* ging selbst der Aufwand für die Recherche der Inhalte gegen Null und alle Tauschwilligen wurden automatisch miteinander vernetzt. Insofern bekam ein bekanntes Phänomen eine neue Dimension.

Diese „Kostenlos-Ökonomie“ für Software sorgte im Jahre 2007 in der Softwareindustrie für Umsatzausfälle von fast 40 Milliarden US $ (vgl. BSA 2008), in der Musikindustrie waren es 3,7 Milliarden US $.[8] Nun kann man der Softwareindustrie nicht attestieren, dass sie ökonomisch arg gelitten hätte (die Renditen bewegen sich immer noch zwischen 20-50 %!), aber in der Musikindustrie ist z. B. der CD-Verkauf drastisch eingebrochen. Nicht allein, aber sicherlich zum Teil wegen der Alternativen zum Kauf, die das Web bietet.

Die Reaktion der Inhalte-Anbieter, also der Musik-, Entertainment- und Softwareunternehmen, setzte in der Folge auf verschiedenen Ebenen an:

- Anbieter von P2P-Software und Plattformen, auf denen Inhalte angeboten werden, werden verklagt – auf Grundlage der impliziten Unterstellung einer Mittäterschaft am Raubkopieren.
- Die Tauschbörsen werden durch Fake-Dateien und Spionageprogramme unterwandert, um sie entweder unattraktiv oder ihre Nutzung riskant zu machen.
- Einzelpersonen, die besonders viel hoch- oder heruntergeladen haben, werden verklagt.
- Die Politik wird international dazu gedrängt, ein strengeres Urheberrecht zu erlassen und die Strafverfolgung in diesem Bereich zu vereinfachen (z. B. über die Personen- und Nutzungsdatenspeicherung bei den Providern).
- Systeme zum „Digital Rights Management“ (DRM) und Kopierschutz werden entwickelt bzw. verstärkt.
- Eigene Angebote für bezahlte digitale Downloads werden entwickelt.

Dem Streben nach Kontrolle steht eine Reihe von alternativen Modellen gegenüber, die durch das Web ermöglicht bzw. gefördert werden:

Ursprünglich ein Ansatz aus der Softwareentwicklung, ist es die Grundidee des „Open Source“,[9] den so genannten *Quell*code *offen* zu legen, um anderen Programmierern die Möglichkeit zu geben, die Software zu verbessern oder zu erweitern. Diese Programmierer engagieren sich häufig als Einzelunternehmer oder

---

[8] Schaden für die US-Plattenfirmen lt. IFPI 2008: 18.

[9] Für eine detaillierte Auseinandersetzung mit dem Thema, siehe z. B. Grassmuck 2004.

in ihrer Freizeit – oder aber sie sind in einer Firma beschäftigt, die im Zusammenhang mit dieser Software Dienstleistungen verkauft oder diese selbst entwickelt. Die Motivationen für Einzelpersonen und für Firmen sind dabei unterschiedlich. Für Firmen stehen eher ökonomische Gründe im Vordergrund, namentlich der Umstand, dass über Open Source ein einfacher und kostengünstiger Zugriff auf das Wissen der Community[10] ermöglicht wird, sowie ein erhoffter Reputationsgewinn, der sich aus dem eigenen Engagement und der Verbreitung der leistungsfähigen, innovativen und häufig kostenlosen Software ergeben soll. Häufig sind kleine Firmen die Initiatoren von Open-Source-Projekten; sie nehmen sich Softwarelösungen an, die es entweder bisher nicht gab oder die zu teuer sind, z. B. Content-Management-Systeme. Entwicklerseitig spielen häufig altruistische Motive eine Rolle, besonders allerdings der Wissenszuwachs und intellektuelle Gewinn, der sich aus dem Austausch mit der Entwicklergemeinde ergibt (vgl. Bonaccorsi und Rossi 2005).

Der ökonomische Einfluss der Open-Source-Softwareentwicklung lässt sich schwer beziffern, da solche Software häufig kostenlos zur Verfügung gestellt wird und somit schon allein dadurch ein Gegenmodell zu kommerzieller Software darstellt. Bekanntermaßen lagen die Marktanteile 2006/2007 bei Betriebssystemen (Linux: 27 % inkl. Server-Betriebssysteme; vgl. Schauer 2006), Datenbanken (MySQL: 29 %; vgl. Schauer 2006), Webbrowsern (Firefox: 15 %; vgl. Rinne 2007) sowie bei Webserver-Software (Apache: 63 %!; vgl. Kaps 2006) signifikant hoch. Bruce Perens weist darauf hin, dass der ökonomische ‚Fußabdruck' von Open-Source-Software noch viel größer ist, da viele ökonomische Abläufe mit Hilfe von Open-Source-Browsern, -Servern und -Office-Programmen stattfinden.

Kommt Open Source ursprünglich aus dem Softwarebereich, so gibt es nun erste Initiativen, das Prinzip auf Marketingprozesse („Open Source Marketing") und auf tangible Produkte wie das erste Open-Source-Automobil (OScar 2008) zu übertragen. Hier sieht Perens jedoch schnell die Grenzen von Open Source erreicht:

> The Open Source paradigm works well for many products where the major value of the product is its design. It's most successfully been used to date to produce software, an encyclopedia, and integrated circuit designs. [...] It only takes a cent's worth of resources to

---

10 Zum Community-Prinzip, vgl. Perens (2005: o. S.): „The incremental cost of adding a feature is much smaller than the cost of the entire development. Parties that create modifications have an incentive to write them in such a way that they will be accepted by the other developers on the project and will be merged into the main body of source code that is shared by all developers."

> make a copy of a piece of software [...] Automobiles, of course, are much more complex [...] and it takes a great many physical processes with expensive tooling to manufacture them. (Perens 2005: o. S.)

Zu Copyright-geschützter Software ist Open Source eine Alternative, deren Produktion und Distribution über das Web viel einfacher ist als über andere Kanäle – das Phänomen Open Source selbst ist allerdings älter als das Web.

In Bezug auf Texte, Musik, Film- oder Bildmaterial gibt es ähnliche Ansätze wie bei Open Source im Softwarebereich: Viele Künstler oder andere Inhalte-Schaffende bieten auf speziellen Online-Plattformen anderen Nutzern Inhalte zur gewerblichen oder privaten Verwendung an, z. B. Fotos bei *Photocase* oder Töne bei *pdsounds*. Ein strukturierter Ansatz zur Überlassung von Rechten ist die „Creative Commons"-Initiative, bei der Anbietern Musterverträge überlassen werden, mittels derer man Nutzungsrechte an digitalen Inhalten abgestuft regeln kann. So lässt sich z. B. steuern, ob eine gewerbliche Weiterverwendung erlaubt wird und in welcher Form der Urheber bei einer Präsentation oder Weiterverarbeitung ausgewiesen werden muss.

8 Fazit und Ausblick

So, wie bei der Nutzung des Stroms Energie in unvorhersehbarer Form transportabel und flexibel gemacht wurde, bewirkt das Internet eine endlose Verfügbarkeit von Daten und damit von Informationen. Im Gegensatz zu den Prognosen von Anfang der 1990er Jahre haben sich die Anbieterstrukturen und die nachgefragten Daten (bzw. Inhalte) nicht einfach linear weiterentwickelt, sondern es hat hier ein Strukturwandel stattgefunden, der noch lange nicht beendet ist:

- Die Flüchtigkeit der Daten bringt neue Herausforderungen für Rechteinhaber und neue Modelle des Umgangs mit Rechten. Zudem entstehen, wie man am Beispiel Open Source sieht, neue Formen der Kooperation und der Produktion.
- Neue Anbieter kommen auf den Markt und nehmen etablierten Anbietern Marktanteile weg oder lassen alte Geschäftsmodelle obsolet werden. Gleichzeitig findet ein Großteil des B2B-E-Commerce der ‚Old Economy' und überhaupt ein erklecklicher Anteil der Wirtschaftstransaktionen inzwischen online statt.

- Der Nutzer/Konsument hat Zugriff auf Informationen, die ihm zuvor schwer zugänglich waren: Informationsasymmetrien werden abgebaut. Er kann Intermediäre wie NPOs oder Zwischenhändler umgehen. Und er kann sich mit seinesgleichen vernetzen, Informationen austauschen, Inhalte anbieten oder punktuell ein Mosaiksteinchen zu einem Projekt wie Wikipedia beisteuern.

Diese neuen Geschäfts-, Rechte- und Nutzungsmodelle existieren dabei parallel zu den alten: Die Old Economy wurde nicht abgelöst und Fernsehen wird immer noch geschaut.

Was aber steht als nächstes an in der Wirtschaft im Web? Wie schon in der Anfangssequenz dieses Beitrags angedeutet, sind Prognosen zur zukünftigen Entwicklung eines so dynamischen Mediums wie dem Web schnell überholt bzw. widerlegt. Einige aktuelle Entwicklungen lassen zumindest die folgenden Vorstellungen wahrscheinlich erscheinen:

- Mobilität und geo-codierter Commerce: Mit mobilen Terminals (in der Regel Handys) und Navigationsgeräten gibt es eine breite technische Basis, auf der sich „Location based services“ und Mehrwertdienste realisieren lassen, die die reale physische Welt mit der des Webs vernetzen. Technisch ist es bald möglich, Gebrauchsgegenstände mit einer IP-Adresse auszustatten – somit lassen sie sich online steuern und kommunizieren mit anderen Geräten: „The internet of things“ (vgl. Biddlecombe 2005).
- 3D: Wenn man das Internet überall – quasi in „Real Life“ – nutzen kann, mag man 3D-Umgebungen wie Second Life obsolet finden. Aber auch im 3D-Internet wird es neue Anwendungsmöglichkeiten und Geschäftsmodelle geben, an die wir heute noch nicht denken.
- Näher am Machbaren und konkreter fassbar ist die Verknüpfung von Web und „Personal Manufacturing“. Selbstbausätze für 3D-Drucker gibt es heute (2008) schon ab 3.000 Euro zu kaufen. Mit diesen lassen sich einfache Gegenstände und Modelle über ein 3D-CAD-Programm ausdrucken. Mit steigenden Stückzahlen sinkt hier der Preis, mit dem Preis die Verbreitung und nach und nach wird die Technologie verbessert. Man stelle sich vor, wenn Open Source und „Personal Manufacturing“ zusammenkommen. Perens schreibt dazu:

> When the day comes that we can make complex physical products by producing their designs and directing a machine to manufacture them from easily-available materials and electricity, the economy will change radically. Today, we are limited to producing individual parts with computer-controlled milling machines, a slow and dirty process that still requires manual intervention. A healthy Open Source community has evolved around such machines, and we are starting to see them share part designs. But the science of computer-controlled manufacturing will have to improve tremendously before we can have "Open Source cars" (Perens 2005: o. S.).

Ich bin gespannt, welche dieser – meiner – Erwartungen in Zukunft auf den Kopf gestellt werden.

Literatur

AListNet.com 2007: „Fortune 1000 Companies Ranked by eCommerce Revenues."
http://alistnet.com/ecommerce_rankings_of_Fortune_1000_companies (Abruf: 22.03.2008)

Biddlecombe, Elizabeth 2005: „UN predicts ‚internet of things'."
http://news.bbc.co.uk/2/hi/technology/4440334.stm (Abruf: 21.04.2008)

BITKOM 2007: „E-commerce: B2B-Handel in Deutschland boomt."
http://www.ibusiness.de/members/aktuell/db/805653SUR.html (Abruf: 28.3.2008)

Bonaccorsi, Andrea/Rossi, Cristina 2005: „Altruistic individuals, selfish firms? The structure of motivation in Open Source Software." http://www.firstmonday.org/Issues/issue9_1/bonaccorsi/ (Abruf: 16.06.2008)

Booz Allen Hamilton (Hg.) 1995: *Zukunft Multimedia – Grundlagen, Märkte und Perspektiven in Deutschland*. Frankfurt/ M.: IMK.

Bruner, Rick/Heath, Row/Singh, Jai 2007: „DoubleClick Touchpoints IV - Europe: Die Rolle digitaler Medien bei der Kaufentscheidung europäischer Verbraucher."
http://emea.doubleclick.com/de/downloads/pdfs/Touchpoints_IV_de.pdf [PDF-Datei]
(Abruf: 21.04.2008)

BSA (Business Software Alliance) 2008: „Immer noch jede 4. Software illegal, Piraterierate in Österreich stagniert – Schaden steigt weiter an." http://w3.bsa.org/austria/presse/newsreleases/BS057-07A.cfm (Abruf: 21.04.2008)

Cerf, Vint/Dyson, Esther 2006: „Pundits Discuss the Internet's Future."
http://online.wsj.com/article/SB114597841180135354.html?mod=2_1223_1 (Abruf: 08.03.2008)

Eugelink, Hilde 2007: „New internet tools will help to enhance development."
http://www.web2fordev.net/90.html?tx_ttnews%5Btt_news%5D=794&tx_ttnews%5BbackPid%5D=51&cHash=a (Abruf: 21.04.2008)

Goldhaber, Michael H. 1997: „The Attention Economy and the Net.“ http://www.firstmonday.dk/issues/issue2_4/goldhaber/ (Abruf: 08.03.2008)

Grassmuck, Volker 1994: *Freie Software – Zwischen Privat- und Gemeineigentum*. Bonn: Bundeszentrale für politische Bildung.

Hein, Frank Martin 2006: *E-Mail, Portale und Intranets sind weit verbreitet, aber werden oft nur traditionell genutzt. Studie zur Nutzung elektronischer Medien in deutschen Unternehmen und Organisationen*. Berlin: Executive Communication Sercices.

Hertel, Guido/Niedner, Sven/Hermann, Stefanie 2003: „Motivation of software developers in the Open Source projects: an internet-based survey of contributors to the Linux kernel.“ In: *Research Policy* 32, 7, S. 1159–1177.

Howe, Jeff 2008: „The Rise of Crowdsourcing.“ http://www.wired.com/wired/archive/14.06/crowds_pr.html (Abruf: 07.03.2008)

Huly, Heinz-Rüdiger/Raake, Stefan 1995: *Marketing Online – Gewinnchancen auf der Datenautobahn*. Frankfurt/M. u. a.: Campus.

IBM 2006: Konvergenz oder Divergenz? Erwartungen und Präferenzen der Konsumenten an die Telekommunikations- und Medienangebote von morgen. http://www-935.ibm.com/services/de/bcs/pdf/2006/konvergenz_divergenz_062006.pdf [PDF-Datei] (Abruf: 21.04.2008)

IFPI (International Federation of the Phonographic Industry) (Hg.) 2008: *Digital Music Report*. London.

Ilg, Peter 2008: „SAP übertrumpft alle.“ http://it.monster.de/15996_de-DE_p1.asp (Abruf: 22.03.2008)

Kaps, Reiko 2006: „Apache gewinnt Marktanteile hinzu.“ http://www.heise.de/open/Apache-gewinnt-Marktanteile-hinzu--/news/meldung/75269 (Abruf: 21.04.2008)

Klodt, Henning et al. (Hg.) 2003: *Die neue Ökonomie. Erscheinungsformen, Ursachen und Auswirkungen*. Berlin: Springer.

Kotler, Philip/Bliemel, Friedhelm 2001: *Marketing-Management. Analyse, Planung und Verwirklichung*. 10. Aufl. Stuttgart: Schäffer-Poeschel.

Levine, Rick et al. 1999: „The cluetrain manifesto.“ http://www.cluetrain.com/cluetrain.pdf [PDF-Datei] (Abruf: 21.04.2008)

Marlow, Eugene 1997: *Web visions*. New York: VanNostrand Reinhold.

Meyers Lexikon Online 2007a: „Wirtschaft.“ http://lexikon.meyers.de/meyers/Wirtschaft (Abruf: 22.03.1008)

Meyers Lexikon Online 2007b: „Electronic Commerce.“ http://lexikon.meyers.de/meyers/Electronic_Commerce (Abruf: 22.03.2008)

O'Reilly & Associates 1993: „GNN Home Page.“ http://www.oreilly.com/gnn/gnnhome.html (Abruf: 21.04.2008)

OScar 2008: „OScar: Reinvent Mobility.“ http://www.theoscarproject.org (Abruf: 21.04.2008)

Perens, Bruce 2005: „The emerging economic paradigm of Open Source."
http://www.uic.edu/htbin/cgiwrap/bin/ojs/index.php/fm/article/view/1470/1385 (Abruf: 28.11.2007)

Reiser, Brigitte 2008: „Wie verändert das Internet die Beziehungen zwischen NPOs und ihren Spendern?"
http://blog.nonprofits-vernetzt.de/index.php/wie-verandert-das-internet-die-beziehungen-zwischen-npos-und-ihren-spendern/ (Abruf: 17.06.2008)

Result GmbH 2007: „Web 2.0" – Eine Begriffsdefinition und eine Analyse der Auswirkungen auf das allgemeine Mediennutzungsverhalten."
http://www.businessvillage.de/download/Web-2.0-Studie.pdf [PDF-Datei] (Abruf: 21.04.2008)

Rinne, Marco 2007: „Marktanteile: Firefox und Vista legen zu." http://www.chip.de/news/Marktanteile-Firefox-und-Vista-legen-zu_25240309.html (Abruf: 21.04.2008)

Root Markets 2008: „Root Exchange."
http://www.rootmarkets.com/products_and_services/root_exchange (Abruf: 21.04.2008)

Schauer, Manfred 2006: „Open Source auf der Überholspur."
http://www.joinvision.com/jv/ext/infow/itfacts/200606/itfacts200606.pdf [PDF-Datei] (Abruf: 21.04.2008)

Siegel, David 1999: *Futurize your enterprise. Business Strategy in the Age of the E-Customer*. New York u. a.: Wiley.

Simeonov, Simeon 2006: „E-Commerce 2.0" – The Velvet Revolution."
http://www.web2journal.com/read/274952.htm (Abruf: 07.12.2006)

Tapscott, Don 1996a: *The Digital Economy – Promise and Peril in the age of networked intelligence*. New York: McGraw-Hill.

Tapscott, Don 1996b: „Das internetvernetzte Unternehmen." In: *Kursbuch Internet – Anschlüsse an Wirtschaft und Politik, Wissenschaft und Kultur*. Hg. v. Stefan Bollmann und Christiane Heibach. Mannheim: Bollmann, S. 192-208.

Medizin im Web

Martina Waitz

1 Einleitung

Fast jeder Mensch interessiert sich für das Thema Gesundheit. Gesundheitsinformationen zählen zu den populärsten Themen in den Medien – in Zeitschriften, Frauen- und Sportmagazinen, Tageszeitungen, Gesundheitsratgebern und Büchern, im Fernsehen und natürlich zunehmend auch in neuen Medien wie dem Web. Laut Umfragen informieren sich 30 Prozent aller Deutschen zuerst im Internet, bevor sie ihren Arzt oder Apotheker fragen, und einer aktuellen Studie des Bundesverbandes Informationswirtschaft, Telekommunikation und neue Medien zufolge sucht jeder dritte Deutsche regelmäßig medizinischen Rat im Internet (Nielsen//NetRatings 2007; BITKOM 2007).

Viele Menschen behandeln sich immer öfter selbst. Gründe hierfür können sein, die Praxisgebühr und die hohen Zuzahlungen bei rezeptpflichtigen Medikamenten zu sparen. Ärzte werden in ihrer Sprechstunde zunehmend mit medizinisch vorinformierten Patienten konfrontiert (Kirschning, Michel und von Kardorff 2004: 3090). Dies kann für das Arzt-Patient-Gespräch bereichernd sein und es auf eine fachlich höhere, gleichwertigere Ebene heben. Doch nicht immer sind Gesundheitsinformationen im Internet fachlich richtig – oder sie sind so unverständlich, dass sie vom Laien leicht missverstanden werden können. Die Gefahr dabei ist: Viele Menschen nehmen das, was sie lesen, ernst und übertragen es auf ihre Gesundheitssituation. Gerade deshalb ist Online-Medizinjournalismus ein hoch anspruchsvolles und äußerst sensibles Feld. Der medizinische Online-Redakteur hat eine große Verantwortung und Sorgfaltspflicht, denn wenn er etwas Falsches schreibt, gefährdet er potenziell die Gesundheit seines Lesers.

Selbstverständlich gibt es sehr viele gute, medizinisch richtige und sprachlich verständliche Patienteninformationen im Internet. Renommierte und seriöse Herausgeber legen Wert auf die Qualität ihrer Publikationen und halten sich an gewisse Richtlinien wie die afgis- und DISCERN-Kriterien (afgis 2008; DISCERN-Online 2005a). Doch nicht immer steht der Nutzen für den Patienten bei der Veröffentlichung von Gesundheitsinformationen im Web im Vordergrund und es ist für den Laien schwierig, die Qualität der Website auf den ersten Blick zu erkennen.

Ungeachtet dessen gewinnt Medizin im Web zunehmend an Bedeutung und das Interesse an Gesundheitsinformationen im Netz wächst (AGOF 2006). Der heutige Patient ist anspruchsvoller als früher und will aktiv in seine Behandlung mit einbezogen werden. Das Internet bietet bisher ungekannte Möglichkeiten der Information, die sich zwangsläufig auf die Arzt-Patient-Beziehung auswirken. Umso wichtiger ist es, sich – sowohl als gesundheitsinteressierter Laie als auch als Mediziner – offen und kritisch mit dem nahezu unüberschaubaren Angebot von medizinischen Informationen im Internet auseinanderzusetzen.

2 Wer sind die User/die Gesundheitsinteressierten, wie ist das Profil des „Patienten" im Web und mit welcher Zielsetzung suchen Menschen im Internet nach Gesundheitsinformationen?

Es lassen sich unterschiedliche Gründe und Zielsetzungen finden, warum Menschen im Internet nach Gesundheitsthemen suchen. Nur ein geringer Anteil ist Mediziner. Einen Großteil der Nutzer stellen akut oder chronisch Kranke dar, die sich über ihre Erkrankung, die Diagnostik beim Arzt sowie die Therapiemöglichkeiten erkundigen möchten. Auch Angehörige und Nahestehende von Erkrankten nutzen das Web, um sich über deren Leiden zu informieren (Untiedt Research 2003). Zwar haben sich Gesundheitsinteressierte in den vergangenen Jahrzehnten stets rege auch in anderen Medien (z. B. Bücher, Zeitungen, Fernsehen) medizinische Kenntnisse beschafft und tun es immer noch. Doch das Internet bietet bisher ungekannte Möglichkeiten der Information, denn ein derart großes Angebot an Gesundheitsinformationen sowie medizinischer Fachliteratur war Laien früher nahezu unzugänglich. Der Weg zur medizinischen Information ist durch das Internet einfacher, schneller und kostengünstiger geworden.

Das amerikanische Meinungsforschungsunternehmen Harris Interactive untersucht in verschiedenen Ländern regelmäßig das Verhalten von Menschen, die im Internet nach Gesundheitsinformationen suchen und bezeichnet diese als „Cyberchondriacs". Im Jahr 2002 hatten über 80 Prozent der Befragten schon mindestens einmal im Web nach Gesundheitsinformationen gesucht, sowohl in den USA (80%) als auch in Japan (90%) und Deutschland (86%) (Harris Interactive 2002). Diese „Cyberchondriacs" kommunizieren laut einer Studie der Boston Consulting Group anders mit ihrem Arzt: 36% konfrontieren ihn mit einer selbst gestellten Diagnose und 45% meinen bereits genau zu wissen, welche Therapie für sie die richtige ist, verglichen mit 16% bzw. 19% derjenigen, die sich nicht im Internet über ihre Krankheit vorinformiert haben (Boston Consulting Group 2001).

Diese Zahlen sind nicht verwunderlich, hat sich doch im Arzt-Patient-Verhältnis in den letzten Jahren ein deutlicher Wandel vollzogen: Der heutige Patient ist anspruchsvoller als früher und will aktiv in seine Behandlung mit einbezogen werden. Er steht seinem Arzt vorinformiert, fragend und fordernd gegenüber und ist mit einer paternalistischen Arzt-Patient-Beziehung nicht (mehr) zufrieden zu stellen. Dank seines Fachwissens kann er – zumindest theoretisch – auf einer höheren Ebene mit seinem Arzt kommunizieren. Vor allem Patienten mit chronischen Erkrankungen (z. B. Arthrose) beschäftigen sich intensiver mit ihrer Krankheit als Menschen, die akut (z. B. an einer Erkältung) erkrankt sind. Sie werden zum Experten ihrer eigenen Erkrankung und erwarten vom Arzt eine ganz andere Betreuung. So zählen chronische Erkrankungen, bei deren Behandlung die Schulmedizin allzu oft an ihre Grenzen stößt, zu den am häufigsten gesuchten Gesundheitsthemen im Internet, z. B. chronische Schmerzen (Arthroseschmerzen, Kopfschmerzen, Rückenschmerzen etc.), Diabetes mellitus („Zuckerkrankheit"), Bluthochdruck und Herz-Kreislauf-Erkrankungen, chronische Atemwegserkrankungen (z. B. Asthma, COPD), chronische Magen-Darm-Probleme und Krebserkrankungen (z. B. Brustkrebs).

Ein Problem ist, dass deutsche Ärzte in der Regel zu wenig Zeit für jeden einzelnen Patienten haben. Ein Arzt-Patient-Gespräch in deutschen Hausarzt-Praxen dauert durchschnittlich 7,8 Minuten (Germis 2007: 45). Dass hierbei viele Fragen offen bleiben, ist nachvollziehbar. Darüber hinaus bemängeln Patienten immer wieder, dass sie die Sprache ihrer Ärzte nicht verstehen. Dank des Internets können sie die Bedeutung der medizinischen Fachtermini (z. B. auf der Überweisung, im Arztbrief etc.) nach dem Arztbesuch einfach und schnell über eine Suchmaschine ermitteln. Ein weiterer Grund für die medizinische ‚Online-Konsultation' ist der Bedarf nach einer zweiten (ärztlichen/fachlichen) Meinung. Dahinter muss kein konkreter Vertrauensmangel gegenüber dem behandelnden Arzt stecken, aber für die ‚Absicherung' der Diagnose oder eine alternative Aussage selbst eines mehr oder weniger anonymen Online-Arztes/Experten wird im Internet teilweise sogar bezahlt. Auch der Weg in eine Selbsthilfegruppe verkürzt sich erheblich durch Gesundheitsforen, in denen sich Betroffene zeitlich und räumlich flexibel austauschen können. Wenngleich man sich meist nicht sieht – ein langer Fahrweg bleibt dem Mitglied durch die Online-Selbsthilfegruppe auf jeden Fall erspart.

Einige Menschen scheuen den direkten Arztkontakt und versuchen, ihr Leiden selbst zu diagnostizieren. Gründe sind beispielsweise keine Zeit, zum Arzt zu gehen, Bequemlichkeit sowie die Einsparung der Praxisgebühr. Motive wie Angst und Scham erklären die rege Nachfrage von Tabuthemen und intimen Erkrankungen im Internet, wie z. B. sexuell übertragbare Krankheiten, Analleiden wie Hämorrhoiden oder unerfüllter Kinderwunsch. Das Web ermöglicht es, sich anonym über vermeintlich peinliche Sachverhalte zu informieren und auszutauschen.

Eine weitere Gruppe von Nutzern, die im Internet nach Gesundheitsthemen sucht, stellen die nicht unmittelbar von einer Krankheit Betroffenen, sondern allgemein Gesundheitsinteressierten dar. Studien zufolge steht Gesundheit vor allem bei den gebildeten und besser verdienenden Internetnutzern hoch im Kurs (Nielsen//NetRatings 2007). Sie sind nicht nur am Thema „Krankheit“, sondern vielmehr am weiten Themenfeld „Gesundheit“ interessiert: Wellness, gesunde Ernährung, Prävention, Sport und Bewegung, Körperpflege etc.

Einen starken Trend verzeichnet die Bestellung von Arzneimitteln in Online-Apotheken. Seit Anfang 2004 ist der Verkauf rezeptpflichtiger Medikamente im Internet in Deutschland erlaubt. Über 1.500 deutsche öffentliche Apotheken haben bereits eine Zulassung als Versandapotheke und bieten Arzneimittel teilweise bis zu 30 Prozent günstiger an als im stationären Handel (BITKOM 2007).

3 Wo kann man sich informieren – welche Formen von Medizin- und Gesundheitsportalen gibt es?

Seinen Boom erlebte das Internet Anfang der 1990er Jahre. Weil Gesundheit schon immer eines der beliebtesten Themen war, wurden zu dieser Zeit auch zahlreiche Websites mit medizinischen und gesundheitlichen Informationen veröffentlicht. Obgleich viele dieser Portale heute nicht mehr existieren, findet man allein in Deutschland inzwischen weit über einhundert Millionen Suchergebnisse für den Begriff „Gesundheit“ im Netz (Stand: 28.05.2008).

Eine allgemeingültige Kategorisierung für Gesundheitsinformationen im Web gibt es nicht. Hinsichtlich ihrer Ziele, Zielgruppen und Betreiber kann man aber eine grobe Einteilung von Medizin- und Gesundheitsportalen vornehmen.

Klassische Gesundheitsportale bieten umfangreiche Informationen zu Krankheiten, Beschwerden, Diagnose- und Therapieverfahren sowie zu Ernährung, Vorsorge und gesunder Lebensweise. Die meisten Gesundheitsportale haben einen kommerziellen Hintergrund: Sie finanzieren sich über Internetwerbung (zum Beispiel Banner, Pop-Ups), das Sponsoring ihrer Texte sowie durch Contentlizenzierung, das heißt sie stellen ihre Inhalte anderen Portalen gegen eine Gebühr zur Verfügung. Gesundheitsportale haben in der Regel eine medizinische Redaktion und/oder arbeiten mit freien Medizinjournalisten zusammen. Große deutsche Gesundheitsportale sind unter anderem *Lifeline* (www.lifeline.de), *Netdoktor* (www.netdoktor.de) und *Onmeda* (www.onmeda.de) sowie *Gesundheitsinformation.de* (www.gesundheitsinformation.de), das unabhängige Gesundheitsportal des IQWiG.

Medizinische Special-Interest-Portale sind Websites, die sich auf eine bestimmte Indikation, also zum Beispiel eine Erkrankung wie Darmkrebs oder Multiple Sklerose, beschränken. Dazu zählen auch spezielle Ernährungs-, Schwangerschafts- oder Reisemedizin-Websites. Special-Interest-Portale handeln das jeweilige Thema meist ausführlicher ab und gehen mehr in die Tiefe als ein allgemeines Gesundheitsportal. Auch finden sich häufig Websites zu sehr seltenen Erkrankungen, die andernorts gar nicht oder nur sehr spärlich erwähnt werden. Medizinische Special-Interest-Portale werden unter anderem von Privatleuten (oft sind es Internet-affine Betroffene oder Angehörige), von kommerziellen Betreibern und Pharmaunternehmen, von Institutionen und Stiftungen mit unterschiedlichen Zielsetzungen angeboten. Special-Interest-Portale sind beispielsweise das Darmkrebs-Portal der Felix Burda Stiftung (www.darmkrebs.de), die Website zur Multiplen Sklerose im Auftrag (bzw. „mit freundlicher und wissenschaftlicher Unterstützung“) des Pharmaunternehmens Biogen Idec (www.ms-life.de) sowie die Ernährungs-Website des Deutschen Ernährungsberatungs- und Informationsnetzes DEBInet (www.ernaehrung.de).

Sehr beliebt ist der „Arzt im Internet“. Wer keine Zeit, keine Lust oder nicht den Mut hat, zum „richtigen“ Arzt zu gehen, oder wer sich eine zweite ärztliche Meinung einholen möchte, kann dies in einer der vielen Expertensprechstunden im Internet tun. Das Prinzip: Ein medizinischer Experte, beispielsweise ein Frauenarzt, beantwortet innerhalb eines definierten Zeitraums die Fragen der User. Hier gibt es einige rechtliche Aspekte zu beachten, an die sich der Arzt und der Betreiber des Portals halten müssen, denn im Internet darf weder eine ärztliche Diagnose gestellt noch eine ärztliche Therapieanweisung erteilt werden. Umgangen wird dies meist durch diplomatische Antworten des Experten, der seinem „Patienten“ empfiehlt, sicherheitshalber einen niedergelassenen Arzt aufzusuchen.

Menschen mit körperlichen oder seelischen Problemen können sich mit anderen Betroffenen in so genannten Diskussionsforen austauschen. Dies lässt sich als eine Art Online-Selbsthilfegruppe verstehen, in der auch schon mal der ein oder andere „hobbymedizinische“ Rat erteilt wird. Vor allem wird sich über die Erfahrungen mit Ärzten, Therapien und neuen Behandlungsmethoden ausgetauscht. Portale, die schwerpunktmäßig oder ausschließlich Expertensprechstunden und Diskussionsforen anbieten, sind z. B. das *Deutsche Medizinforum* (www. medizinforum.de) und *QualiMedic* (www.qualimedic.de). Expertenrat und Foren sind manchmal auch Bestandteil von größeren Gesundheitsportalen, wie beispielsweise von *Focus Gesundheit* (www.focus.de/gesundheit/community) und von *Onmeda* (www.onmeda.de/foren/index.html). Ärzte können sich untereinander auf Portalen wie *esanum* (www.esanum.de) oder in geschützten Bereichen für Mediziner wie *Medizin-Online* (www.medizin-online.de), der Ärzte-Plattform der Springer Verlagsgruppe, mit ihren Online-Kollegen austauschen.

Für große Internetportale wie *AOL*, *MSN* oder *WEB.DE* ist eine Gesundheitsrubrik neben Rubriken wie Politik, Wirtschaft und Sport heutzutage ein Muss. Woher diese Texte stammen, ist sehr unterschiedlich: Einige Internetportale beschäftigen eine eigene Medizin-Redaktion mit den entsprechenden Fachredakteuren. Andere beauftragen freie Medizinjournalisten oder medizinische Redaktionsbüros mit der Erstellung der Gesundheitstexte und gegebenenfalls auch mit der regelmäßigen Aktualisierung der Artikel sowie der Pflege der Website. Wiederum andere beziehen medizinische Inhalte von Drittanbietern, meist von Gesundheitsportalen (Contentlizenzierung).

Jedes Pharmaunternehmen hat heutzutage einen Internetauftritt. Mehr oder weniger ausführlich werden das Unternehmen, seine Geschichte und Philosophie sowie die Produkte und deren Indikationen auf der Website vorgestellt. Darüber hinaus bieten viele Pharmaunternehmen auch Special-Interest-Portale zu ihren Arzneimitteln und den jeweiligen Anwendungsgebieten an, also beispielsweise eine Website über Potenzprobleme bei Männern zu einem Medikament gegen Impotenz. Beispiele sind *Akne-aktuell.de* (www.akne-aktuell.de), das Akne-Portal der SANOL GmbH, *Jetzt-lieben.de* (www.jetzt-lieben.de), ein Portal über Potenzstörungen von Bayer HealthCare (Produkt: „Potenzpille“ Levitra) und *Onkologie.de* (www.onkologie.de), das Krebs-Portal der Amgen GmbH.

Gesetzliche Krankenkassen und private Krankenversicherungen nutzen ihren Internetauftritt, um den Versicherten das Unternehmen und die Leistungen vorzustellen. Es hat sich in den letzten Jahren gezeigt, dass die Kassen ihren Mitgliedern noch mehr bieten müssen: kostenlose, umfangreiche und seriöse medizinische und gesundheitliche Informationen. Deshalb finden sich inzwischen auf vielen Websites von Krankenkassen Rubriken zu Krankheit, Diagnose, Therapie – und vor allem auch zu Früherkennung, Vorsorge und gesunder Lebensweise. Oft sind diese Informationen nur den Versicherten zugänglich (Login zum Beispiel mit der Mitgliedsnummer). Die wenigsten Krankenversicherungen erstellen ihre medizinischen Texte selbst. Zwar haben viele eine kleine Redaktion und einen Internetbeauftragten, um das Ganze zu koordinieren und die Schlussredaktion vorzunehmen, aber die Gesundheitsinformationen stammen in der Regel von externen Autoren, Internetagenturen oder Gesundheitsportalen. Hier ist es besonders wichtig, dass die Inhalte auf dem neuesten Stand von Wissenschaft und Politik (Gesundheitsreform, SGB 5 etc.) sind und dass sich keine Produktwerbung in den Texten findet (z. B. Handelsnamen von Medikamenten).

Großes Vertrauen in die Richtigkeit ihrer Inhalte genießen die Websites von Instituten und Bundesbehörden, zum Beispiel des Bundesministeriums für Gesundheit (www.bmg.bund.de) und der Bundeszentrale für gesundheitliche Aufklärung (www.bzga.de), sowie deren Special-Interest-Portale, beispielsweise zur Gesundheitsreform (www.die-gesundheitsreform.de) oder zur Förderung einer gesunden Entwicklung von Kindern und Jugendlichen (www.kindergesundheit-info.de).

Das Internet bietet hervorragende Möglichkeiten, sich und sein Profil für wenig Geld einer breiten Öffentlichkeit publik zu machen. Daher nutzen inzwischen auch Kliniken, z. B. die Charité Berlin (www.charite.de), niedergelassene Ärzte, Physiotherapeuten, Heilpraktiker etc. ihre Homepage mitunter als „Online-Visitenkarte", auf der sie sich und ihre Leistungen darstellen. Betreiber von Praxis- und Klinik-Homepages müssen einige Standards und Pflichtangaben beachten; Informationen zum Telemediengesetz (TMG) gibt es unter anderem auf der Website der Kassenärztlichen Vereinigung Nordrhein (www.kvno.de/mitglieder/recht/neueinfo.html). Medizinische und gesundheitliche Patienteninformationen bilden oft ein zusätzliches Angebot auf diesen Websites. Zurzeit investieren jedoch viele (vor allem kirchliche und öffentliche) Kliniken noch recht wenig in einen professionellen Internetauftritt, was sich aber zunehmend ändert.

Es finden sich natürlich noch viele weitere Websites mit medizinischen und gesundheitlichen Informationen. Nicht zu vergessen sind Online-Gesundheitsinformationen von Verlagen und Zeitschriften, z. B. *Ärzteblatt* (www.aerzteblatt.de), *Fit for Fun* (www.fitforfun.de) und *Gesund & Vital* (www.gesund-vital-online.de), sowie von Fachgesellschaften, Selbsthilfegruppen und Einzelpersonen, zum Beispiel Menschen, die von einer seltenen Krankheit betroffen sind. Auch reine Arztportale sind im Kommen. Fachliteratur findet sich im Web in Form von Leitlinien für Ärzte und Patienten, z. B. den AWMF-Leitlinien (www.awmf.org) und den Patientenleitlinien der Universität Witten-Herdecke (www.patientenleitlinien.de), sowie in medizinischen Datenbanken und Bibliotheken, z. B. *Medline* (www.medline.de), *Cochrane* (www.cochrane.de) und *DIMDI* (www.dimdi.de).

Bei der Medizinrecherche im Web sollte man eines bedenken: Grundsätzlich kann jeder Mensch, der in der Lage ist, eine Website zu programmieren, medizinische und gesundheitliche Informationen im Internet veröffentlichen, wie andere Inhalte auch. Egal, ob er journalistisch schreiben kann und vor allem ungeachtet dessen, ob er über medizinische Kenntnisse verfügt oder nicht. Jede Gesundheitsinformation auf einer Website sollte deshalb kritisch geprüft werden!

4 Wer steckt hinter den Informationen, wer sind die Autoren bzw. die Medizinjournalisten, wer ist der „Arzt“ im Web?

Eine der wichtigsten Fragen, die sich jeder Leser von Gesundheitsinformationen stellen sollte, ist: Wer hat den Text geschrieben? Die meisten Medizinjournalisten sind keine Mediziner und Medizinjournalist ist kein geschützter Beruf. Für Medizinjournalisten, geschweige denn medizinische Online-Redakteure, gibt es in Deutschland zurzeit keine einheitliche, standardisierte Ausbildung. Der vermeintliche „Tipp vom Doktor“ kann also in Wirklichkeit auch vom Philologen stammen. Das muss keineswegs schlimm sein, wenn der Autor sein Handwerk gelernt hat. Doch eines muss man sich immer klar machen: Im Prinzip kann jeder selbsternannte „Hobbymediziner“ auf seiner privaten Website oder bei diversen unseriösen Gesundheitsportalen Medizinirrtümer verbreiten, entweder absichtlich oder aus mangelnder medizinischer Kenntnis.

Jedoch darf auch ein „Prof. Dr. med.“ als Verfasser unter einem Text nicht vorschnell dazu verleiten, Autor und Text blind zu vertrauen. Der Name allein reicht nicht: Auch Ärzte und medizinische Experten müssen sich beim Schreiben von guten, validen medizinischen Texten an bestimmten Vorgaben orientieren, wie z. B. den DISCERN- und Check-In-Kriterien (vgl. Sänger 2006). Denn schließlich könnte der Mediziner den Text lediglich aus seiner persönlichen klinischen Erfahrung heraus geschrieben und keineswegs evidenzbasierte Literaturrecherche betrieben haben.

Wer Medizinjournalist werden möchte, hat mehrere Möglichkeiten. Neben Talent und Freude am Schreiben sind vor allem drei Fähigkeiten wichtig: medizinisches Verständnis bzw. medizinische Grundkenntnisse, journalistisches Know-how und ethisches Verantwortungsgefühl. Der sicherlich aufwändigste Ausbildungsweg zum Medizinjournalisten ist ein Medizinstudium und ein (parallel, vorher oder im Anschluss absolviertes) Studium der Journalistik. Auch berufsbegleitend sind auf (Online-)Medizinjournalismus ausgerichtete (Aufbau-)Studiengänge sowie Fort- und Weiterbildungen an Universitäten, Fachhochschulen und Instituten möglich. Praktika und Volontariate können ein erster Einstieg in den Beruf sein (AKMed 2006).

Da in den letzten Jahren die Nachfrage nach Gesundheitsinformationen im Internet so groß war, dass sie von speziell ausgebildeten Medizinjournalisten nicht mehr bewältigt werden konnte, haben sich viele Gesundheitsredakteure entweder die Medizin oder das journalistische Handwerk nach dem Motto „learning by doing" mehr oder weniger selbst angeeignet. Seriöse Gesundheitswebsites hingegen sollten über einen ärztlichen Fachbeirat und/oder eine Abteilung für medizinische Qualitätssicherung verfügen, welche die Richtigkeit der medizinischen Aussagen überprüft.

5 Wo liegen die Gefahren von Medizin im Web und welche Qualitätskriterien müssen medizinische und gesundheitliche Informationen im Internet erfüllen?

Es gibt bereits heute eine fast unüberschaubare Vielzahl von Gesundheitswebsites und es werden täglich mehr. Dies kann als bereichernd erlebt werden, es kann den Gesundheitsinteressierten aber auch verwirren, verunsichern und überfordern. Den ersten Weg zur Information im Internet nimmt der User meist über eine Suchmaschine. Wer zum Beispiel „Darmkrebs" bei *Google* eintippt, erhält über eine Million Suchergebnisse. Ob er dabei spontan auf eine seriöse Adresse stößt, die ihn medizinisch kompetent, ungefärbt und dabei auch noch verständlich über die Erkrankung informiert, kann ihm niemand mit Sicherheit sagen. Und vor allem nicht, welcher unter dieser Million Treffer ‚der richtige' ist. Denn unter seinen Suchergebnissen finden sich mit Sicherheit zahlreiche nicht empfehlenswerte Gesundheitswebsites.

Die größte Gefahr geht demnach von schlechten, falschen und gefärbten medizinischen Informationen im Internet aus. Abgesehen von den Auswirkungen auf das Arzt-Patient-Verhältnis kann dies mittelbare oder unmittelbare Folgen für den Gesundheitszustand des Einzelnen bedeuten. Kranke Menschen und solche, die sich um die eigene Gesundheit oder die eines Nahestehenden sorgen, sind besonders empfänglich für beeinflussende Informationen. Dies sind vor allem scheinbar großen Erfolg versprechende Therapien sowie gute oder schlechte Prognosen schwerer bis unheilbarer Erkrankungen. Neben der Erweckung falscher Hoffnungen bzw. einer unnötigen Panikmache (z. B. mit der Absicht, ein teures Medikament zu verkaufen) bestehen die Gefahren von Fehldiagnosen und falschen (Selbst)Behandlungen.

Wie kann man also – vor allem als medizinischer Laie – bei Gesundheitsinformationen im Internet die Spreu vom Weizen unterscheiden? Eine verbindliche, eindeutige Antwort auf diese Frage gibt es nicht. Vielmehr greift hier eine

Vielzahl von Kriterien, für die der User sein Augenmerk schärfen sollte. Organisationen wie das Aktionsforum Gesundheitsinformationssystem (afgis) e.V. oder die Health On the Net Foundation (HON) definieren Kriterien, die qualitativ hochwertige und transparente Gesundheitsportale ausmachen. ‚Gute Seiten' werden mit einem Siegel ausgezeichnet, die ‚schlechten Seiten' bekommen dieses nicht. Die Qualitätssiegel zeigen letztlich allerdings nur, dass der Betreiber des Gesundheitsportals viele Punkte offen legt (transparent macht) und damit ‚guten Willen zeigt' – über die tatsächliche Qualität der medizinischen Inhalte aber sagen sie nicht ausreichend aus.

5.1 Qualitätskriterien von Medizin- und Gesundheitsportalen

In Anlehnung an die Transparenzkriterien von afgis und HON hier einige Kriterien und relevante Fragen zur Beurteilung der Qualität von Medizin- und Gesundheitsportalen:

1. Transparenz über den Anbieter:

   Wer steckt hinter den Informationen, wer ist Anbieter/Herausgeber der Website: eine Privatperson, ein Unternehmen, eine Universität, Fachgesellschaft etc.? Finden sich entsprechende Angaben im Impressum oder in einer Rubrik „Über uns", „Profil" oder „Unternehmen"?

2. Ziel, Zweck und Zielgruppen der Information:

   Ist die Seite werblich/kommerziell oder unabhängig? Richtet sie sich an Patienten/Laien oder an Ärzte/Wissenschaftler/Fachleute?

3. Transparenz über die Autoren:

   Werden die Autoren der einzelnen Inhalte/Texte genannt? Handelt es sich um Fachleute oder um Laien?

4. Transparenz über die Quellen:

Werden die Quellen der Inhalte genannt oder handelt es sich um die „persönliche Erfahrung" des Autors? Werden mehrere Quellen herangezogen? Handelt es sich dabei um valide Quellen?

5. Transparenz über Finanzierung, Sponsoren, Kooperationen und Vernetzung:

Wer diese Hintergründe angibt, zeigt damit von vornherein, dass er sich als Anbieter um Neutralität und Offenheit bemüht. Dem User wird Aufschluss über etwaige Abhängigkeiten gegeben, was ihn zu einer differenzierteren Bewertung der angebotenen Informationen befähigt.

6. Redaktionelle Unabhängigkeit:

Sind die Inhalte, z. B. die medizinischen Artikel, ausgewogen und unbeeinflusst geschrieben? Haben Sponsoren und Werbepartner direkten Einfluss auf die inhaltlichen Aussagen? Vorsicht ist vor allem geboten, wenn Handelsnamen im Text genannt werden, der Text den Schwerpunkt auf die Vor- oder Nachteile eines bestimmten Behandlungsverfahrens setzt, keine alternativen Verfahren aufgezeigt werden, die Publikation vorrangig auf Erkenntnissen aus Einzelfallberichten beruht sowie wenn keine (validen) Quellen genannt werden.

7. Trennung von Werbung und Inhalt:

Wird Werbung als solche klar gekennzeichnet (z. B. durch das Logo des Werbepartners)? Oder werden gezielte Produktinformationen mit dem Ziel der Verkaufsförderung betrieben?

8. Ausgewogenheit:

Sind die Texte ausgewogen oder aber einseitig und damit beeinflussend geschrieben? Ein seriöser Text über ein Behandlungsverfahren beinhaltet sowohl die Wirkungsweise und den Nutzen als auch die Risiken und Nebenwirkungen, die Auswirkungen des Behandlungsverfahrens auf die Lebensqualität, die Folgen einer Nicht-Behandlung sowie alternative Behandlungsverfahren unter Bezugnahme auf valide, evidente Quellen nach dem aktuellsten Stand der Wissenschaft.

9. Pressekodex:

Wie für die gesamte Presse, so sollten sich auch die Herausgeber und Betreiber von Gesundheitsinformationen im Internet an die Richtlinien für die publizistische Arbeit nach den Empfehlungen des *Deutschen Presserats (Pressekodex)* halten. Dies gilt insbesondere für Ziffer 14: „Bei Berichten über medizinische Themen ist eine unangemessen sensationelle Darstellung zu vermeiden, die unbegründete Befürchtungen oder Hoffnungen beim Leser erwecken könnte. Forschungsergebnisse, die sich in einem frühen Stadium befinden, sollten nicht als abgeschlossen oder nahezu abgeschlossen dargestellt werden.“ (Deutscher Presserat 2006)

10. Aktualität der Informationen:

Sind die Informationen aktuell oder veraltet, orientieren sie sich am aktuellen Erkenntnis- und Forschungsstand? Finden sich Angaben des Erstellungs- und des letzten Aktualisierungsdatums?

11. Qualitätssicherung:

Werden Angaben über die Verfahren der Qualitätssicherung gemacht? Wer ist für die Qualitätssicherung zuständig (eine Person, eine Redaktion, Fachleute)? Welche Methoden zur Qualitätssicherung werden angewandt? In welchen Zeitabständen werden die Inhalte überprüft?

12. Datenverwendung und Datenschutz:

Werden personenbezogene Daten, die z. B. per E-Mail oder bei Umfragen angegeben werden, gespeichert und weiterverwendet?

13. Rückmeldungsmöglichkeiten für die User:

Gibt es die Möglichkeit für Rückmeldungen seitens der User? Wo kann man sich hinwenden, wenn man Fragen zu den Informationen hat oder sie anzweifelt? Findet sich auf der Website eine Kontaktadresse, ein Kontaktformular oder eine Bewertungsskala?

14. Qualitätslogos:

Befolgt die Website laut Selbstauskunft bestimmte Qualitätskriterien und ist sie mit entsprechenden Qualitätssiegeln von *afgis* oder *HON* ausgezeichnet?

5.2 Qualitätskriterien von Patienten-Informations-Texten

Eines der bekanntesten Bewertungsinstrumente für die Qualität von Patienteninformationen ist DISCERN. Dieses bezieht sich, im Gegensatz zu afgis und HON, auf die Texte selbst. DISCERN besteht aus 15 Kriterien sowie einer Bewertung der Gesamtqualität der Publikation. So soll man z. B. prüfen, ob der Gesundheitstext klare Ziele hat und erreicht, Informationsquellen und Erstellungsdatum benennt, alle Wirkweisen aber auch Risiken und Nebenwirkungen von Standard- sowie alternativen Behandlungen aufführt und die Auswirkungen von Behandlungsverfahren auf die Lebensqualität beschreibt. Das Original-DISCERN-Projekt stammt aus England, zum deutschen DISCERN-Team gehören Mitarbeiter der Medizinischen Hochschule Hannover und des Ärztlichen Zentrums für Qualität in der Medizin (ÄZQ).

„Check-In" ist ein ähnlicher Fragebogen zur Bewertung von Patienteninformationen, der vom ÄZQ gemeinsam mit dem Patientenforum bei der Bundesärztekammer, dem Deutschen Cochrane Zentrum und der Abteilung Epidemiologie, Sozialmedizin und Gesundheitssystemforschung der Medizinischen Hochschule Hannover auf der Basis von DISCERN und AGREE (ein Instrument zur Bewertung der methodischen Qualität ärztlicher Leitlinien) entwickelt wurde (vgl. Sänger 2006).

6 Welche Auswirkungen auf das Arzt-Patient-Verhältnis sowie auf das allgemeine Gesundheitsverhalten können Medizin- und Gesundheitsinformationen im Web haben?

Der Arzt ist nach wie vor der wichtigste Ansprechpartner in Sachen Gesundheit für den Patienten und das sollte er auch bleiben. Gesundheitsinformationen im Internet können und sollen nicht den Arzt ersetzen – seriöse Portale weisen ihre User in Disclaimern oder in den Nutzungsbedingungen auch darauf hin. Die Deutschen gehen häufiger zum Arzt als andere Europäer. Dass in den durchschnittlich 7,8 Minuten Arzt-Patient-Gespräch aber noch viele Fragen offen bleiben und das Bedürfnis nach weiteren Gesundheitsinformationen groß ist, liegt nahe. Medizin im Web birgt sicherlich viele Gefahren, sie bedeutet aber auch bisher ungekannte Chancen und Möglichkeiten eines größeren Gesundheitsbewusstseins und einer verbesserten Gesundheitsversorgung. Wenn man sich sowohl die Gefahren als auch die Chancen bewusst macht – als Patient, als Mediziner, als Portalbetreiber sowie als ‚kritischer Betrachter' der Medizin im Web – kann man diesen Zielen näher kommen.

Es ist gut, dass sich Menschen für ihre Gesundheit interessieren. Ein stärkeres Gesundheitsbewusstsein und das Wissen über die Vorbeugung von Krankheiten, über ausgewogene Ernährung und eine gesunde Lebensweise senken die Morbiditäts- und Mortalitätsrisiken. Dies wiederum spart enorme Kosten im Gesundheitswesen: Wer gar nicht erst krank wird, muss nicht ärztlich behandelt werden und benötigt keine teure Therapie. Wer einen hilfreichen Rat vom ‚Online-Arzt' in der ‚Internet-Sprechstunde' bekommt und nicht zum Arzt gehen muss, der spart sich und seiner Krankenkasse Geld.

Dies alles setzt natürlich voraus, dass sich der ‚Online-Patient' auf einer seriösen, validen Website informiert, dass er die Gesundheitsinformationen richtig interpretiert sowie einen kompetenten ‚Online-Arzt' befragt hat. Doch dies ist nicht zwangsläufig der Fall. Außerdem können viele Diagnosen nicht ohne den direkten Patientenkontakt gestellt werden: Sehen, Tasten, Abhorchen, Röntgen und eine Ermittlung der Blutwerte ist über das Internet nicht (direkt) möglich.

Jeder Mensch und dessen Motivation, sich im Internet über Gesundheit zu informieren, muss ernst genommen werden. Es wäre kontraproduktiv und zu einfach, den ‚Cyberchondriac' als ‚nervenden Hypochonder' abzustempeln, der seinen Arzt grundsätzlich mit einer aus dem Netz gestellten Selbst-(Fehl-)Diagnose oder einer online ermittelten Wunscharznei behelligt. „Der informierte Patient ist mir lieber als der unmündige", sagt ein Arzt im Interview mit der *Süddeutschen Zeitung* und spricht damit ein neues Zeitalter der Arzt-Patient-Beziehung an (Mörlein 2006). Denn die Zeiten der paternalistischen Arzt-Patient-Beziehung sind vorbei. Der heutige Patient ist vorinformiert, fragend und fordernd. Er ist kaum noch damit zufrieden zu stellen, dass sein Arzt ihm ohne ausführliche Aufklärung ein Medikament verordnet. Er recherchiert, wogegen dieses Medikament hilft, welche Nebenwirkungen es hat, welche alternativen Behandlungen es gibt, und er sucht sich letztlich über eine Online-Arztsuche vielleicht einen anderen Hausarzt, der mehr Zeit und Worte für ihn übrig hat.

Vorinformierte Patienten üben einen höheren Druck auf den Arzt aus: Neben Zeit, Empathie und verständlichen Worten muss der Arzt stärker denn je immer auf dem neuesten Stand der Wissenschaft sein. Er muss die wissenschaftlichen Leitlinien, aber auch medienaktuelle ‚Modetherapien' kennen, die seinem Patienten über das Internet zugänglich sind und mit denen er konfrontiert werden könnte. Vor allem ältere Mediziner fühlen sich durch solche ‚internetgebildeten Gesundheitsexperten' bedroht und fürchten einen Ansehens- und Statusverlust, wie die aktuelle KuLM-Studie der Medizinsoziologin Adelheid Kuhlmey von der Berliner

Charité zeigt (Kuhlmey 2008). Dass der „Halbgott in Weiß“ nicht zwangsläufig seine „Macht“ und seine „Autorität“ gegenüber dem medizinisch informierten Patienten verlieren muss, sondern dass, ganz im Gegenteil, hierdurch das Arzt-Patient-Verhältnis verbessert und das Arzt-Patient-Gespräch auf eine höhere Ebene gebracht werden kann, beschreibt Celia Boyer treffend. Die Geschäftsführerin von Health on the Net, einer Stiftung, die ethische Richtlinien für Gesundheitsportale erarbeitet und Gütesiegel vergibt, wünscht sich, „[...] dass Ärzte das Internet in ihre Beratung einbeziehen, indem sie die richtigen Seiten empfehlen“ (Mörlein 2006). Deshalb ist es wichtig, dass auch wenig Internet-affine Mediziner zunehmend die Informationsquellen ihrer Patienten kennen.

Es ist zu erwarten und auch wünschenswert, dass die Ansprüche der Patienten nicht nur an den niedergelassenen Arzt und die Klinik, sondern auch an die Qualität und das Angebot von medizinischen Informationen im Internet steigen werden. Die momentanen Qualitätssiegel für Gesundheitsportale (afgis, HON) erscheinen unzureichend, um gute von schlechten Websites zu unterscheiden. Fraglich ist auch, inwieweit sie dem User bekannt sind. Es findet natürlich – wie in nahezu allen Bereichen des Internets – eine permanente „freiwillige Selbstkontrolle“ von unseriösen Gesundheitsinformationen durch die User statt – vor allem in Diskussionsforen (z. B. über das Melden von unlauteren Beiträgen an die Redaktion), in Gesundheits-Communities wie *imedo* (www.imedo.de) sowie auf Arzt- und Klinikbewertungsportalen wie dem *Arzt-Preisvergleich* (www.arzt-preisvergleich.de) zeigt. Dennoch ist es notwendig, in die Qualitätskontrolle von medizinischen Informationen im Internet künftig verstärkt zu investieren. Verbesserte Qualitätssiegel und regelmäßige systematische Analysen von Gesundheitsportalen, deren Ergebnisse der breiten Öffentlichkeit, sowohl Patienten als auch Medizinern, zugänglich gemacht werden, erscheinen unverzichtbar.

Die steigende Nachfrage macht deutlich: Gesundheitsinformationen im Internet sind Teil der medizinischen Versorgung und müssen als solche wahrgenommen werden. Und der Qualitätsanspruch ist vor allem aus medizinisch-ethischer Sicht mehr als gerechtfertigt. Das Ziel für die nächsten Jahre sollte sein, dass hochwertige Medizin im Web dazu beiträgt, die Patientenaufklärung zu verbessern, das Gesundheitsbewusstsein zu fördern, die Patientenautonomie zu stärken, das Niveau der Arzt-Patient-Kommunikation zu erhöhen sowie langfristig Kosten im Gesundheitssystem zu senken. Der Trend ist unbestritten klar: Medizin im Web hat Zukunft – im Idealfall zu Wohle des Patienten.

Literatur

Aktionsforum Gesundheitsinformationssystem (afgis) e.V. 2008: „afgis-Qualitätskriterien und afgis-Qualitätslogoverfahren." http://www.afgis.de/qualitaetslogoverfahren (Abruf: 30.01.2008)

Arbeitsgemeinschaft Online-Forschung e.V. (AGOF) 2006: *internet facts 2006-IV.* http://www.agof.de/archiv-studien.364.html (Abruf: 20.02.2008)

Boston Consulting Group 2001: „Vital Signs Update: The E-Health Patient Paradox." http://www.bcg.com/publications/files/Vital_Signs_Update_Apr_01.pdf

Bundesverband Informationswirtschaft, Telekommunikation und neue Medien e.V. (BITKOM) 2007: *Jeder dritte Deutsche sucht medizinischen Rat im Internet.* http://www.bitkom.org/de/presse/49914_43980.aspx (Abruf: 15.01.2008)

Deutsches Cochrane Zentrum 2008: „Patienteninformationen." http://www.cochrane.de/de/consumer.htm (Abruf: 25.02.2008)

Deutscher Presserat 2006: „Pressekodex." http://www.presserat.de/Pressekodex.pressekodex.0.html (Abruf: 30.01.2008)

DISCERN-Online 2005a: „Kurzübersicht über die DISCERN-Kriterien." http://www.discern.de/kurz.htm (Abruf: 30.01.2008)

DISCERN-Online 2005b: „Das DISCERN-Instrument." http://www.discern.de/instrument.htm (Abruf: 30.01.2008)

Duman, Mark 2005: *Producing Patient Information. How to research, develop and produce effective information resources.* London: John Benjamins Publishing Company.

Germis, Carsten 2007: „Der Halbgott in Weiß verliert seine Macht." In: *Frankfurter Allgemeine Sonntagszeitung* 45, S. 45.

Harris Interactive 2002: „Four-Nation Survey Shows Widespread but Different Levels of Internet Use for Health Purposes." In: *Health Care News* 2, 11. http://www.harrisinteractive.com/news/newsletters/healthnews/HI_HealthCareNews2002Vol2_Iss11.pdf [PDF-Dokument] (Abruf: 30.01.2008)

Health On the Net Foundation (HON) 1997: „HON Code of Conduct (HONcode) for medical and health Web sites." http://www.hon.ch/HONcode/Conduct.html (Abruf: 30.01.2008)

Kirschning, Silke/Michel, Susanne/von Kardorff, Ernst 2004: „Der online informierte Patient: Offener Dialog gesucht." In: *Deutsches Ärzteblatt* 101, 46, S. 3090-3092.

Koc, Fevzi 2000: *Medizin im Internet. Evidence-based-Medicine und Qualitätsmanagement online.* Berlin, Heidelberg: Springer.

Kuhlmey, Adelheid 2008: „Karriere- und Lebensplanung in der Medizin (KuLM-Studie). Studierende, Absolventen und junge Ärzte im Wandel des Gesundheitssystems." Institut für Medizinische Soziologie, Charité – Universitätsmedizin Berlin. http://www.charite.de/kulm/ (Abruf: 18.05.2008)

Mörlein, Heinz Michael 2006: „Famulus aus dem Netz.“ In: *Süddeutsche Zeitung*, 15.07.2006.

Nielsen//NetRatings 2007: Umfassendere Darstellung der Nutzungsintensität im Internet: Nielsen//NetRatings weist „Total Minutes” in Deutschland aus.
http://www.nielsen-netratings.com/pr/pr_070712_DE.pdf

Sänger, Sylvia 2006: „Manual Patienteninformation. Empfehlungen zur Erstellung evidenzbasierter Patienteninformationen.“ In: *äzq Schriftenreihe* 25.
http://www.patienten-information.de/content/download/manual_patienteninformation_04_06.pdf

Arbeitskreis Medizinpublizisten/Klub der Wissenschaftsjournalisten (AKMed) 2006: *Wissenschafts- und Medizinjournalismus als Beruf.*
http://www.medizinpublizisten.de/medpub/_download/Medwiss_Beruf_2.pdf (Abruf: 30.01.2008)

Untiedt Research 2003: „Healthcare Online. Das Internet als Informationsquelle für Gesundheitsthemen.“ http://www.untiedt.de/pharma/quelle.htm (Abruf: 20.02.2008)

Wyatt, Jeremy/Sullivan, Frank 2005: „What is health information?“ In: *British Medical Journal*, 331 (7516), S. 566-568.

Das Web und das Medienrecht

Bernd Holznagel / Thorsten Ricke

1 Einleitung

Das Web und das Medienrecht – das ist allenfalls eine Liebe auf den zweiten Blick. Bis heute gibt es kein etabliertes und umfassendes „Webrecht". Das liegt zum einen an der definitorischen Vagheit von Begriffen wie „Web", „Neue Medien" oder „Multimedia" und zum anderen an den noch nicht vollständig ausgeformten Rechtsgrundlagen. Da die Technik in diesem Bereich in voller Entwicklung begriffen ist und das Recht sich meist als eine Reaktion auf die technischen Möglichkeiten herausbildet, befindet es sich notwendigerweise in einem Zustand der Unvollständigkeit (Fechner 2008: 331). Ein solcher Zustand führt in der Praxis zu Rechtsunsicherheiten und beispielsweise für Studenten zu Unklarheiten beim Erlernen des Medienrechts.

Bei dem „Web" handelt es sich, ähnlich wie bei „Neue Medien" und „Multimedia", nicht um einen Rechtsbegriff. Alle drei Begriffe sind aber auf jeden Fall in Kontrast zu den ‚alten', den herkömmlichen Medien zu sehen. Sie stehen damit im Gegensatz zu Presse, Rundfunk und Film, die in Abgrenzung zu „Multimedia" ab und an auch als „Monomedia" bezeichnet werden (Heidenreich 2004: 26, 76). Die Medienlandschaft war durch diese herkömmlichen Medien lange klar geordnet. Während Presse, Rundfunk und Film die traditionellen Plattformen für die Massenkommunikation darstellten, wurde Individualkommunikation bis zum Einzug der computergestützten Übertragung über die Telefonleitung als elektronisches Medium betrieben. Mit der Computertechnologie und der telekommunikationsgestützten Vernetzung entstanden in den 1980er Jahren neue Wege und Arten der medialen Kommunikation, allen voran das Internet und das World Wide Web (Sieber 2008). Mittlerweile können verschiedenste Dienste und Inhalte über das Web übertragen und ausgetauscht werden. Das Web lässt aufgrund seiner technischen Besonderheiten eine Verbreitung von Inhalten aus allen herkömmlichen Gattungen zu und wirft daher besondere Zuordnungsprobleme auf (Dörr und Schwartmann 2006: 10). Der Gesetzgeber wusste zunächst nicht, wie er auf das neue Phänomen reagieren sollte und hat erst nach und nach einen Rechtsrahmen geschaffen.

2 Verfassungsrechtliche Vorgaben

Das Web ist in unserer Verfassung – dem Grundgesetz – bisher nicht ausdrücklich erwähnt. Art. 5 Abs. 1 GG schützt seinem Wortlaut nach zunächst einmal nur die Meinungsfreiheit, die Informationsfreiheit, die Pressefreiheit, die Rundfunkfreiheit und die Filmfreiheit. Das Schweigen des Grundgesetzes zum Web und den ‚Neuen Medien' bedeutet aber nicht, dass diese nicht grundrechtlichen Schutz genießen würden. Vielmehr muss zwischen den verschiedenen Betätigungsweisen innerhalb des Webs differenziert werden, die für sich schon jeweils unterschiedlichen Grundrechten zugeordnet werden können. Die ‚elektronische Presse' kann ebenso vom Schutzbereich der Pressefreiheit umfasst sein wie die herkömmliche gedruckte Presse. Soweit Rundfunk im Internet angeboten wird, können sich seine Veranstalter auf die Rundfunkfreiheit berufen. Werden außerhalb dieser institutionalisierten Formen der Informationsübermittlung von einzelnen Internetnutzern Meinungen innerhalb des Netzes geäußert, so ist die Meinungsfreiheit einschlägig. Die Rezipienten von Informationen können sich auf die Informationsfreiheit berufen. Elektronische Post ist durch das Brief-, Post- und Fernmeldegeheimnis des Art. 10 Abs. 1 GG geschützt (Dörr und Schwartmann 2006: 82; Fechner 2008: 336).

3 Einfachgesetzliche Vorgaben

In der Praxis für den Einzelnen relevanter sind aber die einfachgesetzlichen Vorgaben, die der Gesetzgeber im Lauf der letzten Jahre als Reaktion auf das Web aufgestellt hat. Die rasch fortschreitende Entwicklung der Mediendienste in den 1990er Jahre machte eine rechtliche Regelung erforderlich. Klare rechtliche Vorgaben waren vor allem für die Anbieter wünschenswert, die befürchteten, der rundfunkrechtlichen Zulassungspflicht zu unterliegen. Zudem mussten die Rechtsverhältnisse zwischen den Benutzern von Netzen festgelegt und für mögliche Investoren die Haftungsfragen geklärt werden.

3.1 Rechtliche Entwicklung

Lange Zeit war aber unklar, wer kompetenziell überhaupt für die Regelung des Webbereichs zuständig ist. Schien auf der einen Seite eine bundeseinheitliche Regelung sinnvoll, wollten auf der anderen Seite die Bundesländer nicht eine weitere Beschränkung ihrer Kompetenzen hinnehmen. Der Bund berief sich auf seine ausschließliche Zuständigkeit für das Postwesen und die Telekommunikation aus Art. 73 Nr. 7 GG. Zudem konnte er auf die konkurrierende Zuständigkeit für das Recht der Wirtschaft in Art. 74 Nr. 11 GG verweisen. Weitere ausschließliche Zuständigkeiten des Bundes sind die Materien des gewerblichen Rechtsschutzes und des Urheberrechts (Art. 73 Nr. 9 GG) (Ladeur 1996: 614, 618). Die Länder beriefen sich gegenüber dieser Aufzählung peripherer Materien darauf, dass dem Bund keine ausdrückliche Kompetenz für die Medien eingeräumt ist und daher die grundsätzliche Länderzuständigkeit gem. Art. 70 GG zur Anwendung kommt.

Beide Seiten einigten sich schließlich 1996 auf einen Kompromiss, nach dem die Aufgaben geteilt wurden. Die an die Allgemeinheit gerichteten Dienste sollten von den Ländern, die Dienste für die Individualkommunikation vom Bund geregelt werden. Die Länder normierten Vorschriften für die an die Allgemeinheit gerichteten „rundfunkähnlichen Dienste“ (so genannte Mediendienste) in einem Mediendienste-Staatsvertrag (MDStV) und knüpften dabei an ihre rundfunkrechtlichen Bestimmungen an. Der Bund übernahm die Regelung von zur individuellen Nutzung bestimmten Diensten (so genannten Telediensten) im Teledienstegesetz (TDG). Diese Aufteilung in Teledienste und Mediendienste wurde von Anfang an in der Literatur als unglücklich angesehen (Holznagel und Kibele 2008: Rn. 58 ff.; Knothe 1997: 494, 498; Kröger und Moos 1997a: 675, 677; Kröger und Moos 1997b: 462, 466 ff.). Sie war weder durch technische Unterschiede bedingt noch aufgrund europarechtlicher Vorgaben erforderlich. In der Praxis wurde die Abgrenzung zwischen den Angebotsarten als unnötig kompliziert empfunden, zumal sich aus der Unterscheidung kaum voneinander abweichende Rechtsfolgen ergaben, da die Normen beider Regelungswerke weithin übereinstimmten. Nachdem im Jahr 2003 im Bereich des Jugendschutzes eine Neuverteilung der Kompetenzen zwischen Bund und Ländern geglückt war (Bornemann 2003; Gercke 2004; Stettner 2003), wurde die Forderung nach einer Neuregelung des Multimediarechts immer lauter. Der Bund erließ daher im vergangenen Jahr – in Rücksprache mit den Ländern – das Telemediengesetz (TMG). Die Länder formulierten die inhaltlichen Anforderungen an Telemedien nun im „Staatsvertrag für Rundfunk und Telemedien“ (RStV). Die jugendschutzrechtlichen Vorschriften enthält weiterhin der Jugendmedienschutzstaatsvertrag (JMStV). Eine einheitliche Regelung für alle Aspekte des Webs wurde also auch im Jahr 2007 nicht geschaffen.

3.2 Telemediengesetz

Die Grundidee des Telemediengesetzes ist es, die Unterscheidung zwischen Telediensten und Mediendiensten aufzugeben und durch den neuen Begriff „Telemedien“ zu ersetzen. Zu diesem Zweck haben die Bundesländer den Mediendienste-Staatsvertrag aufgehoben. Die wirtschaftsbezogenen Aspekte der bisherigen Mediendienste werden vom Bund im Telemediengesetz mitgeregelt. Daraus kann aber nicht geschlossen werden, dass der Bund nun die Mediendienste insgesamt in seinen Regelungsbereich übernommnen hätte. Die inhaltlichen Anforderungen an die bisherigen Mediendienste wurden vielmehr in einen neuen Staatsvertrag für Rundfunk und Telemedien aufgenommen.

3.2.1 Begriff der Telemedien

Der Begriff der Telemedien ist in § 1 Abs. 1 TMG durch eine Negativabgrenzung zum Rundfunk und der Telekommunikation definiert und umfasst alle elektronischen Informations- und Kommunikationsdienste, die nicht Telekommunikationsdienste, telekommunikationsgestützte Dienste oder Rundfunk sind. Der Begriff ist damit sehr weit gefasst und bezieht alle Anbieter gleichermaßen in den Anwendungsbereich ein. Unerheblich ist zudem, ob für die Nutzung ein Entgelt erhoben wird oder ob der Dienst kostenlos zur Verfügung steht.

Die frühere Unterscheidung zwischen Telediensten und Mediendiensten ist damit hinfällig. Von großer Bedeutung für alle audiovisuellen Onlineangebote ist aber die Abgrenzung zwischen Telemedien und Rundfunk. Das Rundfunkrecht greift zur Sicherung seiner Regulierungsziele in hohem Maße auf Elemente der Struktursteuerung zurück (Holznagel 1996: 349). Ist ein Angebot als Rundfunk zu qualifizieren, bedarf es der Zulassung durch die Landesmedienanstalten und unterliegt den rundfunkrechtlichen Bestimmungen des Rundfunkstaatsvertrages (RStV), die beispielsweise erhebliche Werberestriktionen mit sich bringen. Telemedien hingegen bedürfen keiner behördlichen Genehmigung und sind in der Bewerbung vergleichsweise frei (Gersdorf 2007: 9). Die Abgrenzung zwischen Rundfunk und Telemedien hat somit elementare Bedeutung. Sie orientiert sich nach wie vor an der so genannten Meinungsbildungsrelevanz der Angebote (Holznagel und Ricke 2008a: 267, 274; Holznagel und Kibele 2008: Rn. 44 ff.). Entscheidend ist, ob auf die Meinung der Allgemeinheit eingewirkt werden kann. Ist dies nicht der Fall, ist eine Freistellung beispielsweise von Zulassungs- und Werberestriktionen gerechtfertigt. Darüber hinaus ist es aber auch eine rechtspolitische Frage, ob die strengen rundfunkrechtlichen Vorgaben auch im Web zur Anwendung kommen oder ob diese im Interesse freier wirtschaftlicher Betätigung eben nicht gelten sollen. Maßgeblich ist mithin nicht das Übertragungsmedium, über das die Allgemeinheit angesprochen wird, und auch nicht die gewählte Form. Entscheidend für die Anwendung der strengeren rundfunkrechtlichen Regelungen ist vielmehr das rundfunktypische Gefährdungspotential im Hinblick auf die Meinungsmanipulation. Bisher nicht abschließend beantwortet ist allerdings die Frage, nach welchen Kriterien die Gefährdung der Meinungsmanipulation bestimmt werden kann (Gersdorf 2007: 81 ff.).

In der Praxis wird die Abgrenzung von der zuständigen Landesmedienanstalt (im Einvernehmen mit den anderen Landesmedienanstalten) vorgenommen. Da es sich dabei um verwaltungsgerichtlich nachprüfbare Entscheidungen handelt, wird der verwaltungsgerichtlichen Rechtsprechung in dieser Frage zunehmende Bedeutung erwachsen. Der Gesetzgeber hat in seiner Begründung zum Telemediengesetz schon einmal typische Rundfunkdienste und Telemedien aufgezählt.[1] Demnach zählen zum Rundfunk (und nicht zu den Telemedien) neben dem herkömmlichen Rundfunk auch Live-Streaming, d. h. die zusätzliche parallele bzw. zeitgleiche Übertragung herkömmlicher Rundfunkprogramme über das Internet, sowie das Webcasting, d. h. die ausschließliche Übertragung herkömmlicher Rundfunkprogramme über das Internet. Als Telemedien gelten demgegenüber insbesondere Onlineangebote von Waren und Dienstleistungen (E-Commerce), Informationsdienste, Newsgroups, Chat-Rooms, Suchmaschinen, elektronische Presse, Videotext oder Teleshopping.

3.2.2 Herkunftslandprinzip

Die Telemedien unterliegen dem so genannten Herkunftslandprinzip. Internetangebote sind heute weltweit verfügbar und erfahren eine räumliche Beschränkung allenfalls aus der Zweckbestimmung für bestimmte Nutzergruppen. Daher stellt sich immer die Frage, welche Vorschriften die Anbieter im Internet zu beachten haben. Die EU sah daher das einwandfreie Funktionieren des Binnenmarktes gefährdet und verabschiedete im Jahr 2000 die so genannte E-Commerce-Richtlinie. Darin wird u. a. geregelt, dass auch dann nur das jeweilige nationale Recht für die in dem jeweiligen Staat niedergelassenen Diensteanbieter gilt, wenn die Dienste in

---

1 BT-Drs. 16/3078: 13 f.

einem anderen EU-Staat geschäftsmäßig angeboten oder erbracht werden (Ahrens 2000; Blasi 2004). Dieses von der E-Commerce-Richtlinie vorgegebene so genannte Herkunftslandprinzip ist schon im Teledienstegesetz umgesetzt worden und wurde nun in § 3 TMG erneut normiert (Bender und Kahlen 2006: 590, 592; Roßnagel 2007a: 743, 746; Mankowski 2001; Spindler 2001). In Deutschland niedergelassene Diensteanbieter unterliegen demzufolge den Anforderungen des deutschen Rechts auch dann, wenn die Telemedien für einen anderen EU-Staat vorgesehen sind. Umgekehrt werden Telemedien, die aus einem anderen EU-Staat verbreitet werden, in Deutschland nicht eingeschränkt. Von diesem Grundsatz gibt es aber verschiedene Ausnahmen, insbesondere zum Schutz der öffentlichen Sicherheit und Ordnung, der öffentlichen Gesundheit und des Verbraucherschutzes (Ahrens 2000: 835, 838 ff.). Das Herkunftslandprinzip darf außerdem auch nicht das Urheberrecht oder Kartellrecht überspielen.

3.2.3 Zulassungs- und Anmeldefreiheit

Ein wesentlicher Unterschied zwischen Telemedien und Rundfunk ist, dass erstere gem. § 4 TMG zulassungs- und anmeldefrei sind. Die schon geltende Zulassungs- und Anmeldefreiheit sowohl der Tele- als auch der Mediendienste wurde somit im TMG fortgeschrieben (Holznagel und Kibele 2008: Rn. 87). Jeder Bürger kann sich also beispielsweise im Internet eine eigene Homepage oder einen Weblog einrichten, ohne vorher eine Genehmigung oder sonstige Erlaubnis einer staatlichen Stelle abwarten zu müssen.

3.2.4 Informationspflichten der Anbieter

Im Gegenzug unterliegen Diensteanbieter, die Telemedien geschäftsmäßig (d. h. in der Regel gegen Entgelt) anbieten, gem. § 5 TMG den allgemeinen Informationspflichten. Wer Telemedien aber nicht geschäftsmäßig anbietet, für den gelten überhaupt keine Informationspflichten, was insbesondere für die Betreiber privater Homepages von Interesse ist. Geschäftsmäßige Angebote können allerdings schon einzelne Waren- oder Dienstleistungsangebote sein, die auf einer privaten Homepage angezeigt werden. Die Übergänge sind hier also fließend. Die Informationspflichten für geschäftsmäßige Telemedien sind sehr umfassend ausgestaltet, weshalb in der Praxis immer wieder Probleme wegen der Nichtbeachtung dieser Pflichten auftreten. Nicht nur Name und Adresse sowie E-Mail-Adresse sind anzugeben, sondern auch die zuständige Aufsichtsbehörde, verschiedene Registereintragungen und gegebenenfalls die Umsatzsteueridentifikationsnummer (Ott 2007: 354, 355; Roßnagel 2007a: 743, 746).

Sofern das Angebot noch so genannten kommerzielle Kommunikation (d. h. Wirtschaftswerbung) beinhaltet, schreibt § 6 TMG sogar weitere Informationspflichten vor. Insbesondere müssen die kommerzielle Kommunikation als solche erkennbar und ihre Auftraggeber klar identifizierbar sein. Bestimmte Angebote zur Verkaufsförderung wie Preisnachlässe, Zugaben und Geschenke sind im Interesse des Verbraucherschutzes eindeutig als solche zu kennzeichnen und die Bedingungen für ihre Inanspruchnahme müssen unzweideutig angegeben werden.[2] Dieses Transparenzgebot gilt auch für Preisausschreiben und Gewinnspiele mit Werbecharakter.

Im Vergleich zur alten Rechtslage wurde schließlich auch noch eine inhaltlich neue Vorschrift ins TMG aufgenommen, die es verbietet, den kommerziellen Charakter per E-Mail versandter Werbung zu verschleiern oder zu verheimlichen (Stichwort: ‚Spam-Mails'). Dies ist dann der Fall, wenn die Kopf- oder Betreffzeile absichtlich so gestaltet ist, dass der Empfänger ohne Einsichtnahme in den Inhalt keine oder lediglich irreführende Informationen über die Identität des Absenders oder den kommerziellen Charakter der Nachricht erhält. Bei Zuwiderhandlung droht das TMG mit einer Geldstrafe von bis zu 50.000 Euro. Abzuwarten bleibt aber, ob diese Vorschrift zu dem gewünschten Erfolg führt. Zum einen werden Spam-Mails häufig aus dem Ausland versendet, so dass sich – angesichts des Herkunftslandprinzips – die Frage nach der Anwendbarkeit des nationalen Rechts stellt. Zum anderen ist die Ermittlung des Absenders solcher Spam-Mails sehr aufwendig. Im Ergebnis wurde wohl vor allem ein Signal im Kampf gegen Spam-Mails gesetzt, wobei die weitere Entwicklung zeigen wird, ob dies ein wirksames Instrument zur Eindämmung dieses Problems ist (Bender und Kahlen 2006: 591, 593; Roßnagel 2007a: 743, 746; Hoeren 2007: 801, 806). Nichtsdestotrotz demonstriert dieses Beispiel, dass der Gesetzgeber auf neue Auswüchse des Webs immer wieder mit neuen Detailregelungen reagieren muss und dieser Pflicht auch nachkommt.

---

[2] Diese Transparenzgebote in §§ 5, 6 TMG dienen der Umsetzung von Art. 6 der E-Commerce-Richtlinie.

3.2.5 Verantwortlichkeit der Anbieter

Aus der Veröffentlichung von Inhalten im Internet entstehen auch umfangreiche Haftungsrisiken. Über Websites, Podcasts, die Beteiligung an Newsgroups, Foren oder Chats sowie viele andere Formen werden von den Online-Teilnehmern weltweit Inhalte verbreitet bzw. angeboten, die ein erhebliches Haftungsrisiko beinhalten. Rechtsverletzungen kommen u. a. im Hinblick auf fremde Urheberrechte, Äußerungsdelikte oder auch Persönlichkeitsrechte Dritter in Betracht. In immer größerem Maße werden Website-Anbieter, Blogger und Forenbetreiber in teilweise bereits standardisierten Verfahren abgemahnt. Bildagenturen, Musik- und Kartenverlage sowie andere Rechteinhaber haben die Verletzungsrisiken im Internet und die damit verbundenen Schadensersatzansprüche als wirtschaftliches Verwertungspotenzial erkannt und über systematische Such- und Prüfmechanismen sowie Digital Rights Management die Grundlagen für eine methodische Rechtsverfolgung geschaffen (Fischer 2008: 69). Besonders problematisch stellen sich die Haftungsrisiken im Zusammenhang mit der Entwicklung des so genannten User-generated Contents dar, wenn also beispielsweise Mitglieder einer Internet-Community Beiträge bzw. eigene Inhalte auf einer Website einstellen, Podcasts veröffentlicht werden oder Nutzer sich in Foren zu bestimmten Themen äußern.

An der Zugänglichmachung und Verbreitung der Inhalte sind regelmäßig mehrere Dienstleister in unterschiedlicher Weise ursächlich beteiligt, vom Anbieter der Inhalte über verschiedene Provider bis hin zum Netzbetreiber. Das Telemediengesetz enthält in Bezug auf die Angebote bzw. Inhalte keine eigenen Haftungstatbestände. Es hat die früheren Regelungen zur abgestuften Verantwortlichkeit von Diensteanbietern aus dem Teledienstegesetz und dem Mediendienste-Staatsvertrag übernommen und sieht unter bestimmten Voraussetzungen Haftungsprivilegien für Provider vor, die keine eigenen Informationen bereitstellen, sondern in sonstiger Weise an der Verbreitung beteiligt sind (Köhler, Arndt und Fetzer 2006: 254 ff.; Spindler 2005). Zunächst gilt aber gem. § 7 Abs. 1 TMG der Grundsatz, dass Diensteanbieter für ihre eigenen Informationen, die sie als so genannten Content-Provider zur Nutzung bereithalten, nach den allgemeinen Gesetzen uneingeschränkt verantwortlich sind. Zu den Content-Providern zählen nicht nur die Anbieter einer Website selbst, sondern auch diejenigen, die eigene Inhalte (Blogs, Podcasts) auf einer Plattform bereitstellen (Hoeren 2008: Rn. 12; Spindler 2004; Schmitz und Laun 2005: 208, 210 f.). Sie haften als Inhalteanbieter für rechtswidrige Inhalte nach den zivilrechtlichen und strafrechtlichen Gesetzen, wie z. B. im Falle von Urheberrechtsverstößen (unberechtigte Nutzung von Bildmaterial, Straßenkarten etc.) oder Persönlichkeitsrechtsverletzungen (Diffamierung, unberechtigte Bildnisnutzung etc.). Dabei kommt es nicht darauf an, ob ein Anbieter die Inhalte selbst geschaffen hat oder ob er sich Angebote Dritter zu Eigen macht.[3] Ein solches Zueigenmachen fremder Inhalte liegt dann vor, wenn ein Anbieter Inhalte, die von Dritten geschaffen wurden, so übernimmt, dass er aus Sicht eines objektiven Nutzers hierfür die Verantwortung tragen will. Werden beispielsweise den Mitgliedern einer Community Publikationsflächen zu vorgegebenen Themen bereitgestellt, so dass die von ihnen geschaffenen Beiträge letztlich denen eines (unbezahlten) freien Pressemitarbeiters mit eigener Kolumne gleichen und vom Anbieter durch entsprechende Werbeflächen kommerzialisiert werden, erscheint der Inhalt als eigenes Angebot. Der Hinweis auf den Verfasser oder dessen Pseudonym ist demgegenüber irrelevant.[4] Etwas anderes gilt bei Foren, in welchen wechselnde Beiträge der Nutzer erkennbar den Meinungsstand Dritter – ähnlich der Funktion von Leserbriefen – zu bestimmten Themen widerspiegeln (Fischer 2008: 70).

Beschränkt sich ein Diensteanbieter in seinen Leistungen auf rein fremde Inhalte, genießt er den Schutz der Haftungsprivilegien der §§ 8 bis 10 TMG. Diese unterscheiden nach der Providerleistung bzw. dem Beitrag, den ein Diensteanbieter in Bezug auf fremde Inhalte erbringt. Soweit sich diese Leistungen auf die gesetzlich beschriebenen Arten der Durchleitung (so genannte Access Provider), Zwischenspeicherung oder Speicherung (so genannte Host Provider) von Informationen Dritter eingrenzen lassen, besteht nach § 7 Abs. 2 Satz 1 TMG keine Überwachungs- oder Nachforschungspflicht im Hinblick auf eventuelle Rechtsverstöße (Hoeren 2008: Rn. 58 ff., 84 ff.; Fechner 2008: 343 ff.; Fischer 2008: 70 ff.). Die Haftungsprivilegierungen beschränken sich nach Ansicht der Gerichte aber lediglich auf die strafrechtliche Verantwortlichkeit und die Schadensersatzhaftung. Unterlassungsansprüche bleiben hiervon unberührt.[5] Entsprechend wurde im Fall ehrverletzender Äußerungen in einem Internet-Forum ein Unterlassungsanspruch gegen den Betreiber des Forums zugesprochen. Dieser sei ‚Herr des Angebots', wie auch der Verleger ein Presseerzeugnis beherrscht oder der Fernsehveranstalter Herr der Sendung ist und zur Unterlassung verpflichtet sein kann. Anders als bei Live-Übertragungen im Fernsehen, für die nach der Rechtsprechung keine Haftung des Fernsehveranstalters für fremde Live-Diskussionbeiträge besteht[6], ist die Haf-

---

3 BT-Drs. 13/7385: 19.

4 OLG Köln, MMR 2002: 548 f.

5 BGH, ZUM 2007: 533 f.

6 Vgl. BGHZ 66, 182, 188.

tungssituation in einem Online-Forum differenzierter zu betrachten. Dort steht nach Ansicht des Bundesgerichtshofes dem Veranstalter die Möglichkeit offen, eine (erneute) Verbreitung zu verhindern. Auch wenn der Forenbetreiber keine Überwachungs- oder Prüfpflichten verletzt, kann sich aus allgemeinem Zivilrecht ein Unterlassungsanspruch ergeben, wenn dem Betreiber die Rechtsverletzung bekannt ist.[7] Das Unterlassen der Entfernung eines Beitrages stellt daher eine Perpetuierung der Persönlichkeitsrechtsverletzung dar (Jürgens und Köster 2006: 219, 222). Das LG Hamburg ist jüngst im Fall des Medienjournalisten Stefan Niggemeier sogar noch einen Schritt weiter gegangen und hat die Prüfpflicht des Weblogbetreibers hin zu einer Dauer- oder Vorabkontrollpflicht anwachsen lassen.[8] Die vorgetragene Überprüfung und unaufgeforderte Löschung eines Beitrags ca. 7,5 Stunden nach dessen Einstellung genügte den Richtern nicht. Dabei kritisierten sie auch die in Foren und Weblogs häufig übliche Verwendung von Pseudonymen, die zu erhöhten Überprüfungspflichten des Forum- bzw. Weblogbetreibers führen soll.

Diese Fälle veranschaulichen die Tendenz der Rechtsprechung, Foren- und Weblogbetreiber sowie im Übrigen auch Host-Provider nur sehr restriktiv von einer Haftung auszunehmen. Die Anbieter entsprechender Plattformen sind einem deutlichen Haftungsrisiko ausgesetzt, wenn sie auf Hinweise zu Inhalten nicht sofort reagieren. Der von der Rechtsprechung oft herangezogene Vergleich mit Presse- und Fernsehmedien vernachlässigt allerdings die Eigenheiten und Entwicklungen des Internets, insbesondere der ‚Emanzipierung' des Nutzers im so genannten „Web 2.0" (Gehrke und Gräßler 2007: 11; Winter 2007; Felsenberg 2007; Jakobs 2007: 4; Roßnagel 2007b: 12; Schulz und Dreyer 2007). Eine Vielfalt der Meinungen im liberalen Web, die Weiterentwicklung des ‚User-generated Contents', „Citizen Journalism" oder virtuelles Handeln wird durch die Haftungsproblematik und die damit verbundenen Kontroll- und Eingriffspflichten erschwert (Fischer 2008: 73).

3.2.6 Datenschutz

Jede Nutzung des Webs hinterlässt auch digitale Spuren, die besonders leicht und häufig unbemerkt für Anwendungen und Datenerhebungen verarbeitet werden können. In automatisierten Verfahren können durch die Erstellung von Nutzerpro-

---

7 BGH, ZUM 2007: 533 f.

8 LG Hamburg, MMR 2008: 265 f.

filen mit Informationen über Interessen und Nutzungsgewohnheiten bei der Inanspruchnahme von Web-Angeboten qualifizierte Datenbanken mit erheblichem Wert für die Werbewirtschaft entwickelt werden. Dem damit einhergehenden Interesse der Anbieter an der Datenerhebung und -verwendung steht das Schützbedürfnis des einzelnen Nutzers gegenüber. Daher regeln nun die Datenschutzbestimmungen der §§ 11 ff. TMG die Erhebung und Verwendung personenbezogener Daten im Verhältnis zwischen Diensteanbieter und Nutzer und haben damit das Teledienste-Datenschutzgesetz (TDDSG) abgelöst. Der Diensteanbieter hat demnach u. a. technische und organisatorische Vorkehrungen zu treffen, um eine Ausforschung durch Dritte zu vermeiden und sicherzustellen, dass die erhobenen Daten nach Beendigung der Nutzung gelöscht oder gesperrt werden. Nutzungsprofile zu Werbe-, Marktforschungs- oder Optimierungszwecken dürfen nur bei Verwendung von Pseudonymen verwendet werden und wenn der Nutzer dem nicht widerspricht (Arlt 2007; ausführlich Schmitz 2008).

3.3 Staatsvertrag für Rundfunk und Telemedien (Rundfunkstaatsvertrag)

Die Telemedien sind primär im Telemediengesetz geregelt. Dieses Bundesgesetz wird aber durch einige landesrechtliche Bestimmungen ergänzt, die inhaltsspezifische Anforderungen an die Telemedien stellen. Insbesondere geht es um die Anforderungen an journalistisch-redaktionell gestaltete Angebote („elektronische Presse“). Diese Vorschriften sind nicht mehr in einem eigenständigen Staatsvertrag wie zuvor im Mediendienste-Staatsvertrag geregelt, sondern befinden sich in einem eigenen Abschnitt des Rundfunkstaatsvertrags, den §§ 54 ff. RStV. Neben journalistischen Sorgfalts- und besonderen Impressumspflichten werden hier Vorgaben in Bezug auf Datenschutz, Gegendarstellungsansprüche sowie Werbung und Sponsoring gemacht (Weiner und Schmelz 2006; Kitz 2007; Schmitz 2007; Fechner 2008: 357 ff.).

3.4 Jugendmedienschutzstaatsvertrag

Im Allgemeinen kommt bei den elektronischen Medien dem auch verfassungsrechtlich vorgegebenen Jugendschutz eine zentrale Bedeutung zu. Eigene jugendschutzrechtliche Regelungen enthalten aber weder das Telemediengesetz noch der Rundfunkstaatsvertrag. Heranzuziehen ist insoweit der Jugendmedienschutzstaatsvertrag (JMStV), der diesen Bereich insgesamt abdeckt. Er erfasst sowohl den Rundfunk als auch die Telemedien und unterscheidet zwischen absolut unzulässigen, nur in der Regel unzulässigen (also ausnahmsweise zulässigen) und entwicklungsbeeinträchtigenden Angeboten (Hartstein et al. 2008: §§ 4 ff.; Bornemann 2003; Erdemir 2005; Stettner 2003). Eine Einbeziehung des Jugendmedienschutzstaatsvertrags in den Staatsvertrag für Rundfunk und Telemedien wäre allerdings möglich und würde zur Übersichtlichkeit des Medienrechts beitragen.

3.5 Aufsicht im Web

Mit der materiell-rechtlichen Trennung der verschiedenen Dienste-Arten geht auch eine heterogene Ausgestaltung der Aufsichtsstrukturen einher. Im Bereich der Telemedien, der Telekommunikation und des Rundfunks ist die Aufsicht innerhalb der Bundesrepublik auf eine Vielzahl von Bundes- und Landesbehörden verteilt. Regulierer im Bereich des privaten Rundfunks sind die Landesmedienanstalten, während die Telekommunikationsaufsicht in den Händen der Bundesnetzagentur liegt. Die Aufsicht über den Onlinebereich schließlich ist der allgemeinen Verwaltungsaufsicht (und damit den Ländern) unterstellt und wurde in den letzten Jahren von den unterschiedlichsten Behörden wahrgenommen. Nur im Bereich des Jugendmedienschutzes konnten sich die Länder schon im Jahr 2003 darauf einigen, die Aufsicht der jeweiligen Landesmedienanstalt zu übertragen. Häufig sind die Landesmedienanstalten auch in den sonstigen Bereichen zuständig – teilweise aber auch beispielsweise eine Bezirksregierung oder ein Innenministerium. Die Unternehmen im Onlinebereich sehen sich so in den einzelnen Bundesländern den verschiedensten Ansprechpartnern gegenüber. Die uneinheitliche Aufteilung der Aufsichtszuständigkeiten sowohl zwischen Bund und Ländern als auch innerhalb der einzelnen Bundesländer führte in der Vergangenheit zu hohen Verwaltungskosten, einem (aufgrund des erheblichen Abstimmungsbedarfs der beteiligten Behörden) großen Zeitaufwand bei Entscheidungen und schließlich auch zu einer großen Rechtsunsicherheit auf Seiten der Beteiligten (Holznagel und Kibele 2008: Rn. 145; Koenig 2000; Kröger und Moos 1997b: 462, 470; Rossen-Stadtfeld 2000: 36, 41 f.). Zudem entstanden in den Bundesländern mit stark ausdifferenzierten Aufsichtsstrukturen oftmals Abgrenzungsschwierigkeiten und Zuständigkeitskonflikte.

Trotz dieser Probleme und der fortschreitenden Konvergenzentwicklung (Hain 2006: 325 ff. m. w. N.) hat der Gesetzgeber jüngst die Gelegenheit nicht genutzt, im Zuge der Verabschiedung des Telemediengesetzes und des neuen Rundfunkstaatsvertrags eine Vereinfachung der bislang unübersichtlichen Aufsichtsstrukturen speziell im Onlinebereich herbeizuführen. Eine Koordinierung der

Länder (etwa mittels des Staatsvertrags) hat hier nicht stattgefunden, sodass die Aufsicht in den einzelnen Bundesländern erneut unterschiedlich aufgeteilt werden konnte. In den meisten Bundesländern wurden dementsprechend in den letzten Monaten einfach nur die bestehenden Aufsichtsstrukturen mit Zuweisungsnormen weitgehend bestätigt (Holznagel und Ricke 2008b: 18, 20). So sind z. B. weiterhin Einrichtungen wie das Niedersächsische Landesamt für Verbraucherschutz und Lebensmittelsicherheit oder die Aufsichts- und Dienstleistungsdirektion Trier für die Aufsicht im Web zuständig. Die Effektivität dieser Aufteilung darf zumindest in Frage gestellt werden. Darüber hinaus ist auch weiterhin nicht in allen Bundesländern die zuständige Aufsichtsbehörde im Onlinebereich zugleich zuständig für die Ahndung von Ordnungswidrigkeiten im Web. In Nordrhein-Westfalen sind z. B. mit der Landesanstalt für Medien, der Bezirksregierung Düsseldorf, der Staatskanzlei sowie der Landesbeauftragten für Datenschutz und Informationsfreiheit allein vier Stellen involviert, deren Aufgabenbereiche sich teilweise überschneiden. Eine solche Aufteilung zwischen mehreren Behörden führt schon innerhalb eines Bundeslandes zu einer nicht zielführenden Verkomplizierung der Materie. Dies hat zwangsläufig eine Rechtsunsicherheit bei den Beteiligten zur Folge (Holznagel und Ricke 2008b: 18, 21). Hier besteht also in Zukunft noch besonderer Handlungsbedarf für den Gesetzgeber.

Die Zweiteilung in Bundes- und Länderbehörden muss aus verfassungsrechtlichen Gründen erhalten bleiben. Eine Vereinfachung und Straffung der Aufsichtsstrukturen ist aber auf Landesebene vorzunehmen (Bysikiewicz 2003: 243 f.; Gersdorf 2005). So wäre es sinnvoll, die Kompetenzen bei den Landesmedienanstalten zu konzentrieren. Diese nehmen schon in allen Ländern die Aufsicht über den Jugendmedienschutz und teilweise auch bereits in den sonstigen Bereichen wahr. Die Aufsichtsstrukturen auf Landesebene würden dadurch entflochten und Zuständigkeitsprobleme gelöst. Über die bereits vorhandenen gemeinsamen Organe der Landesmedienanstalten ist zudem eine verbesserte Abstimmung garantiert. Insgesamt wären damit sowohl Zeit- und Kostenersparnisse als auch eine größere Rechtssicherheit die wünschenswerten Folgen.

4 Ausblick

Der Gesetzgeber orientierte sich bei der Schaffung von Web-spezifischen Vorschriften zunächst an der Regulierung der herkömmlichen Medien. Den schon für den privaten Rundfunk zuständigen Landesmedienanstalten wurden Kompetenzen im

Bereich der Telemedien eingeräumt. Zulassungs- und Anmeldefreiheit sowie Gegendarstellungsansprüche waren schon aus dem Pressebereich bekannt. Erst nach und nach wurden Web-spezifische Vorschriften wie § 6 Abs. 2 TMG („Spam-Mails“) integriert. Auch wenn das Fernsehen auf absehbare Zeit das Dominanzmedium bleiben wird, entwickelt sich das Web aufgrund seines medialen Repertoires und der rasant wachsenden Nutzung (Holznagel, Dörr und Hildebrand 2008: 394 ff.) immer mehr zu einem Leitmedium. Das medienrechtliche Regulierungsregime trägt diesem Umstand aber noch nicht hinreichend Rechnung. Das rechtliche Umfeld des Webs stellt sich vielfach als ein Flickenteppich dar. Das Telemediengesetz steht schon wieder vor einer neuen Reform. Die Haftung für Hyperlinks oder für Suchmaschinen ist bisher im TMG nicht explizit geregelt. Die jüngsten Entscheidungen der Gerichte zur Haftung von Foren- und Weblogbetreibern fordern den Gesetzgeber auf, für Rechtssicherheit zu sorgen. Die Etablierung einer effektiven Aufsicht im Web ist noch nicht geglückt.

Neben dem Telemediengesetz regeln auch noch unterschiedlichste andere Vorschriften und Gesetze häufig nur Teilaspekte des Webs (Dörr und Schwartmann 2006: 12 f.). Der Gesetzgeber muss dabei dem fortlaufenden Prozess im Web Rechnung tragen und immer wieder auf neue Phänomene reagieren. Er schuf daher beispielsweise neue Straftatbestände wie Computerbetrug (§ 263a StGB), Datenausspähung (§ 202a StGB), Datenveränderung (§ 303a StGB) und Computersabotage (§ 303b StGB), mit denen auch neue Entwicklungen wie das so genannte „Phishing“ erfasst werden können (Dienstbach und Mühlenbrock 2008; Marberth-Kubicki 2008; Ernst 2007; Popp 2006; Borges 2005). Ein eigenes Webrecht gibt es bisher aber dennoch nicht und es wird zu einem solchen wohl auch nie kommen. Im Zuge der Konvergenz wird sich zunehmend ein medienübergreifendes Recht entwickeln, das nicht nach Mediengattungen, Übertragungsarten oder Standards, sondern allein nach den Inhalten differenziert (Holznagel, Dörr und Hildebrand 2008: 593 ff.). Die verschiedenen Nuancen des Medienrechts (Presse-, Rundfunk- und Multimediarecht) werden immer mehr zu einem gemeinsamen Medienrecht verschmelzen.

Literatur

Ahrens, Hans-Jürgen 2000: „Das Herkunftslandprinzip in der E-Commerce-Richtlinie.“ In: *Computer und Recht*, S. 835-841.

Arlt, Christian 2007: „Datenschutzrechtliche Betrachtung von Onlineangeboten zum Erwerb digitaler Inhalte." In: *Multimedia und Recht*, S. 683-687.

Bender, Rolf/ Kahlen, Christine 2006: „Neues Telemediengesetz verbessert den Rechtsrahmen für Neue Dienste und Schutz vor Spam-Mails." In: *Multimedia und Recht*, S. 590-594.

Blasi, Martina 2004: *Das Herkunftslandprinzip der Fernseh- und der E-Commerce-Richtlinie*. München: Heymann.

Borges, Georg 2005: „Rechtsfragen des Phishing – Ein Überblick" In: *Neue Juristische Wochenschrift*, S. 3313-3317.

Bornemann, Roland 2003: „Der Jugendmedienschutz-Staatsvertrag der Länder." In: *Neue Juristische Wochenschrift*, S. 787-791.

Bysikiewicz, Axel 2003: *Das Gebot der Unabhängigkeit als Aufbauprinzip der Medien- und Telekommunikationsaufsicht in Deutschland. Eine Studie vor dem Hintergrund der Neuordnung der Aufsicht im Kommunikationssektor in Deutschland, in den Niederlanden und Großbritannien*. Münster: LIT.

Dienstbach, Paul H./Mühlenbrock, Tobias 2008: „Haftungsfragen bei Phishing-Angriffen." In: *Kommunikation und Recht*, S. 151-155.

Dörr, Dieter/Schwartmann, Rolf 2006: *Medienrecht*. Heidelberg: C. F. Müller.

Erdemir, Murad 2005: „Jugendschutzprogramme und geschlossene Benutzergruppen." In: *Computer und Recht*, S. 275-282.

Ernst, Stefan 2007: „Das neue Computerstrafrecht." In: *Neue Juristische Wochenschrift*, S. 2661-2666.

Fechner, Frank [9]2008 (2000): *Medienrecht*. Tübingen: Mohr Siebeck.

Felsenberg, Alexander 2007: „DANKE Tim O'Reilly – Die Bedeutung des Web 2.0 für die Digitale Wirtschaft." In: *Web 2.0 – Schlagwort oder Megatrend? Fakten, Analysen, Prognosen*. Hg. v. Gernot Gehrke. Düsseldorf: kopaed, S. 91-108.

Fischer, Joerg K. 2008: *Medienrecht und Medienmärkte*. Berlin: Springer.

Gehrke, Gernot/Gräßler, Lars 2007: „Neues Web, neue Kompetenz?" In: *Web 2.0 – Schlagwort oder Megatrend? Fakten, Analysen, Prognosen*. Hg. v. Gernot Gehrke. Düsseldorf: kopaed, S. 11-36.

Gercke, Marco 2004: „Die Rechtsprechung zum Internetstrafrecht im Jahr 2003." In: *Zeitschrift für Urheber- und Medienrecht*, S. 443-451.

Gersdorf, Hubertus 2005: „Begrenzte Aufsicht und einfache Aufsichtsstrukturen." In: *Neuordnung des Medienrechts*. Hg. v. Alexander Roßnagel. Baden-Baden: Nomos, S. 107-114.

Gersdorf, Hubertus 2007: *Der Rundfunkbegriff*. München: kopaed.

Hain, Karl-E. 2006: „Regulierung in den Zeiten der Konvergenz." In: *Kommunikation und Recht*, S. 325-327.

Hartstein, Erich/Ring, Wolf-Dieter/Kreile, Johannes/ Dörr, Dieter/Stettner, Rupert (Hg.) 2008: Rundfunkstaatsvertrag. *Kommentar*. München: Rehm.

Heidenreich, Stefan 2004: *Flipflop. Digitale Datenströme und die Kultur des 21. Jahrhunderts*. München: Hanser.

Hoeren, Thomas 2007: „Das Telemediengesetz." In: *Neue Juristische Wochenschrift*, S. 801-806.

Hoeren, Thomas 2008: „Zivilrechtliche Haftung im Online-Bereich." In: *Handbuch Multimedia-Recht*. Hg. v. Thomas Hoeren und Ulrich Sieber. München: Beck, Teil 18.

Holznagel, Bernd 1996: *Rundfunkrecht in Europa*. Tübingen: Mohr.

Holznagel, Bernd/Dörr, Dieter/Hildebrand, Doris 2008: *Elektronische Medien. Entwicklung und Regulierungsbedarf*. München: Beck.

Holznagel, Bernd/Kibele, Babette 2008: „Vorfragen zu Rundfunk-, Medien- und Telediensten." In: *Handbuch Multimedia-Recht*. Hg. v. Thomas Hoeren und Ulrich Sieber. München: Beck, Teil 5.

Holznagel, Bernd/Ricke, Thorsten 2008a: „IPTV – Eine medienrechtliche Einordnung." In: *Informationelles Vertrauen für die Informationsgesellschaft*. Hg. v. Dieter Klumpp, Herbert Kubicek, Alexander Roßnagel und Wolfgang Schulz. Berlin: Springer, S. 267-281.

Holznagel, Bernd/Ricke, Thorsten 2008b: „Die Aufsicht im Internet – Wer hat noch nicht, wer will noch mal?" In: *Multimedia und Recht*, S. 18-22.

Jakobs, Hans-Jürgen 2007: „Zwischen Freiheit und Verantwortung. Chancen und Risiken der Mediengesellschaft 2.0." In: *tendenz* 3, S. 4-9.

Jürgens, Uwe/Köster, Oliver 2006: „Die Haftung von Webforen für Rechtsverletzende Einträge - Anmerkung." In: *AfP – Zeitschrift für Medien- und Kommunikationsrecht*, S. 219-222.

Kitz, Volker 2007: „Das neue Recht der elektronischen Medien in Deutschland – sein Charme, seine Fallstricke." In: *Zeitschrift für Urheber- und Medienrecht*, S. 368-375.

Knothe, Matthias 1997: „Neues Recht für Multi.Media-Dienste." In: *AfP – Zeitschrift für Medien- und Kommunikationsrecht*, S. 494-498.

Koenig, Christian 2000: „Medienaufsicht in der Bundesrepublik Deutschland." In: *Kommunikation und Recht*, S. 1-9.

Köhler, Markus/Arndt, Hans-Wolfgang/Fetzer, Thomas 2006: *Recht des Internet*. Heidelberg: Müller.

Kröger, Detlef/Moos, Flemming 1997a: „Mediendienst oder Teledienst?" In: *AfP – Zeitschrift für Medien- und Kommunikationsrecht*, S. 675-680.

Kröger, Detlef/Moos, Flemming 1997b: „Regelungsansätze für Multimediadienste." In: *Zeitschrift für Urheber- und Medienrecht*, S. 462-471.

Ladeur, Karl-Heinz 1996: „Regulierung des Information Superhighway." In: *Computer und Recht*, S. 614-622.

Mankowski, Peter 2001: „Herkunftslandprinzip und Gütigkeitsvergleich in § 4 TDG-E." In: *Computer und Recht*, S. 630-641.

Marberth-Kubicki, Anette 2008: „Neuregelungen des Computerstrafrechts." In: *IT-Rechts-Berater*, S. 17-19.

Ott, Stephan 2007: „Impressumspflicht für Webseiten. Die Neuregelungen nach § 5 TMG, § 55 RStV." In: *Multimedia und Recht*, S. 354-359.

Popp, Andreas 2006: „Phishing, Pharming und das Strafrecht." In: *Multimedia und Recht*, S. 84-86.

Rossen-Stadtfeld, Helge 2000: „Medienaufsicht unter Konvergenzbedingungen." In: *Zeitschrift für Urheber- und Medienrecht*, S. 36-46.

Roßnagel, Alexander 2007a: „Das Telemediengesetz. Neuordnung für Informations- und Kommunikationsdienste." In: *Neue Zeitschrift für Verwaltungsrecht*, S. 743-748.

Roßnagel, Alexander 2007b: „Datenschutz in Zeiten von Web 2.0. Die Unkontrollierbarkeit des Netzes." In: *tendenz* 3, S. 12-13.

Schiwy, Peter/Schütz, Walter J./Dörr, Dieter (Hg.) 2006: *Medienrecht. Lexikon für Praxis und Wissenschaft*. Köln: Heymann.

Schmitz, Florian/Laun, Stefan 2005: „Die Haftung kommerzieller Meinungsportale im Internet." In: *Multimedia und Recht*, S. 208-213.

Schmitz, Peter 2007: „Übersicht über die Neuregelung des TMG und des RStV." In: *Kommunikation und Recht*, S. 135-138.

Schmitz, Peter 2008: „Teledienstedatenschutz nach dem TDDSG." In: *Handbuch Multimedia-Recht*. Hg. v. Thomas Hoeren und Ulrich Sieber. München: Beck, Teil 16.4.

Schulz, Wolfgang/Dreyer, Stephan 2007: „Community-Laws als Ausweg aus dem Web 2.0-Dilemma? Nutzergenerierte Inhalte als Herausforderung für den Jugendmedienschutz." In: *tendenz* 3. S. 14-15.

Sieber, Ulrich 2008: „Technische Grundlagen." In: *Handbuch Multimedia-Recht*. Hg. v. Thomas Hoeren und Ulrich Sieber. München: Beck, Teil 1.

Spindler, Gerald 2001: „Der Entwurf zur Umsetzung der E-Commerce-Richtlinie." In: *Zeitschrift für Rechtspolitik*, S. 203-207.

Spindler, Gerald 2004: „Die Verantwortlichkeit der Provider für ‚Sich-zu-eigen-gemachte' Inhalte und für beaufsichtigte Nutzer." In: *Multimedia und Recht*, S. 440-444.

Spindler, Gerald 2005: „Haftung und Verantwortlichkeit im IT-Recht." In: *Computer und Recht*, S. 741-747.

Stettner, Rupert 2003: „Der neue Jugendmedienschutz-Staatsvertrag – eine Problemsicht." In: *Zeitschrift für Urheber- und Medienrecht*, S. 425-437.

Weiner, Christian/Schmelz, Christoph 2006: „Die elektronische Presse und andere neue Kommunikationsformen im neuen rechtlichen Regulierungsrahmen." In: *Kommunikation und Recht*, S. 453-460.

Winter, Johannes 2007: „Neue Anwendungen und Geschäftsfelder im Web 2.0" In: *Web 2.0 – Schlagwort oder Megatrend? Fakten, Analysen, Prognosen*. Hg. v. Gernot Gehrke. Düsseldorf: kopaed, S. 75-90.

Suchmaschinenforschung im Kontext einer zukünftigen Webwissenschaft

Dirk Lewandowski

1 Einleitung

Die Diskussion um eine eigenständige Webwissenschaft wurde vor allem durch einen Beitrag von Tim Berners-Lee und Kollegen (Berners-Lee et al. 2006a; ausführlicher in Berners-Lee et al. 2006b) angestoßen. Der Anknüpfungspunkt des vorliegenden Beitrags ist die Darstellung der Themenfelder der Suchmaschinenforschung und ihre Einordnung in den Kontext einer umfassenderen Webwissenschaft.

Suchmaschinen beziehen ihre Bedeutung aus der Tatsache, dass sich ihre Stellung mittlerweile so weit ausgebaut hat und sie bei der Suche im Web nahezu das einzige vom Nutzer verwendete Such-Werkzeug darstellen. Die Suche selbst bezieht ihre Bedeutung durch die Selbstverständlichkeit, die sie mittlerweile erlangt hat. Man kann sagen: Wer im Netz ist, der sucht auch. So ist es nicht verwunderlich, dass die Suche nach dem Schreiben von E-Mails der meistgenutzte Dienst im Web ist (Van Eimeren und Frees 2007).

Aus diesen Gründen muss die Frage geklärt werden, ob Suchmaschinen hinsichtlich Technik und Benutzerfreundlichkeit geeignet sind, qualitativ hochwertige Inhalte und auch hochspezialisierte Informationen zu finden. Dabei ist zu fragen, welche aktuellen und zukünftigen Entwicklungen für die Suchqualität von Bedeutung sind, wenn Suchmaschinen die entscheidende Schnittstelle zum unüberschaubaren Webangebot bilden.

Dieser Aufsatz bemüht sich darum, zu den jeweiligen Forschungsgebieten und – fragen nicht nur die maßgeblichen Forschungsaufsätze zu zitieren, sondern auch Überblickswerke, die es der Leserin/dem Leser möglich machen sollen, sich schnell in ein Themengebiet von besonderem Interesse einzuarbeiten.

2 Suchlösungen für das Web

Die Technik der Suchmaschinen ist nicht der einzige Ansatz, um eine Suche im Web zu ermöglichen. Unter Suchmaschinen wird hier die algorithmische Suchlösung verstanden, das heißt, Dokumente werden automatisch mittels Crawlern erfasst, automatisch erschlossen und auf eine Nutzeranfrage hin werden passende Dokumente – nach der angenommenen Relevanz sortiert – zurückgegeben.

Weitere Ansätze der Suche im Web sind die Kataloge (auch: Verzeichnisse), Suchlösungen mittels Faktenextraktion, Frage-Antwort-Dienste und die Soziale Suche (social search).

In Katalogen werden Websites manuell erfasst, mit einer kurzen Beschreibung versehen und in ein Klassifikationssystem einsortiert. In manchen Fällen erfolgt eine zusätzliche Erschließung mittels Schlagwörtern. Der Ansatz der Kataloge gilt – zumindest für die nicht fachspezifische Erschließung des gesamten Webs – als gescheitert. Die Gründe liegen zum einen in der schieren Masse der Inhalte (und den damit verbundenen Kosten für eine manuelle Erschließung), auf der anderen Seite in den Inkonsistenzen der verwendeten Klassifikationen (vgl. Stock und Stock 2000), die eine Orientierung erschweren.

Im Bereich der Faktenextraktion (vgl. Berners-Lee et al. 2006b: 18) wird versucht, auf Faktenfragen direkte Antworten zu generieren. Der wichtigste Gedanke bei diesem Ansatz ist, dass der Nutzer in vielen Fällen keine Menge von Dokumenten als Ergebnis auf seine Suchanfrage erwartet, sondern eine einfache Antwort, zum Beispiel eine Zahl.

Frage-Antwort-Dienste versuchen ebenso, direkte Antworten auf Fragen zu geben, allerdings basieren sie auf einer Nutzergemeinschaft, die die gestellten Fragen individuell beantwortet. Während also bei der Faktenextraktion die bereits bestehende Informationsbasis des WWW ausgenutzt wird, um Antworten zu generieren, bauen Frage-Antwort-Dienste eine eigene Wissensbasis auf. Der Schwerpunkt dieser Dienste liegt jedoch (zumindest bisher) nicht auf einem bestehenden Archiv von bereits gestellten Fragen, sondern auf neuen Fragen, die von der Gemeinschaft beantwortet werden. Im Gegensatz zu allen anderen Suchdiensten liegt also bei den Frage-Antwort-Diensten in den meisten Fällen eine nennenswerte Zeit zwischen dem Stellen einer Anfrage und dem Ergebnis.

Im Kontext Web 2.0 haben sich Soziale Suchdienste herausgebildet (Gräfe, Maaß und Heß 2007). Diesen ist gemein, dass sie nicht als Suchdienste im eigentlichen Sinn angelegt sind, sondern primär Werkzeuge zur Verwaltung von Lesezeichen (bookmarks) darstellen. Im Gegensatz zu der bekannten Lesezeichenverwaltung im Browser werden die Lesezeichen jedoch mit anderen Nutzern geteilt und es werden *tags* (freie Stich- oder Schlagwörter) zu diesen vergeben. Die Suche erfolgt in den tags, eine Verbindung mit einer Volltextsuche (wie von den algorithmischen Suchmaschinen bekannt) erfolgt zumindest bisher nicht. Für die Suche ausnutzen lässt sich die Häufigkeitsverteilung innerhalb der vergebenen tags, so dass auch hier – trotz der geringen Textmenge zu den einzelnen Bookmarks – ein sinnvolles Relevance Ranking möglich wird.

Der Schwerpunkt dieses Artikels liegt jedoch auf den algorithmischen Suchmaschinen, die die Suche im Web (zumindest bisher) stark dominieren. Hier ist zu unterscheiden zwischen Universalsuchmaschinen (keine bewusste Einschränkung nach Region oder Thema), Spezialsuchmaschinen und Archivsuchmaschinen (Archivierung des Webs) (Lewandowski 2005: 24). Der Schwerpunkt dieses Texts liegt auf den Universalsuchmaschinen, die als Vorreiter für die Spezialsuchmaschinen von besonderer Bedeutung sind. Bei den Archivsuchmaschinen handelt es sich um eine noch wenig entwickelte Form, die jedoch insbesondere im Zuge von auf das Web ausgedehnten Sammelaufträgen der Nationalbibliotheken an Bedeutung gewinnen dürften.

3 Felder der Suchmaschinenforschung

Machill, Beiler und Zenker (2007) teilen die Suchmaschinenforschung in vier Themenfelder ein: Suchmaschinenökonomie, Suchmaschinen und Journalismus, Technik und Qualität von Suchmaschinen, Nutzerverhalten und -kompetenz. Auffällig dabei ist vor allem, dass der journalistische Bereich eigens als Themenfeld auftaucht, andererseits aber die Bereiche Technik und Qualität zusammengefasst werden. Ersteres lässt sich leicht aus der Herkunft der Autoren aus der Journalistik/Kommunikationswissenschaft erklären, die Trennung von Technik und Qualität erscheint jedoch problematisch. Denn während die Forschung zur Suchmaschinentechnik durchaus breit angelegt ist und stark vorangetrieben wird, ist der Bereich der Qualitätsmessung nur unzureichend ausgebaut, vor allem in Hinblick auf ein Monitoring der bekannten, allgemein genutzten Suchmaschinen (was gerade aufgrund ihrer Dominanz als Informationsbeschaffungswerkzeuge für jedermann zu wünschen wäre). Die Trennung von Technik und Qualitätsmessung erscheint auch insofern vonnöten, da beide ja gerade nicht Hand in Hand gehen, sondern die Qualitätsmessung in gewisser Weise konträr zu den technischen Entwicklungen steht. Es sollte ja eben nicht derjenige ein System evaluieren, der es selbst erstellt hat.

Insofern wird hier eine andere Systematisierung vorgeschlagen, die aus den folgenden Bereichen besteht:

- Information-Retrieval-Technologie
- Qualität von Suchmaschinen
- Information Research
- Nutzerverhalten und Benutzerführung

3 Suchmaschinenökonomie

Im weiteren Text sollen diese Bereiche mit den bereits erreichten Erfolgen, aber auch mit den Desideraten der Forschung vorgestellt werden.

3.1 Information-Retrieval-Technologie

Die Entwicklung von Suchmaschinen ist abhängig von der Entwicklung der zugrunde liegenden Verfahren, insbesondere der Verfahren des Information Retrieval (Ferber 2003; Stock 2007). Deren Anwendung auf das Web wird im so genannten Web Information Retrieval (Lewandowski 2005a) behandelt. Besondere Anwendung des Web Information Retrieval ist unter anderem das Crawling, also die automatische Erfassung der Inhalte des Webs.

Bei den Information-Retrieval-Verfahren für das Web wird ein Hauptaugenmerk auf die Entwicklung von Rankingfaktoren für die Anordnung der Trefferliste gelegt. Dabei sind vier große Gruppen zu unterscheiden:

- Textstatistische Verfahren (Vergleich Anfrage – Dokument)
- popularitätsmessende Verfahren (linktopologische Verfahren wie PageRank, vgl. Lewandowski 2005a: 117ff.)
- aktualitätsmessende Verfahren (Acharya et al. 2005)
- sprach- und geolokalisierende Verfahren

Für die Zukunft wird der verstärkte Einsatz semantischer Verfahren erwartet, wenn auch noch unklar ist, wie sich die entwickelten Verfahren des ‚Semantic Webs' tatsächlich für den Kontext des gesamten, in seiner Struktur und seinen Inhalten divergenten World Wide Web nutzen lassen. Als besonders spannend ist hier die

Zusammenführung semantischer Verfahren mit den kollaborativen Ansätzen des Web 2.0 zu sehen. Die durch kollaborative Verfahren gewonnenen Daten (zum Beispiel ‚tags', die für URLs in Social-Bookmarking-Diensten vergeben werden) lassen sich für das Ranking der Suchtreffer ausnutzen. Inwieweit eine solche Einbindung zu einer Qualitätsverbesserung der Ergebnisse führt, ist aber noch unklar.

3.2 Qualität von Suchmaschinen

Zur Qualität von Suchmaschinen existiert umfangreiche Literatur (ein Überblick findet sich in Lewandowski und Höchstötter 2007), allerdings handelt es sich leider eher um eine Ansammlung von Untersuchungen zu Einzelaspekten als um eine systematische Erschließung des Themenfeldes. Lewandowski und Höchstötter (2008) stellen einen Rahmen für eine solche systematische Untersuchung der Suchmaschinenqualität vor, der sich in vier Bereiche gliedert, auf die im Folgenden eingegangen werden soll.

3.2.1 Qualität des Index

Die Qualität des Index einer Suchmaschine bestimmt sich zuerst durch seine Größe. Suchmaschinen, die einen größeren Teil des Webs abdecken, können dem Nutzer Dokumente bieten, die bei anderen Suchmaschinen nicht vorhanden sind. Allerdings werden bei den wenigsten Anfragen tatsächlich besonders ‚rare' Dokumente benötigt. Die Indexgrößen der bekannten Suchmaschinen liegen im zweistelligen Milliardenbereich (vgl. Fox 2007; Mayer 2005), die Zahlen werden von den Suchmaschinenbetreibern aber in der Regel nicht mehr veröffentlicht.

Trotz der enormen Menge der im Web verfügbaren Informationen decken Suchmaschinen diese nicht vollständig ab. Gegen eine vollständige Abdeckung sprechen strukturelle, technische und monetäre Gründe. In den Bereich der strukturellen Gründe fällt auch das so genannte Invisible Web (Sherman und Price 2001), das zu einem wesentlichen Teil aus Datenbanken besteht, die zwar über das Web abgefragt werden können, jedoch nicht direkt im Web – und damit nicht für die Suchmaschinen – verfügbar sind.

Während die Größe des Invisible Webs in der Vergangenheit wesentlich zu hoch angesetzt wurde (Bergman 2001; zur Berechnungsproblematik, vgl. Lewandowski und Mayr 2006), kann man nun davon ausgehen, dass die Größe des Invisible Webs (gemessen anhand der Zahl der Dokumente) im zweistelligen bis niedrig dreistelligen Milliardenbereich liegt.

Zumindest in indirektem Zusammenhang mit der Größe der Indizes steht die Problematik der Aktualität. Das Web befindet sich in stetem Fluss; neue Seiten werden hinzugefügt, alte gelöscht oder aktualisiert. Keine Suchmaschine ist in der Lage, alle ihr bekannten Dokumente stets aktuell zu halten. Daher sind (automatisierte) Entscheidungen zu treffen, welche Dokumente in welchem Rhythmus zu aktualisieren sind. Dass diese Entscheidungen zu unsystematisch sind und daher ein großer Teil selbst häufig aktualisierter Dokumente von den populären Suchmaschinen nicht zeitnah erfasst wird, zeigen die Untersuchungen von Lewandowski, Wahlig und Meyer-Bautor (2006) und Lewandowski (2008a).

Die genannten Beschränkungen der einzelnen Suchmaschinen führen zu relativ geringen Überschneidungen zwischen den großen Suchmaschinen (Gulli und Signorini 2005).

3.2.2 Qualität der Suchresultate

Die Qualität der Suchresultate kann als der Kernbereich der Qualitätsmessung bei Suchmaschinen angesehen werden, wenn auch die weiteren in diesem Artikel genannten Faktoren eine nicht zu unterschätzende Rolle spielen. Zur Messung der Qualität der Resultate werden Verfahren der Relevanzmessung aus dem klassischen Information Retrieval auf die Besonderheiten des Web Information Retrieval (Lewandowski 2005a; Lewandowski 2005b) adaptiert. Die Tests zeigen, dass zwar hinsichtlich der Trefferqualität verschiedene Gruppen von Suchmaschinen zu unterscheiden sind, allerdings keine Suchmaschine für jede Anfrage die besten Treffer liefert. Neuere Untersuchungen (Griesbaum 2004; Lewandowski 2008c; Véronis 2006) zeigen, dass sich die Suchmaschinen annähern und ihre Ergebnisse nicht wesentlich verbessern können. Allerdings ist hier auch zu beachten, dass das Erreichen bestimmter Relevanzgrenzen auch mit der Methodik der Messungen zusammenhängen kann (Lewandowski 2007).

Bei einem Vergleich der Relevanz der Suchergebnisse verschiedener Suchmaschinen sind auch stets die Überschneidungen der Suchmaschinen auf den vorderen Trefferplätzen zu beachten. So ist es möglich, dass zwei Suchmaschinen auf den ersten Plätzen vollkommen unterschiedliche Treffer liefern, diese jedoch alle relevant für die gestellten Suchanfrage sind. Untersuchungen zeigen, dass die Überschneidungen auf der ersten Trefferseite (d. h. zehn Treffer) gering sind (Spink et al. 2006); allerdings ist der übliche Vergleich der Überschneidungen auf

Basis eines reinen URL-Vergleichs methodisch problematisch, was weitere Untersuchungen dringend wünschenswert macht.

3.2.3 Qualität der Suchfunktionen

Neben der einfachen Suche mit einem einzigen Suchschlitz, in den in der Regel nur wenige Wörter pro Anfrage eingegeben werden, bieten Suchmaschinen meist eine erweiterte Suche, die eine gezielte Recherche ermöglichen soll. Neben dem Umfang der Suchfunktionen (Lewandowski 2004a) ist auch deren Zuverlässigkeit von Bedeutung. Erste Untersuchungen potentiell problembehafteter Funktionen (Datumsbeschränkung, Spracheinschränkungen) zeigen ein schlechtes Abschneiden einzelner oder gar aller großer Suchmaschinen (Lewandowski 2004b; Lewandowski 2008b).

3.2.4 Benutzerfreundlichkeit und Benutzerführung

Die heutigen Interfaces von Suchmaschinen besitzen in den meisten Fällen nur eine Dimension; es wird jedem Nutzer die gleiche Funktionalität geboten, obwohl es nachweislich verschiedene Suchtypen gibt, welche unterschiedliche Bedürfnisse haben (Hotchkiss, Garrison und Jensen 2004). Die meisten Personen betrachten das Ergebnisfenster nur sehr schnell und oberflächlich (Spink und Jansen 2004).

Die Links, die zu Werbezwecken gekauft werden, sind oft nicht klar von den so genannten organischen Ergebnissen, die aus dem Index geliefert werden, unterscheidbar. Dass es sich um Werbung handelt, ist oft in winzigen Lettern geschrieben und die Hintergrundfarbe ist in kaum wahrnehmbaren Pastelltönen abgesetzt. Das wird ein Grund sein, warum Suchende angeben, dass sie das Gefühl haben, öfter auf gekaufte Links zu klicken (Schmidt-Mänz und Bomhardt 2005). Zusätzlich ist es wichtig, nur wenige Ergebnisse zu zeigen, da Suchende nicht bereit sind zu scrollen (Hotchkiss, Garrison und Jensen 2004). Das sichtbare Fenster besteht aber gerade wieder aus mehreren Werbelinks.

Der größte Störfaktor bei den Ergebnislisten von Suchmaschinen sind für die Nutzer Webseiten, die nur auf ein besseres Ranking hin optimiert wurden, und solche, die nicht zu den Suchanfragen passen, die gestellt wurden, da beispielsweise Schlagwortlisten generiert wurden (Schmidt-Mänz und Bomhardt 2005). Zudem ist anzunehmen, dass Suchende nicht wissen, ob sie auf organische oder auf gekaufte Links klicken. In der Untersuchung von Machill et al. (2003) geben die befragten Personen an, dass sie unzufrieden mit angezeigten Ergebnissen sind, bei denen nicht deutlich wird, ob sie für Marketingzwecke gekauft wurden.

Suchmaschinennutzer wissen im Allgemeinen nicht, wie Suchmaschinen funktionieren (Machill et al. 2003; Schmidt-Mänz und Bomhardt 2005). Personen, die jedoch über die Funktionsweise Bescheid wissen, nutzen mehr Operatoren und Phrasensuchen. Durch diese Tatsache wird deutlich, wie wichtig es ist, eine klare und intuitiv bedienbare Suchmaschine bereitzustellen.

Ein weiterer Aspekt sind zusätzliche Informationen zu den angezeigten Resultaten. Jede Suchmaschine gibt den Titel des Dokuments, eine kurze Beschreibung und die URL wieder. Weitere interessante Informationen wären die Aktualität der Seite oder wann sie in den Index aufgenommen wurde. Interessant ist auch die Angabe von ähnlichen Suchtermen, um gegebenenfalls eine weitere Suche zu starten.

Hinsichtlich der Benutzerführung und der Benutzerfreundlichkeit liegen die Aufgaben einer Suchmaschinenforschung einerseits in der Verbesserung der Nutzerführung durch die Gestaltung von intuitiv bedienbaren Interfaces bzw. benutzerleitenden Verfahren, auf der anderen Seite in der Beobachtung der gängigen Suchmaschinen und der daraus resultierenden Aufklärung über Benutzer(um)leitung auf beispielsweise werbliche Treffer.

3.3 Information Research

Im Bereich Information Research geht es auf der einen Seite darum, dem Nutzer die möglichst optimalen Recherchewerkzeuge an die Hand zu geben (siehe oben), auf der anderen Seite geht es um die Schulung der Nutzer in Recherchekompetenz, d. h. um die Ausbildung zu Rechercheprofis. Die Suchmaschinen suggerieren zwar, dass jeder Nutzer in ihnen ohne großen Aufwand nicht nur recherchieren, sondern tatsächlich zu den bestmöglichen Ergebnissen gelangen kann, in der Praxis zeigt sich jedoch schnell, dass durchschnittliche (und auch fortgeschrittene) Nutzer schon an relativ einfachen Suchaufgaben scheitern.

Für den Profi-Rechercheur steht nicht allein die Relevanz der Ergebnisse (d. h. vereinfacht: die Genauigkeit der Übereinstimmung zwischen Suchanfrage und Ergebnis) im Vordergrund, sondern vor allem deren Validität. Die Rankingverfahren der Suchmaschinen bewerten die Qualität der Dokumente vor allem aufgrund der Verlinkung oder anderer Popularitätsfaktoren, wobei die Richtigkeit der Treffer nicht bewertet wird. Hier ist noch ein enormer Forschungsbedarf zu sehen: Bislang ist vollkommen unklar, inwieweit die Treffer der Suchmaschinen valide Ergebnisse liefern. Genannt sei hier beispielhaft nur die Problematik der Wikipedia-Treffer: Diese erfüllen in der Regel alle Faktoren der Relevanzbewertung (v. a. textuelle Übereinstimmung, Popularität, Aktualisierungsfrequenz), über die Validität der Inhalte wird jedoch heftig diskutiert.

3.4 Nutzerverhalten und Benutzerführung

Das Verhalten der Suchmaschinennutzer ist ein relativ gut erforschter Bereich. Bei den Methoden ist hier zwischen Befragungen, Laboruntersuchungen, Logfile-Untersuchungen und der Auswertung von Live-Tickern zu unterscheiden (Höchstötter 2007):

- In Befragungen werden Nutzer mittels (Online-)Fragebögen nach ihrem Rechercheverhalten befragt. Da repräsentative Befragungen sehr aufwendig sind (die einzige so durchgeführte Befragung deutscher Nutzer ist die von Machill et al. 2003), wird auf Online-Erhebungen ausgewichen (Schmidt-Mänz und Bomhardt 2005), die hinsichtlich der Teilnehmerstruktur eine starke Verzerrung aufweisen.
- In Laboruntersuchungen können Nutzer genau beobachtet werden; der Nachteil liegt allerdings darin, dass ein erwartungskonformes Verhalten bei dieser Form der Untersuchung wahrscheinlich ist. Eine Laboruntersuchung zum Verhalten deutscher Nutzer findet sich in Machill et al. 2003. Als zusätzliches Instrument in Laboruntersuchungen kann Eye-tracking eingesetzt werden, wodurch eine genaue Beobachtung des Blickverhaltens möglich wird (vgl. Granka, Joachims und Gay 2004).
- Eine Möglichkeit, das Nutzerverhalten auszuwerten, ohne dass die Nutzer selbst etwas davon bemerken, ist die Logfile-Analyse. Dabei werden automatisch von den Suchmaschinen erhobene Protokolldaten verwendet, so dass potentiell sehr große Datenmengen ausgewertet werden können. Beispiele solcher Untersuchungen sind Beitzel et al. (2004) und Beitzel et al. (2007). Problematisch sind die für diesen Untersuchungstyp oft recht kleinen Datenmengen aufgrund der Beschränkungen der Suchmaschinenbetreiber, die diese Daten zur Verfügung stellen müssen; so werden oft nur die Daten eines Tages ausgewertet (etwa in den Untersuchungen von Spink et al.), was zu Verzerrungen führen kann. Eine Übersicht zu Me-

thodik und Ergebnissen von Logfile-Untersuchungen findet sich in Jansen und Spink (2006).

- Liveticker-Untersuchungen (Schmidt-Mänz 2007) ähneln den Logfile-Analysen insofern, dass auch sie große Datenmengen auswerten, allerdings sind sie für die Datenerhebung nicht auf die Kooperation mit den Suchmaschinenanbietern angewiesen. Vielmehr greifen sie die Daten über Ticker ab, die die momentan an eine Suchmaschine gestellten Anfragen anzeigen. Dadurch können aber nur die Anfragen selbst ohne weitere Angaben erfasst werden.

Forschungsbedarf bei der Untersuchung des Nutzerverhaltens besteht vor allem in einer differenzierteren Betrachtung unterschiedlicher Nutzergruppen und der Berücksichtigung ihrer Wünsche bei der Entwicklung der Suchmaschinen. Auch die Unterschiede des Suchverhaltens zwischen Nutzern in unterschiedlichen Ländern bzw. Regionen ist noch weitgehend unerforscht. Als dritter Bereich ist die Auswertung des (über die Suchmaschinen hinausgehenden) Navigationsverhaltens zu sehen, welches Rückschlüsse auf die Interessen und Bedürfnisse der Nutzer zulässt und sich damit für eine Personalisierung der Suchergebnisse nutzen lässt (Riemer und Brüggemann 2007).

3.5 Suchmaschinenökonomie

Im Bereich der Suchmaschinenökonomie spielt einerseits die Analyse des Suchmaschinenmarkts mit seinen Konzentrations- und Monopoltendenzen eine Rolle, auf der anderen Seite geht es um die zugrunde liegenden Geschäftsmodelle, vor allem also um die Werbefinanzierung. Daran knüpft die Analyse des Feldes der Suchmaschinenoptimierung an, also der Branche, die als Dienstleister für Unternehmen deren Websites so optimiert, dass diese in den Rankings der Suchmaschinen auf den vorderen Plätzen erscheinen.

Der Suchmaschinenmarkt zeichnet sich durch starke Konzentration aus. Zwar gibt es vordergründig eine Vielfalt bei den Anbietern, vor allem aber die großen Portale kaufen ihre Suchergebnisse bei einer der großen Suchmaschinen zu. Die aktuellen Marktanteile für Deutschland finden sich bei *Webhits*; allerdings ist die Ermittlungsmethode kritikwürdig. Insofern ist eine valide, dauerhafte Beobachtung des deutschen Suchmarkts nach wie vor ein Desiderat der Forschung. Eine (leider schon etwas ältere) Analyse des deutschen Suchmarkts findet sich bei Karzauninkat

(2003), die internationale Entwicklung (unter wirtschaftlich-historischen Gesichtspunkten) wird von Van Couvering (2008) dargestellt.

Der Verkauf von kontextbezogenen Textanzeigen stellt das Hauptgeschäftsfeld der Suchmaschinen dar. Da die Anzeigen ebenso wie die organischen Treffer nach Relevanz (in Verbindung mit dem für die Anzeige gebotenen Betrag) geordnet sind, ergeben sich oftmals werbliche Ergebnisse, die für den Nutzer relevant sein können (Jansen 2007). Inwieweit den Nutzern allerdings klar ist, wann sie bezahlte Einträge anklicken und wann es sich um reguläre Treffer handelt, ist bis auf einige kleinere Untersuchungen (Marable 2003) noch unbekannt. Diese Frage ist allerdings als Kernproblem der Textanzeigen in Suchmaschinen zu bewerten, da bei einer verbreiteten Nicht-Erkennung dieser Anzeigen als solche Regulierungsbedarf bestehen würde.

Die gezielte Platzierung von Websites in den Suchmaschinen (über Anzeigen oder über die reguläre Trefferliste) wird unter dem Begriff Suchmaschinenmarketing gefasst, während der Teilbereich Suchmaschinenoptimierung sich exklusiv mit der Optimierung der Seiten für die regulären Trefferlisten befasst. Diese Optimierung kann von der Verbesserung des Texts auf der Website bis hin zum Aufbau komplizierter Verlinkungsstrukturen reichen, die die Suchmaschinen dahingehend täuschen sollen, dass eine bestimmte Seite zu einem Thema besonders relevant ist. In der Forschung noch unberücksichtigt ist die Frage, inwieweit es den Suchmaschinenoptimierern schon gelungen ist, für einen nennenswerten Anteil der gestellten Suchanfragen die Trefferlisten hin auf kommerzielle Treffer zu optimieren und inwieweit solche kommerzialisierten Trefferlisten als Qualitätsproblem anzusehen sind. Auf jeden Fall besteht eine Divergenz zwischen der tatsächlichen Zusammenstellung der Trefferlisten und dem Glauben der Nutzer an die Objektivität der Suchmaschinen.

4 Fazit

In diesem Artikel konnte gezeigt werden, dass es sich bei der Suchmaschinenforschung keineswegs – wie oft angenommen – um ein rein technisches Forschungsgebiet handelt, in dem es allein darum geht, Algorithmen für eine optimale Suche zu entwickeln. Vielmehr handelt es sich um einen vielschichtigen Forschungsbereich, der sich aus Ansätzen unterschiedlicher Disziplinen zusammensetzt. Neben den Kernfächern Informatik und Informationswissenschaft sind hier vor allem die Geistes- und Gesellschaftswissenschaften zu nennen. Aber auch die Rechtswissenschaften beschäftigen sich mittlerweile mit den durch Suchmaschinen aufkommenden Problemen.

Im Sinne einer interdisziplinären Webwissenschaft muss auch die Suchmaschinenforschung als einer ihrer Teilbereiche interdisziplinär ausgerichtet sein. Keine einzelne Disziplin ist in der Lage, das gesamte durch Suchmaschinen aufgeworfene Themenfeld abzudecken. Wünschenswert ist allerdings eine verstärkte Zusammenarbeit der einzelnen Disziplinen, die bisher – oft ohne die Kenntnis der Forschungsergebnisse der jeweils anderen Fächer – weitgehend für sich alleine arbeiten.

Ziel dieses Aufsatzes ist es, Anregungen für die weitere Forschung zu geben und zu den einzelnen Facetten des Themas Anknüpfungspunkte aufzuzeigen. In diesem Sinne würde es der Verfasser begrüßen, wenn sich weitere thematisch orientierte Kooperationen ergäben und diesem wichtigen Bereich der Webwissenschaft dadurch auch mehr Aufmerksamkeit zuteil werden würde.

Literatur

Acharya, Anurag/Cutts, Matt/Dean, Jeffrey/Haahr, Paul/Henzinger, Monika/Hoelzle, Urs/Lawrence, Steve/Pfleger, Karl/Sercinoglu, Olcan/Tong, Simon 2005: *Information retrieval based on historical data*. United States Patent Application 2005/0071741.

Beitzel, Steven M./Jensen, Eric C./Chowdhury, Abdur/Grossman, David/Frieder, Ophir 2004: „Hourly analysis of a very large topically categorized web query log." In: *Proceedings of Sheffield SIGIR - Twenty-Seventh Annual International ACM SIGIR Conference on Research and Development in Information Retrieval*. Sheffield: ACM, S. 321-328.

Beitzel, Steven M./Jensen, Eric C./Chowdhury, Abdur/Frieder, Ophir/Grossman, David 2007: „Temporal analysis of a very large topically categorized web query log." In: *Journal of the American Society for Information Science and Technology* 58, 2, S. 166-178.

Bergman, Michael K. 2001: „The deep web. Surfacing hidden value." In: *Journal of Electronic Publishing* 7, 1.

Berners-Lee, Tim/Hall, Wendy/Hendler, James A./Shadbolt, Nigel/Weitzner, Daniel J. 2006a: „Creating a science of the web." In: *Science* 313, 5788, S. 769-771.

Berners-Lee, Tim/Hall, Wendy/Hendler, James A./O'Hara, Kieron/Shadbolt, Nigel/Weitzner, Daniel J. 2006b: „A framework for web science." In: *Foundations and Trends in Web Science* 1, 1, S. 1-130.

Ferber, Reginald 2003: *Information Retrieval. Suchmodelle und Data-mining-Verfahren für Textsammlungen und das Web*. Heidelberg: d.punkt.

Fox, Vanessa 2007: Live blogging. Microsoft searchification day 2007."

http://searchengineland.com/070927-000001.php (Abruf: 04.02.2008)

Gräfe, Gernot/Maaß, Christian/Heß, Andreas 2007: „Alternative searching services. Seven theses on the importance of 'Social bookmarking'." In: *The Social Semantic Web 2007. Proceedings of the 1st Conference on Social Semantic Web (CSSW)*. Hg. v. Sören Auer, Chris Bizer, Claudia Müller und Anna V. Zhdanova. Leipzig: Gesellschaft für Informatik e. V, S. 11-21.

Granka, Laura A./Joachims, Thorsten/Gay, Geri 2004: „Eye-tracking analysis of user behavior in www search." In: *Proceedings of Sheffield SIGIR - Twenty-Seventh Annual International ACM SIGIR Conference on Research and Development in Information Retrieval*. Sheffield: ACM, S. 478-479.

Griesbaum, Joachim 2004: „Evaluation of three german search engines. Altavista.de, google.de and lycos.de." In: *Information Research* 9, 4.

Gulli, Antonio/Signorini, Alessio 2005: „The indexable web is more than 11.5 billion pages." In: *Special Interest Tracks and Posters of the 14th International Conference on World Wide Web*. Genf: IW3C2, S. 902-903.

Hotchkiss, Gord/Garrison, Marina/Jensen, Steve 2004: *Search engine usage in North America. A research initiative by enquiro*. www.enquiro.com (Abruf: 16.03.2006)

Höchstötter, Nadine 2007: „Suchverhalten im Web. Erhebung, Analyse und Möglichkeiten." In: *Information Wissenschaft und Praxis* 58, 3, S. 135-140.

Jansen, Bernard J. 2007: „The comparative effectiveness of sponsored and nonsponsored links for web e-commerce queries." In: *ACM Transactions on the Web* 1, 1, S. 1-25.

Jansen, Bernard J./Spink, Amanda 2006: „How are we searching the world wide web? A comparison of nine search engine transaction logs." In: *Information Processing & Management* 42, 1, S. 248-263.

Karzauninkat, Stefan 2003: „Die Suchmaschinenlandschaft 2003. Wirtschaftliche und technische Entwicklungen." In: *Wegweiser im Netz*. Hg. v. Marcel Machill und Carsten Welp. Gütersloh: Verlag Bertelsmann Stiftung, S. 509-538.

Lewandowski, Dirk 2004a: „Abfragesprachen und erweiterte Suchfunktionen von www-Suchmaschinen." In: *Information Wissenschaft und Praxis* 55, 2, S. 97-102.

Lewandowski, Dirk 2004b: „Date-restricted queries in web search engines." In: *Online Information Review* 28, 6, S. 420-427.

Lewandowski, Dirk 2005a: *Web information retrieval. Technologien zur Informationssuche im Internet*. Frankfurt/M.: DGI.

Lewandowski, Dirk. 2005b: „Web searching, search engines and information retrieval." In: *Information Services and Use* 18, 3, S. 137-147.

Lewandowski, Dirk. 2007: „Mit welchen Kennzahlen lässt sich die Qualität von Suchmaschinen messen?" In: *Die Macht der Suchmaschinen / The power of search engines*. Hg. v. Marcel Machill und Markus Beiler. Köln: von Halem, S. 243-258.

Lewandowski, Dirk 2008a: „A three-year study on the freshness of web search engine databases." In: *Journal of Information Science* 34 (im Druck).

Lewandowski, Dirk 2008b: „Problems with the use of web search engines to find results in foreign languages." In: *Online Information Review* 32 (erscheint).

Lewandowski, Dirk 2008c: „The retrieval effectiveness of web search engines. Considering results descriptions." In: *Journal of Documentation* 64, 6 (im Druck).

Lewandowski, Dirk/Mayr, Philipp 2006: „Exploring the academic invisible web." In: *Library Hi Tech* 24, 4, S. 529-539.

Lewandowski, Dirk/Wahlig, Henry/Meyer-Bautor, Gunnar 2006: „The freshness of web search engine databases." In: *Journal of Information Science* 32, 2, S. 133-150.

Lewandowski, Dirk/Höchstötter, Nadine 2007: „Qualitätsmessung bei Suchmaschinen. System- und nutzerbezogene Evaluationsmaße." In: *Informatik Spektrum* 30, 3, S. 159-169.

Lewandowski, Dirk/Höchstötter, Nadine 2008: „Web searching: A quality measurement perspective." In: *Web searching. Multidisciplinary perspectives.* Hg. v. Amanda Spink und Michael Zimmer. Berlin: Springer, S.309-340.

Machill, Marcel/Neuberger, Christoph/Schweiger, Wolfgang/Wirth, Werner 2003: „Wegweiser im Netz. Qualität und Nutzung von Suchmaschinen." In: *Wegweiser im Netz.* Hg. v. Marcel Machill und Carsten Welp. Gütersloh: Verlag Bertelsmann Stiftung, S. 13-490.

Machill, Marcel/Beiler, Markus/Zenker, Martin 2007: „Suchmaschinenforschung. Überblick und Systematisierung eines interdisziplinären Forschungsfeldes." In: *Die Macht der Suchmaschinen / The power of search engines.* Hg. v. Marcel Machill und Markus Beiler. Köln: von Halem, S. 7-43.

Marable, Leslie 2003: *False oracles.* „Consumer reaction to learning the truth about how search engines work." http://www.consumerwebwatch.org/dynamic/search-report-false-oracles.cfm (Abruf: 04.02.2008)

Mayer, Tim 2005: *Our blog is growing up - and so has our index.*
http://www.ysearchblog.com/archives/000172.html (Abruf: 04.02.2008)

Riemer, Kai/Brüggemann, Fabian 2007: „Personalisierung der Internetsuche. Lösungstechniken und Marktüberblick." In: *Wirtschaftsinformatik* 49, 2, S. 116-126.

Schmidt-Mänz, Nadine 2007: *Untersuchung des Suchverhaltens im Web. Interaktion von Internetnutzern mit Suchmaschinen.* Hamburg: Dr. Kovac.

Schmidt-Mänz, Nadine/Bomhardt, Christian 2005: „Wie suchen Onliner im Internet?" In: *Science Factory/Absatzwirtschaft* 2, S. 5-8.

Sherman, Chris/Price, Gary 2001: *The invisible web. Uncovering information sources search engines can't see.* Medford, NJ: Information Today.

Spink, Amanda/Jansen, Bernard J. 2004: *Web search. Public searching of the web.* (= Information science and knowledge management 6). Dordrecht: Kluwer Academic Publishers.

Spink, Amanda/Jansen, Bernard J./Blakely, Chris/Koshman, Sherry 2006: „A study of results overlap and uniqueness among major web search engines." In: *Information Processing & Management* 42, 5, S. 1379-1391.

Stock, Mechthild/Stock, Wolfgang G. 2000: „Klassifikation und terminologische Kontrolle. Yahoo!, Open Directory und Oingo im Vergleich.“ In: *Password* 12, S. 26-33.

Stock, Wolfgang G. 2007: *Information Retrieval. Informationen suchen und finden*. München: Oldenbourg.

Van Couvering, Elizabeth 2008: „The history of the internet search engine. Navigational media and traffic commodity.“ In: *Web searching. Multidisciplinary perspectives*. Hg. v. Amanda Spink und Michael Zimmer. Berlin: Springer, S. 177-206.

Van Eimeren, Birgit/Frees, Beate 2007: „Internetnutzung zwischen Pragmatismus und Youtube-Euphorie. ARD/ZDF-Online-Studie 2007.“ In: *Media Perspektiven* 38, 8, S. 362-378.

Véronis, Jean 2006: „A comparative study of six search engines.“ http://www.up.univ-mrs.fr/veronis/pdf/2006-comparative-study.pdf (Abruf: 04.02.2008)

Webhits 2008: *Webhits Web-Barometer*. http://www.webhits.de/deutsch/index.shtml?webstats.html (Abruf: 04.02.2008)

Beiträger

Tom Alby studierte Anglistik, Germanistik und Informatik an der Universität Bielefeld und arbeitet seit 1994 in der Internet-Branche. Neben der technischen und Produkt-Verantwortung bei Suchmaschinen wie *Lycos Europe* und *Ask.com* hat er mehrere Bücher und Artikel veröffentlicht, unter anderem über Suchmaschinenoptimierung, das Web 2.0 und die Blogging-Software WordPress. 2008 erschien sein Buch über das mobile Web.

Anja Bohnhof, Dipl.-Des., studierte nach einer fotografischen Ausbildung Visuelle Kommunikation/Fotografie an der Bauhaus-Universität in Weimar. Sie ist freiberuflich im Bereich der Bildenden Kunst und Fotografie tätig sowie Lehrbeauftragte für Fotografie/Redaktionelle Praxis an der FH Köln im Studiengang Online-Redakteur.

Mercedes Bunz glaubt an das Internet, lebt in Berlin und ist Chefredakteurin des *Tagesspiegel Online*. 1997 hat sie, neben dem Studium von Kunstgeschichte und Philosophie, *DEBUG*, das Magazin für elektronische Lebensaspekte, mitbegründet und anschließend an der Bauhaus-Universität Weimar eine Dissertation über das Internet geschrieben, die im Kadmos Verlag unter dem Titel „Vom Speichern zum Verteilen. Die Geschichte des Internet" erschienen ist.

Christoph Ernst, Dr. phil., Studium der Germanistik, Philosophie und Mittleren/Neueren Geschichte an der Universität Mainz. Derzeit Wissenschaftlicher Mitarbeiter am DFG-Graduiertenkolleg „Kulturhermeneutik im Zeichen von Differenz und Transdifferenz" der Universität Erlangen-Nürnberg. Arbeitsschwerpunkte: Medientheorie/-philosophie, Kulturtheorie, insb. Interkulturalität/Kulturvergleich sowie (Film-)Ästhetik der Moderne.

Simone Fühles-Ubach, Dr. phil., ist seit 1998 Professorin für Statistik sowie Organisation und Management von Informationseinrichtungen an der Fachhochschule Köln. Sie hat Dokumentationswesen sowie Informations- und Verwaltungswissenschaften studiert. Fast acht Jahre war sie an verschiedenen Stellen in der Verwaltung des Deutschen Bundestages tätig und dort zuletzt als Koordinatorin für Neue Medien u. a. mit dem Aufbau des Inter- und Intranets betraut. Parallel dazu hat sie an der Humboldt-Universität Berlin zum Thema „Unschärfe in Datenbanken und Retrievalsystemen" promoviert. Arbeitsschwerpunkte: Benutzer-/ Kundenforschung, quantitative Online-Forschung und E-Government/E-Democracy.

Jörg Hoewner, M.A., studierte Publizistik- und Kommunikationswissenschaften, Soziologie und BWL an der Ruhr-Universität Bochum. Er arbeitet seit 1995 als Berater für Onlinekommunikation und Onlinemarketing für zahlreiche namhafte Unternehmen und Organisationen.

Bernd Holznagel, Prof. Dr. jur., ist seit 1997 Professor für Staats- und Verwaltungsrecht an der Westfälischen Wilhelms-Universität Münster und Direktor der öffentlich-rechtlichen Abteilung des Instituts für Informations-, Telekommunikations- und Medienrecht (ITM). Seine Forschungstätigkeit liegt schwerpunktmäßig im Telekommunikations- und Medienrecht. Er ist Mitglied des Wissenschaftlichen Arbeitskreises für Regulierungsfragen der Bundesnetzagentur sowie des Münchener Kreises und Mitherausgeber der Zeitschrift „Multimedia und Recht".

Cyrus Khazaeli, Jahrgang 1962, studierte Visuelle Kommunikation an der Hochschule für bildende Künste in Hamburg. Nach seinem Studium arbeitete er als Art- und Creative Director für verschiedene Agenturen und seit 1995 als Fachbuchautor für Design beim Rowohlt Verlag. Von 1997 bis 2004 war er als Dozent für Medieninformatik an der Fachhochschule Wedel und als Dozent für Mediendidaktik an der Universität Hamburg tätig. Seit 2005 arbeitet er neben seiner hauptberuflichen Tätigkeit als Professor für Informations- und Interaktionsdesign und als Dekan der Berliner Technischen Kunsthochschule freiberuflich als Berater und Creative Director im Bereich Neue Medien.

Kolja Kracht studierte Kommunikationswissenschaften, Philosophie, Psychologie und Soziologie an der Universität Essen und beschäftigt sich seit über 20 Jahren mit der Entstehung und Entwicklung von Netzwerk-Strukturen. Er ist zurzeit als freiberuflicher Berater und IT-Spezialist tätig. Arbeitsschwerpunkte: Qualitätskontrolle, IT-Sicherheit, soziale Netze, Persönlichkeitsrecht.

David Kratz, B.A., absolvierte den Studiengang Online-Redakteur an der Fachhochschule Köln. Er ist Inhaber der Agentur rheinmedia gmbh und Wissenschaftlicher Mitarbeiter an der Fachhochschule Köln. Seine Forschungsschwerpunkte sind Qualität im Web, Usability und Accessibility.

Dirk Lewandowski, Dr. phil., ist Professor für Information Research und Information Retrieval am Department Information der Hochschule für Angewandte Wissenschaften Hamburg. Arbeitsschwerpunkte: Web Information Retrieval, Qualitätsfaktoren von Suchmaschinen, Rechercheverhalten der Suchmaschinennutzer.

Rainer Leschke, Prof. Dr., leitet das Teilprojekt „Mediennarrationen und Medienspiele“ am Forschungskolleg 615 Medienumbrüche der Universität Siegen. Studium der Germanistik und Philosophie an der Ruhr-Universität Bochum, Promotion über die Auseinandersetzung von Hermeneutik und Poststrukturalismus. Habilitation mit einer Arbeit zu den Reproduktionszyklen der Literatur. Derzeitige Forschungsschwerpunkte: Medienmorphologie und Theorie medialer Formen, Medientheorie, Medienethik und Medienästhetik.

Thorsten Ricke, Dipl.-Jur., ist wissenschaftlicher Mitarbeiter und Doktorand an der öffentlich-rechtlichen Abteilung des Instituts für Informations-, Telekommunikations- und Medienrecht (ITM) an der Westfälischen Wilhelms-Universität. Dort leitet er die Forschungsgruppe Medien- und Internetrecht und ist verantwortlich für das Teilprojekt „Konvergenz der Medien“ im Kompetenzzentrum Internetökonomie und Hybridität Münster.

Konrad Scherfer, Dr. phil., ist Professor für Medienwissenschaft an der Fachhochschule Köln. Er lehrt im Studiengang Online-Redakteur und im zukünftigen Masterstudiengang Markt- und Medienforschung. Konrad Scherfer hat an der Universität Siegen Medienwissenschaft und Betriebswirtschaftslehre studiert (Diplom-Medienwirt). An der FH Köln lehrt er seit 2003. Zuvor arbeitete er im Siegener DFG-Sonderforschungsbereich „Bildschirmmedien“ und als Online-Redakteur beim Südwestrundfunk. Schwerpunkte in der Lehre: Online-Redaktion, Website-Konzeption, Medientheorie. Forschungsschwerpunkte: Webwissenschaft, Implementation von Medien in Mediensysteme.

Helmut Volpers, Prof. Dr., ist stellvertretender Direktor des Instituts für Informationswissenschaft der Fachhochschule Köln. Er hat an der Georg-August-Universität Göttingen die Fächer Publizistik- und Kommunikationswissenschaft, Deutsche Philologie, Geschichte und Politikwissenschaft studiert (Magister Artium und Dr. disc. pol.). Helmut Volpers lehrt seit 1998 an der FH Köln. Zuvor war er ab 1994 als Professor im Studiengang Wirtschaftskommunikation an der FHTW Berlin tätig. Seine Forschungsschwerpunkte liegen im Bereich empirische Medien- und Kommunikationsforschung, insbesondere Inhaltsanalysen, Akzeptanzuntersuchungen sowie Konvergenz zwischen Internet und traditionellen Medien. Das Aufgabengebiet von Helmut Volpers an der FH Köln wurde im Jahr 2007 um die noch junge Disziplin der Webwissenschaft erweitert. Dies ist die erste Professur für Webwissenschaft in Deutschland. Seit 2007 ist Helmut Volpers Mitglied im Forschungsteam *die netzberater* in Köln. Das Team begleitet auf medientheoretischer Grundlage die dynamische Entwicklung des Webs durch Analysen und Forschungsprojekte.

Martina Waitz, Dr. med., ist Ärztin und Medizinjournalistin. Bevor sie 2007 das Redaktionsbüro dr. waitz | medproduction gründete, war sie zuletzt Chefredakteurin des Gesundheitsportals *Onmeda*. Arbeitsschwerpunkte: Hochwertiger medizinischer Content für Laien, Qualität, Usability und Suchmaschinen-Optimierung von Gesundheitsportalen. Seit dem Sommer 2007 doziert sie an der Fachhochschule Köln (Ressort Medizin, Studiengang Online-Redakteur).

Petra Werner, Dr. phil., ist Professorin für Journalistik am Institut für Informationswissenschaft der Fachhochschule Köln. Sie lehrt überwiegend im BA-Studiengang Online-Redakteur und ist beteiligt am Aufbau eines Master-Studiengangs für Markt- und Medienforschung. Arbeitsschwerpunkte: redaktionelles Handeln, Rezeption von Print- und Onlinemedien, Lesesozialisation.

Karin Wunder, geb. 1981, studierte Politologie, Soziologie und Psychologie an der Johann Wolfgang Goethe-Universität Frankfurt; im Anschluss Online-Redakteur an der Fachhochschule Köln. Karin Wunder arbeitet freiberuflich als Online-Redakteurin und in der Online-Forschung. Arbeitsschwerpunkt: Identitätsbildung in virtuellen Welten.